प्रस्तावना

हरियाणा भारतवर्ष का एक अति महत्त्वपूर्ण प्रदेश है। आदिकाल से ही यह प्रदेश भारतीय संस्कृति और सभ्यता की धुरी रहा है। मनु के अनुसार इस प्रदेश का अस्तित्व देवताओं से हुआ था, इसलिए इसे 'ब्रह्मावर्त' का नाम दिया गया था।

शास्त्र-वेत्ताओं, पुराण-रचयिताओं एवं विचारकों ने लम्बे समय तक इस प्रदेश की मनोरम गोद में बैठकर अनेक धार्मिक ग्रन्थ लिखकर ज्ञान का प्रसार किया।

ऐतिहासिक दृष्टि से इस प्रदेश का बड़ा महत्त्व है। जिन भरतवंशी आर्यों के नाम पर हमारे प्रदेश का नाम भारत पड़ा उन्होंने इसी प्रदेश से आर्यों की शक्ति को संगठित कर अपना विजय अभियान प्रारम्भ किया और देखते-देखते ही सुदूर पूर्व व दक्षिण में अपनी शक्ति का विकास कर लिया। महाभारत काल से तो इस प्रदेश का गहरा संबंध है। श्रीकृष्ण द्वारा विश्व प्रसिद्ध 'गीता का उपदेश' इसी प्रदेश के कुरुक्षेत्र नामक स्थान पर दिया गया। अनेक प्रसिद्ध ऐतिहासिक युद्ध इस भूमि पर लड़े गये। कृषि, उद्योग व पर्यटन की दृष्टि से भी इस प्रदेश का बड़ा महत्त्व है। अतः ऐसे महत्त्वपूर्ण प्रदेश के विषय में लोगों को जानकारी देने तथा अनेक प्रतियोगी परीक्षाओं में शामिल होने वाले प्रतियोगियों को ज्ञानवर्धक जानकारी देने के उद्देश्य से इस पुस्तक में हरियाणा से सम्बन्धित प्रायः सभी महत्त्वपूर्ण, दुर्लभ, ज्ञानवर्धक तथा रोचक जानकारी देने का प्रयास किया गया है। साथ ही इस पुस्तक में दिए गये तथ्यों की जाँच के लिए भी पूर्ण प्रयास किये गये हैं फिर भी कुछ अशुद्धियों का रह जाना असंभावित नहीं है। अतः पाठकों से हमारा निवेदन है कि उन अशुद्धियों से हमें अवगत कराते हुए इस पुस्तक के सम्बन्ध में अपने सुझाव देकर, इस पुस्तक को अधिक ज्ञानवर्धक बनाने में हमें सहयोग देंगे।

पुस्तक को नवीनतम खोजों एवं तथ्यों के आधार पर अद्यतन करने का पूर्ण प्रयास किया गया है। आशा है, यह प्रबुद्ध पाठकों की अपेक्षाओं के अनुरूप सिद्ध होगा।

प्रकाशक

हरियाणा : मानचित्र

चण्डीगढ़
पंचकुला
हिमाचल प्रदेश
अम्बाला
यमुनानगर
कुरुक्षेत्र
कैथल
करनाल
सिरसा
फतेहाबाद
जींद
पानीपत
हिसार
सोनीपत
रोहतक
भिवानी
दिल्ली
चरखी दादरी
झज्जर
महेन्द्रगढ़
रेवाड़ी
गुरुग्राम
फरीदाबाद
पलवल
पंजाब
राजस्थान
उत्तर प्रदेश
संकेत :
जिला मुख्यालय
राज्य की राजधानी

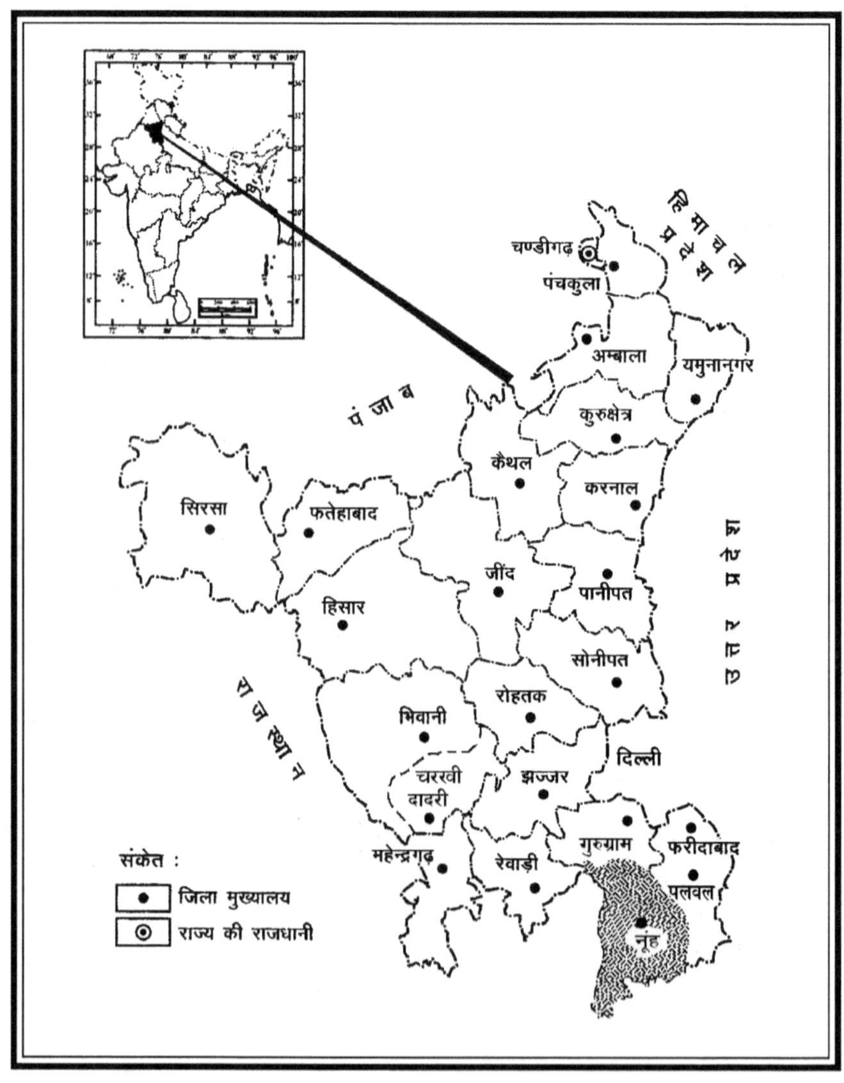

आर॰ गुप्ता® कृत

हरियाणा सामान्य ज्ञान

हरियाणा राज्य की विविध प्रतियोगी परीक्षाओं के लिए उपयोगी पुस्तक, वस्तुनिष्ठ प्रश्नोत्तर सहित

देशोऽस्ति हरयणाख्यः

पृथिव्यां स्वर्गसन्निभः

(हरियाणा नाम एक देश (प्रदेश) है जो इस धरती पर स्वर्ग के समान है)

(दिल्ली के निकट सारवान जिले से मिले विक्रमी संवत् 1385 के शिलालेख से उद्धृत)

2020
EDITION

नवीनतम संशोधित एवं परिवर्धित संस्करण

रमेश पब्लिशिंग हाउस, नई दिल्ली

प्रकाशक

ओ॰पी॰ गुप्ता, **रमेश पब्लिशिंग हाउस**

प्रशासनिक कार्यालय

12-H, न्यू दरियागंज रोड, ऑफिसर्स मेस के सामने, नई दिल्ली-110002 ① 23261567, 23275224, 23275124

E-mail: info@rameshpublishinghouse.com
Website: www.rameshpublishinghouse.com

विक्रय केन्द्र

• बालाजी मार्किट, नई सड़क, दिल्ली-6 ① 23253720, 23282525

• 4457, नई सड़क, दिल्ली-6, ① 23918938

Book Code: R-411

ISBN: 978-81-7812-566-4

HSN Code: 49011010

अनुक्रमणिका

व्यक्ति परिचय

हरियाणा मंत्रिमण्डल

मनोहर लाल खट्टर

राज्यपाल	मुख्यमंत्री
सत्यदेव नारायण आर्य	मनोहर लाल खट्टर

कैबिनेट मंत्री

मनोहर लाल खट्टर	मुख्यमंत्री, वित्त, नगर एवं देहात योजना, सामान्य प्रशासन, हाउसिंग, इन्फॉरमेशन टेक्नोलॉजी, राजभवन मामले, जनस्वास्थ्य अभियांत्रिकी, सिंचाई एवं जल संसाधन, योजना एवं पर्यावरण समेत वे सभी मंत्रालय जो किसी मंत्री को आवंटित नहीं हैं।
दुष्यंत चौटाला	उपमुख्यमंत्री, राजस्व एवं आपदा प्रबंधन, आबकारी और कर, विकास एवं पंचायतें, उद्योग और वाणिज्य, सार्वजनिक निर्माण, खाद्य, नागरिक आपूर्ति और उपभोक्ता मामले, श्रम एवं रोजगार, नागर विमानन, पुनर्वास, समेकन।
अनिल विज	गृह, शहरी स्थानीय निकाय, स्वास्थ्य, चिकित्सा शिक्षा एवं शोध, आयुष, तकनीकी शिक्षा, विज्ञान एवं तकनीक।
कंवर पाल गुज्जर	शिक्षा, वन, पर्यटन, संसदीय कार्य, अतिथि सत्कार।
रणजीत सिंह चौटाला	ऊर्जा, नवीन एवं नवीकरणीय ऊर्जा, जेल।
जय प्रकाश दलाल	कृषि एवं किसान कल्याण, पशुपालन एवं डेयरी, मत्स्य, कानून एवं न्याय।
बनवारी लाल	सहकारिता, अनुसूचित जाति एवं पिछड़ा वर्ग कल्याण।
मूलचंद शर्मा	परिवहन, खनन एवं भू-विज्ञान, कौशल विकास एवं औद्योगिक प्रशिक्षण, कला एवं संस्कृति कार्यक्रम।

राज्य मंत्री

ओम प्रकाश यादव	(स्वतंत्र प्रभार) सामाजिक न्याय एवं अधिकारिता, सैनिक एवं अर्ध सैनिक कल्याण।
कमलेश ढांडा	(स्वतंत्र प्रभार) महिला और बाल विकास, अभिलेखागार।
अनूप धानक	पुरातत्व और संग्रहालय (स्वतंत्र प्रभार), श्रम एवं रोजगार (उपमुख्यमंत्री से संबद्ध)।
संदीप सिंह	(स्वतंत्र प्रभार) खेल एवं युवा मामले, प्रिंटिंग एवं स्टेशनरी।

राज्यपाल

धर्मवीर	01.11.1966—14.09.1967
बी॰एन॰ चक्रवर्ती	15.09.1967—26.03.1976
आर॰एस॰ नरुला	27.03.1976—13.08.1976
जैसुखलाल हाथी	14.08.1976—23.09.1977
एच॰एस॰ बराड़	24.09.1977—09.12.1979
एस॰एस॰ सांधावलिया	10.12.1979—27.02.1980
जी॰डी॰ तपासे	28.02.1980—13.06.1984
एस॰एम॰एच॰ बर्नी	14.06.1984—21.02.1988
एच॰ए॰ बराड़	22.02.1988—06.02.1990
धनिकलाल मंडल	07.02.1990—13.06.1995
महावीर प्रसाद	14.06.1995—13.06.2000
बाबू परमानंद	14.06.2000—02.07.2004
मो॰ए॰आर॰ किदवई	07.07.2004 से जुलाई 2009
जगन्नाथ पहाड़िया	जुलाई 2009 से जुलाई 2014
कप्तान सिंह सोलंकी	27-07-2014—25.08.2018
सत्यदेव नारायण आर्य	25-08-2018 से – – –

मुख्यमंत्री

भगवत दयाल शर्मा	01.11.1966—23.03.1967
राव वीरेन्द्र सिंह	24.03.1967—20.11.1967
राष्ट्रपति शासन	**21.11.1967—21.05.1968**
बंसीलाल	21.05.1968—30.11.1975
बनारसीदास गुप्ता	01.12.1975—29.04.1977
राष्ट्रपति शासन	**30.04.1977—21.06.1977**
देवी लाल	21.06.1977—28.06.1979
भजन लाल	28.06.1979—04.06.1986
बंसीलाल	05.06.1986—19.06.1987
देवी लाल	20.06.1987—02.12.1989
ओमप्रकाश चौटाला	02.12.1989—22.05.1990
बनारसी दास गुप्ता	23.05.1990—12.07.1990
ओमप्रकाश चौटाला	12.07.1990—17.07.1990
हुकुम सिंह	17.07.1990—22.03.1991
ओमप्रकाश चौटाला	22.03.1991—06.04.1991

राष्ट्रपति शासन	**06.04.1991—23.06.1991**
भजन लाल	23.06.1991—10.05.1996
बंसीलाल	11.05.1996—22.07.1999
ओमप्रकाश चौटाला	23.07.1999—04.03.2005
भूपेन्द्र सिंह हुड्डा	05.03.2005—25.10.2014
मनोहर लाल खट्टर	26.10.2014 से – – –

विधानसभा अध्यक्ष

शन्नो देवी (देश की प्रथम महिलाध्यक्ष)	06.12.1966—07.03.1967
राव वीरेन्द्र सिंह	17.03.1967—23.03.1967
श्रीचन्द	30.03.1967—19.07.1967
मनफूल सिंह	20.07.1967—21.11.1967
रणसिंह	15.07.1968—03.04.1972
बनारसीदास गुप्ता	03.04.1972—15.11.1973
स्वरूप सिंह	16.11.1973—04.04.1977
रणसिंह	04.07.1977—08.05.1978
कर्नल राव रामसिंह	09.05.1978—24.06.1982
सरदार तारा सिंह	09.05.1982—09.07.1987
हरमोहिन्दर सिंह चट्ठा	09.07.1987—09.07.1991
ईश्वर सिंह	09.07.1991—22.05.1996
छत्तर सिंह चौहान	22.05.1996—27.07.1999
अशोक कुमार अरोड़ा	28.07.1999—01.03.2000
सतवीर सिंह कादयान	02.03.2000—20.03.2005
हरमोहिन्दर सिंह चट्ठा	21.03.2005—13.01.2006
रघुवीर कादयान	14.01.2006—27.10.2009
हरमोहिन्दर सिंह चट्ठा	28.10.2009—27.01.2011
कुलदीप शर्मा	28.01.2011— 02.11.2014
कंवर पाल गुज्जर	03.11.2014— से 03.11.2019
ज्ञान चंद गुप्ता	04.11.2019— से – – –

लोकसभा सदस्य (चुनाव 2019)

लोकसभा सदस्य	क्षेत्र	पार्टी
1. संजय भाटिया	करनाल	भाजपा
2. धर्मबीर	भिवानी-महेन्द्रगढ़	भाजपा
3. सुनिता डुग्गल	सिरसा (अ.जा.)	भाजपा

4. कृष्ण पाल	फरीदाबाद	भाजपा
5. रतनलाल कटारिया	अम्बाला (अ.जा.)	भाजपा
6. रमेश चन्दर	सोनीपत	भाजपा
7. इंद्रजीत सिंह राव	गुरुग्राम	भाजपा
8. डॉ. अरविन्द कुमार शर्मा	रोहतक	भाजपा
9. बिजेन्द्र सिंह	हिसार	भाजपा
10. नायब सिंह	कुरुक्षेत्र	भाजपा

राज्यसभा सदस्य

1. कुमारी सैलजा	कांग्रेस	2. सुभाष चंद्रा	निर्दलीय
3. बीरेन्द्र सिंह	भाजपा	4. देवेंद्र पाल वत्स	भाजपा
5. –			

विधानसभा चुनाव-2019

विधानसभा क्षेत्र	सदस्य
1. आदमपुर	कुलदीप बिश्नोई (कांग्रेस)
2. अंबाला कैंट	अनिल विज (भाजपा)
3. अंबाला सिटी	असीम गोयल (भाजपा)
4. असंध	शमशेर गोगी (कांग्रेस)
5. अटेली	सीताराम (भाजपा)
6. बाढ़ड़ा	नैना चौटाला (जजपा)
7. बड़खल	सीमा त्रिखा (भाजपा)
8. बादली	कुलदीप वत्स (कांग्रेस)
9. बादशाहपुर	राकेश दौलताबाद (निर्दलीय)
10. बहादुरगढ़	राजेंद्र सिंह जून (कांग्रेस)
11. बल्लभगढ़	मूलचंद शर्मा (भाजपा)
12. बरौदा	श्रीकृष्ण हुड्डा (कांग्रेस)
13. बरवाला	जोगीराम सिहाग (जजपा)
14. बावल	डॉ. बनवारी लाल (भाजपा)
15. बवानी खेड़ा	बिशम्भर सिंह (भाजपा)
16. बेरी	रघुवीर सिंह कादियान (कांग्रेस)
17. भिवानी	घनश्याम सर्राफ (भाजपा)
18. डबवाली	अमित सिहाग (कांग्रेस)
19. दादरी	सोमवीर फौगाट (निर्दलीय)

20.	ऐलनाबाद	अभय सिंह चौटाला (इनेलो)
21.	फरीदाबाद	नरेंद्र गुप्ता (भाजपा)
22.	फरीदाबाद एनआईटी	नीरज शर्मा (कांग्रेस)
23.	फतेहाबाद	दूड़ाराम (भाजपा)
24.	फिरोजपुर झिरका	मामन खान (कांग्रेस)
25.	गन्नौर	निर्मल रानी (भाजपा)
26.	गढ़ी सांपला किलोई	भूपेंद्र सिंह हुड्डा (कांग्रेस)
27.	घरौंडा	हरविंदर कल्याण (भाजपा)
28.	गोहाना	जगबीर सिंह मलिक (कांग्रेस)
29.	गुहला	ईश्वर सिंह (जजपा)
30.	गुरुग्राम	सुधीर सिंगला (भाजपा)
31.	हांसी	विनोद भ्याना (भाजपा)
32.	हथीन	प्रवीण डागर (भाजपा)
33.	हिसार	कमल गुप्ता (भाजपा)
34.	होडल	जगदीश नैय्यर (भाजपा)
35.	इंद्री	रामकुमार कश्यप (भाजपा)
36.	इसराना	बलवीर सिंह (कांग्रेस)
37.	जगाधरी	कंवर पाल गुज्जर (भाजपा)
38.	झज्जर	गीता भुक्कल (कांग्रेस)
39.	जींद	डॉ. कृष्णपाल मिड्ढा (भाजपा)
40.	जुलाना	अमरजीत ढांडा (जजपा)
41.	कैथल	लीलाराम गुर्जर (भाजपा)
42.	कलानौर	शकुंतला खटक (कांग्रेस)
43.	कालांवाली	शीशपाल सिंह (कांग्रेस)
44.	कलायत	कमलेश ढांडा (भाजपा)
45.	कालका	प्रदीप चौधरी (कांग्रेस)
46.	करनाल	मनोहरलाल खट्टर (भाजपा)
47.	खरखौदा	जयवीर सिंह (कांग्रेस)
48.	कोसली	लक्ष्मण यादव (भाजपा)
49.	लाडवा	मेवा सिंह (कांग्रेस)
50.	लोहारू	जयप्रकाश दलाल (भाजपा)
51.	महेंद्रगढ़	रावदान सिंह (कांग्रेस)
52.	महम	बलराज कुंडू (निर्दलीय)
53.	मुलाना	वरुण चौधरी (कांग्रेस)
54.	नलवा	रणबीर गंगवा (भाजपा)

55.	नांगल	डॉ. अभय यादव (भाजपा)
56.	नारायणगढ़	शैली (कांग्रेस)
57.	नारनौल	ओमप्रकाश यादव (भाजपा)
58.	नारनौंद	रामकुमार गौतम (जजपा)
59.	नरवाना	रामनिवास (जजपा)
60.	नीलोखेड़ी	धर्मपाल गोंदर (निर्दलीय)
61.	नूंह	अफताब अहमद (कांग्रेस)
62.	पलवल	दीपक मंगला (भाजपा)
63.	पंचकुला	ज्ञानचंद गुप्ता (भाजपा)
64.	पानीपत सिटी	प्रमोद विज (भाजपा)
65.	पानीपत ग्रामीण	महिपाल डांडा (भाजपा)
66.	पटौदी	सत्य प्रकाश (भाजपा)
67.	पिहोवा	संदीप सिंह (भाजपा)
68.	पृथला	नयनपाल रावत (निर्दलीय)
69.	पुन्हाना	मोहम्मद इलियास (कांग्रेस)
70.	पूंडरी	रणधीर सिंह गोलन (निर्दलीय)
71.	रादौर	बिशनलाल (कांग्रेस)
72.	राई	मोहन लाल (भाजपा)
73.	रानिया	रणजीत चौटाला (निर्दलीय)
74.	रतिया	लक्ष्मण नापा (भाजपा)
75.	रेवाड़ी	चिरंजीव राव (कांग्रेस)
76.	रोहतक	भारत भूषण बत्रा (कांग्रेस)
77.	सढौरा	रेणू बाला (कांग्रेस)
78.	सफीदों	सुभाष गंगौली (कांग्रेस)
79.	समालखा	धर्मसिंह छौक्कर (कांग्रेस)
80.	शाहाबाद	रामकरण काला (जजपा)
81.	सिरसा	गोपाल कांडा (हलोपा)
82.	सोहना	संजय सिंह (भाजपा)
83.	सोनीपत	सुरेंद्र पंवार (कांग्रेस)
84.	थानेसर	सुभाष सुधा (भाजपा)
85.	तीगांव	राजेश नागर (भाजपा)
86.	टोहाना	देवेंद्र बबली (जजपा)
87.	तोशाम	किरण चौधरी (कांग्रेस)
88.	उचाना	दुष्यंत चौटाला (जजपा)
89.	उकलाना	अनूप धानक (जजपा)
90.	यमुनानगर	घनश्याम सर्राफ (भाजपा)

भारत सरकार

❈ राष्ट्रपति : श्री रामनाथ कोविंद   ❈ उपराष्ट्रपति : श्री एम. वेंकैया नायडू

मंत्रिपरिषद्

नरेन्द्र मोदी : प्रधानमंत्री, कार्मिक, लोक शिकायत और पेंशन, परमाणु ऊर्जा व अंतरिक्ष विभाग एवं वे सभी विभाग जो किसी दूसरे को आवंटित नहीं किए गए हैं।

कैबिनेट मंत्री

+ **अमित शाह** : गृह

+ **राजनाथ सिंह** : रक्षा

+ **नितिन गडकरी** : सड़क, परिवहन एवं राजमार्ग, सूक्ष्म, लघु एवं मध्यम उद्यम

+ **डी वी सदानंद गौड़ा** : रसायन एवं उर्वरक

+ **निर्मला सीतारमण** : वित्त एवं कार्पोरेट मामले

+ **रविशंकर प्रसाद** : विधि एवं न्याय, संचार, इलेक्ट्रॉनिक्स और सूचना प्रौद्योगिकी

+ **रामविलास पासवान** : उपभोक्ता मामले, खाद्य एवं सार्वजनिक वितरण

+ **नरेंद्र सिंह तोमर** : कृषि एवं किसान कल्याण, ग्रामीण विकास, पंचायती राज

+ **हरसिमरत कौर बादल** : खाद्य प्रसंस्करण उद्योग

+ **थावरचंद गहलोत** : सामाजिक न्याय एवं अधिकारिता

+ **एस जयशंकर** : विदेश

+ **रमेश पोखरियाल निशंक** : मानव संसाधन विकास

+ **स्मृति ईरानी** : महिला एवं बाल विकास, कपड़ा

+ **अर्जुन मुंडा** : आदिवासी मामले

+ **डॉ. हर्षवर्धन** : स्वास्थ्य एवं परिवार कल्याण, विज्ञान और प्रौद्योगिकी, पृथ्वी विज्ञान

+ **प्रकाश जावड़ेकर** : पर्यावरण, वन एवं जलवायु परिवर्तन, सूचना एवं प्रसारण मंत्री, भारी उद्योग एवं लोक उद्यम का अतिरिक्त प्रभार।

+ **पीयूष गोयल** : रेलवे, वाणिज्य एवं उद्योग

+ **धर्मेंद्र प्रधान** : पेट्रोलियम एवं प्राकृतिक गैस, स्टील

+ **मुख्तार अब्बास नकवी** : अल्पसंख्यक मामले

+ **प्रह्लाद जोशी** : संसदीय कार्य, कोयला, खनन

+ **महेंद्र नाथ पांडेय** : कौशल विकास और उद्यमिता

+ **गिरिराज सिंह** : पशुपालन, डेयरी एवं मत्स्य पालन

+ **गजेंद्र सिंह शेखावत** : जल शक्ति

राज्यमंत्री (स्वतंत्र प्रभार)

+ **संतोष कुमार गंगवार** : श्रम एवं रोजगार

+ **इंद्रजीत सिंह राव** : सांख्यिकी एवं कार्यक्रम कार्यान्वनयन, योजना

- **श्रीपद येसो नाइक :** आयुष (स्वतंत्र प्रभार), (आयुर्वेद, योग, प्राकृतिक चिकित्सा, यूनानी, सिद्ध एवं होम्योपैथी), रक्षा राज्यमंत्री

- **डॉ. जितेंद्र सिंह :** पूर्वोत्तर विकास (स्वतंत्र प्रभार), पीएमओ में राज्य मंत्री (कार्मिक, लोक शिकायत और पेंशन, परमाणु ऊर्जा, अंतरिक्ष)

- **किरण रिजिजू :** खेल एवं युवा मामले (स्वतंत्र प्रभार), अल्पसंख्यक मामले के राज्यमंत्री

- **प्रहलाद पटेल :** पर्यटन एवं सांस्कृति

- **राजकुमार सिंह :** ऊर्जा, नवीन और नवीकरणीय ऊर्जा (स्वतंत्र प्रभार), कौशल विकास एवं उद्यमिता राज्यमंत्री

- **हरदीप सिंह पुरी :** आवास एवं शहरी विकास, नागरिक उड्डयन (स्वतंत्र प्रभार), वाणिज्य एवं उद्योग राज्यमंत्री

- **मनसुख मंडाविया :** जहाजरानी (स्वतंत्र प्रभार), रसायन एवं उर्वरक राज्यमंत्री

राज्यमंत्री

- **फग्गन सिंह कुलस्ते :** इस्पात

- **अश्विनी कुमार चौबे :** स्वास्थ्य एवं परिवार कल्याण

- **अर्जुन राम मेघवाल :** संसदीय मामले, भारी उद्योग एवं लोक उद्यम

- **कृष्णपाल गुर्जर :** सामाजिक न्याय एवं अधिकारिता

- **जन. (रिटा.) वी.के. सिंह :** सड़क परिवहन एवं राजमार्ग

- **राव साहेब दानवे :** उपभोक्ता मामले, खाद्य एवं सार्वजनिक वितरण

- **जी. किशन रेड्डी :** गृह

- **पुरुषोत्तम रूपाला :** कृषि एवं किसान कल्याण

- **रामदास अठावले :** सामाजिक न्याय एवं अधिकारिता

- **साध्वी निरंजन ज्योति :** ग्रामीण विकास

- **बाबुल सुप्रियो :** पर्यावरण, वन एवं जलवायु परिवर्तन

- **संजीव बालियान :** पशुपालन, दुग्ध एवं मत्स्य पालन

- **संजय शामराव धोत्रे :** मानव संसाधन, संचार, इलेक्ट्रॉनिक्स और सूचना प्रौद्योगिकी

- **अनुराग सिंह ठाकुर :** वित्त एवं कार्पोरेट मामले

- **सुरेश चन्ना बासप्पा आंगड़ी :** रेलवे

- **नित्यानंद राय :** गृह

- **रतन लाल कटारिया :** जल शक्ति, सामाजिक न्याय एवं अधिकारिता

- **वी. मुरलीधरनः** विदेश, संसदीय कार्य

- **रेणुका सिंह सरुता :** आदिवासी मामले

- **सोम प्रकाश :** वाणिज्य एवं उद्योग

- **रामेश्वर तेली :** खाद्य प्रसंस्करण

- **प्रताप चंद्र सारंगी :** सूक्ष्म, लघु एवं मध्यम उद्यम, पशुपालन, डेयरी एवं मत्स्य

- **कैलाश चौधरी :** कृषि एवं किसान कल्याण

- **देबाश्री चौधरी :** महिला एवं बाल विकास

समसामयिक घटनाचक्र

विधानसभा चुनाव – 2019

हरियाणा में भाजपा के मनोहर लाल खट्टर ने 27 अक्टूबर, 2019 को लगातार दूसरी बार राज्य के मुख्यमंत्री पद की शपथ ले ली है। 10 विधायकों के साथ भाजपा को समर्थन देने वाली जननायक जनता पार्टी (जजपा) के संयोजक दुष्यंत सिंह चौटाला ने उप मुख्यमंत्री पद की शपथ ली। इससे पूर्व राज्य में 90 सीटों के लिए 21 अक्टूबर को हुए विधानसभा चुनाव की मतगणना 24 अक्टूबर को सम्पन्न हुई। इसमें कोई भी पार्टी अकेले सरकार बनाने लायक बहुमत नहीं प्राप्त कर सकी। इसलिए भाजपा को जजपा के साथ मिलकर गठबंधन सरकार का गठन करना पड़ा। सत्ताधारी भाजपा की सीटें पिछली बार 47 से 7 घट गई। लोकसभा चुनाव की तुलना में भाजपा का वोट शेयर भी 23.29 प्रतिशत घट गया। मुख्यमंत्री मनोहरलाल और उनके दो मंत्रियों को छोड़कर उनकी कैबिनेट के अन्य साथी हार गए। इस चुनाव में कांग्रेस को काफी फायदा हुआ है, उसे पिछली बार से 16 सीटें ज्यादा मिली हैं। राज्य में सबसे ज्यादा फायदा जननायक जनता पार्टी (जजपा) को हुआ है। महज 11 माह पहले बनी जजपा को 10 सीटें मिलीं। राज्य में बनी नई भाजपा-जजपा गठबंधन सरकार ने अपना न्यूनतम साझा कार्यक्रम भी जारी कर दिया है। दिल्ली से सटे हरियाणा की सीटों पर मुकाबले दिलचस्प रहे। सोनीपत से कांग्रेस के सुरेंद्र पंवार ने बीजेपी की कविता जैन को हराया। उन्होंने 32 हजार से ज्यादा वोट से जीत हासिल की। कविता मौजूदा विधायक थीं। राई से बीजेपी के मोहनलाल ने कांग्रेस के जयतीरथ को ढाई हजार वोट से ज्यादा से हराया। बहादुरगढ़ से कांग्रेस के राजेंद्र सिंह ने बीजेपी के नरेश कौशिक को 15 हजार से ज्यादा वोट से हराया। गुड़गांव की 9 सीटों में से बीजेपी ने 4, कांग्रेस ने 4 और अन्य ने एक सीट जीती। 14 नवंबर, 2019 को भाजपा-जजपा गठबंधन सरकार का पहला मंत्रिमंडल विस्तार हुआ। भाजपा से 8, जजपा से 1 व एक निर्दलीय को मंत्रिमंडल में जगह मिली है।

चुनाव परिणाम कुल सीटें 90	
पार्टी	*सीटें*
भाजपा	40
कांग्रेस	31
जजपा	10
इनेलो	1
हलोपा	1
निर्दलीय	7

कपिल देव बने राई खेल विश्वविद्यालय के पहले चांसलर

टीम इंडिया के पूर्व कप्तान कपिल देव को सोनीपत के राई स्थित खेल विश्वविद्यालय का पहला कुलाधिपति (चांसलर) बनाया गया। 1983 में भारतीय टीम को पहला विश्व कप दिलाने वाले कपिल देव के कद को देखते हुए प्रदेश सरकार ने मानसून सत्र में ही नियमों में बदलाव कर उन्हें विश्वविद्यालय की कमान सौंपने का रास्ता साफ कर दिया था। नियमानुसार प्रदेश के सभी विश्वविद्यालय के कुलाधिपति राज्यपाल होते हैं, लेकिन खेल विश्वविद्यालय को इससे बाहर रखा गया है। राज्यपाल खेल विश्वविद्यालय के संरक्षक होंगे। कुलपति (वाइस चांसलर) की अलग से नियुक्ति की जाएगी। राई स्थित खेल विश्वविद्यालय देश की तीसरी स्पोर्ट्स यूनिवर्सिटी है, जो किसी राज्य सरकार ने शुरू की है। इससे पहले गुजरात (स्वर्णिम गुजरात स्पोर्ट्स यूनिवर्सिटी) और चेन्नई (तमिलनाडु फिजिकल एजुकेशन एंड स्पोर्ट्स यूनिवर्सिटी) में खेल विश्वविद्यालय संचालित हैं।

बजट 2019–20

हरियाणा में मुख्यमंत्री मनोहर लाल की अगुआई वाली भाजपा सरकार ने 25 फरवरी, 2019 को अपने इस कार्यकाल का आखिरी बजट पेश किया। बजट में हर वर्ग का ख्याल रखा गया है। एक लाख 32 हजार 165.99 करोड़ रुपये का बजट पेश करते हुए वित्त मंत्री ने प्रदेश की जनता पर कोई नया टैक्स नहीं लगाया है। मुख्यमंत्री मनोहर लाल की मौजूदगी में वर्ष 2019-20 का वार्षिक बजट पेश करते हुए वित्त मंत्री ने करीब दो दर्जन नई परियोजनाओं की सौगात दी। बजट में किसानों के साथ-साथ श्रमिकों व खेतिहर मजदूरों पर विशेष फोकस रखा गया है। वित्त मंत्री ने कुल बजट का 26.12 प्रतिशत आर्थिक सेवाओं (कृषि, सिंचाई, ग्रामीण विद्युतीकरण, परिवहन, ग्रामीण विकास तथा पंचायत) पर खर्च करने का ऐलान किया है। सामाजिक कल्याण की सेवाओं शिक्षा, स्वास्थ्य और परिवार कल्याण पर 3,069 फीसद बजट खर्च होगा। पिछले वर्ष के एक लाख 15 हजार 198 करोड़ के बजट के मुकाबले इस बार 14.73 प्रतिशत इजाफे के साथ वित्त मंत्री ने एक लाख 32 हजार 165.99 करोड़ रुपये का बजट पेश किया है। बजट में राजस्व घाटा 12 हजार 22 करोड़ रुपये रहने का अनुमान है, जिसे सरकार अगले पांच साल में शून्य पर लाने का लक्ष्य लेकर चल रही है। वित्त मंत्री के अनुसार, किसानों व असंगठित क्षेत्र के मजदूरों पर खर्च होने वाले 1500 करोड़ को किस तरह से खर्च किया जाना है, इसकी अलग से योजना तैयार होगी।

वार्षिक बजट 2019-20 की प्रमुख विशेषताएँ

- ❖ 1,32,165.99 करोड़ रुपये के बजट में कृषि विभाग के लिए 3834.33 करोड़ रुपये का प्रस्ताव किया गया है।
- ❖ कृषि क्षेत्र के लिए 2210.51 करोड़ रुपये, पशुपालन के लिए 1026.68 करोड़ रुपये, बागवानी के लिए 523.88 करोड़ रुपये मत्स्य पालन के लिए 73.26 करोड़ रुपये का प्रावधान किया है।
- ❖ सहकारिता के लिए 1396.21 करोड़ रुपये का प्रावधान किया गया है। वर्ष 2020-21 तक 750 करोड़ की कुल लागत से शाहबाद चीनी मिल में 60 केएलपीडी का एथनोल प्लांट लगाने का प्रावधान है।
- ❖ बजट में पीएम किसान सम्मान निधि की तरह किसान पेंशन और अन्य योजनाओं के लिए 1500 करोड़ रुपये का प्रस्ताव किया गया है।
- ❖ हरियाणा बजट में राजस्व घाटा 12 हजार 22 करोड़ रुपये रहने का अनुमान है, जिसे सरकार अगले पांच साल में शून्य पर लाने का लक्ष्य लेकर चल रही है।
- ❖ सैनिक एवं अर्धसैनिक कल्याण विभाग के बजट में 64% बढ़ोतरी करते हुए इसके लिए 211 करोड़ 30 लाख रुपये का बजट आवंटित हुआ है। पिछले साल इस विभाग को 128 करोड़ 81 लाख रुपये का बजट मिला था।
- ❖ खेल और युवा मामले में 401.17 करोड़ रुपये की राशि आवंटित करने का प्रस्ताव रखा गया है।
- ❖ तकनीकी शिक्षा के लिए 512.72 करोड़ रुपये का प्रावधान किया है।
- ❖ स्वास्थ्य विभाग के लिए 5,040.65 करोड़ रुपये का प्रावधान किया गया है। स्वास्थ्य एवं परिवार कल्याण के लिए 3,126.64 करोड़ रुपये, चिकित्सा शिक्षा व अनुसंधान के लिए 1,358.75 करोड़ रुपये, आयुष के लिए 337.2 करोड़ रुपये का प्रावधान किया गया है।
- ❖ भिवानी महेंद्रगढ़ और जींद में मेडिकल कॉलेज के निर्माण के लिए बजट मंजूर किया गया है।
- ❖ गुरुग्राम नगर निगम और श्रीमाता शीतला देवी पूजा स्थल बोर्ड मिलकर चौथा मेडिकल कॉलेज बनाएंगे।

1 | हरियाणा—एक परिचय

- राज्य : हरियाणा
- स्थापना दिवस : 1 नवम्बर, 1966
- क्षेत्रफल : 44,212 वर्ग किमी.।
- स्थिति : भारत का उत्तर–पश्चिमी राज्य
- भौगोलिक स्थिति : 27°39' से 30°55 5" उत्तरी अक्षांश तथा 74°27'8" से 77°36'5" पूर्वी देशान्तर
- सीमावर्ती राज्य : उत्तर–हिमाचल प्रदेश, दक्षिण और दक्षिण-पश्चिम—राजस्थान, पूर्व—उत्तर प्रदेश, उत्तराखंड और दिल्ली, उत्तर-पश्चिम— पंजाब और चण्डीगढ़

प्रशासनिक ढांचा (फरवरी 2018 तक)

- मण्डल (डिवीजन) : 6 (अम्बाला, हिसार, गुरुग्राम, रोहतक, करनाल, फरीदाबाद)
- जिले : 22
- उप-मण्डल : 73
- तहसील : 93
- उप-तहसील : 49
- खण्ड (ब्लॉक) : 140
- गाँव : 6,841 (गैर आबाद सहित)
- नगर : 154
- उच्च न्यायालय : पंजाब व हरियाणा हाईकोर्ट
- विधानमण्डल : एक सदनात्मक (विधानसभा)

1

- विधानसभा सदस्यों की संख्या : 90
- लोकसभा सदस्यों की संख्या : 10
- राज्यसभा सदस्यों की संख्या : 05
- प्रथम राज्यपाल : धर्मवीर
- प्रथम मुख्यमंत्री : भगवत दयाल शर्मा
- क्षेत्रफल की दृष्टि से देश में स्थान : 21वाँ
- सर्वाधिक क्षेत्रफल वाला जिला : सिरसा (4277 वर्ग किमी.)
- सबसे कम क्षेत्रफल वाला जिला : फरीदाबाद (741 वर्ग किमी.)
- जनसंख्या (जनगणना 2011 के अनुसार) : 25,351,462
  (*पुरुष:* 13,494,734; *महिलाएं:* 11,856,728)
- ग्रामीण जनसंख्या : 16,509,359
  (*पुरुष:* 8,774,006; *महिलाएं:* 7,735,353)
- नगरीय जनसंख्या : 8,842,103
    पुरुष : 4,720,728
    महिलाएं : 4,121,375
- जनसंख्या की दृष्टि से भारत में स्थान : 18वाँ
- भारत की कुल जनसंख्या का प्रतिशत : 2 प्रतिशत
- सर्वाधिक जनसंख्या वाला जिला : फरीदाबाद (18,09,733)
- सबसे कम जनसंख्या वाला जिला : पंचकुला (5,61,293)
- पन्द्रह लाख से अधिक जनसंख्या : 4 (हिसार, गुरुग्राम, फरीदाबाद, करनाल)
  वाले जिले
- दस लाख से अधिक जनसंख्या वाले जिले : 15 (अम्बाला, सिरसा, जींद, करनाल, सोनीपत, भिवानी, फरीदाबाद, गुरुग्राम, यमुनानगर, हिसार, पलवल, कैथल, पानीपत, रोहतक, नूंह)
- 0-6 वर्ष आयु वर्ग के बच्चों की जनसंख्या : 33,80,721 (13.3 प्रतिशत)
- 0-6 वर्ष आयु वर्ग के बालक : 18,43,109
  शिशुओं की जनसंख्या
- 0-6 वर्ष आयु वर्ग के बालिका : 15,37,612
  शिशुओं की जनसंख्या

- दशकीय जनसंख्या वृद्धि दर : 19.90 प्रतिशत
  (2001-2011)
- सबसे अधिक जनसंख्या वृद्धि दर : गुरुग्राम (73.14 प्रतिशत)
  वाला जिला
- सबसे कम जनसंख्या वृद्धि दर वाला जिला : झज्जर (8.73 प्रतिशत)
- साक्षर व्यक्तियों की जनसंख्या : 16,598,988
  साक्षर पुरुषों की जनसंख्या : 9,794,067
  साक्षर महिलाओं की जनसंख्या : 6,804,921
- साक्षरता प्रतिशत : 75.6 प्रतिशत
  पुरुष : 84.1 प्रतिशत
  महिलाएं : 65.9 प्रतिशत
- साक्षरता की दृष्टि से भारत के राज्यों/
  केन्द्र शासित प्रदेश में स्थान : 22वाँ
- सबसे अधिक साक्षरता दर वाला जिला : गुरुग्राम (84.7 प्रतिशत)
- सबसे कम साक्षरता दर वाला जिला : नूंह (54.1 प्रतिशत)
- राज्य में कार्य सहभागिता दर : 29.62 प्रतिशत
- राजकीय खेल : कुश्ती
- राजकीय पशु : काला मृग
- राजकीय पक्षी : काला तीतर
- मुख्य भाषाएं : हिन्दी व हरियाणवी
- हरियाणवी भाषा में लिखा गया प्रथम उपन्यास : झाड़ूफिरी
- हरियाणा केसरी : पं. नेकीराम शर्मा
- हरियाणा के प्रथम राज्य कवि : उदयभान हंस
- पहली हरियाणवी फिल्म : चन्द्रावल (निर्मात्री—सौभाग्य देवी शंकर)
- हवाई अड्डे : भिवानी, नारनौल, करनाल, हिसार,
  पिंजौर

- पर्वत : उत्तर में शिवालिक पहाड़ियाँ तथा दक्षिण-पश्चिम में अरावली पर्वत श्रेणियाँ

- प्रमुख त्योहार/पर्व : लोहड़ी तथा टिक्का

- भारत का 'बुनकरों का शहर' : पानीपत

- 'पहाड़ियों की रानी' के नाम से प्रसिद्ध : मोरनी हिल्स

- प्रमुख झीलें : बड़खल, सायवी

- प्रमुख नदियाँ : यमुना, घग्घर, मारकण्डा

- एशिया का सबसे बड़ा पशु-फार्म : हिसार

- नेशनल डेयरी रिसर्च इन्सटीट्यूट : करनाल

- प्रतिव्यक्ति आय (2016-2017) : 1,78,890 रुपए (वर्तमान मूल्यों के आधार पर)

- महाभारतकालीन कौरव-पांडव युद्ध मैदान : कुरुक्षेत्र

- प्रमुख पर्यटन स्थल : राज्य में 43 पर्यटक परिसर (टूरिस्ट कॉम्पलेक्स) हैं, जिनमें 63 लाख से ज्यादा पर्यटक प्रतिवर्ष आते हैं। इन पर्यटन केन्द्रों में प्रमुख हैं:
  - पिंजौर गार्डन (पिंजौर),
  - फ्लेमिंगों (हिसार),
  - मैना (रोहतक),
  - रेड बिशप (पंचकुला),
  - दमदमा (गुरुग्राम),
  - सुल्तानपुर पक्षी विहार (गुरुग्राम),
  - चीड़ वन के लिए प्रसिद्ध मोरनी हिल्स,
  - सूरजकुंड और
  - बड़खल झील (फरीदाबाद)।

◆◆◆

2 | इतिहास

भारतीय गणतन्त्र में, एक अलग राज्य के रूप में, हरियाणा की स्थापना यद्यपि 1 नवम्बर, 1966 को हुई, किन्तु एक विशिष्ट ऐतिहासिक एवं सांस्कृतिक इकाई के रूप में हरियाणा का अस्तित्व प्राचीन काल से मान्य रहा है। यह राज्य आदिकाल से ही भारतीय संस्कृति और सभ्यता की धुरी रहा है। मनु के अनुसार इस प्रदेश का अस्तित्व देवताओं से हुआ था, इसलिए इसे 'ब्रह्मावर्त' का नाम दिया गया था।

हरियाणा के विषय में वैदिक साहित्य में अनेक उल्लेख मिलते हैं। इस प्रदेश में की गई खुदाइयों से यह ज्ञात होता है कि सिंधु घाटी सभ्यता और मोहनजोदड़ों संस्कृति का विकास यहीं पर हुआ था।

शास्त्र-वेत्ताओं, पुराण-रचयिताओं एवं विचारकों ने लम्बे समय तक इस ब्रह्मर्षि प्रदेश की मनोरम गोद में बैठकर ज्ञान का प्रसार अनेक धर्म-ग्रन्थ लिखकर किया। उन्होंने सदा मां सरस्वती और पावन ब्रह्मावर्त का गुणगान अपनी रचनाओं में किया।

इस राज्य को *ब्रह्मावर्त तथा ब्रह्मर्षि प्रदेश* के अतिरिक्त 'ब्रह्मा की उत्तरवेदी' के नाम से भी पुकारा गया है। इस राज्य को आदि सृष्टि का जन्म-स्थान भी माना जाता है। यह भी मान्यता है कि मानव जाति की उत्पत्ति जिन वैवस्तु मनु से हुई, वे इसी प्रदेश के राजा थे। ''अवन्ति सुन्दरी कथा'' में इन्हें स्थाण्वीश्वर निवासी कहा गया है। पुरातत्त्ववेत्ताओं के अनुसार आद्यैतिहासिक कालीन-प्रागहड़प्पा, हड़प्पा, परवर्ती हड़प्पा आदि अनेक संस्कृतियों के अनेक प्रमाण हरियाणा के वणावली, सीसवाल, कुणाल, मिर्जापुर, दौलतपुर और भगवानपुरा आदि स्थानों के उत्खननों से प्राप्त हुए हैं।

भरतवंशी सुदास ने इस प्रदेश से ही अपना विजय अभियान प्रारम्भ किया और आर्यों की शक्ति को संगठित किया। यहीं भरतवंशी आर्य देखते-देखते सुदूर पूर्व और दक्षिण में अपनी शक्ति को बढ़ाते गये। उन्हीं वीर भरतवंशियों के नाम पर ही तो आगे चल कर पूरे राष्ट्र का नाम 'भारत' पड़ा।

महाभारत-काल से शताब्दियों पूर्व आर्यवंशी कुरुओं ने यहीं पर कृषि-युग का प्रारम्भ किया। पौराणिक कथाओं के अनुसार उन्होंने आदिरूपा माँ सरस्वती के 48 कोस के उपजाऊ प्रदेश को पहले-पहल कृषि योग्य बनाया। इसलिए तो उस 48 कोस की कृषि-योग्य धरती को कुरुओं के नाम पर कुरुक्षेत्र कहा गया जो आज तक भी भारतीय संस्कृति का पवित्र प्रदेश माना जाता है।

बहुत बाद तक सरस्वती और गंगा के बीच के बहुत बड़े भू-भाग को 'कुरु प्रदेश' के नाम से जाना जाता रहा। महाभारत का विश्व-प्रसिद्ध युद्ध कुरुक्षेत्र में लड़ा गया। इसी युद्ध के शंखनादों के स्वरों के बीच से एक अद्भुत स्वर उभरा। वह स्वर था युगपुरुष भगवान कृष्ण का, जिन्होंने गीता का उपदेश यहीं पर दिया था, गीता जो भारतीय संस्कृति के बीजमंत्र के रूप में सदा-सदा के लिए अमर हो गई।

महाभारत-काल के बाद एक अंधा युग शुरु हुआ जिसके ऐतिहासिक यथार्थ का ओर-छोर नहीं मिलता। परन्तु इस क्षेत्र के आर्यकुल अपनी आर्य परम्पराओं को अक्षुण्ण रखते हुए बाहर के आक्रांताओं से टकराते रहे। पूरा कुरु-प्रदेश गणों और जनपदों में बंटा हुआ था। कोई राजा नहीं होता था। गणाधिपति का चुनाव बहुमत से होता था। उसे गणपति की उपाधि दी जाती थी, सेनापति का भी चुनाव हुआ करता था, जिसे 'इन्दु' कहा जाता था। कालांतर तक यह राज-व्यवस्था चलती रही। इन गणों और जनपदों ने सदैव तलवार के बल पर अपने गौरव को बनाए रखा।

आर्यकाल से ही यहाँ के जनमानस ने गण-परम्परा को बेहद प्यार किया था। गांव के एक समूह को वे जनपद कहते थे। जनपद की शासन-व्यवस्था ग्रामों से चुने गये प्रतिनिधि संभालते थे। इसी प्रकार कई जनपद मिलकर अपना एक 'गण' स्थापित करते थे। 'गण' एक सुव्यवस्थित राजनैतिक इकाई का रूप लेता था। 'गणसभा' की स्थापना जनपदों द्वारा भेजे गये सदस्यों से सम्पन्न होती थी।

यह भी देखा गया है कि इस तरह के कई 'गण' मिलकर अपना एक संघ बनाया करते थे, जिसे गण-संघ के रूप में जाना जाता था। यौधेय काल में इसी तरह कई गणराज्यों के संगठन से एक विशाल 'गण-संघ' बनाया गया था जो शतद्रु से लेकर गंगा तक के भूभाग पर राज्य करता था।

राज्य-प्रबन्ध की यह व्यवस्था केवल मात्र राजनीतिक नहीं थी, सामाजिक जीवन में भी इस व्यवस्था ने महत्त्वपूर्ण स्थान ले लिया था। यही कारण था कि पूरे देश में जब गणराज्यों की यह परम्परा साम्राज्यवादी शक्तियों के दबाव से समाप्त हो गई तब भी हरियाणा प्रदेश के जनमानस ने इसे सहेजे रखा।

इस प्रदेश की महानगरी दिल्ली ने अनेक साम्राज्यों के उत्थान-पतन देखे परन्तु यहां के जन-जीवन में उन सब राजनैतिक परिवर्तनों का बहुत अधिक प्रभाव नहीं पड़ा क्योंकि अपनी आन्तरिक-सामाजिक व्यवस्था में कभी भी इन लोगों ने बाह्य हस्तक्षेप सहन नहीं किया।

इनकी गण-परम्परा को शासकों ने भी सदा मान्यता दी। हर्षकाल से लेकर मुगल-काल के अंत तक हरियाणा की सर्वोच्च पंचायत को शासन की ओर से महत्त्व दिया जाता रहा।

सर्वखाप पंचायत के पुराने दस्तावेजों से पता चलता है कि मुगल शासकों की ओर से सर्वखाप पंचायत के प्रमुख को 'वजीर' की पदवी दी जाती थी और पंचायत के फैसलों को पूरी मान्यता मिलती थी। मुगल-काल में जनपदों का स्थान खापों ने और गणों का स्थान सर्वखाप पंचायतों ने ले लिया था। सर्वखाप पंचायत की सत्ता को सतलुज से गंगा तक मान्यता प्राप्त रही है।

इस प्रदेश में रोमन और ग्रीक गण-परम्पराओं से भी कहीं अधिक सुव्यवस्थित गण-व्यवस्था रही है।

मध्य युग में उत्तर-पश्चिम से आक्रांताओं का तांता-सा बंध गया। आक्रांता सिंधु-प्रदेश में, बिना किसी अवरोध के घुस आते थे परन्तु जब वे कुरु-प्रदेश के योद्धाओं से टकराते तो उनका सामना नहीं कर पाते थे।

बौद्ध-काल के प्रारम्भ में भी इस प्रदेश में यौधेयगण के शक्तिशाली संगठन का पता चलता है। सिकन्दर ने व्यास नदी को पार करने का साहस इसीलिए तो नहीं किया था कि व्यास के इस पार मगधों और यौधेयों की शक्ति से वह अच्छी तरह परिचित हो चुका था। वह जानता था कि यौधेयगण के विकट शूरवीरों से मुकाबला करना आसान नहीं है। बाहर की शक्तियों से टकराने वाले इन योद्धाओं ने भारत के सिंहद्वार के पहरेदारों के रूप में पीढ़ियों तक पहरा दिया। इसीलिए तो सतलुज से इस पार को ही भारत का सिंहद्वार कहा जाने लगा।

यौधेय-काल में इस उपजाऊ हरी-भरी धरती को बहुधान्यक-प्रदेश की संज्ञा भी दी गई। प्राचीन हरियाणा की सबल गण-परम्परा की जानकारी हमें एक हजार वर्ष के यौधेय इतिहास से मिलती है। हरियाणा की उस सबल गण-परम्परा के फलस्वरूप ही यहां के लोग सदा जनवादी बने रहे और कालांतर में उन्होंने हर उस साम्राज्यवादी शक्ति से टक्कर ली जिन्होंने भी उनकी जनवादी व्यवस्था में हस्तक्षेप किया। सन् 1857 का जन-विद्रोह भी उसी आस्था का प्रतीक था।

उत्तर भारत की बौद्धकालीन राजनैतिक व्यवस्था पर जो नई खोजें हुईं उनकी वजह से इतिहास का एक अंधकारमय अध्याय प्रकाश में आया है। बौद्धकाल के आरम्भ में सोलह महाजनपदों की चर्चा बौद्ध साहित्य में विस्तारपूर्वक हुई है। इनमें कुरु, पांचाल, सूरसेन, अवंती, वज्जी, कौशल, अंग, मल्ल, चैत्य, वत्स, मगध, मत्स्य, अस्सक, गंधार, कम्बोज और काशी का उल्लेख हुआ है। आधुनिक हरियाणा के भाग उस समय कुरु और पांचाल महाजनपदों के भाग थे।

प्राचीन सिक्कों, मोहरों, ठप्पों, मुद्राओं, शिलालेखों तथा अन्य ऐतिहासिक प्रमाणों के आधार पर पता चलता है कि यौधेय शक्ति का उदय ईसा पूर्व की चौथी शताब्दी में हुआ और उसने पूरे एक हजार वर्ष तक इस भू-भाग पर अपना आधिपत्य बनाये रखा।

यौधेयों के सिक्के सतलुज और यमुना के पूरे भू-भाग के अनेकों स्थानों से प्राप्त हुए हैं। आचार्य भगवानदेव ने रोहतक के खोखरा कोट तथा कई अन्य स्थानों से यौधेय काल की बहुमूल्य सामग्री जुटाई है।

यौधेय गणराज्य ने कालान्तर में एक शक्तिशाली गण-संघ का रूप ले लिया था, जिसके अन्तर्गत अनेक गणों की शक्ति जुड़ गई थी। यौधेय गणसंघ के मुख्य गण थे-यौधेय,

आर्जुनायन मालव, अग्रेय तथा भद्र। आर्जुनायन गणराज्य आधुनिक भरतपुर और अलवर क्षेत्रों पर आधारित था तथा मालव गणराज्य पहले पंजाब के आधुनिक मालवा क्षेत्र में स्थित था परन्तु इण्डोग्रीक आक्रमणों के कारण मालव राजपूताना क्षेत्र में चले गये। जयपुर क्षेत्र में मालवनगर नामक प्राचीन स्थान उनकी राजधानी थी। अग्रेय गण की राजधानी आज का अग्रोहा था। एक मत के अनुसार यहां के गणपति एवं गणाध्यक्ष को 'अग्रसेन' की उपाधि से अलंकृत किया जाता था। अग्रेय अपनी समाजवादी व्यवस्था के लिए प्रसिद्ध थे। अग्रेय शब्द कालांतर में अग्रवाल हो गया लगता है। जहाँ प्राचीनकाल में अग्रोहा अपनी समृद्धि और विकास के लिए प्रसिद्ध था वहाँ आज भी अग्रवाल जाति अपना विकास अग्रोहा से मानती है।

मौर्यकाल में भी यौधेय पूरी तरह शक्ति सम्पन्न रहे और उनका बहुधान्यक प्रदेश अपनी समृद्धि के लिए भारत में प्रसिद्ध रहा जबकि देश के अन्य गण लगभग ध्वस्त हो चुके थे।

गुप्तकाल में आकर यौधेयों का गुप्त सम्राटों से संघर्ष चला। पहले के गुप्त शासकों ने यौधेयों को केवल उनकी प्रभुसत्ता स्वीकारने तक को राजी करने का प्रयास किया किन्तु यौधेय जिन्हें अपने गणराज्य पर गर्व था किसी भी रूप में साम्राज्यवादी प्रभुत्व को स्वीकारने को तैयार नहीं हुए। परन्तु यह स्थिति चन्द्रगुप्त विक्रमादित्य के समय में बदल गई। सम्राट विक्रमादित्य ने यौधेय को मटियामेट करने का संकल्प किया और एक धारणा के अनुसार दोनों शक्तियों में लगभग चौथाई शताब्दी तक घोर संघर्ष चला और अंत में उस विशाल साम्राज्यवादी शक्ति ने देश की सम्भवतः अन्तिम गण-शक्ति को ध्वस्त कर दिया।

यौधेय काल में यह प्रदेश 'बहुधान्यक' प्रदेश के नाम से जाना जाता था। मूर्तिकला, हस्तकला और ललित कलाओं के लिए यौधेय पूरे देश में प्रसिद्ध थे। रोहतक के ढ़ोलवादक धुर उज्जैन तक पहुँचकर प्रसिद्धि प्राप्त करते थे। मल्लयुद्ध और युद्ध-कौशल में उनका जवाब नहीं था। वे जहाँ विकट योद्धा थे वहाँ जीवट वाले किसान भी थे। यह गर्व की बात है कि पूरे एक हजार वर्ष तक इस गणराज्य ने भारत के इतिहास में अपूर्व प्रसिद्धि प्राप्त की और अपने प्रदेश को गणतन्त्रात्मक राजनैतिक व्यवस्था के अधीन चरम विकास तक पहुंचाया।

हर्षकाल में भी यह पूरा प्रदेश अनेक जनपदों में बंटा था। इस काल में जनपदों और गणों की यह परम्परा यहां राजनैतिक व्यवस्था का आधार बनी रही। राजा हर्षवर्धन के पूर्वजों ने श्रीकंठ जनपद से ही अपनी शक्ति संगठित की थी। हर्ष के पिता प्रभाकर वर्धन ने स्थाण्वीश्वर (थानेशवर) में बैठकर ही एक शक्तिशाली साम्राज्य की शक्ति को बढ़ाया था। उन्होंने हूणों की बढ़ती हुई शक्ति पर जोरदार प्रहार करके उन्हें भारत से भगा दिया। गुप्तों और गांधारों की शक्ति को नष्ट करके वर्द्धनों ने उत्तर भारत के सभी भू-भागों पर अपना आधिपत्य स्थापित कर लिया। वर्द्धन वंश का सबसे प्रतापी शासक हर्षवर्धन था, जिन्होंने एक विशाल साम्राज्य की स्थापना की। हरियाणा प्रदेश का वह एक गौरवमय युग था जबकि स्थाण्वीश्वर (थानेशवर) ज्ञान, विज्ञान, शिल्प और कलाओं का प्रमुख केन्द्र बन गया था। चीनी भिक्षु ह्नेनसांग ने हर्ष की राजधानी स्थाण्वीश्वर (थानेशवर) के वैभव और समृद्धि का सुन्दर चित्रण किया है। बाण भट्ट ने अपने 'हर्षचरित' नामक ग्रन्थ में उस समय के हरियाणा प्रदेश के जन-जीवन और सांस्कृतिक-परम्पराओं का व्यापक वर्णन किया है।

हर्षकाल में जनपदों का स्वरूप ज्यों का त्यों बना रहा। सम्राट् ने कभी भी यहाँ की आन्तरिक व्यवस्था में हस्तक्षेप नहीं किया। गाँव के एक समूह को प्रशासन की एक इकाई के रूप में माना जाता रहा तथा इस प्रकार इस जनपद की सारी व्यवस्था की जिम्मेदारी ग्रामीण मुखियाओं के ऊपर रही।

सम्राट हर्षवर्धन की मृत्यु के पश्चात् यहां का जनजीवन अस्त-व्यस्त हो गया। लगातार बाहरी आक्रमण होते रहे। परन्तु यहां के लोगों ने अपनी शक्ति से आन्तरिक सामाजिक व्यवस्था को बनाये रखा।

1014 ई॰ में महमूद गजनवी ने थानेश्वर पर आक्रमण करके चक्रतीर्थ स्वामिन की मूर्ति तथा अनेक मन्दिरों को नष्ट-भ्रष्ट किया। हरियाणा के तोमर शासक ने गजनवियों को भगाने के लिए अन्य भारतीय शासकों से सहायता मांगी किन्तु किसी ने भी उसकी सहायता नहीं की। अतः ग्यारहवीं शताब्दी में हरियाणा के तोमर शासकों को गजनवी वंश, काश्मीर के लोहार शासक तथा राजस्थान के चौहार (चाहमान) शासकों के घोर विरोध का सामना करना पड़ा। तोमर शासकों के शासनकाल में हरियाणा में व्यापार, कला तथा संस्कृति ने बहुत उन्नति की जिसकी जानकारी हमें दसवीं शताब्दी में लिखित सोमदेव के ग्रन्थ 'यशस्तिलक चम्पू' से मिलती है।

बारहवीं शताब्दी में चौहान शासक अर्णोराजा (1131-51) ने हरियाणा प्रदेश पर आक्रमण कर तोमरों को पराजित कर दिया। दिल्ली तथा हरियाणा पर1156 में बीसलदेव या विग्रहराज IV ने विजय प्राप्त कर तोमरों से दिल्ली और हांसी हस्तगत कर लिये। इस विजय ने चौहानों को भारत की सर्वोच्च शक्ति बना दिया क्योंकि तोमरों के अधीन दिल्ली व हरियाणा पर अधिकार अखिल भारतीय प्रतिष्ठा का सूचक बन गया था।

इस प्रकार बारहवीं शताब्दी में हरियाणा पर चौहानों का प्रभुत्व स्थापित हो गया। उस समय दिल्ली राजनीतिक क्रिया-कलापों का केन्द्र था। दिल्ली पर भी चौहानों का प्रभुत्व स्थापित हो गया था। 1191 में दिल्ली के चौहान शासक पृथ्वीराज चौहान ने मुहम्मद गोरी को परास्त किया था, किन्तु 1192 में वह मुहम्मद गोरी के हाथों पराजित होकर मारा गया। इस प्रकार दिल्ली के साथ-साथ हरियाणा प्रदेश पर भी मुस्लिम आक्रमणकारियों का अधिकार स्थापित हो गया।

सन् 1206 में मुहम्मद गोरी की मृत्यु के बाद उसके एक गुलाम कुतुबुद्दीन ऐबक ने भारत में गुलाम वंश की नींव डाली। 1265 में गुलाम वंश के शासक बलबन ने यहां के शक्तिशाली मेवों की शक्ति को कुचलने का पूर्ण प्रयास किया। सन् 1290 में गुलामवंश के पतन के पश्चात खिलजी वंश का उदय हुआ। अलाउद्दीन जो कि सबसे प्रसिद्ध खिलजी शासक था, उसने हरियाणा की जनता का बहुत आर्थिक शोषण किया। खिलजी वंश के पतन के पश्चात तुगलक वंश का प्रारम्भ हुआ। फिरोज तुगलक नामक तुगलक शासक ने फतेहाबाद नामक एक नगर अपने पुत्र फतेह खाँ के नाम पर बसाया। उसने सिंचाई के लिए नहरें बनवाई।

1398 में तैमूर ने भारत पर आक्रमण किया। तैमूर विजयी होकर घग्घर नदी के साथ-साथ हरियाणा में प्रविष्ट हुआ। तैमूर के आने की सूचना पाते ही सिरसा के हिन्दु अपने घरों

को छोड़कर भाग गये। यहां से बहुत सी सम्पत्ति तैमूर के हाथ लगी। सिरसा के पश्चात् तैमूर ने फतेहाबाद पर आक्रमण किया तथा वहाँ तैमूर के सैनिकों ने बड़ी बेरहमी से लोगों को कत्ल किया। हिसार, करनाल, कैथल, असन्ध, तुगलकपुर तथा सालवान आदि को नष्ट-भ्रष्ट करने के बाद तैमूर पानीपत पहुँचा जहाँ पर तैमूर ने खूब लूट-पाट की।

तैमूर के भारत से जाने के पश्चात् फैली अराजकता का हरियाणावासियों ने पूरा लाभ उठाया। तैमूर द्वारा बनाये गये सैय्यदों में साम्राज्य को पुनर्जीवित करने की न तो इच्छा थी और न ही उनमें इतनी योग्यता ही थी। सैय्यदों के पश्चात् लोदी वंश का शासन प्रारम्भ हुआ। 1517 ई. में सिकन्दर लोदी के पश्चात् इब्राहीम लोदी दिल्ली की गद्दी पर बैठा।

तत्कालीन समय में हरियाणा में हसन खाँ मेवाती, जलाल खाँ तथा मोहन सिंह मंढार की रियासतें सर्वाधिक प्रसिद्ध थीं। इनमें भी हसन खाँ मेवाती सबसे शक्तिशाली शासक था। उसके राज्य में गुड़गांव जिले का मेवात क्षेत्र, महेन्द्रगढ़ का नारनौल, कानोंड का कुछ क्षेत्र तथा राजस्थान में अलवर के आसपास का बहुत बड़ा भू-भाग शामिल था। उसके पास 10,000 मेवातियों की सेना थी। देहली के शासक उसकी वीरता से प्रभावित थे। मेवाड़ के महाराणा संग्राम सिंह से उसकी अभिन्न मित्रता थी। 1526-27 में जब बाबर ने भारत पर आक्रमण किया तब हसन खाँ की खानवा के युद्ध में मृत्यु हो गई। जलाल खां तावड़ू के परगने का शासक था और जाति से खानजादा था। वह हसनखाँ मेवाती को अपना बड़ा भाई मानता था। उसके पास भी मेवों की एक बड़ी सेना थी। इसलिए शाही सेना से उसकी टक्कर होती रहती थी। जलाल खाँ बड़ा कला-प्रेमी था। उसने सोहना व तावड़ू में कई इमारतों का निर्माण करवाया। जलाल खाँ का अन्त गुमनामी की अवस्था में हुआ। मोहन सिंह मंढार की रियासत कैथल के परगने मंढार में थी। वह बड़ा वीर और लोकप्रिय था। इस वीर राजपूत ने लम्बे समय तक बाबर से मुकाबला किया।

प्रथम मुगल शासक बाबर ने भारत पर कई बार आक्रमण किये क्योंकि तत्कालीन समय में राजनीतिक दृष्टि से भारत की स्थिति बड़ी दयनीय थी। सम्पूर्ण देश छोटे-छोटे राज्यों में विभक्त था जो आपस में लड़ते रहते थे। इन परिस्थितियों का लाभ उठा कर बाबर ने 1526 ई. में भारत पर प्रबल आक्रमण किया। वह बिना किसी विरोध के हरियाणा की ऊपरी सीमाओं तक बढ़ आया। यहाँ के पानीपत नामक स्थान पर बाबर और दिल्ली के शासक इब्राहीम लोदी का ऐतिहासिक युद्ध हुआ जिसमें इब्राहीम लोदी की पराजय हुई पानीपत की विजय के पश्चात् बाबर ने बड़ी सरलता से दिल्ली पर अधिकार कर लिया। प्रशासन चलाने के लिए बाबर ने हरियाणा को चार भागों में बांट दिया। बाबर की मृत्यु के पश्चात् उसके उत्तराधिकारी (पुत्र) हुमायूँ के शासन काल में यहां का प्रशासन यथावत बना रहा। 1540 में इस प्रदेश को सरदार शेरशाह सूरी ने हुमायूं से छीन लिया। शेरशाह ने हरियाणा की शासन-व्यवस्था में विशेष-रुचि ली और उसने हरियाणा के किसानों की स्थिति को उत्तम बनाने के लिए अनेक सुधार किये। शेरशाह की मृत्यु के पश्चात् हुमायूं ने 1555 में अपने खोये हुये राज्य पर पुनः अधिकार कर लिया। हुमायूं के पश्चात् उसका पुत्र अकबर गद्दी पर बैठा उस समय रिवाड़ी में हेमचन्द्र (हेमू)

का शासन था, जो कि अकबर का सबसे प्रबल शत्रु था। हेमू ने 22 लड़ाइयां लड़ी थीं और उनमें से एक में भी वह पराजित नहीं हुआ था। हेमू ने शाही छत्र के नीचे बैठ कर अपने आपको दिल्ली का शासक घोषित कर दिया था। जिसके परिणामस्वरूप अकबर और हेमू के बीच 1556 में पानीपत का द्वितीय युद्ध हुआ जिसमें हेमू की पराजय हुई। अकबर ने शासन को सुव्यवस्थित ढंग से चलाने के लिए अपने राज्य को 15 सूबों में बांट दिया।

मुगल शासक शाहजहाँ ने अपने शासनकाल के दौरान हरियाणा की शासन-व्यवस्था में परिवर्तन किये। मुगल शासक औरंगजेब ने अपने शासनकाल में हिन्दुओं पर भीषण अत्याचार किये। उसने हरियाणा की जनता पर कमरतोड़ कर लगा दिये। परिणामस्वरूप उसे नारनौल के सतनामियों के प्रबल विरोध का सामना करना पड़ा। सतनामियों के संघर्ष ने बाद में भीषण रूप धारण कर लिया तथा 3 मार्च, 1707 में औरंगजेब की मृत्यु के पश्चात् हरियाणा से मुगलों का आधिपत्य धीरे-धीरे समाप्त हो गया।

सन् 1750 में मराठों ने दिल्ली पर आक्रमण किया। परन्तु उन्हें सफलता तीन वर्ष बाद मल्हारराव होल्कर के पुत्र खाण्डेराव के दिल्ली आक्रमण से मिली। मुगल सम्राट् अहमदशाह और उसका प्रधानमंत्री इन्तजाम-उ-दौला उसका विरोध करने की क्षमता नहीं रखते थे। 1754 में आलमगीर (मराठों द्वारा बनाया गया शासक) ने मराठों के प्रति कृतज्ञता प्रकट करते हुए उन्हें हरियाणा का पवित्र स्थान कुरुक्षेत्र प्रदान किया। 1756-57 तक मराठे हरियाणा पर पूर्ण रूप से छाये रहे।

हरियाणा पर अधिकार करने के उपरान्त मराठे और आगे बढ़े और उन्होंने पंजाब पर भी अधिकार कर लिया। मराठों द्वारा पंजाब पर कब्जा करने के परिणामस्वरूप मराठों और अहमदशाह अब्दाली के बीच पानीपत (हरियाणा) का तीसरा युद्ध हुआ। इस युद्ध में अब्दाली की विजय हुई परन्तु वह उस विजय का लाभ नहीं उठा सका क्योंकि उसकी अनुपस्थिति में उसके अपने देश में विद्रोह हो गया। अब्दाली ने अपने देश लौटते समय हरियाणा का उत्तरी भाग (अम्बाला, जींद, कुरुक्षेत्र, करनाल जिले को) सरहिन्द के गवर्नर जेना खां के अधीन कर दिया तथा शेष भागों को मुगल साम्राज्य में रहने दिया। 1764 में सिखों के दलों ने मिलकर सरहिन्द के दुर्रानी गवर्नर जेना खां, पर आक्रमण कर दिया। दुर्रानी गवर्नर ने सिखों का मुकाबला किया परन्तु अन्त में वह सिखों के हाथों पराजित हुआ और मारा गया। जेना खां से सिखों को एक बड़ा क्षेत्र प्राप्त हुआ यह क्षेत्र पूर्व में यमुना नदी से लेकर पश्चिम में बहाबलपुर राज्य तक तथा उत्तर में सतलुज नदी से लेकर दक्षिण में हिसार और रोहतक तक विस्तृत था। इसके बाद भी सिखों ने हरियाणा प्रदेश पर कई बार आक्रमण किये।

1787 में आयरलैण्ड में टिप्परेरी नामक स्थान का निवासी जार्ज टॉमस दिल्ली आया और बेगम समरू की सेना में भर्ती हो गया। सेना में भर्ती होने के बाद धीरे-धीरे तरक्की करते हुए उसने एक स्वतंत्र राज्य की स्थापना करने का निश्चय किया। हांसी के दुर्ग को टॉमस ने राजधानी बनाया तथा कुछ समय बाद उसने अपने राज्य का विस्तार करना आरम्भ किया। उस समय सिख उसका मुकाबला करने में लगे हुए थे, तभी अवसर देख टॉमस ने जींद पर आक्रमण

कर अधिकार कर लिया। परन्तु सिख सरदार बोगेन ने टॉमस का पीछा करते हुए उसे हांसी में घेर लिया और अन्त में 23 सितम्बर, 1801 में टॉमस ने आत्मसमर्पण कर दिया। 1802 ई० में बहरामपुर नामक स्थान पर टॉमस की मृत्यु हो गई।

सन् 1798 में लार्ड वेलेजली कम्पनी का गवर्नर जनरल बनकर भारत आया और उसने आते ही अपनी विस्तार-वादी योजना बनाई। 30 सितम्बर, 1803 को सुर्जीअर्जन की सन्धि के अनुसार दौलतराव सिन्धिया ने अंग्रेजों को अपने अधिकृत स्थानों के साथ-साथ हरियाणा को भी प्रदान कर दिया। हरियाणा में गुड़गांव के मेव, अहीर और गूजरों ने, रोहतक के जाटों और रांघड़ों ने, हिसार के विश्नोई और जाटों ने, करनाल व कुरुक्षेत्र के राजपूत, रोड़, सैनी और सिखों ने, ब्रिटिश तथा उनके द्वारा नियुक्त किये गये स्थानीय सरदारों का लम्बे समय तक कड़ा विरोध किया। किन्तु अन्त में 1809-10 में समस्त हरियाणा पर अंग्रेजों का अधिकार स्थापित हो गया।

1857 के सिपाही विद्रोह में हरियाणा के शूरवीरों का महत्त्वपूर्ण योगदान था, किन्तु अंग्रेजों ने इस क्रान्ति को बड़ी बर्बरतापूर्वक दबा दिया और झज्जर व बहादुरगढ़ के नवाबों, बल्लभगढ़ व रेवाड़ी के राजा राव तुलाराम के राज्य छीन लिए। फिर ये राज्य या तो ब्रिटिश साम्राज्य में मिला लिये गये या नाभा, जींद व पटियाला के शासकों को सौंप दिये गये। इसके बाद हरियाणा पंजाब राज्य का एक प्रान्त बना दिया गया।

1 नवम्बर, 1966 को आधुनिक हरियाणा राज्य अस्तित्व में आया।

वस्तुनिष्ठ प्रश्नोत्तर

1. प्राचीन काल में हरियाणा राज्य अन्य किस नाम से जाना जाता था?

    A. ब्रह्मावर्त प्रदेश   B. ब्रह्मर्षि प्रदेश

    C. ब्रह्मा की उत्तरवेदी   D. सभी से

2. किस भरतवंशी शासक ने हरियाणा प्रदेश से अपना विजय अभियान शुरू किया था?

    A. सुदास   B. अर्जुन

    C. भरत   D. भीष्म

3. महाभारत का प्रसिद्ध युद्ध प्रदेश में किस स्थान पर लड़ा गया था?

    A. पानीपत   B. कुरुक्षेत्र

    C. झज्जर   D. बल्लभगढ़

4. मुगल-काल में इस प्रदेश में जनपदों का स्थान किसने लिया था?

    A. गण संघ ने   B. गण-व्यवस्था ने

    C. खापों ने   D. पंचायत ने

5. बौद्धकाल के किन महाजनपदों में आधुनिक हरियाणा के भाग शामिल थे?

    A. कुरु और पांचाल   B. कौशल और वज्जि

    C. सूरसेन और अवन्ती   D. अस्सक और वत्स

6. प्रदेश का कौन सा स्थान, अग्रेयगण की राजधानी था?

A. रिवाड़ी   B. सिरसा

C. हांसी   D. अग्रोहा

7. महमूद गजनवी ने थानेश्वर पर कब आक्रमण किया था?

A. 1013 ई॰ में   B. 1014 ई॰ में

C. 1016 ई॰ में   D. 1017 ई॰ में

8. प्रदेश का थानेश्वर नामक नगर किस प्रसिद्ध राजा की राजधानी था?

A. हर्षवर्धन   B. अशोक

C. चन्द्रगुप्त विक्रमादित्य   D. कनिष्क

9. बारहवीं शताब्दी में किस चौहान शासक ने हरियाणा प्रदेश पर आक्रमण कर तोमरों को पराजित किया था?

A. विग्रहराज VI   B. विग्रहराज II

C. अर्णोराजा   D. पृथ्वीराज चौहान

10. गुलाम वंश के शासक बलबन ने हरियाणा के शक्तिशाली मेवों की शक्ति को नष्ट करने का प्रयास कब किया था?

A. 1260 ई॰ में   B. 1265 ई॰ में

C. 1266 ई॰ में   D. 1267 ई॰ में

11. तुगलक शासक फिरोज तुगलक ने प्रदेश में कौन सा नगर बसाया था?

A. टोहाना   B. हांसी

C. सिवानी   D. फतेहाबाद

12. निम्नलिखित में से प्रदेश के किस नगर पर तैमूर ने आक्रमण किया था?

A. सिरसा   B. फतेहाबाद

C. हिसार   D. सभी पर

13. 1526 ई॰ में हरियाणा में किस स्थान पर बाबर और इब्राहीम लोदी के बीच प्रसिद्ध युद्ध हुआ था?

A. पानीपत   B. कुरुक्षेत्र

C. रोहतक   D. जीन्द

14. प्रसिद्ध मुगल शासक अकबर के समय में रिवाड़ी का शासक कौन था?

A. तुलाराम   B. कर्णसिंह

C. हेमचन्द्र (हेमू)   D. फूलसिंह

15. अकबर और हेमचन्द्र (हेमू) के बीच पानीपत का प्रसिद्ध द्वितीय युद्ध कब लड़ा गया था?

A. 1550 ई॰ में   B. 1552 ई॰ में

C. 1554 ई॰ में   D. 1556 ई॰ में

16. मराठों और अहमदशाह अब्दाली के बीच प्रदेश में कौन सा प्रसिद्ध युद्ध लड़ा गया था?
    A. पानीपत का तृतीय युद्ध   B. पानीपत का द्वितीय युद्ध
    C. पानीपत का प्रथम युद्ध   D. कोई नहीं

17. प्रदेश के किस स्थान को जार्ज टॉमस ने अपनी राजधानी बनाया था?
    A. रानिया   B. टोहाना
    C. हांसी का दुर्ग   D. बहरामपुर

18. 1802 ई॰ में जार्ज टॉमस की मृत्यु प्रदेश में किस स्थान पर हुई थी?
    A. महेन्द्रगढ़   B. बहरामपुर
    C. नारनौल   D. बावल

19. सन् 1809-10 में समस्त हरियाणा किसके अधिकार में था
    A. मराठों के   B. सतनामियों के
    C. मुगलों के   D. अंग्रेजों के

20. आधुनिक हरियाणा राज्य का निर्माण कब किया गया था?
    A. 1 नवम्बर, 1966   B. 5 जनवरी, 1967
    C. 1 नवम्बर, 1958   D. 15 अगस्त, 1947

21. औद्योगिक कालीन–प्रागहड़प्पा, हड़प्पा, परवर्ती हड़प्पा आदि संस्कृतियों के प्रमाण हरियाणा में किस स्थान से प्राप्त हुए हैं?
    A. वणावली   B. सोसवाल
    C. मिर्जापुर   D. सभी से

22. महाभारत–काल से शताब्दियों पूर्व हुए आर्यवंशी कुरुओं ने इस प्रदेश में किस युग का प्रारम्भ किया था?
    A. कृषि–युग   B. ताम्र–युग
    C. लोह–युग   D. धातु–युग

23. भगवान श्रीकृष्ण द्वारा विश्व प्रसिद्ध गीता का उपदेश हरियाणा में किस स्थान पर दिया गया था?
    A. रेवाड़ी   B. पेहवा
    C. कुरुक्षेत्र   D. पानीपत

24. यौधेय–काल में हरियाणा प्रदेश को निम्नलिखित में से किस नाम की संज्ञा दी गई?
    A. यौधेय गणराज्य   B. बहुधान्यक–प्रदेश
    C. मत्स्य प्रदेश   D. गण–प्रदेश

25. प्रसिद्ध चीनी यात्री ह्वेनसांग ने अपनी पुस्तक में हरियाणा के किस नगर के वैभव और समृद्धि का वर्णन किया है?
    A. स्थाण्वीश्वर (थानेश्वर)   B. पानीपत
    C. रोहतक   D. अम्बाला

26. तोमर शासकों के शासनकाल में हरियाणा में व्यापार, कला व संस्कृति की उन्नति की जानकारी किस ग्रन्थ से मिलती है?

A. तहकीक–ए–हिन्द

B. हर्षचरित

C. कादम्बरी

D. यशस्तिलक चम्पू

27. 1526-27 में बाबर के आक्रमण के समय तावड़ू के परगने का शासक कौन था?

A. हसन खाँ

B. मोहन सिंह मंढ़ार

C. फैजल खाँ

D. जलाल खाँ

28. बाबर कालीन राजपूत शासक मोहन सिंह मंढार की रियासत हरियाणा में कहाँ पर थी?

A. कैथल के परगने मंढार में

B. तावड़ू

C. जीन्द

D. पानीपत

29. 1756-57 में हरियाणा निम्नलिखित में से किसके अधिकार क्षेत्र में रहा?

A. मुगलों के

B. सिक्खों के

C. मराठों के

D. सतनामियों के

30. अहमदशाह अब्दाली ने अपने देश लौटते समय हरियाणा का उत्तरी भाग (अम्बाला, जीन्द, कुरुक्षेत्र, करनाल जिला) किसको सौंप दिया?

A. मुगलों को

B. सिक्खों को

C. सरहिन्द के गवर्नर जैन खाँ को

D. दुर्रानी के गवर्नर गेन खाँ को

उत्तरमाला

1	2	3	4	5	6	7	8	9	10
D	A	B	C	A	D	B	A	C	B

11	12	13	14	15	16	17	18	19	20
D	D	A	C	D	A	C	B	D	A

21	22	23	24	25	26	27	28	29	30
D	A	C	B	A	D	D	A	C	C

❖❖❖

<h1>3 | 1857 के स्वतंत्रता संग्राम में हरियाणा की भूमिका</h1>

इतिहास के पन्नों को पलट कर देखें तो ज्ञात होता है कि भारत का स्वतंत्रता संग्राम मार्च 1857 में अम्बाला छावनी में प्रज्जवलित चिंगारी से शुरू हुआ था। इस चिंगारी का मई 1857 में मेरठ में विस्फोट हुआ, जो स्वतंत्रता का प्रथम संग्राम कहलाता है। हरियाणावासियों ने इस संग्राम में बढ़-चढ़ कर भाग लिया था। अंग्रेज इस बात को अच्छी तरह जानते थे कि दिल्ली के चारों ओर बसने वाले ये लोग स्वाधीनता-प्रेमी और विकट योद्धा हैं। इसीलिए तो जन-क्रान्ति के प्रारम्भ में ही शासकवर्ग (अंग्रेज) इतना आतंकित हो गया कि भागकर जान बचाने के अतिरिक्त उसे और कुछ नहीं सूझा। यह भी एक ऐतिहासिक तथ्य है कि सतलुज पार बसने वाले प्रदेशों के लोगों ने जहाँ इस जनक्रान्ति में कोई विशेष दिलचस्पी नहीं ली, वहाँ इस प्रदेश के लोगों के दिल में अंग्रेज़ी-साम्राज्य को जड़ से नष्ट कर देने की इच्छा इतनी तीव्र थी कि ब्रिटिश साम्राज्य की एक प्रकार से जड़ें ही हिल गई थीं। सन् 1857 की जन-क्रान्ति के सम्बन्ध में उस समय के ब्रिटिश अधिकारियों द्वारा लिखे विवरणों से इस बात की पूरी तरह पुष्टि हो जाती है कि यदि अंग्रेजों को सबसे बड़े संकट का सामना कहीं करना पड़ा था तो वह दिल्ली के चारों ओर बसे गंगा-घग्घर के प्रदेश में ही।

देश के दूसरे भागों में जहाँ जन-क्रान्ति शुरू होने के बाद प्रमुख रूप से उस समय के असंतुष्ट राजा और नवाबों ने विद्रोह का नेतृत्व संभाला था, हरियाणा प्रदेश में तो सच्चे अर्थों में पूरा जनमानस ही अंग्रेजों के विरुद्ध विद्रोही हो गया था और वह क्रान्ति घर-घर की क्रान्ति बन गई थी। इस बात का प्रमाण इस प्रदेश की खापों, पंचायतों और विभिन्न जन समुदायों द्वारा अनेक स्थान पर अंग्रेजों से लड़े गये युद्धों से स्पष्ट हो जाता है।

अंग्रेजों के आगमन से पूर्व दिल्ली में साम्राज्यों का उत्थान-पतन होता रहा। जो भी नया शासक दिल्ली के सिंहासन पर बैठा उसने सदैव यह प्रयत्न किया कि दिल्ली के चारों ओर बसे हुए यहां के युद्ध-प्रिय लोगों को अपने साथ रखा जाये। यदि कभी किसी शासक ने हरियाणा के लोगों को दबाने और उनके आन्तरिक मामलों में हस्तक्षेप का प्रयास किया भी तो यहां की जनभावना ने उग्र रूप धारण कर लिया, यही कारण था कि जब भी दिल्ली के सिंहासन पर

कोई शासक बैठता था तो वह गंगा और घग्घर के बीच के प्रदेश की सर्वोच्च प्रतिनिधि परिषद-सर्वखाप पंचायत को पूरी मान्यता प्रदान करता था। उस पंचायत के मुखिया को वजीर की उपाधि देने की परम्परा पड़ गई थी। मुगलकाल के अन्तिम दिनों में जब मुगल शक्ति क्षीण हो गई थी तब इस प्रदेश का पंचायती शासन और भी मजबूत हो गया था। इसी कारण तो अंग्रेज़ों के आधिपत्य के पश्चात् विदेशी शासकों को इस क्षेत्र पर अपना अधिकार स्थापित करने के लिए बल-प्रयोग करना पड़ा था तथा कठोर दमनचक्र चलाकर यहां के लोगों की विद्रोही प्रवृत्ति को समाप्त करने के अथक प्रयास ब्रिटिश सरकार ने किये।

परन्तु आधी शताब्दी के ब्रिटिशकाल में यहां के लोगों की वफादारी कभी भी अंग्रेज़ों को नहीं मिली बल्कि यह जानते हुए भी कि दिल्ली का शासक, अंग्रेजों के हाथों की कठपुतली-मात्र रह गया है, उन्होंने अपनी आस्था मुगल शासक में बनाये रखी।

1857 की जन-क्रान्ति के दौरान हरियाणा के एक कोने से दूसरे कोने तक बिजली की तरह विद्रोह की लहर फैल गयी जिससे अंग्रेज़ शासक स्तब्ध रह गये। अंग्रेज़-शासकों के अपने शब्दों में जन-आन्दोलन के सूत्रपात के साथ ही उसका स्वरूप इतना संगठित और सर्वव्यापी था कि देखकर आश्चर्य होता था। प्रारम्भ के कुछ दिनों में ही लगभग सारे हरियाणवी प्रदेश से अंग्रेज अधिकारियों को मार भगाया गया था, सरकारी आफिसों को जला डाला गया था। खजाने लूट लिये गये और जेलों से कैदियों को मुक्त करवा दिया गया था। थानों, डाकखानों और तारघरों पर जनता ने अधिकार कर लिया था। इस प्रकार देखते ही देखते ऐसा लगने लगा था कि हरियाणा के सभी जिलों का प्रशासन जैसे था ही नहीं। अनेक स्थानों पर अंग्रेज अधिकारियों को मार डाला गया और जो बच निकले थे उनको कहीं सिर छिपाने की जगह नहीं मिलती थी। किसी स्थान पर भी कोई अंग्रेज आदमी लोगों को मिल जाता तो उसे मार डाला जाता या उससे खेती के कठिन से कठिन काम लिये जाते। कितनों से तो खलिहानों में काम लिया गया। भारतीय सिपाहियों ने पूरे प्रदेश पर अपना अधिकार जमा लिया और यह प्रयास किया कि सारी व्यवस्था अपनी एक सुव्यवस्थित सरकार द्वारा चले।

इतनी तीव्रता से देश-भक्त सेनाओं को जो सफलताएं मिलीं उसका एक कारण यह भी था कि भारतीय सैनिकों में, जिन्होंने सबसे पहले विद्रोह किया और जो मेरठ, फिरोजपुर और अम्बाला की छावनियों में बहुत बड़ी गिनती में काम करते थे, अधिकतर हरियाणा के रहने वाले थे। जैसे ही उन्हें सैनिक सफलताएं मिलीं वे अपने-अपने इलाकों में पहुंच गये और सम्पूर्ण जनता को अपने साथ कर लिया। इन सैनिकों ने अपने इलाके के लोगों को बिना किसी विरोध के इस बात के लिए तैयार कर लिया कि वे अंग्रेज शासन को पूरी तरह नष्ट करने में उनको सहयोग दें और मुगल-शासक को अपना वास्तविक शासक मानें। वैसे भी मुगल शासक और दिल्ली का सिंहासन यहां के सैनिकों और जनता के लिए वास्तविक शक्ति का प्रतीक था और मुगल शासक के प्रति अपनी सहानुभूति व्यक्त करने में यहां के लोग गौरव का अनुभव करते थे।

सबसे पहले मेरठ-विद्रोह में जिन सैनिकों ने भाग लिया उनमें भी अधिकतर हरियाणा प्रदेश से गुड़गांव, रोहतक और हिसार जिलों के सिपाही थे। वही दस्ते सबसे पहले दिल्ली में दाखिल

हुए थे और लालकिले पर विजय प्राप्त की थी। दिल्ली विजय का जो स्वप्न वे बरसों से देख रहे थे, वह साकार हो गया था। दिल्ली के शासक से आशीर्वाद प्राप्त करने के बाद तो जैसे उनमें अपार शौर्य व शक्ति का संचार हो गया तथा उनके हृदयों में देशभक्ति और दिल्ली के शासक के प्रति सहानुभूति की भावनायें और उमड़ पड़ी थीं।

मेरठ-क्रान्ति के समय मेरठ के नायब कोतवाल हरियाणा के वीर सेनानी रावकृष्ण गोपाल थे। उन्होंने मेरठ-क्रान्ति में सैनिक दस्तों का नेतृत्व भी किया था तथा वे स्वयं दिल्ली-विजय के अभियानों में देशभक्त-सैनिकों के साथ थे। आगे चलकर इस वीर योद्धा ने हरियाणा में जन-आन्दोलन को चरमोत्कर्ष पर पहुंचाने में महत्त्वपूर्ण भूमिका निभाई थी।

इसलिए कहा जा सकता है कि सन् 1857 के जन-आन्दोलन की अग्रिम पंक्तियों में इस धरती के सपूत वे वीर सेनानी थे जिन्होंने ब्रिटिश साम्राज्य के विरुद्ध शस्त्र हाथ में संभाला था और सम्पूर्ण राष्ट्र का मार्ग-दर्शन किया था।

इस आन्दोलन के दौरान गंगा-सतलुज के बीच का सम्पूर्ण क्षेत्र जन-क्रान्ति के रंग में रंग गया था। अम्बाला से आगरा तक और मेरठ से सिरसा तक के पूरे भू-भाग के लोग अंग्रेजों को मार भगाने के लिए प्रयत्नशील थे। परन्तु कोई यह सोच भी नहीं सकता था कि जिस क्षेत्र से विदेशी-सत्ता पूर्णतया समाप्त हो चुकी थी, वहीं कुछ ही महीनों बाद वह पुनः स्थापित हो जायेगी। जिस महान् जन-आन्दोलन ने इंग्लैण्ड की पार्लियामेंट तक को हिला दिया था। वह विफल भी हो सकती है, ऐसा किसी को विश्वास नहीं था। स्वयं अंग्रेज़ों को दोबारा सत्तारूढ़ होने की बिल्कुल आशा नहीं थी। किन्तु स्वाधीनता का यह प्रथम संग्राम कुछ ही महीनों के बाद ठण्डा पड़ गया।

प्रथम स्वतंत्रता-संग्राम की विफलता का सबसे बड़ा कारण, जो इतिहास ने माना है, वह है अपनों की ही गद्दारी। हरियाणा के स्वतंत्रता-आन्दोलन के इतिहास का यदि सूक्ष्म दृष्टि से अध्ययन किया जाये तो यह बात पूरी तरह स्पष्ट हो जाती है कि महान् ऐतिहासिक अवसर पर पटियाला, नाभा और जींद के शासक यदि अंग्रेजों का साथ न देते तो अंग्रेजों के लिए दोबारा दिल्ली पर अधिकार करना असंभव था। इस तथ्य की पुष्टि स्वयं उस समय के अंग्रेज सैनिक कमांडरों ने की है।

सन् 1918 में लिखे गये करनाल के गजेटियर में कहा गया है, ''करनाल के विद्रोह की सूचना ज्यों ही जीन्द के राजा को मिली, उसने अपने सैनिक दस्तों को कूच करने का आदेश दिया। वह 18 मई को करनाल पहुँचा और शहर व उसके आस-पास शान्ति स्थापित करते हुए ब्रिटिश सैनिक दस्तों के आगे-आगे पानीपत की ओर बढ़ा। समालखा पर दोबारा अधिकार करते हुए आगे बढ़ा और करनाल तथा दिल्ली के बीच का मार्ग सेनाओं के लिए सुरक्षित किया। इधर महाराजा पटियाला भी तुरन्त मैदान में आ गये। उन्होंने करनाल, थानेश्वर और अम्बाला तक के मार्ग को ब्रिटिश सैनिकों के लिए सुरक्षित किया और इसी प्रकार करनाल से फिलौर तक के मार्ग को भी खोले रखा।''

श्री वी.डी. सावरकर ने अपनी प्रसिद्ध पुस्तक 'दी इण्डियन वार ऑफ इन्डीपैंडैंस-1857' में लिखा है— "यदि वे रियासतें (पटियाला, नाभा और जींद) निष्पक्ष भी रहतीं तो जन-क्रान्ति की सफलता की पूरी आशा थी। परन्तु जब पटियाला, नाभा और जींद फिरंगियों से भी अधिक बेदर्दी से इस जन-क्रान्ति की जड़ें उखाड़ने के प्रयत्न में लग गये तो दिल्ली और पंजाब के बीच सम्पर्क टूट गया। इन रियासतों ने बादशाह द्वारा भेजे गये सहायता संदेशों को रद्द करते हुए संदेश-वाहकों की ही हत्या कर दी और अपने राजकोषों से फिरंगियों के ऊपर धन-वर्षा करने लगे तथा पूरी सैनिक सहायता फिरंगियों को देने लगे। उन्होंने अंग्रेजों के साथ मिलकर दिल्ली पर हमला बोला और उन देशभक्तों को अपनी तलवार के घाट उतारा जो अपना सब कुछ छोड़कर जन-क्रान्ति में संघर्षरत थे।" इस प्रकार अनेक ऐतिहासिक उद्धरणों से यह बात पूरी तरह स्पष्ट हो जाती है कि यदि उस समय तीनों रियासतें फिरंगियों का साथ न देतीं तो जन-क्रान्ति विफल नहीं होती।

उपरोक्त विवरण से यह स्पष्ट होता है कि जहां एक ओर हरियाणा प्रदेश के योद्धाओं ने सिर पर कफन बांध कर देश की स्वतन्त्रता के लिए अथक् प्रयास किये थे वहीं दूसरी ओर इन रियासतों के सैनिक अंग्रेजों की मदद के लिए उनके साथ खड़े थे।

सन् 1857 की जन-क्रान्ति की असफलता के पश्चात्, ब्रिटिश सरकार ने हरियाणा के अधिकतर क्षेत्र, अपने उन स्वामिभक्त राजाओं को इनाम के रूप में दे दिये थे जिन्होंने इस प्रदेश पर ब्रिटिश सत्ता को पुनः स्थापित करने में उनकी सहायता की थी।

अंग्रेजों ने हरियाणा प्रदेश के लोगों से जो भयंकर प्रतिशोध लिया उसका उल्लेख शब्दों में नहीं किया जा सकता। नगर के नगर और गांव के गांव नष्ट कर दिये गये। रोहतक, हिसार और हांसी, भिवानी, झज्जर, रिवाड़ी, नारनौल, गुड़गांव, पानीपत, अम्बाला और सिरसा में सार्वजनिक रूप से सैकड़ों देशभक्तों को फांसी पर लटका दिया गया और हजारों को गोली से उड़ा दिया गया। गांव के गांव औरतों-बच्चों सहित, सपाट धरती पर लिटा कर पत्थर के कोल्हुओं से कुचल डाले गये।

1857 की जन-क्रान्ति के बाद का उन्नीसवीं शताब्दी का सम्पूर्ण काल इस प्रदेश का समाधि काल माना जाये तो कोई गलत नहीं होगा। इस बीच यहां के जन-मानस ने आत्म-चिन्तन किया, आत्म-विश्लेषण भी किया और शांत भाव से जन-चेतना के लिए फिर से तैयारी शुरू कर दी।

वस्तुनिष्ठ प्रश्नोत्तर

1. 1857 के मेरठ-विद्रोह में जिन सैनिकों ने भाग लिया था उनमें से अधिकतर हरियाणा के किस जिले से सम्बन्धित थे?

A. गुड़गांव   B. रोहतक

C. हिसार   D. लगभग सभी से

2. हरियाणा का कौन वीर सेनानी मेरठ क्रान्ति के समय मेरठ का नायब कोतवाल था?

A. अब्दुस समद खान

B. विक्रमसिंह

C. रावकृष्ण गोपाल

D. रामेश्वर दयाल

3. नारनौल के समीप नसीबपुर नामक गांव में लड़े गये (स्वाधीनता-संग्राम के) युद्ध में अंग्रेजों ने किन तीन शक्तियों को नष्ट किया था?

A. रिवाड़ी, झज्जर और जोधपुर

B. गुड़गांव, रिवाड़ी और जोधपुर

C. जींद, जगादरी और पेहवा

D. पानीपत, झज्जर और तावडू

4. प्रथम स्वाधीनता संग्राम में बल्लभगढ़ के किस राजा ने दिल्ली में क्रान्तिकारी सेनाओं का नेतृत्व किया था?

A. राजा कर्णसिंह

B. राजा नाहन सिंह

C. राजा सूरजभान

D. राजा सत्यपाल

5. निम्नलिखित में से प्रदेश की किस रियासत ने 1857 की जन-क्रान्ति में अंग्रेजों को महत्त्वपूर्ण सहयोग दिया था?

A. बहादुरगढ़

B. तावडू

C. झज्जर

D. जींद

उत्तरमाला

1	2	3	4	5
D	C	A	B	D

◆◆◆

4 | राष्ट्रीय आन्दोलन में हरियाणा की भूमिका

भारत के राष्ट्रीय आन्दोलन की मुख्य धारा में हरियाणा का महत्त्वपूर्ण स्थान रहा है। 19वीं शताब्दी के अन्तिम चरण में जो सांस्कृतिक और धार्मिक जन-क्रान्ति देश के विभिन्न भागों में फैल रही थी, उसका प्रभाव हरियाणा पर भी बड़ी तेजी से पड़ा। आर्य समाज और सनातन धर्म के सुधारवादी आन्दोलनों का संचालन बड़े प्रभावपूर्ण ढ़ंग से हुआ और दोनों ही सुधारवादी धाराओं का निर्देशन बड़े योग्य व्यक्तियों के हाथों हुआ। एक ओर लाला लाजपतराय जो हिसार में वकालत करते थे, आर्य समाज के आन्दोलन के स्तम्भ बने तो दूसरी ओर झज्जर निवासी पंडित दीनदयाल शर्मा, सनातन धर्म की धारा को पूरे उत्तर भारत में लोकप्रिय बनाने के माध्यम बने। इन दोनों युग पुरुषों ने हरियाणा में ही नहीं बल्कि सारे उत्तर भारत में धार्मिक जन चेतना का संचार करने में ऐतिहासिक भूमिका अदा की।

भारतवासियों को राजनीतिक दृष्टि से सुशिक्षित करने के लिए तथा राष्ट्र के गौरव को बढ़ाने के उद्देश्य से 1885 में एक सेवा-मुक्त ब्रिटिश अधिकारी श्री ए॰ओ॰ ह्यूम ने बम्बई के 'गोकुलदास तेजपाल संस्कृत कालेज' में केवल 72 प्रतिनिधियों की उपस्थिति में ''भारतीय राष्ट्रीय कांग्रेस'' की स्थापना की। इस संस्था की स्थापना ने देश के बुद्धिजीवी वर्ग को नई प्रेरणा दी।

कांग्रेस के जन्म के पश्चात् ही हरियाणा के प्रमुख नेताओं ने इस राष्ट्रीय संगठन के साथ स्वयं को सम्बद्ध कर लिया था। हरियाणा के नेता राजनैतिक रूप से जागरूक और दूरदर्शी थे। उन्होंने कांग्रेस के प्रारम्भिक काल में ही यह जान लिया था कि यह संगठन आगे चल कर अखिल भारतीय स्तर पर राष्ट्रीय चेतना का वातावरण बनाने में महत्त्वपूर्ण भूमिका निभायेगा।

कांग्रेस के 1886 में कलकत्ता में होने वाले दूसरे अधिवेशन में पंडित दीनदयाल शर्मा व्याख्यान-वाचस्पति, लाला मुरलीधर तथा श्री बालमुकन्द गुप्त ने हरियाणा के प्रतिनिधियों के रूप में भाग लिया था। इन तीनों हरियाणवी जन-नेताओं का अटूट सम्बन्ध उनके पूरे जीवन काल में कांग्रेस से बना रहा और देश के स्वाधीनता-आन्दोलन में इन तीनों नेताओं ने महत्त्वपूर्ण कार्य किये।

पंजाब केसरी के नाम से प्रसिद्ध लाला लाजपत राय ने जहाँ एक ओर भारत के राष्ट्रीय आन्दोलन में महत्त्वपूर्ण भूमिका निभाई वहीं दूसरी ओर आर्यसमाज के सुधारवादी आन्दोलन में भी प्रमुख भाग लिया। लाला जी का राजनीतिक जीवन हरियाणा से आरम्भ हुआ था। उन्होंने अपना राजनीतिक और सामाजिक कार्य-क्षेत्र हिसार को बनाया। सन् 1888 में आयोजित कांग्रेस के चौथे अधिवेशन में, जो इलाहाबाद में हुआ था, लाला लाजपतराय ने जिला हिसार के प्रतिनिधि के रूप में भाग लिया।

सन् 1892 के लाहौर अधिवेशन में भी लाला जी ने हिसार का प्रतिनिधित्व किया था। सन् 1907 में लाला लाजपतराय और सरदार अजीतसिंह को सरकार ने गिरफ्तार किया और मांडले जेल भेज दिया। इस घटना से हरियाणवी जनता में ब्रिटिश सरकार के प्रति भारी रोष फैला।

सन् 1909 में 'मिण्टो रिफार्मर्ज' लागू होने से रोहतक, गुड़गांव और हिसार में जिला बोर्डों व कमेटियों के मत से पंजाब विधान सभा के लिए एक सदस्य के चुनाव की स्वीकृति दी गई। उधर करनाल, अम्बाला और शिमला का, दूसरा निर्वाचन क्षेत्र बना। पहली बार हरियाणा में विधान सभा का निर्वाचन इस सीमित आधार पर आयोजित किया गया। पहले चुनाव में रोहतक-हिसार क्षेत्र से हिसार निवासी बाबू जवाहर लाल भार्गव सदस्य चुने गये और करनाल क्षेत्र से मौलवी अब्दुल गनी, सदस्य निर्वाचित हुए। मिण्टो सुधार के अधीन विधान सभा के चुनाव हर तीसरे वर्ष होते थे। इन चुनावों में जानबूझ कर ब्रिटिश सरकार ने मुसलमानों के लिए अलग से स्थान सुरक्षित किये थे जिससे कि हिन्दू-मुसलमानों के बीच राजनीतिक क्षेत्र में ऐसी खाई खोद दी जाये जिससे दोनों समुदाय अपने को अलग-अलग राजनीतिक इकाइयां समझने लगें।

उधर सन् 1905 में बंग-भंग के बाद क्रान्तिकारियों की जो परम्परा बंगाल से शुरू हुई थी उसका प्रभाव भी पंजाब और हरियाणा के उग्रवादी लोगों पर पड़ा था। मिण्टो सुधार के पश्चात भी ब्रिटिश सरकार के विरुद्ध जन-भावनाएं उग्र होती गईं और आर्यसमाज के प्रचार में विशेष रूप से और तीखापन आ गया।

सन् 1911 में दिल्ली में भव्य राज दरबार का आयोजन किया गया। इसी अवसर पर दिल्ली को राजधानी बनाने की घोषणा की गई और बंगाल का एकीकरण कर दिया गया। कलकत्ता से दिल्ली, राजधानी का स्थानांतरण होने से हरियाणा को बड़ा लाभ हुआ। क्योंकि दिल्ली ही देश की राजनीतिक, सामाजिक और धार्मिक गतिविधियों का केन्द्र बनी, इसीलिए दिल्ली के आस-पास के इस प्रदेश में जागृति की लहर बड़ी तेजी से फैली।

दिल्ली को राजधानी बनाने से शिक्षा के प्रसार में भी इस प्रदेश को लाभ हुआ। सन् 1914 में प्रथम विश्व-युद्ध छिड़ा जो लगातार 4 वर्ष चला। युद्ध के प्रारंभ हो जाने के बाद ब्रिटिश सरकार को अधिक से अधिक सैनिकों की आवश्यकता पड़ी, क्योंकि हरियाणा प्रदेश सदा से ही अपनी सैन्य-परंपराओं के लिए प्रसिद्ध था। अतः ब्रिटिश सरकार ने यह प्रयास किया कि अधिक से अधिक सैनिक इस इलाके से भर्ती किये जायें। हरियाणा के रोहतक, हिसार, गुड़गांव और महेन्द्रगढ़ के क्षेत्रों में सरकार ने फौजी भर्ती के जोरदार अभियान शुरू किये और स्थान-स्थान पर फौजी मेलों का आयोजन किया।

हरियाणा में विश्व-युद्ध के बाद तेजी से जागृति फैली क्योंकि यहाँ के हजारों सैनिक विदेशों तक में युद्धरत रहकर आये थे और उनके दृष्टिकोण अधिक विकसित और व्यापक बन गये थे। प्रथम विश्व-युद्ध की समाप्ति के बाद ब्रिटिश साम्राज्य ने अपने सभी आश्वासनों को भुला दिया और स्वशासन का जो आश्वासन अंग्रेजों ने गांधी जी को दिया था उसके बदले सन् 1919 में 'रोलट एक्ट' नामक कुख्यात कानून लागू कर दिया गया। इसके विरोध में भारतीय नेताओं की ओर से घोषणा की गई कि 30 मार्च, 1919 का दिन 'काले कानून' के विरोध-दिवस के रूप में मनाया जाये। परन्तु बाद में कुछ कारणों से 6 अप्रैल का दिन विरोध-दिवस के रूप में मनाये जाने का निश्चित हुआ। इस दिन दिल्ली और हरियाणा के अनेक स्थानों पर फिर विरोध-सभाएं हुई, जुलूस निकाले गये और कस्बे तथा नगरों में पूरी हड़ताल रही। वकीलों, शिक्षाविदों, धर्म-प्रचारकों, सभी ने चुनौती को स्वीकारा और आन्दोलन में कंधे-से-कंधा मिलाकर निकल पड़े। 8 अप्रैल, 1919 के दिन पलवल में गांधी जी गिरफ्तार हुए। उनकी गिरफ्तारी के बाद जैसे पूरा हरियाणा जाग उठा।

8 अक्टूबर, 1920 को महात्मा गांधी, मुहम्मद अली, शौकत अली के साथ रोहतक पधारे। एक विराट जनसभा हुई जिसका आयोजन बाबू श्यामलाल, श्री मुहम्मद शफी और सरदार बूटासिंह ने किया था। रोहतक की इस ऐतिहासिक जनसभा ने राजनीतिक वातावरण में गर्मी पैदा की। इसके बाद तो जैसे जगह-जगह पर राष्ट्रीय-नेताओं ने अपने दौरों द्वारा जनता को जगाया।

उस समय हरियाणा के राजनीतिक जन-जागरण में, रोहतक और भिवानी मुख्य केन्द्र बन गये थे। रोहतक की तरह भिवानी में भी अनेक कर्मठ कार्यकर्त्ता काम कर रहे थे जिनमें पं॰ नेकीराम शर्मा, श्री के॰ए॰ देसाई, लाला उग्रसेन मुख्य थे।

अक्टूबर, 1920 में अम्बाला मण्डल की 'डिवीजनल पोलिटीकल कान्फ्रेंस' भिवानी में हुई। इस ऐतिहासिक कान्फ्रेंस में गांधी जी अली भाइयों के साथ आये। कान्फ्रेंस में मौलाना अब्दुल कलाम आजाद, श्री सत्यदेव, लाला मुरलीधर तथा लाला दुनी चन्द अम्बालवी सरीखे अग्रणी नेताओं ने भाग लिया।

भिवानी के इस राजनीतिक सम्मेलन का हरियाणा के राजनीतिक वातावरण पर बहुत गहरा प्रभाव पड़ा। एक नई जन-चेतना जगी और जनता विदेशी सरकार से टक्कर लेने के लिए गांधी जी के नये मार्ग को समझ सकी।

भिवानी के बाद नवम्बर, 1920 में रोहतक में पं॰ रामभज दत्त की अध्यक्षता में एक बड़ा सम्मेलन आयोजित हुआ। इस सम्मेलन में मुख्य रूप से गांधी जी के असहयोग कार्यक्रम को समर्थन दिया गया और असहयोग आन्दोलन को कार्यरूप देने का निर्णय लिया गया।

उन्हीं दिनों कांग्रेस का वार्षिक अधिवेशन नागपुर में हुआ। इस अधिवेशन में असहयोग के प्रस्ताव को समर्थन तो प्राप्त हो गया परन्तु श्रीमती एनी बेसेंट तथा श्री मुहम्मद अली जिन्ना ने कांग्रेस से त्यागपत्र दे दिया। लाला लाजपतराय और श्री चित्तरंजनदास दोनों ने महात्मा गांधी को समर्थन दिया। इस अधिवेशन में हरियाणा फ्रांत का प्रतिनिधित्व पंडित नेकीराम शर्मा ने किया।

असहयोग आन्दोलन के आरम्भ होने से पहले ही राष्ट्रीय नेताओं के प्रयत्नों से हरियाणा में आगामी संघर्ष की एक सुदृढ़ नींव पड़ चुकी थी। हरियाणा का प्रबुद्ध समाज संघर्षरत को तैयार था। युवा-पीढ़ी भी संघर्ष में कूद पड़ी थी। हरियाणा के प्रमुख वकील, डॉक्टर, शिक्षक, हकीम आदि सभी इसके लिए तैयार थे और इस प्रकार असहयोग आन्दोलन हरियाणा में *गांधी की आंधी* के नाम से भी प्रसिद्ध हुआ।

हरियाणा का राजनीतिक वातावरण बीसवीं शताब्दी के तीसरे दशक में पहुँचते-पहुँचते तीव्र हो गया था। खिलाफत-आन्दोलन के प्रमुख केन्द्र थे—पानीपत, भिवानी और रोहतक। तीनों ऐतिहासिक नगर स्वतंत्रता-आन्दोलन के ऐसे महत्त्वपूर्ण स्थान बने जहाँ से पूरे हरियाणा में नव-चेतना का संचार हुआ। तब तक पूरे हरियाणा में कांग्रेस संगठन एक सबल बुनियाद पर खड़ा हो गया था। ऐसे समय में गांधी जी ने असहयोग आन्दोलन की घोषणा की। हरियाणा में इस आन्दोलन ने इतना भयंकर रूप धारण कर लिया जिससे ब्रिटिश सरकार घबरा गई थी। पूरे हरियाणा में मार्शल-ला लागू कर दिया गया। फिर भी स्वतंत्रता-सेनानी पीछे नहीं हटे और ब्रिटिश सरकार को हर ओर से चुनौती दी गई। कांग्रेस संस्था का युवक संगठन भारतीय स्वयं-सेवक दल के रूप में संगठित हुआ जिसमें बहुत-से हरियाणवी युवक शामिल हुए। प्रमुख शिक्षण-संस्थाओं ने सरकार से अपना सम्बन्ध तोड़ लिया। वकीलों ने वकालत छोड़ दी तथा कॉलेज में पढ़ने वाले अनेक छात्र अपनी पढ़ाई छोड़कर गांधी जी के इस असहयोग आन्दोलन में कूद पड़े।

स्वराज्य पार्टी के साथ-साथ सन् 1923 में पंजाब में पंजाब यूनियनिस्ट पार्टी और सन् 1924 में नेशनल रिफार्म पार्टी का उदय हुआ था। आगे चलकर यूनियनिस्ट पार्टी ने हरियाणा के राजनीतिक जीवन में महत्त्वपूर्ण भूमिका निभाई। इधर राजा नरेन्द्र नाथ द्वारा स्थापित नेशनल रिफार्म पार्टी को लाला लाजपत राय और पंडित मदनमोहन मालवीय का समर्थन प्राप्त था। एक ओर ग्रामीण क्षेत्रों में किसानों के हितों की रक्षा का नारा देने वाली यूनियनिस्ट पार्टी लोकप्रिय होती जा रही थी और दूसरी ओर शहरों में हिन्दुत्व की बात को लेकर चलने वाली नेशनल रिफार्म पार्टी अपना प्रभाव बढ़ाती जा रही थी। क्योंकि दोनों नई पार्टियों को चौधरी छोटू राम और लाला लाजपतराय जैसे लोकप्रिय नेताओं का समर्थन प्राप्त था इसलिए भी उन्हें फलने-फूलने का एक सहज और सुविधापूर्ण वातावरण मिला। दूसरी ओर राष्ट्र के नेतृत्व में बिखराव आने के कारण कांग्रेस और स्वराज्य पार्टी का प्रभाव कम हुआ।

असहयोग आन्दोलन के बाद 6 वर्ष का समय स्वतंत्रता आन्दोलन की शिथिल अवस्था का काल था। सन् 1928 के आरम्भ में फिर एकदम गतिविधियां तेज हो गई थीं। तब तक हरियाणा में राजनीतिक जन-चेतना अपनी प्रौढ़ावस्था पर पहुँच गई थी। हरियाणा का प्रबुद्ध समाज पूरी तरह स्वतंत्रता-आन्दोलन का अंग बन गया था। साइमन कमीशन ने 3 फरवरी, 1928 को जब भारत की धरती पर कदम रखा तो पूरे देश ने नारा बुलन्द किया-'साइमन कमीशन वापस जाओ।' साइमन कमीशन लाहौर पहुँचा तो लाला लाजपतराय के नेतृत्व में विशाल जन-समुदाय ने काले झंडों से उसका स्वागत किया। ब्रिटिश सरकार ने लाला जी पर लाठियां बरसाई जिनकी चोट वह सह न सके और उनकी मृत्यु हो गई।

तभी लाहौर के अधिवेशन में राष्ट्रनायक पंडित जवाहरलाल नेहरू ने दिसम्बर, 1929 में 'पूर्ण स्वराज्य' का नारा बुलन्द किया। कांग्रेस कार्यकारिणी ने 26 जनवरी, 1930 का दिन पूर्ण स्वराज्य दिवस के रूप में मनाने की घोषणा की। सन् 1930 में नागरिक अवज्ञा-आन्दोलन में हरियाणा के लोग कूद पड़े। भिवानी के नमक सत्याग्रह का संचालन गांधी जी की देख-रेख में हुआ और यह आन्दोलन अपनी चरम-सीमा पर पहुँच गया।

5 मार्च, 1931 को गांधी जी और भारत के वायसराय लार्ड इरविन के बीच समझौता हुआ, जिसके अनुसार सत्याग्रहियों को छोड़ दिया गया। हरियाणा के भी सभी बन्दी छोड़ दिये गये। गांधी जी दिसम्बर, 1931 में दूसरी बार गोलमेज कान्फ्रेंस में असफल होकर आये तो उन्हें 3 जनवरी, 1932 को पुनः गिरफ्तार कर लिया गया। इससे सत्याग्रह फिर से शुरू हो गया।

12 जनवरी, 1932 को पंजाब प्रदेश-कांग्रेस के आदेश पर पूरे हरियाणा में स्वतंत्रता-दिवस मनाया गया। इस दिन रोहतक में राव मंगली राम के नेतृत्व में एक विराट जुलूस निकाला गया। पुलिस ने जुलूस पर लाठी-चार्ज किया जिसमें अनेक स्वयं-सेवक घायल हुए, अनेक स्वतंत्रता सेनानियों को गिरफ्तार किया गया परन्तु पुलिस के इतने पाशविक व्यवहार और अत्याचारों के बाद भी धरनों, प्रदर्शनों और जलसों का दौर चलता रहा।

कुछ दिनों बाद रोहतक में एक अभूतपूर्व घटना घटी, वह थी जिलाधीश की कोठी पर तिरंगे झंडे का लहराना। इससे पूरे नगर में अपूर्व उत्साह का संचार हुआ। इसके बाद भिवानी, सिरसा, करनाल, रिवाड़ी, सोनीपत और गोहाना में भी जोरदार आन्दोलन चले। इन आन्दोलनों के दौरान अनेक स्वतंत्रता-सेनानियों को गिरफ्तार किया गया।

दिल्ली के स्वाधीनता-संघर्ष में हरियाणा के देशभक्तों ने लगातार सहयोग दिया और दिल्ली में होने वाली केन्द्रीय गतिविधियों से उनका निकट का सम्बन्ध रहा।

28 दिसम्बर, 1935 को पूरे हरियाणा में कांग्रेस की स्वर्ण-जयन्ती मनाई गई। रोहतक, भिवानी, हिसार, अम्बाला, करनाल, रिवाड़ी, सिरसा, पलवल और सोनीपत आदि नगरों में स्वर्ण-जयन्ती का विशेष जोर रहा। इसके एक महीने बाद 26 जनवरी, 1936 को फिर स्वतंत्रता-दिवस बड़े उत्साह के साथ हरियाणा में मनाया गया। इन सभी गतिविधियों से फिर एक बार कांग्रेस ने अपनी खोई हुई लोकप्रियता को पाने के सफल प्रयास किये।

सन् 1936 के अगस्त महीने में पंडित जवाहरलाल नेहरू ने जो उन दिनों अखिल भारतीय कांग्रेस के अध्यक्ष थे हरियाणा का दौरा किया।

सन् 1937 में पंजाब प्रान्तीय असेम्बली के चुनाव हुए। कांग्रेस ने प्रत्येक स्थान पर अपने उम्मीदवार खड़े किये। दिल्ली और पंजाब से प्रमुख कांग्रेसी नेता हरियाणा के शहरों और कस्बों में चुनाव अभियान को गति देने पहुँचे। कांग्रेस का यूनियनिस्ट पार्टी से जोरदार मुकाबला था। यह सब होते हुए भी कांग्रेस शहरी क्षेत्रों से केवल दो स्थानों पर ही सफलता प्राप्त कर सकी तथा शेष सब स्थान यूनियनिस्ट पार्टी को प्राप्त हुए। नगरों के उन दोनों क्षेत्रों से पंडित श्रीराम शर्मा और लाला देशबन्धु गुप्त सफल हुए। एक वर्ष बाद सिरसा का स्थान खाली हुआ और वहां से कांग्रेस उम्मीदवार चौधरी साहब राम चुनाव में सफल हुए।

सन् 1937 के इस चुनाव में जमींदारा लीग के चौधरी छोटूराम, चौधरी टीकाराम, चौधरी रामस्वरूप, चौधरी सेफअली, चौधरी यासीन खाँ, चौधरी सूरजमल, चौधरी हेतराम, चौधरी कुंजपुरा सफल हुए। राजा नरेन्द्रनाथ की हिन्दुसभा के राव बलबीर सिंह और लाला आत्माराम कामयाब हुए।

जमींदारा लीग की यह सफलता वास्तव में जनता की सफलता नहीं थी अपितु चुनाव की उस कूटनीति की सफलता थी जो अंग्रेज सरकार ने अपनी स्वार्थ-सिद्धि के लिए अपनाई हुई थी।

दूसरे विश्वयुद्ध से पहले हरियाणा के राजनीतिक वातावरण पर कांग्रेस और यूनियनिस्ट पार्टियां छाई रहीं। सन् 1937 से 1946 तक हरियाणा के राजनीतिक वातावरण में काफी खिंचाव रहा, क्योंकि देशभक्तों को एक ओर तो ब्रिटिश-प्रशासन से लड़ना पड़ रहा था तो दूसरी ओर अपनों ही के विरोध और वैमनस्य के वे शिकार हो रहे थे।

1 सितम्बर, 1939 के दिन ब्रिटेन और जर्मनी के बीच युद्ध (द्वितीय विश्व युद्ध) की घोषणा हुई तथा 3 सितम्बर, 1939 को ब्रिटिश सरकार ने अंग्रेजों की ओर से भारत को भी युद्ध में साझीदार घोषित कर दिया था। सन् 1914 में हुए प्रथम विश्व-युद्ध के दौरान गांधी जी के नेतृत्व में कांग्रेस के नर्म दल ने ब्रिटिश सरकार को खुले तौर पर सहयोग दिया था। परन्तु इस बार स्थिति बिल्कुल विपरीत थी। पूरे राष्ट्रवादी संगठन ने ब्रिटिश सरकार की इस घोषणा की पूरी तरह से आलोचना की कि ''ब्रिटेन के साथ भारत भी युद्ध में शामिल हो गया है''

उपर्युक्त परिस्थितियों का हरियाणा के राजनीतिक वातावरण पर भी प्रभाव पड़ा। हरियाणाप्रदेश भर्ती का मुख्य क्षेत्र समझा जाता था। अतः इस प्रदेश से फौज में अनेक लोग भर्ती किये गये।

1942 के 'भारत छोड़ो' आन्दोलन में भी हरियाणा की महत्त्वपूर्ण भूमिका रही। इस प्रदेश के कोने-कोने में इस आन्दोलन में लोगों ने बढ़-चढ़ कर भाग लिया। 'भारत छोड़ो' आन्दोलन के दौरान यहां के प्रत्येक जिले से सैकड़ों लोग बन्दी बनाये गये, जिन्हें जेलों में तरह-तरह की यातनाएं दी गईं। अनेक स्वतंत्रता सेनानियों की जेलों में ही मृत्यु हो गई।

हरियाणा के शूरवीरों ने आजाद हिन्द फौज के प्रत्येक मोर्चे पर अभूतपूर्व साहस और शौर्य का परिचय दिया। मनिपुर की भूमि पर सबसे पहले तिरंगा फहराने वाले वो मेजर सूरजमल थे जिन्होंने अपनी कम्पनी के साथ भारतीय सीमा में प्रवेश किया था और युद्ध के बाद भारत-भूमि के कुछ भाग को स्वाधीन करवाया था, वह हरियाणा के ही थे।

आजाद हिन्द फौज में हरियाणा के कुल 2849 अफसरों और जवानों ने भाग लिया जिनमें से 346 शहीद हुए।

द्वितीय विश्व युद्ध के बाद भारत के राजनीतिक वातावरण में महत्त्वपूर्ण परिवर्तन हुए। सभी कांग्रेसी-नेताओं तथा स्वतंत्रता सेनानियों की रिहाई के बाद राष्ट्रीय चेतना अपने चरमोत्कर्ष पर थी। ब्रिटिश प्रशासन भी इस बात को पूरी तरह जान चुका था कि अब भारत को स्वाधीन करने के अतिरिक्त अन्य कोई दूसरा विकल्प नहीं है। सरकार तीव्र गति से बदलती हुई राजनीतिक स्थिति पर कोई भी अंकुश लगाने में समर्थ नहीं रह गई थी। अतः सन् 1945 के

अन्त में भारत सरकार ने आम चुनावों की घोषणा कर दी। सन् 1946 का चुनाव कांग्रेस के लिए एक बड़ी चुनौती था।

सन् 1946 के इस चुनाव में राष्ट्र के नेताओं को तत्कालीन पंजाब में सबसे अधिक आशा हरियाणा से थी। हरियाणा के लोगों ने सभी संघर्षों में बढ़-चढ़ कर भाग लिया था और स्वाधीनता आन्दोलन के हर मोड़ पर हरियाणा के स्वतंत्रता-सेनानी मैदान में आये थे। कांग्रेस को पूर्ण विश्वास था कि पंजाब प्रान्त के जिलों में उन्हें पूरा समर्थन मिलेगा। अतः चुनाव अभियान के आरम्भ होते ही राष्ट्र के बड़े नेताओं ने हरियाणा के दौरे आरम्भ किये।

पंजाब विधान सभा के चुनावों में हरियाणा में कांग्रेस ने बड़ी सरलता से सभी स्थानों में विजय प्राप्त की तथा यूनियनिस्ट पार्टी केवल 2 सीटें ही प्राप्त कर सकी। कांग्रेस ने यूनियनिस्ट पार्टी और अकाली दल के साथ मिली-जुली सरकार बनाई जिसके मुख्यमंत्री सर खिजर हयात खां बने। चौधरी लहरी सिंह हरियाणा की ओर से मंत्री-मण्डल में लिये गये। यह मिली-जुली सरकार केवल एक वर्ष ही चल पाई। इस दौरान हुए हिन्दु-मुस्लिम दंगों के भीषण रूप धारण करने के परिणामस्वरूप 20 फरवरी, 1947 को ब्रिटिश प्रधान मंत्री ने पाकिस्तान की स्थापना की घोषणा कर दी। 3 मार्च, 1947 को खिजर साहब ने अपने पद से त्याग-पत्र दे दिया। 5 मार्च, 1947 को पंजाब के गवर्नर ने अधिकार सम्भाल लिये।

अन्ततः देश का भारत और पाकिस्तान के रूप में विभाजन हो गया। 15 अगस्त, 1947 को भारत के ऐतिहासिक लाल-किले पर राष्ट्र-ध्वज तिरंगा लहरा कर पूर्ण स्वाधीनता दिवस मनाया गया।

वस्तुनिष्ठ प्रश्नोत्तर

1. कांग्रेस के दूसरे 1886 के कलकत्ता अधिवेशन में हरियाणा का प्रतिनिधित्व किसने किया था?

A. पं॰ दीनदयाल शर्मा B. लाला मुरलीधर

C. बालमुकन्द गुप्त D. सभी ने

2. लाला लाजपत राय ने हरियाणा के किस स्थान को अपना राजनीतिक और सामाजिक, कार्य-क्षेत्र बनाया था?

A. हिसार B. सोनीपत

C. गुड़गांव D. नूह

3. सन् 1888 में इलाहाबाद में आयोजित हुए कांग्रेस के चौथे अधिवेशन में किस महत्त्वपूर्ण राष्ट्र नेता ने जिला हिसार के प्रतिनिधि के रूप में भाग लिया था?

A. लाला सुल्तान सिंह B. बलदेव सिंह

C. लाला लाजपत राय D. बैनी सिंह

4. 8 अप्रैल, 1919 के दिन गांधी जी हरियाणा में कहां से गिरफ्तार हुए थे?

A. कैथल B. पलवल

C. गुहला D. अम्बाला

5. रोहतक में पं॰ रामभजदत्त की अध्यक्षता में सम्मेलन का आयोजन कब हुआ था, जिसमें गांधीजी के असहयोग आन्दोलन को कार्यरूप देने का निर्णय लिया गया था?

A. जनवरी, 1919 में   B. नवम्बर, 1919 में

C. नवम्बर, 1920 में   D. सितम्बर, 1921 में

6. कांग्रेस के नागपुर में हुए वार्षिक अधिवेशन में हरियाणा प्रान्त का प्रतिनिधित्व किसने किया था?

A. सरदार बूटा सिंह   B. लाला उग्रसेन

C. बाबू श्याम लाल   D. पं॰ नेकीराम शर्मा

7. पंजाब प्रदेश-कांग्रेस के आदेश पर पूरे हरियाणा में स्वतंत्रता दिवस कब मनाया गया?

A. 12 जनवरी, 1932   B. 10 दिसम्बर, 1932

C. 15 अगस्त, 1935   D. 26 जनवरी, 1932

8. हरियाणा में कांग्रेस की स्वर्ण-जयन्ती कब मनाई गई थी?

A. 18 अगस्त, 1930 को   B. 30 जनवरी, 1935 को

C. 28 दिसम्बर, 1935 को   D. 10 दिसम्बर, 1936 को

9. आजाद हिन्द फौज से सम्बन्धित हरियाणा का वह शूरवीर कौन था, जिसने मनीपुर की भूमि पर सबसे पहले तिरंगा फहराया था?

A. मेजर प्रतापसिंह   B. मेजर सूरजमल

C. दरबारा सिंह   D. भजनलाल

10. हरियाणवी क्षेत्रों में यूनियनिस्ट पार्टी को लोकप्रिय बनाने के लिए चौधरी छोटूराम ने जोरदार अभियान चलाया। प्रदेश में इसे किस नाम से पुकारा जाता था?

A. 'जमींदारा लीग'   B. जमींदारी प्रथा

C. हिन्दु-मुस्लिम   D. कोई नहीं

11. सन् 1916 में चौधरी छोटूराम ने रोहतक में किस साप्ताहिक का संपादन शुरू किया था?

A. हिन्दू गजट   B. सिख गजट

C. जाट गजट   D. कोई नहीं

12. श्री फजली हुसैन के साथ मिलकर चौधरी छोटूराम ने पंजाब में यूनियनिस्ट पार्टी की स्थापना कब की थी?

A. 1919 में   B. 1921 में

C. 1922 में   D. 1923 में

13. पटियाला, जींद और नाभा रियासतों में राजनैतिक गतिविधियों पर अंकुश रखने के लिए संवत् 1988 विक्रमी में एक कानून लागू किया गया था, उसका नाम क्या रखा गया था?

A. हिदायत संवत   B. हिजरी संवत

C. विक्रम संवत   D. शक संवत

14. सन् 1938 में जींद प्रजामण्डल की नींव जींद की राजधानी संगरूर में किस प्रसिद्ध देशभक्त ने डाली थी?

A. राजेन्द्र कुमार जैन ने B. साधूराम ने
C. हंसराज रहबर ने D. नन्दकिशोर ने

15. गांधी जी पलवल में कब गिरफ्तार हुए थे?

A. 5 जनवरी, 1919 को B. 8 मई, 1920 को
C. 8 अप्रैल, 1919 को D. 17 अप्रैल, 1921 को

16. सनातन धर्म को पूरे उत्तर भारत में लोकप्रिय बनाने में महत्त्वपूर्ण योगदान देने वाले पं॰ दीनदयाल शर्मा हरियाणा में कहाँ के रहने वाले थे?

A. झज्जर B. कैथल
C. हिसार D. जीन्द

17. सन् 1892 के लाहौर अधिवेशन में हिसार का प्रतिनिधित्व किस प्रसिद्ध जन नेता ने किया था?

A. बालमुकुनद गुप्त B. लाला मुरलीधर
C. लाला लाजपत राय D. पं॰ दीनदयाल शर्मा

18. लाला लाजपतराय और सरदार अजीतसिंह को ब्रिटिश सरकार द्वारा गिरफ्तार करके मांडले जेल में कब भेजा गया था?

A. सन् 1907 में B. सन् 1895 में
C. सन् 1902 में D. सन् 1896 में

19. महात्मा गांधी, मुहम्मद अली तथा शौकत अली के साथ रोहतक कब आये थे?

A. 10 जनवरी, 1919 को B. 8 अक्टूबर, 1920 को
C. 1 अक्टूबर, 1920 को D. 18 मार्च, 1920 को

20. अम्बाला मण्डल की डिवीजनल पोलिटिकल कान्फ्रेंस, जिसमें महात्मा गांधी अली भाइयों के साथ आये थे, भिवानी में कब हुई थी?

A. मार्च 1918 में B. जून 1920 में
C. अक्टूबर 1919 में D. अक्टूबर 1920 में

उत्तरमाला

1	2	3	4	5	6	7	8	9	10
D	A	C	B	C	D	A	C	B	A

11	12	13	14	15	16	17	18	19	20
C	D	A	C	C	A	C	A	B	D

✦✦✦

5 | हरियाणा प्रदेश का जन्म

हरियाणा प्रदेश प्राचीनकाल से ही ऐतिहासिक लोक संस्कृति, रीति-रिवाज, खान-पान, रहन-सहन तथा भाषा की दृष्टि से एक महत्त्वपूर्ण राज्य रहा है। महाभारत तथा पानीपत के विश्वप्रसिद्ध ऐतिहासिक युद्ध इसी प्रदेश में लड़े गये। 1857 के प्रथम स्वाधीनता संग्राम में इस प्रदेश की महत्त्वपूर्ण भूमिका रही तथा अंग्रेजों को देश से उखाड़ फेंकने में यहां के वीरों ने अथक् प्रयास किया।

1947 में जब भारत आजाद हुआ उस समय हरियाणा पंजाब प्रदेश में शामिल था परन्तु आजादी के 10-12 वर्षों के अन्दर ही हरियाणा क्षेत्र के लोगों में भाषा को लेकर मतभेद होने लगे। साथ ही यहाँ के लोगों को यह अनुभव होने लगा कि पंजाब में उनकी उपेक्षा हो रही है और उन्हें समुचित महत्त्व नहीं दिया जा रहा है। हरियाणा वासियों ने महसूस किया कि पंजाब प्रशासन में उनकी कोई सुनवायी नहीं होती है। इन सभी कारणों से पंजाब में प्रताप सिंह कैरो के शासन काल के दौरान ही हरियाणा प्रदेश की मांग उठने लगी। साथ ही लाला देशबन्धु गुप्त और आसफ अली 'वृहत्तर दिल्ली' की मांग कर रहे थे जिसमें हरियाणा को शामिल करने का सुझाव था। उधर सिख भी आबादी के हिसाब से अपने को अल्पसंख्यक समझ कर पंजाब विभाजन की मांग कर रहे थे।

1955 में भारत सरकार ने राज्य पुनर्गठन आयोग की स्थापना की जिसका काम भाषाई आधार पर प्रान्तों का सीमांकन करना था। परन्तु इस आयोग ने भी पंजाब विभाजन की मांग को अस्वीकार कर दिया था। किन्तु राज्य पुनर्गठन आयोग ने पटियाला और पूर्वी पंजाब स्टेटस को पंजाब क्षेत्र में तथा महेन्द्रगढ़ व जीन्द को हरियाणा क्षेत्र में शामिल करने की सिफारिश की थी। लेकिन वास्तविक समस्या जैसी की तैसी ही बनी रही क्योंकि हरियाणा की जनता अधिकतर हिन्दी भाषी थी और वह पंजाबी को राज्य भाषा अथवा शिक्षा माध्यम मानने के लिए बिल्कुल तैयार नहीं थी।

1960 में सरकार ने क्षेत्रीय फार्मूला लागू किया जिसके अनुसार हिन्दी व पंजाबी भाषा के क्षेत्रों को सीमांकित कर दोनों भाषाओं को इनके क्षेत्रों में सरकारी मान्यता देने का निश्चय

किया गया। परन्तु इससे भी समस्या का हल नहीं निकला। अतः अंत में 1965 में भारत सरकार ने लोकसभा के अध्यक्ष सरदार हुक्म सिंह की अध्यक्षता में पंजाब विभाजन पर विचार करने के लिए एक संसदीय समिति का गठन किया। समिति की सिफारिश के आधार पर सरकार ने मार्च 1966 में सर्वोच्च न्यायालय के न्यायाधीश श्री शाह की अध्यक्षता में पंजाब सीमा आयोग का गठन किया। आयोग द्वारा पंजाब सीमांकन के पश्चात् सितम्बर 1966 में संसद ने पंजाब पुनर्गठन एक्ट पारित किया। इस प्रकार लम्बे संघर्ष के बाद हरियाणा का देश के सत्रहवें राज्य के रूप में 1 नवम्बर, 1966 को जन्म हुआ। श्री धर्मवीर को राज्य का प्रथम राज्यपाल नियुक्त किया गया। राज्यपाल ने राष्ट्रपति की सलाह पर उस समय राज्य में चुनाव न कराकर पंजाब विधान-सभा से ही हरियाणा के विधायकों को लेकर हरियाणा विधान सभा का गठन किया। उस समय पंजाब राज्य में सत्तारुढ़ कांग्रेस पार्टी से बाहर आये कांग्रेस विधायकों द्वारा नवगठित हरियाणा विधान सभा में पं॰ भगवत दयाल शर्मा को अपना नेता चुनने के बाद प्रदेश का प्रथम मुख्यमंत्री बनाया गया।

1967 के आम चुनाव में कांग्रेस को विधान सभा में 81 में से 48 स्थान मिले जबकि लोकसभा की नौ में से सात सीट कांग्रेस ने प्राप्त की। श्री भगवत दयाल शर्मा पुनः मुख्यमंत्री बने। परन्तु सात दिनों के बाद ही पार्टी की आन्तरिक कलह के कारण विधान सभा अध्यक्ष के चुनाव में कांग्रेस के उम्मीदवार दयाकिशन को विशाल हरियाणा पार्टी के उम्मीदवार राव वीरेन्द्र सिंह के हाथों पराजित होना पड़ा। श्री दयाकिशन को 37 और राव वीरेन्द्र सिंह को 40 मत मिले।

दयाकिशन की पराजय के बाद कांग्रेस के असंतुष्ट विधायकों द्वारा हरियाणा कांग्रेस का गठन किया गया। साथ ही राज्य के अन्य निर्दलीय विधायकों ने मिलकर नई हरियाणा पार्टी बनाई। इस अवसर का लाभ उठाकर विशाल हरियाणा पार्टी के अध्यक्ष राव वीरेन्द्र सिंह ने कांग्रेस के खिलाफ दोनों नई पार्टियों को लेकर संयुक्त विधायक दल का गठन किया। इस प्रकार 142 दिन शासन करने के बाद पं॰ भगवत दयाल शर्मा ने बहुमत खोकर त्यागपत्र दे दिया। 24 मार्च, 1967 को राज्य के नये व प्रथम गैर कांग्रेसी मुख्यमंत्री राव वीरेन्द्र सिंह ने शपथ ली। परन्तु देवीलाल द्वारा प्रारम्भ की गई दल-बदल नीति के कारण राव वीरेन्द्र सिंह को आठ महीने बाद ही अपने पद से त्यागपत्र देना पड़ा। 21 नवम्बर, 1967 को प्रदेश में राष्ट्रपति शासन लागू कर दिया गया। इस प्रकार अपनी स्थापना के बाद एक वर्ष की अवधि में ही प्रदेश को भारी राजनीतिक उथल-पुथल का सामना करना पड़ा।

वस्तुनिष्ठ प्रश्नोत्तर

1. 1947 में भारत के स्वतन्त्र होने के पश्चात तक हरियाणा किस प्रान्त का भाग था?

   A. दिल्ली
   B. पंजाब
   C. उत्तर प्रदेश
   D. राजस्थान

2. 1955 में भारत सरकार द्वारा गठित राज्य पुनर्गठन आयोग ने किन दो स्थानों को हरियाणा क्षेत्र में शामिल करने की सिफारिश की थी?

A. महेन्द्रगढ़ व जीन्द
B. पटियाला व हिसार
C. पानीपत व कैथल
D. रोहतक व गुडगांव

3. हरियाणा राज्य की स्थापना कब हुई?

A. 10 नवम्बर, 1966 को
B. 26 जनवरी, 1966 को
C. 1 नवम्बर, 1966 को
D. 5 जून, 1966 को

4. हरियाणा के प्रथम राज्यपाल कौन बनाये गये?

A. श्री सत्यपाल
B. श्री धर्मवीर
C. श्री देवीलाल
D. श्री बंसीलाल

5. 24 मार्च, 1967 को बने हरियाणा के प्रथम गैर-कांग्रेसी मुख्यमंत्री का नाम बताइये।

A. चौधरी भजनलाल
B. देवीलाल
C. बंसीलाल
D. राव वीरेन्द्र सिंह

उत्तरमाला

1	2	3	4	5
B	A	C	B	D

✦✦✦

6 | भौगोलिक स्थिति

हरियाणा प्रदेश भारत के उत्तर–पश्चिम में 27°39' से 30°55' उत्तर अक्षांश और 74°28' से 77°36' पूर्व रेखांश के बीच में स्थित है। पूर्वी हरियाणा और उत्तर प्रदेश की सीमा पर यमुना नदी बहती है। हरियाणा के उत्तर में शिवालिक पर्वतमाला और हिमाचल प्रदेश है तथा इसके पश्चिम में पंजाब है। दक्षिण में अरावली की पहाड़ियों और राजस्थान का रेगिस्तान है। हरियाणा का क्षेत्रफल 44,212 वर्ग कि.मी. है तथा 2011 की जनगणना के अनुसार इसकी कुल जनसंख्या 25,351,462 है। क्षेत्रफल की दृष्टि से केरल, गोवा, मिजोरम, नगालैंड, सिक्किम, त्रिपुरा, मेघालय और मणिपुर को छोड़कर भारत के शेष प्रदेश हरियाणा से बड़े हैं। हरियाणा की आबादी गोवा, अरुणाचल प्रदेश, मिजोरम, नगालैंड, सिक्किम, हिमाचल प्रदेश, उत्तराखंड, त्रिपुरा, मेघालय और कश्मीर से अधिक है। भारतीय उपमहाद्वीप में हरियाणा की भौगोलिक स्थिति तथा थार रेगिस्तान में ऊपरी वायु उच्चताप के निकट होने के कारण हरियाणा में वर्षा के परिणाम पर काफी असर पड़ता है। इसके कारण प्रदेश के विभिन्न स्थानों में वर्षा कम होती है। हरियाणा का मैदानी भाग समुद्रतल से 700 से 900 फीट ऊँचा है। हरियाणा को चार प्राकृतिक भागों में बाँटा जा सकता है:

1. शिवालिक का पहाड़ी क्षेत्र
2. मैदानी क्षेत्र
3. रेतीला क्षेत्र
4. अरावली की पहाड़ियों का शुष्क मैदानी भूखण्ड

1. *शिवालिक का पहाड़ी क्षेत्र:* शिवालिक पर्वत की श्रेणियाँ हरियाणा राज्य के उत्तरी-पूर्वी भाग में स्थित हैं। ये पहाड़ियाँ अधिक ऊँची नह हैं, इन पर्वत श्रेणियों की ऊँचाई 900 मीटर से लेकर 2300 मीटर तक है। इन पहाड़ियों से घग्घर, टांगरी, मारकण्डा तथा सरस्वती

नदियां निकलती हैं। इन पहाड़ियों पर ऊँचे-ऊँचे वृक्ष पाये जाते हैं। यहाँ अधिक ठण्ड पड़ती है तथा वर्षा ऋतु में अधिक वर्षा होती है। वनों की लकड़ी से अनेक प्रकार की लकड़ी की वस्तुएं बनाई जाती हैं। इस भाग में चूने का पत्थर भी मिलता है जो सीमेण्ट बनाने के काम आता है।

2. *मैदानी क्षेत्र:* मैदानी क्षेत्र प्रदेश का सबसे बड़ा भाग है। यह उत्तर से दक्षिण तक फैला हुआ है। इस भाग में गर्मियों में अधिक गर्मी तथा सर्दियों में अधिक सर्दी पड़ती है। यहाँ वर्षा भी अच्छी होती है। इसीलिए मैदान क्षेत्र में शीशम, पीपल, बड़, आम, नीम तथा जामुन के वृक्ष पाये जाते हैं। इसी भाग में वीवीपुर तथा नजफगढ़ की प्रसिद्ध झीलें स्थित हैं।

3. *रेतीला क्षेत्र:* हरियाणा का पश्चिमी भाग, जो राजस्थान से लगा हुआ है, रेतीला है। इस भाग में जगह-जगह रेत के छोटे-छोटे टीले पाये जाते हैं जिन्हें टिब्बे कहते हैं। यहाँ पर तेज और गर्म हवाएँ चलती हैं। वर्षा कम होती है, इसलिए कीकर, कैर, थोर आदि के वृक्ष तथा काँटेदार झाड़ियाँ पाई जाती हैं जो जलाने के काम आती हैं। महेन्द्रगढ़, भिवानी, सिरसा तथा हिसार जिले के भाग रेतीले हैं।

4. *अरावली की पहाड़ियों का शुष्क मैदानी भूखण्ड:* हरियाणा में स्थित अरावली की शुष्क पहाड़ियाँ यहाँ के दक्षिण में स्थित हैं। ये राजस्थान में स्थित अरावली का ही हिस्सा है। प्रदेश का यह भाग ऊँचा-नीचा व कटा-फटा है। इन पहाड़ियों से चूना तथा स्लेट का पत्थर निकाला जाता है। यहाँ वर्षा कम होती है इसलिए यहाँ कांटेदार झाड़ियाँ तथा कांटेदार वृक्ष पाये जाते हैं। हरियाणा के नूंह जिले में अरावली की पहाड़ियाँ स्थित हैं।

प्रदेश की जलवायु :

हरियाणा की जलवायु भी उत्तर भारत के अन्य प्रदेशों जैसी ही है। यहाँ गर्मियों में अधिक गर्मी तथा सर्दियों में अधिक सर्दी पड़ती है। मई–जून के महीने में तापमान 50°C और

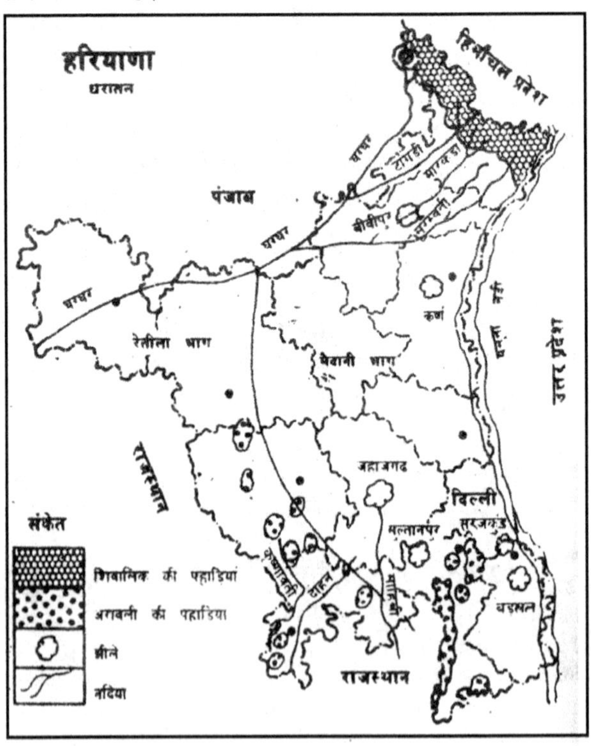

जनवरी माह में तापमान 0°C तक पहुँच जाता है। इस प्रदेश में वर्षा कम और अनिश्चित होती है। प्रदेश की शिवालिक घाटियों में अधिकतम वर्षा 216 सेमी. और दक्षिण क्षेत्र में 25 से 28 सेमी. तक रिकार्ड की गई है।

प्रदेश में वर्षा : हरियाणा में वर्षा कम होती है। यहाँ वर्षा प्रमुख रूप से दो मौसमों में होती है— (1) मानसून अवधि में जून से सितम्बर तक तथा (2) जाड़े की ऋतु में दिसम्बर से फरवरी तक। मानसून अवधि की वर्षा जाड़े की ऋतु की वर्षा से अधिक होती है। मानसून अवधि में वर्षा खरीफ की फसल के लिए आवश्यक है तथा जाड़े की ऋतु की वर्षा–यद्यपि थोड़ी ही होती है लेकिन रबी की फसल के लिए अधिक लाभकारी है। सम्पूर्ण प्रदेश में वर्षा का वार्षिक औसत 45 सेमी० है।

हरियाणा में अम्बाला, कुरुक्षेत्र, यमुनानगर, करनाल, जीन्द, पानीपत, गुरुग्राम, रोहतक, सोनीपत व फरीदाबाद क्षेत्र हरे-भरे क्षेत्र कहलाते हैं। परन्तु गुरुग्राम और फरीदाबाद जिलों के कुछ भाग को काटकर बनाया गया नूंह जिला हरा-भरा नहीं है।

प्रदेश के उत्तरी-पूर्वी भाग अम्बाला, यमुनानगर, कुरुक्षेत्र, कैथल, करनाल, जीन्द, सोनीपत और पानीपत जिलों में वर्षा अधिक होती है।

प्रदेश के दक्षिण-पश्चिमी भाग सिरसा, हिसार, भिवानी, रिवाड़ी, रोहतक, फरीदाबाद, गुरुग्राम और महेन्द्रगढ़ जिलों में कम वर्षा होती है।

मिट्टी

मिट्टी : हरियाणा की कृषि की उपज, कृषि कार्य योग्य मिट्टी, जलवायु व सिंचाई पर निर्भर है। इस प्रदेश में पहाड़ी क्षेत्र सीमित हैं। प्रदेश का अधिकतर भाग मैदानी है। मैदानों की मिट्टी नदियों द्वारा बहाकर लाई हुई मिट्टी है। यह मिट्टी कृषि-कार्य हेतु उत्तम और उपजाऊ है।

हरियाणा की भूमि को तीन भागों में बाँटा जा सकता है— पहाड़ी, मैदानी व रेतीली। इसी कारण यहाँ अनेक प्रकार की मिट्टियाँ पाई जाती हैं। पहाड़ी क्षेत्र की मिट्टी पथरीली है। इस प्रकार की मिट्टी मोरनी की पहाड़ियों पर देखी जा सकती है। मैदानी भाग की मिट्टी उपजाऊ है। यहाँ की मिट्टी पीले भूरे रंग की है। इसे यमुना, सरस्वती आदि नदियों ने लाकर यहाँ बिछाया है। इस मिट्टी में अनेक प्रकार की फसलें उगाई जाती हैं। प्रदेश के दक्षिण-पश्चिमी भाग में दूर-दूर तक रेतीली मिट्टी फैली हुई है। यहाँ की मिट्टी का रंग हल्का भूरा है। इस प्रकार की मिट्टी को पड़ोसी राज्य राजस्थान से चलने वाली हवायें हरियाणा के इस क्षेत्र में लाती हैं। यह मिट्टी उपजाऊ नहीं है।

प्रदेश के पहाड़ी क्षेत्रों में मिट्टी पतली और कठोर है। कॉप मिट्टी केवल नदियों की घाटियों में मिलती है। जिन क्षेत्रों में यमुना व घग्घर नदी की बाढ़ का पानी फैल जाता है, उनमें बारीक कणों वाली उपजाऊ मिट्टी मिलती है।

प्रदेश के यमुनानगर जिले में कई प्रकार की मिट्टी पाई जाती है। उदासीन प्रतिक्रिया वाली मिट्टी भी यहाँ पाई जाती है जिसमें नाइट्रोजन तथा फासफोरस की कमी होती है। इस क्षेत्र में लाल चैसटनट मिट्टी पाई जाती है व शिवालिक के उप पर्वतीय क्षेत्र में दोमट, भूरी, रेतीली मिट्टी है, जिसके कारण भूमि में कंकर–पत्थर पाये जाते हैं।

रोहतक जिले की मिट्टी चिकनी व उपजाऊ किस्म की है। झज्जर जिले के अधिकतर भागों में बालू रेत के टीले मिलते हैं। इस मिट्टी का रंग हल्का भूरा होता है तथा इसमें नाइट्रोजन की कमी होती है। सोनीपत जिले की मिट्टी रेतीली और दोमट है। सिरसा जिले में लाल मिट्टी तथा हिसार, भिवानी व फतेहाबाद में बलुई दोमट मिट्टी मिलती है। बलुई दोमट मिट्टी में पानी की मदद से अच्छी फसल पैदा की जा सकती है।

जिला गुरुग्राम को मिट्टी की किस्म के आधार पर दो मुख्य भागों में बाँटा गया है— (1) असमतल, (2) मैदानी एवं रेतीले टीले। असमतल भूमि सोहना व गुरुग्राम के कुछ हिस्सों में है। मिट्टी की किस्म रेतीली एवं दोमट है। पटौदी में मैदानी एवं रेतीले टीले हैं। इस क्षेत्र में रेतीली मिट्टी भी है। नूह जिले के फिरोजपुर-झिरका के कुछ हिस्सों में चिकनी किस्म की मिट्टी पायी जाती है। जीन्द जिले की भूमि घग्घर और यमुना नदी के पानी में बहकर आई मिट्टी से बनी है, जिसे एल्यूवियल व आयोलियन भूमि कहा जाता है। अम्बाला व कैथल जिले की मिट्टी पीले भूरे रंग की है तथा कहीं-कहीं मिट्टी पथरीली भी है। फरीदाबाद जिले की मिट्टी उपजाऊ है तथा अधिकांशतः यहां पीले भूरे रंग की मिट्टी पाई जाती है जो बहुत उपजाऊ होती है। जिला कुरुक्षेत्र, पानीपत व करनाल की मिट्टी उपजाऊ है तथा यहाँ पर अधिकांशतः पीले भूरे रंग की मिट्टी पाई जाती है। रेवाड़ी व महेन्द्रगढ़ जिलों की मिट्टी अधिकतर रेतीली है और अधिक उपजाऊ नहीं है। यहाँ की मिट्टी का रंग हल्का भूरा है।

प्रमुख नदियाँ

हरियाणा में प्रमुख रूप से आठ नदियाँ हैं—

1. यमुना नदी
2. घग्घर नदी
3. सरस्वती नदी
4. दोहन नदी
5. टांगरी नदी
6. कृष्णावती नदी
7. साहिबी नदी
8. मारकण्डा नदी

उपरोक्त नदियों में यमुना और घग्घर इस प्रदेश की दो प्रमुख नदियाँ हैं। यमुना पूर्वी सीमा पर स्थित है। इस नदी से नहरें निकाली गई हैं जिनसे इस प्रदेश में सिंचाई की जाती है। मारकण्डा, टांगरी, सरस्वती और घग्घर नदियाँ शिवालिक की पहाड़ियों से निकलती हैं। टांगरी मुलाना के समीप मारकण्डा नदी में मिलती है। मारकण्डा नदी टिथाना के समीप घग्घर नदी में मिलती है। इन सब नदियों का जल लेकर घग्घर नदी राजस्थान की ओर बढ़ती है किन्तु सिरसा जिले के ओटू नामक स्थान पर रेत में लुप्त होने लगती है। राजस्थान में स्थित

अरावली की पहाड़ियों से साहिबी नदी निकल कर इस प्रदेश के दक्षिण भाग में बहती है। वहाँ के रेतीले भाग में इस नदी का जल कम हो जाता है। आगे यह एक नाले के रूप में नजफगढ़ झील में गिरती है। अन्य नदियाँ अधिकतर सूखी रहती हैं इनमें से दोहन तथा कृष्णावती मुख्य हैं। ये प्रदेश के दक्षिणी भाग में केवल वर्षा ऋतु में बहती हैं।

प्रमुख नहरें

1. पश्चिमी व पूर्वी यमुना नहर—हरियाणा की सबसे प्राचीन व प्रमुख नहर पश्चिमी यमुना नहर है। यह नहर जगाधरी पोंटा सड़क पर स्थित ताजेवाला नामक स्थान से यमुना नदी से निकलती है यहीं से पूर्वी यमुना नहर भी निकलती है। पश्चिमी यमुना नहर की अन्य छोटी-छोटी शाखाएँ भी हैं। इन नहरों से करनाल, पानीपत, सोनीपत, जीन्द व रोहतक जिलों में सिंचाई की जाती है।

2. गुड़गाँव नहर—यह प्रदेश की दूसरी प्रमुख नहर है। गुड़गाँव नहर दिल्ली में ओखला नामक स्थान से यमुना नदी से निकाली गई है। इस नहर के द्वारा गुरुग्राम व फरीदाबाद जिलों में सिंचाई की जाती है।

3. भाखड़ा नहर—यह हरियाणा की प्रमुख नहर है। यह नहर नंगल के समीप सतलुज से निकाली गई है। सिरसा, रोहतक व हिसार जिलों में भाखड़ा नहर द्वारा सिंचाई की जाती है।

4. जवाहर लाल नहर—हरियाणा की यह नहर भाखड़ा नहर से निकाली गई है यह एक छोटी सी नहर है। इस नहर के द्वारा महेन्द्रगढ़ जिले में सिंचाई का कार्य किया जाता है।

5. भिवानी नहर— प्रदेश की यह नहर भी एक छोटी नहर है, यह भी भाखड़ा नहर से निकलती है। इस नहर के द्वारा भिवानी जिले में सिंचाई कार्य किया जाता है।

प्रमुख झीलें

प्रदेश में कई झीलें हैं जो यहाँ के प्राकृतिक सौन्दर्य को बढ़ाती हैं। इनमें चार प्रमुख झीलें—दमदमा झील, खलीलपुर झील, सुलतानपुर झील, कोटला झील, जिला गुरुग्राम में स्थित हैं। सुलतानपुर झील जो कि फरुखनगर खण्ड में स्थित है, में प्रवासी पक्षी आदि पहुँचते हैं, जिनको दूर-दूर से सैलानी देखने आते हैं।

प्रदेश की एक प्रसिद्ध झील बड़खल झील है, जो कि जिला फरीदाबाद के पश्चिम में फैले विशाल चट्टानी क्षेत्र के मध्य स्थित है और दिल्ली से लगभग 31 कि०मी० तथा दिल्ली-मथुरा राष्ट्रीय राजमार्ग से मात्र तीन कि०मी० की दूरी पर स्थित है। वर्ष 1947 में सिंचाई परियोजना के अन्तर्गत इसका निर्माण किया गया था। जिसका उद्देश्य भूमि के कटाव को रोकना था। दो छोटी पहाड़ियों को जोड़कर 644.5 मीटर लम्बा और 6 मीटर चौड़ा बाँध बना कर इसमें बाढ़ के पानी को रोकने की व्यवस्था की गई। इस प्रकार यह झील देश-विदेश से आने वाले पर्यटकों के लिए आकर्षण का केन्द्र बन गई है।

वस्तुनिष्ठ प्रश्नोत्तर

1. पूर्वी हरियाणा और उत्तर प्रदेश की सीमा पर निम्न में से कौन सी नदी बहती है?

A. गंगा नदी
B. सरस्वती नदी
C. घग्घर नदी
D. यमुना नदी

2. हरियाणा प्रदेश भारत के उत्तर-पश्चिम में 27°-39' से 30°-55' उत्तर अक्षांश पर स्थित है। बताइये कि वह कितने पूर्व रेखांश के बीच स्थित है?

A. 74° - 28' से 77° - 36'
B. 65°-33' से 77° - 28'
C. 50°-28' से 64°-36'
D. 84°-42' से 89°-41'

3. हरियाणा के उत्तर में निम्नलिखित में से कौन सा प्रदेश स्थित है?

A. उत्तर प्रदेश
B. पंजाब
C. हिमाचल प्रदेश
D. राजस्थान

4. हरियाणा के पश्चिम में निम्नलिखित में से कौन सा प्रदेश स्थित है?

A. पंजाब
B. राजस्थान
C. उत्तर प्रदेश
D. हिमाचल प्रदेश

5. हरियाणा का क्षेत्रफल कितना है?

A. 36,154 वर्ग कि॰मी॰
B. 44,212 वर्ग कि॰मी॰
C. 49,105 वर्ग कि॰मी॰
D. 51,206 वर्ग कि॰मी॰

6. निम्नलिखित प्रदेशों में से कौन सा प्रदेश क्षेत्रफल की दृष्टि से हरियाणा से बड़ा नहीं है?

A. मेघालय
B. बिहार
C. हिमाचल प्रदेश
D. पंजाब

7. हरियाणा की आबादी निम्नलिखित में से किस प्रदेश से अधिक है?

A. अरुणाचल प्रदेश
B. सिक्किम
C. नागालैंड
D. सभी से

8. हरियाणा का मैदानी भाग समुद्रतल से कितनी ऊँचाई पर स्थित है?

A. 700 से 900 फीट
B. 750 से 880 फीट
C. 800 से 1000 फीट
D. 900 से 1100 फीट

9. हरियाणा के किस भाग में शिवालिक पर्वत श्रेणियां स्थित हैं?

A. उत्तर-पश्चिमी
B. उत्तरी-पूर्वी
C. दक्षिणी-पश्चिमी
D. दक्षिणी-पूर्वी

10. शिवालिक की पहाड़ियों से हरियाणा प्रदेश की कौन सी नदी निकलती है?

A. घग्घर
B. मारकण्डा
C. टांगरी
D. सभी

11. हरियाणा का निम्नलिखित में से कौन सा प्रकृति भाग सबसे बड़ा है?

A. शिवालिक का पहाड़ी भाग
B. रेतीला भाग

C. मैदानी भाग
D. अरावली की पहाड़ियों का शुष्क मैदानी भाग

12. प्रसिद्ध वीवीपुर व नजफगढ़ नामक झीलें हरियाणा के किस प्राकृतिक क्षेत्र में स्थित हैं?
    A. मैदानी क्षेत्र
    B. रेतीला क्षेत्र
    C. शिवालिक का पहाड़ी क्षेत्र
    D. अरावली की पहाड़ियों का शुष्क मैदानी क्षेत्र

13. हरियाणा प्रदेश में वर्षा का वार्षिक औसत कितना है?
    A. 40 से॰मी॰   B. 42 से॰मी॰
    C. 45 से॰मी॰   D. 55 से॰मी॰

14. हरियाणा के किस भाग में वर्षा अधिक होती है?
    A. दक्षिण-पश्चिमी भाग   B. उत्तरी-पूर्वी भाग
    C. उत्तरी-पश्चिमी भाग   D. दक्षिणी-पूर्वी भाग

15. प्रदेश के किस भाग में वर्षा कम होती है?
    A. उत्तरी-पूर्वी भाग   B. दक्षिणी-पूर्वी भाग
    C. उत्तरी-पश्चिमी भाग   D. दक्षिणी-पश्चिमी भाग

16. प्रदेश में मोरनी की पहाड़ियों पर किस प्रकार की मिट्टी पाई जाती है?
    A. रेतीली मिट्टी   B. भूरे रंग की मिट्टी
    C. पथरीली मिट्टी   D. बलुई दोमट मिट्टी

17. हरियाणा के मैदानी भाग में अधिकांशतः किस प्रकार की मिट्टी पाई जाती है?
    A. पीले भूरे रंग की उपजाऊ मिट्टी   B. पथरीली मिट्टी
    C. रेतीली मिट्टी   D. बलुई दोमट मिट्टी

18. हरियाणा के निम्नलिखित में से किस जिले में लाल चैसटनट मिट्टी पाई जाती है?
    A. रोहतक जिले में   B. सिरसा जिले में
    C. यमुनानगर जिले में   D. भिवानी जिले में

19. प्रदेश की कौन सी नदी मुलाना के समीप मारकण्डा नदी में मिलती है?
    A. साहिबी नदी   B. टांगरी नदी
    C. कृष्णावती नदी   D. दोहन नदी

20. हरियाणा की सबसे प्राचीन व प्रमुख नहर कौन सी है?
    A. गुड़गांव नहर   B. भिवानी नहर
    C. भाखड़ा नहर   D. पश्चिमी यमुना नहर

21. प्रदेश की कौन सी नहर जगाधरी-पोंटा सड़क पर स्थित ताजेवाला नामक स्थान से यमुना नदी से निकलती है?
    A. भाखड़ा नहर   B. पश्चिमी व पूर्वी यमुना नहर
    C. जवाहर लाल नेहरू नहर   D. कोई नहीं

22. हरियाणा की जवाहर लाल नेहरू नहर किस नहर से निकाली गई है?
A. भाखड़ा नहर से
B. भिवानी नहर से
C. गुड़गांव नहर से
D. यमुना नहर से

23. निम्नलिखित में से कौन सी झील हरियाणा में स्थित है?
A. दमदमा झील
B. कोटला झील
C. खलीलपुर झील
D. सभी

24. प्रदेश के फरुखनगर खण्ड में निम्नलिखित में से कौन सी झील स्थित है?
A. सुल्तानपुर झील
B. दमदमा झील
C. खलीलपुर झील
D. कोटला झील

25. प्रसिद्ध बड़खल झील हरियाणा के किस जिले में स्थिति है?
A. गुरुग्राम
B. भिवानी
C. फरीदाबाद
D. रोहतक

26. हरियाणा की कौन सी नहर दिल्ली में ओखला नामक स्थान से यमुना नदी से निकाली गई है?
A. भाखड़ा नहर
B. गुड़गांव नहर
C. पूर्वी यमुना नहर
D. कोई नहीं

27. भाखड़ा नहर द्वारा प्रदेश के किस जिले में सिंचाई कार्य किया जाता है?
A. सिरसा
B. हिसार
C. रोहतक
D. सभी में

28. जवाहर लाल नेहरू नहर द्वारा प्रदेश के किस जिले में सिंचाई की जाती है?
A. सिरसा जिले में
B. रोहतक जिले में
C. महेन्द्रगढ़ जिले में
D. जीन्द जिले में

29. प्रदेश में भिवानी नहर किस नहर से निकाली गई है?
A. भाखड़ा नहर से
B. गुड़गांव नहर से
C. पश्चिमी यमुना नहर से
D. पूर्वी यमुना नहर से

30. हरियाणा की प्रसिद्ध बड़खल झील का निर्माण कब किया गया था?
A. वर्ष 1940 में
B. वर्ष 1950 में
C. वर्ष 1974 में
D. वर्ष 1947 में

उत्तरमाला

1	2	3	4	5	6	7	8	9	10
D	A	C	A	B	A	D	A	B	D

11	12	13	14	15	16	17	18	19	20
C	A	C	B	D	C	A	C	B	D

21	22	23	24	25	26	27	28	29	30
B	A	D	A	C	B	D	C	A	D

❖❖❖

7 | क्षेत्रफल व जनसंख्या

क्षेत्रफल : हरियाणा प्रदेश का कुल क्षेत्रफल 44,212 वर्ग कि.मी. है। नवगठित हरियाणा में पुराने संयुक्त पंजाब राज्य का 35.18 प्रतिशत भाग आया है।

इस प्रदेश में फरवरी 2018 तक छ: मण्डल (डिवीजन)—अम्बाला, हिसार, रोहतक, गुरुग्राम, करनाल तथा फरीदाबाद हैं। प्रदेश में 73 उप-मण्डल (सब-डिवीजन) हैं।

प्रदेश में 93 तहसीलें और 49 उप-तहसीलें हैं। प्रदेश में खण्डों की संख्या 140 है। सम्पूर्ण प्रदेश में कुल 6,841 गाँव तथा 154 नगर हैं। आबाद गाँवों की संख्या 6,754 है।

हरियाणा भारत के उत्तर-पश्चिम में 27°–39' से 30°–55' उत्तर अक्षांश और 74°–24' से 77°–36' पूर्व रेखांश के बीच में स्थित है। पूर्वी हरियाणा की सीमा पर यमुना नदी एवं उत्तर प्रदेश हैं। इस प्रदेश के उत्तर में शिवालिक पर्वतमाला एवं हिमाचल प्रदेश हैं। इस प्रदेश के पश्चिम में पंजाब प्रदेश है। हरियाणा के दक्षिण में अरावली की पहाड़ियाँ और राजस्थान का रेगिस्तान है। यह प्रदेश क्षेत्रफल की दृष्टि से केरल, त्रिपुरा, मेघालय, गोवा, नगालैंड, मिजोरम, सिक्किम और मणिपुर को छोड़कर भारत के शेष राज्यों से छोटा है। भारतीय उपमहाद्वीप में हरियाणा की भौगोलिक स्थिति के अनुसार थार रेगिस्तान में ऊपरी वायु उच्चताप के निकट होने के कारण इस प्रदेश का मैदानी भाग समुद्रतल से 700 से 900 फीट ऊँचा है।

जनसंख्या

2011 की जनगणना के अनुसार हरियाणा की कुल जनसंख्या 2,53,51,462 है। प्रदेश की कुल जनसंख्या में 1,34,94,734 पुरुष और 1,18,56,728 महिलायें हैं।

प्रदेश में 2011 में जनसंख्या का घनत्व 573 व्यक्ति प्रति कि.मी. हो गया है जबकि 2001 में यह 478 व्यक्ति प्रति कि.मी. था। 2001 में हरियाणा की जनसंख्या 2,11,44,564 थी और 2011 में बढ़कर 2,53,51,462 हो गई। इस प्रकार 2001 और 2011 के बीच राज्य की जनसंख्या में 19.90 प्रतिशत की वृद्धि हुई।

इस प्रदेश की कुल जनसंख्या भारत की कुल जनसंख्या की लगभग 2.09 प्रतिशत है। प्रदेश की लगभग तीन-चौथाई जनसंख्या गाँवों में रहती है। सिरसा क्षेत्रफल की दृष्टि से तथा फरीदाबाद जनसंख्या की दृष्टि से सबसे बड़े ज़िले हैं।

हरियाणा प्रदेश में जनसंख्या का घनत्व सम्पूर्ण देश के जनसंख्या के घनत्व की तुलना में अधिक है। सम्पूर्ण देश में जनसंख्या का औसत घनत्व 382 है, जबकि हरियाणा में जनसंख्या का घनत्व 573 है। प्रदेश के अम्बाला, सोनीपत, पानीपत और फरीदाबाद जिलों में अन्य जिलों की अपेक्षा जनसंख्या का घनत्व अधिक है। जबकि प्रदेश के भिवानी, हिसार, सिरसा और फतेहाबाद जिलों में जनसंख्या का घनत्व कम है।

जनगणना 2011 : एक दृष्टि में (अंतिम)
(CENSUS 2011 : AT A GLANCE)

- **जनसंख्या :** 2,53,51,462
- **पुरुष जनसंख्या :** 1,34,94,734
- **महिला जनसंख्या :** 1,18,56,728
- **जनसंख्या घनत्व :** 573 (प्रति वर्ग किमी.)
- **दशकीय वृद्धि दर** (2001-2011) : 19.90%
- **लिंगानुपात :** 879
- **साक्षरता दर :** 75.6%
- **पुरुष साक्षरता :** 84.1%
- **महिला साक्षरता :** 65.9%
- **साक्षर (कुल) :** 1,65,98,988
- **साक्षर पुरुष :** 97,94,067
- **साक्षर महिला :** 68,04,921
- **सर्वाधिक जनसंख्या वाला जिला :** फरीदाबाद (18,09,733)
- **सबसे कम जनसंख्या वाला जिला :** पंचकुला (5,61,293)
- **दस लाख से अधिक जनसंख्या वाले जिलों की संख्या :** 15
- **सर्वाधिक दशकीय वृद्धि दर वाला जिला :** गुरुग्राम (+73.14)
- **सबसे कम दशकीय वृद्धि दर वाला जिला :** झज्जर (+8.90)
- **सर्वाधिक जनसंख्या घनत्व वाला जिला :** फरीदाबाद (2442)
- **सबसे कम जनसंख्या घनत्व वाला जिला :** सिरसा (303)
- **सर्वाधिक लिंगानुपात वाला जिला :** नूंह (906)
- **सबसे कम लिंगानुपात वाला जिला :** सोनीपत एवं गुरुग्राम (853)
- **सर्वाधिक साक्षरता वाला जिला :** गुरुग्राम (84.7%)
- **सबसे कम साक्षरता वाला जिला :** नूंह (54.1%)
- **सर्वाधिक पुरुष साक्षरता वाला जिला :** रेवाड़ी (91.4%)
- **सबसे कम पुरुष साक्षरता वाला जिला :** नूंह (69.9%)
- **सर्वाधिक स्त्री साक्षरता वाला जिला :** गुरुग्राम (78.0%)
- **सबसे कम स्त्री साक्षरता वाला जिला :** नूंह (36.6%)

प्रदेश की जिलेवार जनसंख्या (प्रतिशत दशकीय वृद्धि दर, लिंगानुपात एवं जनसंख्या घनत्व)

राज्य/ जिला	2011 में जनसंख्या			प्रतिशत दशकीय वृद्धि दर		स्त्री-पुरुष अनुपात		जनसंख्या घनत्व	
	व्यक्ति	पुरुष	स्त्री	1991-01	2001-11	2001	2011	2001	2011
हरियाणा	2,53,51,462	1,34,94,734	1,18,56,728	28.43	19.90	861	877	478	573
पंचकुला	5,61,293	2,99,679	2,61,614	50.91	19.83	823	870	522	625
अम्बाला	11,28,350	5,98,703	5,29,647	25.78	11.23	868	882	644	717
यमुनानगर	12,14,205	6,46,718	5,67,487	29.19	16.57	862	877	589	687
कुरुक्षेत्र	9,64,655	5,10,976	4,53,679	23.32	16.86	866	889	540	630
कैथल	10,74,304	5,71,003	5,03,301	21.02	13.55	853	880	408	464
करनाल	15,05,324	7,97,712	7,07,612	23.06	18.14	865	886	506	597
पानीपत	12,05,437	6,46,857	5,58,580	38.58	24.60	829	861	763	951
सोनीपत	14,50,001	7,81,299	6,68,702	22.39	13.35	839	853	603	683
जींद	13,34,152	7,13,006	6,21,146	21.36	12.13	852	870	440	494
फतेहाबाद	9,42,011	4,95,360	4,46,651	24.76	16.85	884	903	318	371
सिरसा	12,95,189	6,82,582	6,12,607	23.59	15.99	882	896	261	303
हिसार	17,43,931	9,31,562	8,12,369	27.11	13.45	851	871	386	438
भिवानी*	16,34,445	8,66,672	7,67,773	22.49	14.70	879	884	298	342
रोहतक	10,61,204	5,68,479	4,92,725	21.00	12.88	847	868	539	608
झज्जर	9,58,405	5,14,667	4,43,738	23.06	8.90	847	861	480	523
महेन्द्रगढ़	9,22,088	4,86,665	4,35,423	19.16	13.48	918	894	428	486
रेवाड़ी	9,00,332	4,74,335	4,25,997	25.34	17.64	899	898	480	565
गुरुग्राम	15,14,432	8,16,690	6,97,742	44.15	73.14	850	853	717	1204
नूँह	10,89,263	5,71,162	5,18,101	45.67	38.65	899	906	526	723
फरीदाबाद	18,09,733	9,66,110	8,43,623	58.88	32.54	826	871	1744	2442
पलवल	10,42,708	5,54,497	4,88,211	34.21	25.76	862	879	606	767

* चरखी दादरी जिले की जनसंख्या भी शामिल है।

हरियाणा के जिलों का क्षेत्रफल, अस्तित्व तिथि एवं मुख्यालय

जिला	क्षेत्रफल (वर्ग किमी)	अस्तित्व तिथि	मुख्यालय	जिला	क्षेत्रफल (वर्ग किमी)	अस्तित्व तिथि	मुख्यालय
1. अम्बाला	1,574	1-11-1966	अम्बाला	12. रोहतक	1,745	1-11-1966	रोहतक
2. भिवानी**	4,778	22-12-1972	भिवानी	13. सिरसा	4,277	26-8-1975	सिरसा
3. फरीदाबाद	741	2-8-1979	फरीदाबाद	14. सोनीपत	2,122	22-12-1972	सोनीपत
4. फतेहाबाद	2,538	15-7-1997	फतेहाबाद	15. कैथल	2,317	1-11-1989	कैथल
5. गुरुग्राम	1,258	1-11-1966	गुड़गांव	16. पानीपत	1,268	1-1-1992	पानीपत
6. हिसार	3,983	1-11-1966	हिसार	17. पंचकुला	898	15-8-1995	पंचकुला
7. झज्जर	1,834	15-7-1997	झज्जर	18. रेवाड़ी	1,594	1-11-1989	रेवाड़ी
8. जींद	2,702	1-11-1966	जींद	19. यमुनानगर	1,768	1-11-1989	यमुनानगर
9. करनाल	2,520	1-11-1966	करनाल	20. नूँह	1,507	4-4-2005	नूँह
10. कुरुक्षेत्र	1,530	23-1-1973	कुरुक्षेत्र	21. पलवल	1,359	13-8-2008	पलवल
11. महेन्द्रगढ़	1,899	1-11-1966	नारनौल	22. चरखी दादरी	—	1-12-2016	दादरी

** चरखी दादरी जिले का क्षेत्रफल भी शामिल है।

प्रदेश सरकार द्वारा अनुमोदित अनुसूचित जातियाँ

1. आदधर्मी	13. धावक (धानक)	25. ओड
2. वाल्मिक, चूड़ा भंगी	14. डोगरी, डांगरी, सिग्गी	26. पासी
3. बंगाली	15. डूपना, महाशा, डूम	27. पेसा
4. बरार, बुरार, विरार	16. गंगड़ा	28. फेरेरा
5. बटवाल	17. गन्धील, गन्दली, गन्दोला	29. सनहाई
6. बोरिया, बावरिया	18. कबीरपन्थी, जुलाहा	30. गनहाल
7. बाजीगर	19. खटीक	31. सांसी, भेडकूट, मनेश
8. भंजरां	20. कौरी, कोली	32. संसोई
9. चमार (चनाल)	21. मरीला, मरीचा	33. सपेला
10. दागी	22. मजहबी	34. सरेडा
11. डरेन	23. मेघ	35. सिकलीगर
12. डेडा, डहया, डीया	24. नट	36. सिरकीबन्द

पिछड़े वर्ग 'ए' श्रेणी की जातियाँ

1. अहेरी, अहेरिया, हेरी	23. धीराथ	47. पिन्जा, पैन्जा
2. बारा	24. घासी, घासियार, घोसी	48. रेहर, रेहरा
3. बेटा, हैन्सी, हेसी	25. गोरखा	49. रैगर, रायगर
4. बागरीया	26. ग्वाला, गौवाला	50. राय सिख
5. बारवर	27. गड़रिया, पाल	51. रीचबन्द
6. बाराई, तम्बोली	28. गढ़े–लौहार	52. शोरगीर, शैरगीर
7. बैरागी, स्वामी, साध	29. हज्जाम, नाई, नैस, सैन	53. सोई
8. बत्तरा	30. जांगड़ा, ब्राह्मण, खाती, सुढार,	54. सींगीकांट, सींगीवाला
9. भड़भूजा, भड़भूंजा	धीमान, तरखन, बराई, जोगी,	55. सुनार, जर्गर, सोनी
10. भूहालिया, लोहार	योगी	56. ठठेरा, टमेरा
11. भाट, भाटरा, रमैया	31. जोगीनाथ, जंगम जोगी, जोगी	57. तेली
12. चाँगर	32. कंजर	58. बजारा, बन्जारा
13. चिड़ीमार	33. कुर्मी	59. जुलाहा
14. चांग	34. कुम्हार, प्रजापति	60. भट्टू
15. चीम्बा, छीपी, चीम्पा, दर्जी,	35. कम्बोज	61. बेदी
रोहिल्ला	36. खंघेरा	62. मीना
16. दैया	37. कुच्बन्द	63. राहबरी
17. धोबी	38. लबना	64. चरन
18. दाहौत	39. लखेरा, मनिहार, कचैरी	65. महाब्राह्मण
19. धीमर, मल्हा, धींवर, कश्यप,	40. लोहार, पंचाल	66. रामगढ़िया
राजपूत, कहार, झींवर, केवट,	41. मदारी	67. उदासीन
मेहरा, निषाद, सिक्का, भिश्ती,	42. मोची	68. रंगरेज, लीलगर, नीलगर, लालारी
शेख–अब्बासी	43. मिरासी	69. डेवला, सोनी–डेवला, नायारिया
20. धोसली, डोसली	44. नार	70. भोर, राजभर
21. फकीर	45. नूंगर	71. नट (मुस्लिम)
22. ग्वारिया, गुआरिया	46. नलबन्द	

पिछड़े वर्ग 'बी' श्रेणी की जातियाँ

1. अहीर, यादव	2. सैनी	3. गुज्जर	4. लोधा, लौढ़ा	5. मिओ

वस्तुनिष्ठ प्रश्नोत्तर

1. हरियाणा का कुल क्षेत्रफल कितने वर्ग कि॰मी॰ है?
A. 38,150 वर्ग कि॰मी॰   B. 44,212 वर्ग कि॰मी॰
C. 50,210 वर्ग कि॰मी॰   D. 52,300 वर्ग कि॰मी॰

2. हरियाणा को कुल कितने मण्डलों (डिवीजनों) में बांटा गया है?
A. 6 डिवीजनों में   B. 5 डिवीजनों में
C. 4 डिवीजनों में   D. 8 डिवीजनों में

3. हरियाणा प्रदेश में फरवरी 2018 तक कुल उप-मण्डल (सब-डिवीजन) कितने हैं?
A. 35 सब-डिवीजन   B. 37 सब-डिवीजन
C. 40 सब-डिवीजन   D. 73 सब-डिवीजन

4. हरियाणा में फरवरी 2018 तक कुल कितनी तहसीलें हैं?
A. 93   B. 58   C. 75   D. 85

5. हरियाणा प्रदेश में फरवरी 2018 तक उप-तहसीलों की कुल संख्या कितनी है?
A. 30   B. 31   C. 49   D. 40

6. हरियाणा प्रदेश में फरवरी 2018 तक कुल कितने खण्ड हैं?
A. 95   B. 140   C. 115   D. 130

7. सम्पूर्ण हरियाणा में आबाद गाँव (2011 जनगणना) कितने हैं?
A. 4,390   B. 4,950   C. 5,845   D. 6,754

8. 2011 की जनगणना के अनुसार हरियाणा की कुल जनसंख्या कितनी है?
A. 2,53,51,462   B. 2,40,55,400
C. 2,25,83,912   D. 2,62,27,650

9. हरियाणा की कुल जनसंख्या भारत की कुल जनसंख्या की लगभग कितने प्रतिशत है?
A. 1.35   B. 1.66
C. 2.05   D. 1.85

10. क्षेत्रफल की दृष्टि से हरियाणा का सबसे बड़ा जिला कौन सा है?
A. रोहतक जिला   B. सिरसा जिला
C. पानीपत जिला   D. अम्बाला जिला

उत्तरमाला

1	2	3	4	5	6	7	8	9	10
B	A	D	A	C	B	D	A	C	B

◆◆◆

8 | खनिज पदार्थ, वन एवं पर्यावरण

खनिज पदार्थ

हरियाणा के विभिन्न क्षेत्रों में अनेक खनिज पदार्थ पाये जाते हैं। इस प्रदेश में प्रमुख रूप से स्लेट का पत्थर, चूने का पत्थर, शोरा, चीनी मिट्टी, क्वार्ट्ज, मैंगनीज़, अभ्रक, कच्चा लोहा, संगमरमर, तांबा आदि प्राकृतिक खनिज पदार्थ काफी मात्रा में पाये जाते हैं।

1. जिला महेन्द्रगढ़ में कच्चा लोहा, संगमरमर, चूने का पत्थर, ताम्बा, क्वार्ट्ज, मैग्नीज़, अभ्रक आदि प्राकृतिक खनिज पदार्थ काफी मात्रा में मिलते हैं।

2. जिला गुरुग्राम में भवन-निर्माण की सामग्री बहुतायत में मिलती है। बजरी, रेत, कंकर तथा पत्थर जैसी भवन-सामग्री जिले की जरूरत को पूरा करने के लिए काफी है।

3. जिला रेवाड़ी में कुण्ड नामक स्थान पर स्लेट-पत्थर का विशाल भंडार है। यहाँ की खानों से निकाले गये पत्थर को तराश कर भवन-निर्माण के लिए स्लेटें तैयार की जाती हैं।

4. जिला चरखी दादरी को खनिज के तौर पर प्रकृति ने अपनी देन से वंचित नहीं रखा। जिला चरखी दादरी में प्रकृति ने एक खनिज तो ऐसा प्रदान किया है जो कि भारत भर में एक ही जगह उपलब्ध है। उस खनिज का नाम है "हिलना पत्थर"। यह पत्थर जिला चरखी दादरी की तहसील दादरी के गाँव कलियाणा में उपलब्ध है।

जिले में चूना बनाने व सीमेंट बनाने के काम आने वाली कंकरी भारी मात्रा में उपलब्ध है। जिला भिवानी में अरावली पर्वत की शाखाओं से इमारती पत्थर, सड़क व बांध इत्यादि बनाने के पत्थर की निकासी भी की जाती है। तोशाम तहसील में वर्णित पहाड़ी के अलावा गांव निगाणा कलां, दुल्हेड़ी, धारण व रिवासा में भी अलग प्रकार का पत्थर उपलब्ध है, जिसे 'ग्रेनाइट' के नाम से जाना जाता है। ये पहाड़ हरियाणा सरकार की एक इकाई हरियाणा मिनरल लि॰ को पट्टे पर दिये हुए हैं। इसके अलावा तोशाम में एक और बड़ा पहाड़ है जिसमें पिछले कई वर्षों से भारत की एक कम्पनी "हिन्दुस्तान जिंक लि॰" किसी बहुमूल्य खनिज की खोज का काम कर रही है। अभी तक इस पहाड़ से केवल इतनी

ही जानकारी हासिल हुई है कि इस पहाड़ में जिंक, टीन, लैड तथा एसोशियेटिड मिनरल उपलब्ध हैं। इन सब खनिजों के अलावा भिवानी जिले में कुछ मात्रा में शोरा भी उपलब्ध है जो बारूद, बत्ती, पटाखे इत्यादि बनाने के काम आता है।

5. जिला हिसार व करनाल में शोरा उपलब्ध होता है।
6. जिला रोहतक में चूना पाया जाता है।
7. जिला फरीदाबाद में बजरी पायी जाती है।

वन व पर्यावरण

फॉरेस्ट सर्वे ऑफ इंडिया की वर्ष 2017 की नवीनतम रिपोर्ट के अनुसार हरियाणा में राज्य के मात्र 3.59 प्रतिशत भू-भाग अर्थात् 1,588 वर्ग कि.मी॰ क्षेत्र में वन हैं, इनमें 28 वर्ग किमी अति घने वन, 452 वर्ग किमी सामान्य घने वन तथा 1,108 वर्ग किमी खुले वन के रूप में है। वनों में शीशम, कीकर, पीपल, आम, बड़, जामुन, नीम, कु॰क, कैर, थोर और जाल आदि के वृक्ष पाये जाते हैं।

प्रदेश में उद्योगों से निकलने वाले धुएँ आदि से प्रदूषण न फैले, इसको ध्यान में रखकर वन विभाग और वन विकास बोर्ड ने वृक्षारोपण कार्यक्रम चलाकर शेरशाह सूरी राष्ट्रीय राजमार्ग और सम्पर्क सड़कों पर बड़ी संख्या में वृक्षारोपण करवाया है। इससे प्रदूषण कम होगा और पर्यावरण भी संतुलित होगा। वनों की वृद्धि हेतु राज्य में वर्ष 2017-18 के दौरान 2.18 करोड़ पौधों को 14,625 हैक्टेयर क्षेत्र पर रोपित किया गया।

अरावली पर्वत शृंखलाएँ भारत की प्राचीनतम शृंखलाएँ हैं। ये उत्तरी भारत में गुजरात से राजस्थान व हरियाणा तक फैली हुई हैं। उनका कुछ भाग हरियाणा के दक्षिणी भाग में पड़ता है। बताया जाता है कि पहले इन पर्वत शृंखलाओं पर काफी वृक्ष हुआ करते थे परन्तु समय बीतने के साथ-साथ एवं मनुष्यों व पशुओं की संख्या में निरन्तर वृद्धि होने के कारण इन जंगलों पर दबाब बढ़ता गया और इन पहाड़ों पर से हरियाली हटती गई। पेड़ों के नष्ट होने से वर्षा ऋतु में पानी का बहाव अधिक तेज होता है और मिट्टी के कटाव के कारण आस-पास की जमीन पूरी तरह से रेत एवं पत्थरों से अटी पड़ी है, जिससे यहाँ जमीन की उर्वरता पर काफी बुरा असर पड़ा है। इसी कारण इस क्षेत्र में वर्षा कम होती है और वह भी अगस्त व सितम्बर मास के कुछ दिनों तक सीमित रहती है। अरावली पहाड़ों के आस-पास बसे ग्रामवासी चारे व ईंधन आदि के लिए इन्हीं पहाड़ों पर निर्भर करते हैं। यहाँ के लोगों के मुख्य व्यवसाय भेड़-बकरी पालना व खानों में काम करना है। अरावली पहाड़ों के आस-पास एवं इन पर निर्भर लोगों के पुनर्वास के लिए वन-विभाग, हरियाणा द्वारा यूरोपियन इकनोमिक कम्यूनिटी की सहायता से अरावली परियोजना वर्ष 1990 में हरियाणा में शुरू की गई थी। इस परियोजना के अन्तर्गत प्रदेश के पाँच जिलों—फरीदाबाद, गुडगांव, महेन्द्रगढ़, रेवाड़ी व भिवानी के 293 गाँवों के 33,000 हैक्टेयर क्षेत्र में विस्तृत रूप से पौधा-रोपण किये जाने का लक्ष्य रखा गया था, जिसमें काफी हद तक सफलता भी मिली।

प्रदेश के जीन्द जिले में शीशम, कीकर, सफेदा, नीम, जांड, आम के वृक्ष बहुतायत में हैं। पापुलर, बेकैन, सुबाहुल, पापड़ी, अर्जुन व सॉगवान की श्रेणी के पेड़ों का वृक्षारोपण बड़े पैमाने

पर किया गया है। प्रदेश के कुरुक्षेत्र जिले की उपजाऊ मैदानी भूमि के कारण इस क्षेत्र में भी वन लगाने की ओर विशेष ध्यान दिया गया । सड़कों के दोनों ओर हरे-भरे वृक्ष लगाये गये हैं।

हरियाणा में जिलेवार वन क्षेत्र (2017)

(क्षेत्रफल वर्ग किमी. में)

जिले	भौगोलिक क्षेत्रफल	मूल्यांकन (2017)				भौगोलिक क्षेत्रफल का (%)
		अति घने वन	सामान्य घने वन	खुले वन	कुल	
अंबाला	1,574	0	18	34	52	3.30
भिवानी*	4,778	0	8	104	112	2.34
फरीदाबाद	741	0	26	54	80	10.80
फतेहाबाद	2,538	0	3	15	18	0.71
गुरुग्राम	1,258	0	34	83	117	9.30
हिसार	3,983	0	12	45	57	1.43
झज्जर	1,834	0	0	24	24	1.31
जींद	2,702	0	5	16	21	0.78
कैथल	2,317	0	24	33	57	2.46
करनाल	2,520	0	4	28	32	1.27
कुरुक्षेत्र	1,530	0	18	21	39	2.55
महेन्द्रगढ़	1,899	0	22	77	99	5.21
नूंह	1,507	0	14	96	110	7.30
पलवल	1,359	0	2	12	14	1.03
पंचकुला	898	6	151	234	391	43.54
पानीपत	1,268	0	3	13	16	1.26
रेवाड़ी	1,594	0	10	49	59	3.70
रोहतक	1,745	0	3	16	19	1.09
सिरसा	4,277	0	3	54	57	1.33
सोनीपत	2,122	0	3	17	20	0.94
यमुनानगर	1,768	22	89	83	194	10.97
कुल	44,212	28	452	1,108	1,588	3.59

चरखी दादरी जिले के आंकड़े भी शामिल हैं।

वन और पर्यावरण के क्षेत्र में किये गये कार्य

1. राज्य में पर्यावरण के संरक्षण हेतु वृक्षारोपण अभियान चलाया गया है।
2. राज्य का वन विभाग स्वयं भी वृक्षारोपण कर रहा है तथा सरकारी विभागों में वृक्षों का निःशुल्क वितरण भी कर रहा है।
3. किसानों को लकड़ी का न्यूनतम समर्थन मूल्य दिलवाने में हरियाणा वन विकास निगम महत्त्वपूर्ण भूमिका निभा रहा है। इसकी कार्यकुशलता के कारण आरे, प्लाइवुड निर्माण के कारखाने और लकड़ी पर आधारित अन्य कई लघु उद्योग पनपने लगे हैं।

4. 'प्रकृति शिक्षा और जागरुकता' कार्यक्रम राज्यभर में क्रियान्वित किया जा रहा है।

5. मोरनी हिल में पंतजलि योग पीठ के तकनीकी सहयोग से एक 'विश्व हर्बल वन' विकसित किया जा रहा है।

6. कुंडली औद्योगिक सम्पदा में लघु औद्योगिक इकाइयों के एक ग्रुप के लिए 79 लाख रुपये की लागत से एक सांझे मलशोधन संयंत्र की स्थापना की गई।

7. स्टोन क्रेशरों को स्थापित करने, उनके एमीशन स्टैंडर्ड और अन्य स्थल मापदंडों के लिए एक समेकित कार्यक्रम बनाया गया है।

8. प्रदेश में हरियाणा नॉन वायो डिग्रेडेबल गारबेज (कन्ट्रोल) एक्ट–1998 लागू किया गया है। इस अधिनियम के तहत पॉलीथीन के थैलों व जैविक प्रक्रिया से नष्ट न होने वाले कूड़े-कचरे को नालियों, गलियों व सार्वजनिक स्थानों पर फैंकना कानूनन अपराध है। प्रदेश में दोबारा बने रंगीन पॉलीथीन के थैलों के प्रयोग पर भी प्रतिबंध लगा दिया गया है।

9. यमुना नगर जिले के चुहरपुर गांव में 110 एकड़ क्षेत्र में 'चौधरी देवीलाल प्राकृतिक पार्क' विकसित किया गया है। संपूर्ण राज्य में 58 हर्बल पार्क स्थापित किए गए हैं।

वस्तुनिष्ठ प्रश्नोत्तर

1. जिला महेन्द्रगढ़ में निम्नलिखित में से कौन सा खनिज पदार्थ अधिक मात्रा में मिलता है?
A. चूने का पत्थर   B. चीनी मिट्टी
C. तांबा   D. उपरोक्त सभी

2. जिला रेवाड़ी में किस स्थान पर स्लेट-पत्थर बहुत मात्रा में मिलता है?
A. कुण्ड नामक स्थान पर   B. बावल नामक स्थान पर
C. कुसल नामक स्थान पर   D. खोल नामक स्थान पर

3. वह कौन सा खनिज पदार्थ है जो भारत में सिर्फ जिला चरखी दादरी के गांव कलियाणा में उपलब्ध होता है?
A. स्लेट का पत्थर   B. रेत
C. हिलना पत्थर   D. क्वार्ट्ज

4. जिला भिवानी में किस स्थान पर 'ग्रेनाइट' नामक पत्थर मिलता है?
A. गांव निगाणाकलां   B. देल्हेड़ी
C. रिवासा   D. उपरोक्त सभी में

5. जिला भिवानी में किस स्थान पर भारत की 'हिन्दुस्तान जिंक लि.' नामक कम्पनी किसी बहुमूल्य खनिज की खोज में काम कर रही है?
A. तोशाम में   B. सिवानी में
C. लोहारु में   D. बवानी खेड़ा में

6. हरियाणा के कितने प्रतिशत भू-भाग में वन क्षेत्र हैं?
A. 2.5 प्रतिशत   B. 3.59 प्रतिशत
C. 5 प्रतिशत   D. 8.5 प्रतिशत

7. किस वर्ष मॉडल के रूप में हरियाणा प्रदेश में ''ग्रीनिंग ऑफ हरियाणा'' नाम से वृक्षारोपण की व्यापक योजना शुरू की गई थी?
   A. वर्ष 1982-83 में
   B. वर्ष 1985-86 में
   C. वर्ष 1989-90 में
   D. वर्ष 1994-95 में

8. हरियाणा प्रदेश के किस जिले में सबसे ज्यादा वन हैं?
   A. पंचकुला
   B. हिसार
   C. रोहतक
   D. जींद

9. प्रदेश के किस जिले में ''चौधरी देवीलाल प्राकृतिक पार्क'' विकसित किया गया है?
   A. भिवानी
   B. रोहतक
   C. पानीपत
   D. यमुनानगर

10. प्रदेश के किन जिलों में दो विशेष पर्यावरण न्यायालयों की स्थापना की गई है?
    A. फरीदाबाद व हिसार
    B. रेवाड़ी व महेन्द्रगढ़
    C. सिरसा व जीन्द
    D. भिवानी व यमुनानगर

11. राज्य में औषधि वृक्षों के रोपण हेतु 'वनस्पति वन योजना' कब लागू की गई?
    A. 1 नवम्बर, 2002
    B. 1 सितम्बर, 2005
    C. 1 नवम्बर, 2003
    D. 1 जून, 2005

12. हरियाणा के किस जिले में सबसे कम वन हैं?
    A. अम्बाला
    B. पलवल
    C. फतेहाबाद
    D. कैथल

13. जिला हिसार व करनाल में निम्नलिखित में से कौन सा खनिज पदार्थ उपलब्ध होता है?
    A. कच्चा लोहा
    B. अभ्रक
    C. शोरा
    D. संगमरमर

14. जिला रोहतक में निम्नलिखित में से कौन सा खनिज पदार्थ पाया जाता है?
    A. चूना
    B. तांबा
    C. मैंगनीज़
    D. अभ्रक

15. हरियाणा के जींद जिले में निम्नलिखित में से कौन से वृक्ष अधिक मात्रा में पाये जाते हैं?
    A. शीशम
    B. कीकर
    C. सफेदा
    D. उपरोक्त सभी

उत्तरमाला

1	2	3	4	5	6	7	8	9	10
A	A	C	D	A	B	C	A	D	A

11	12	13	14	15
C	B	C	A	D

❖❖❖

9 | कृषि

हरियाणा की 65 प्रतिशत से अधिक जनसंख्या की जीविका का आधार कृषि है और राज्य के सकल घरेलू उत्पाद में कृषि का योगदान 17.7 (2016-17) प्रतिशत है। खाद्यान्न उत्पादन, जो हरियाणा के राज्य बनने के समय 25.92 लाख टन था, वर्ष 2016-17 में बढ़कर 177.11 लाख टन हो गया है क्योंकि ज्यादा फसलें बोई जा रही हैं और मुख्य फसलों का उत्पादन बढ़ रहा है। चावल, गेहूँ, ज्वार, बाजरा, मक्का, जौ, गन्ना, कपास, दलहन, तिलहन और आलू राज्य की प्रमुख फसलें हैं। फसलों में विविधता लाने के लिए गन्ना, कपास, तिलहन और सब्जियों तथा फलों जैसी नकदी फसलें अधिक उगाई जा रही हैं। सूरजमुखी तथा सोयाबीन, मूंगफली तथा बागवानी को भी विशेष प्रोत्साहन दिया जा रहा है। राज्य में गहन और विस्तृत खेती को बढ़ावा देने के प्रयास जारी हैं। मृदु उर्वरता रखने के लिए ढेंचा मूंग को भी बढ़ावा दिया जा रहा है।

हरियाणा ने अपनी स्थापना के समय से अब तक कृषि क्षेत्र में अभूतपूर्व प्रगति की है। कृषि अर्थव्यवस्था अब निर्वाह की अवस्था से विकसित होकर विपुलता की सीमा तक पहुँच चुकी है। खाद्यान्न उत्पादन में हुई वृद्धि का प्रमुख कारण किसानों द्वारा अपने खेत में तकनीक, संतुलित खाद तथा कीटनाशकों का प्रयोग करना तो है ही साथ ही हरियाणा कृषि विश्वविद्यालय द्वारा विकसित अधिक पैदावार देने वाले बीजों, मार्गदर्शन सुविधाओं तथा खेती के आधुनिक ढंगों को अपनाया जाना हरित क्रान्ति को बढ़ावा देने के प्रमुख पहलू रहे हैं।

कैथल से लगभग 29 कि.मी. दूर हरियाणा कृषि विश्वविद्यालय क्षेत्रीय परिसर कौल भी हरित क्रान्ति को बढ़ावा देने में मील का पत्थर साबित हो रहा है। लगभग 166 एकड़ के विशाल क्षेत्र में फैला यह क्षेत्रीय परिसर दो भागों में बंटा हुआ है। एक ओर यहाँ पर युवाओं को कृषि शिक्षा में पारंगत बनाने के लिए कृषि महाविद्यालय कार्यरत है तथा धान, दलहन, तिलहन तथा रबी एवं खरीफ फसलों पर शोध कार्य करने तथा किसानों को उन्नत किस्म का बीज उपलब्ध करवाने के लिए धान अनुसंधान केन्द्र की भी स्थापना की गई है।

प्रमुख फसलों का उत्पादन क्षेत्रफल (000 हेक्टेयर)

वर्ष	गेहूँ	चावल	गन्ना	कपास	तिलहन	कुल बुवाई का क्षेत्र
1966-67	743	192	150	183	212	4599
1970-71	1129	269	156	193	143	4957
1980-81	1479	484	113	316	311	5462
1990-91	1850	661	148	491	489	5919
2000-01	2355	1054	143	555	414	6115
2005-06	2303	1047	129	584	736	6509
2006-07	2376	1042	141	527	622	6407
2007-08	2461	1073	140	482	511	6458
2008-09	2462	1211	91	456	528	6500
2009-10	2492	1205	79	505	523	6351
2010-11	2504	1243	85	493	521	6357
2011-12	2531	1234	95	602	546	6505
2012-13	2497	1206	101	593	568	6376
2013-14	2499	1245	101	568	549	6471
2014-15	2601	1287	97	648	510	6471
2015-16	2576	1354	93	615	512	6471
2016-17(अ)	2558	1386	102	570	510	6578

अ : अन्तिम

कृषि क्षेत्रफल : हरियाणा ने खाद्यान्न के उत्पादन में बहुत तेजी से प्रगति की है। यहाँ पर धान का क्षेत्रफल 1966-67 के 1.92 लाख हेक्टेयर से बढ़कर 2016-17 में 13.86 लाख हेक्टेयर हो गया। इसी प्रकार गेहूँ का क्षेत्रफल 7.43 लाख हेक्टेयर से बढ़कर 25.58 लाख हेक्टेयर हो गया। इसी प्रकार कुल कृषि क्षेत्रफल 1966-67 के 45.99 लाख हेक्टेयर से बढ़कर 2016-17 में 65.78 लाख हेक्टेयर हो गया। इसी प्रकार अन्य फसलों के कृषि क्षेत्र में भी वृद्धि हुई है।

प्रमुख फसलें

गेहूँ, चना, मटर, जौ, सरसों इत्यादि रबी की प्रमुख फसलें हैं। ये फसलें सर्दी आरम्भ होने पर लगभग अक्टूबर-नवम्बर में बोई जाती हैं। गर्मी के आरम्भ होने पर लगभग अप्रैल-मई में काट ली जाती हैं। ये सर्दी के मौसम की फसलें हैं। ग्रामीण भाषा में इसे आषाढ़ी फसलें कहा जाता है। सरकारी कार्यालयों में इसे रबी की फसल के नाम से पुकारा जाता है।

सावनी खरीफ की फसल

चावल, मक्का, बाजरा व कपास की फसलें जुलाई के आरम्भ में बोई जाती हैं और लगभग सितम्बर के अन्त में काट ली जाती हैं। इस प्रकार ये फसलें वर्षा आरम्भ होने पर बोई जाती हैं तथा सर्दी के आने तक काट ली जाती हैं। ये सावनी फसल के नाम से जानी जाती हैं। सरकारी कार्यालयों में इन्हें खरीफ की फसलें कहते हैं।

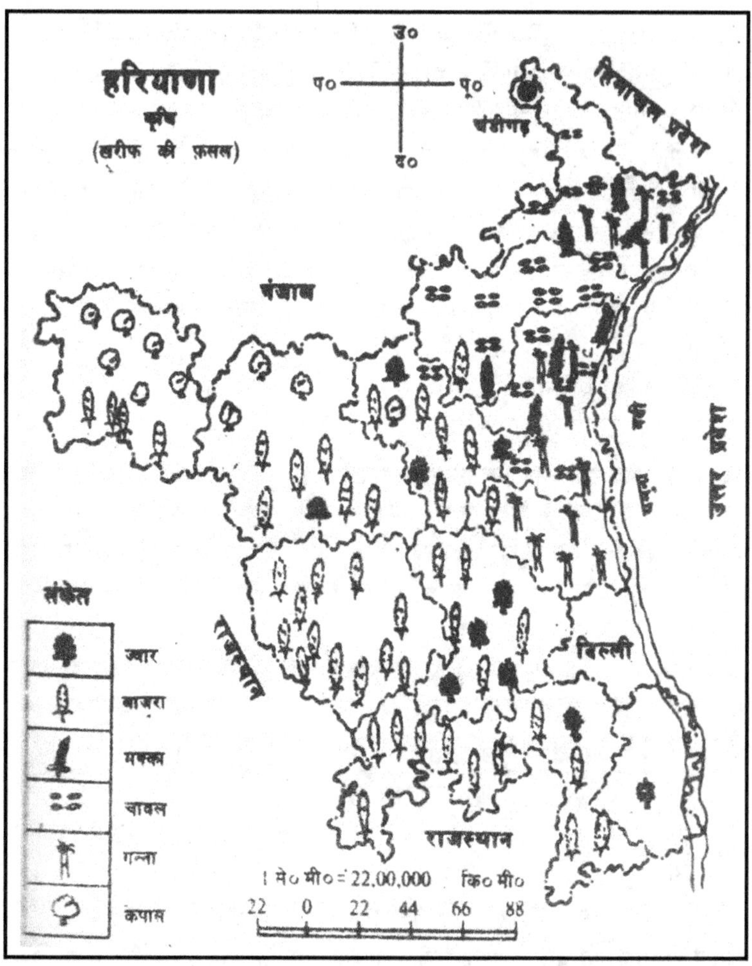

हरियाणा की प्रमुख खाद्यान्न उपज गेहूँ, चना, जौ, चावल, बाजरा, ज्वार व मक्का हैं। प्रदेश की प्रमुख व्यवसायिक उपज गन्ना व कपास हैं। प्रदेश की प्रमुख फसलों का जिलेवार विवरण निम्न प्रकार है—

☆ **जिला सिरसा की प्रमुख फसलें:** इस जिले के लोगों का प्रमुख व्यवसाय कृषि है। सिरसा जिले की 5.90 लाख हैक्टेयर भूमि पर खेती की जाती है। कपास, धान, गेहूँ, चना व सरसों यहाँ की प्रमुख फसलें हैं।

☆ **जिला अम्बाला की प्रमुख फसलें:** अम्बाला का कुल कृषि योग्य क्षेत्र 2,29,900 हैक्टेयर है। जिले में 52.8 प्रतिशत कृषि भूमि की सिंचाई की जाती है तथा शेष भूमि बारानी है।

इस जिले की मुख्य फसलें गेहूं, धान, मक्का व गन्ना हैं। इस समय 1.96 लाख हैक्टेयर भूमि पर खेती की जा रही है तथा खाद्यान्न उत्पादन 4.62 लाख टन हो गया है तथा औसत उत्पादन प्रति हैक्टेयर बढ़कर 23.57 क्विंटल है।

☆ **जिला भिवानी की प्रमुख फसलें:** जिला भिवानी राजस्थान की सीमा से सटा होने के कारण इसका ज्यादातर इलाका रेतीला है जिसमें ऊँचे-नीचे टिब्बे हैं। वर्ष 1975-76 से फव्वारा सेटों द्वारा इन बारानी टिब्बों की सिंचाई की जाने लगी, जिससे इन रेतीले टिब्बों में सभी फसलें बोई जाने लगी हैं। खाद्यान्न उत्पादन बढ़ाने में कृषि ज्ञान व सरकार द्वारा दी जा रही सुविधाओं की महत्त्वपूर्ण भूमिका रही है। भिवानी जिले में कुल काश्त योग्य भूमि 4.12 लाख हैक्टेयर है जिसमें से 3.47 लाख हैक्टेयर भूमि में फसलें बोई जाती हैं। जिले में लगभग 60 प्रतिशत क्षेत्र में बारानी काश्त की जाती है। लगभग 40 प्रतिशत क्षेत्र में नहरों एवं ट्यूवैलों से सिंचाई की जाती है।

☆ **जिला सोनीपत की प्रमुख फसलें:** इस जिले की भूमि दोमट, रेतीली और उपजाऊ है। इस कारण यहाँ की मुख्य फसलें गेहूँ और धान हैं। इसके अतिरिक्त गन्ना, ज्वार, बाजरा, दलहन, तिलहन, सूरजमुखी और खुम्बी की खेती भी की जाती है। राष्ट्रीय राजधानी दिल्ली के निकट होने के कारण यहाँ के कृषकों ने आम, माल्टा, कागजी नींबू मीठा नींबू और अमरूद उत्पादन में अधिक रुचि दिखाई है। "खादर" क्षेत्र में अप्रैल से जून तक तरबूज और खरबूजे की खेती की जाती है। अब कुछ किसानों ने अंगूर उगाने का प्रयास भी किया है। जिला खुम्बी की फसल के उत्पादन में भी देशभर में अग्रणी है।

☆ **जिला यमुनानगर की प्रमुख फसलें:** यमुनानगर जिले का कुल क्षेत्रफल 1,72,626 हैक्टेयर है, इसमें से 1,26,496 हैक्टेयर क्षेत्र में कृषि की जाती है। गेहूँ, गन्ना, चना, मक्का व धान जिले की मुख्य फसलें हैं। किसानों ने आजकल सूरजमुखी बोना भी शुरू कर दिया है। जिले में फलों और सब्जियों की फसल भी बहुमात्रा में होती है। तरबूज, खरबूजा, आम, आड़ू इत्यादि फल यहाँ मुख्य रूप से पैदा होते हैं।

☆ **जिला रोहतक की प्रमुख फसलें:** रोहतक मूल रूप से कृषि प्रधान जिला है। इस जिले की कुल भूमि के तीन-चौथाई भाग पर कृषि की जाती है। यहाँ की मुख्य फसलें ज्वार, गन्ना, गेहूँ, कपास, जौ तथा चना हैं।

☆ **जिला गुरुग्राम की प्रमुख फसलें:** जिले की खरीफ तथा रबी की मुख्य फसलों में बाजरा, ज्वार, गेहूँ, जौ व चना हैं। ज्वार खरीफ की मुख्य फसल है। यह हरे चारे के काम में आती है। यह जिला दिल्ली के समीप है। इस कारण यहाँ साग-सब्जियों की अधिक बोवाई की जाती है। विपणन सुविधाओं के कारण भी कृषक इस तरफ ज्यादा ध्यान दे रहे हैं तथा फसल का अच्छा मूल्य प्राप्त कर रहे हैं। यहाँ के किसान नगदी फसल—सरसों, तोरिया व तारामीरा की बोवाई अधिक मात्रा में करते हैं।

☆ **जिला कुरुक्षेत्र की प्रमुख फसलें:** कुरुक्षेत्र वह भूमि है जहाँ सदियों पूर्व महाराजा कुरु ने सोने का हल चलाकर किसानों को कृषि कार्य करने की प्रेरणा दी थी। आज इस जिले को कृषि उत्पादन में महत्त्वपूर्ण स्थान प्राप्त है। यहाँ की भूमि उपजाऊ है तथा गेहूँ व धान की फसल के लिए उत्तम है। इस जिले की मुख्य फसलें गेहूँ, धान व गन्ना है। गन्ना इस जिले की नकदी फसल है। शाहबाद मारकण्डा में गन्ना मिल की स्थापना इसी उद्देश्य से की गई है।

☆ **जिला फरीदाबाद की प्रमुख फसलें:** इस जिले की 60 प्रतिशत से भी अधिक जनसंख्या प्रत्यक्ष व परोक्ष रूप से खेती से जुड़ी हुई है। यहाँ की मुख्य फसलें गेहूँ, बाजरा व सरसों हैं। जिले का लगभग 78% क्षेत्र कृषि योग्य है।

☆ **जिला करनाल की प्रमुख फसलें:** इस जिले की 70 प्रतिशत से भी अधिक जनसंख्या प्रत्यक्ष व परोक्ष रूप से खेती से जुड़ी हुई है। यहाँ की अर्थव्यवस्था मुख्यतः खेती पर निर्भर करती है। यहाँ पर पैदा होने वाला बासमती चावल दुनियाभर में प्रसिद्ध है, जिसका विदेशों में भी निर्यात किया जाता है। इसलिए इसे ''धान का कटोरा'' नाम से भी जाना जाता है। गन्ना उत्पादन में भी जिले के किसान काफी अग्रणी हैं। किसानों को कृषि सम्बन्धी नई तकनीक की जानकारी होने के कारण सूरजमुखी की पैदावार में भी काफी वृद्धि हुई है।

☆ **जिला हिसार की प्रमुख फसलें:** इस जिले की अर्थव्यवस्था कृषि पर आधारित है। कपास, बाजरा, मक्का, धान, गेहूँ, चना, सरसों यहाँ की प्रमुख फसलें हैं। अब किसान सूरजमुखी व सोयाबीन के उत्पादन में भी अधिक रुचि ले रहे हैं। जिले में तिलहन व दलहन के उत्पादन को बढ़ावा देने हेतु किसानों को मार्गदर्शन देकर प्रोत्साहित किया जा रहा है।

☆ **जिला कैथल की प्रमुख फसलें:** कैथल, जहाँ कभी सिंचाई के अभाव में केवल वे फसलें ही बोई जाती थीं, जिन्हें पानी की न्यूनतम आवश्यकता होती थी, आज भारत के कृषि मानचित्र पर ''धान के कटोरे'' के रूप में यह जिला ख्याति पा चुका है। जिले में खेती योग्य कुल भूमि 20,095 हैक्टेयर है, जबकि सथलित भूमि 2091 हैक्टेयर है। यहाँ गेहूँ तथा धान की दो मुख्य फसलें पैदा होती हैं। बासमती चावल प्रचुर मात्रा में पैदा होता है। यहाँ की राईस मिलें खाड़ी के देशों को बासमती चावल निर्यात करती हैं।

☆ **जिला जीन्द की प्रमुख फसलें:** जीन्द जिले में लगभग 272 हजार हैक्टेयर खेती योग्य भूमि है। धान, बाजरा, ज्वार, दलहन, कपास, गन्ना व तिलहन तथा गेहूँ, चना, जौ यहाँ की मुख्य फसलें हैं। सूरजमुखी की खेती भी इस जिले में की जाती है।

☆ **जिला पानीपत की प्रमुख फसलें:** गाँव के पत्रों के अनुसार इस जिले का क्षेत्रफल 175 हजार हैक्टेयर है। कृषि योग्य क्षेत्र 163 हजार हैक्टेयर व कुल बोया गया क्षेत्र 155 हजार हैक्टेयर है। रबी की मुख्य फसल गेहूँ व खरीफ की मुख्य फसल धान है। कृषि विभाग द्वारा किसानों को प्रोत्साहित करके तेल उत्पादक सूरजमुखी की नई फसल की खेती भी की जाने लगी है।

☆ **जिला महेन्द्रगढ़ की प्रमुख फसलें:** इस जिले में कृषि मुख्य रूप से वर्षा पर निर्भर करती है। जिले की कृषि योग्य भूमि के सिर्फ 50 प्रतिशत भाग पर ही सिंचाई हो पाती है। परन्तु जिले में कृषि उत्पादन बढ़ाने में कृषि विभाग का सहयोग रहा है तथा यहाँ के किसान बहुत मेहनती हैं। यही कारण है कि सरसों की उत्पादकता में तो महेन्द्रगढ़ जिला पूरे प्रदेश में शिखर पर आ ही चुका है, इसके साथ ही गेहूँ की उत्पादकता में भी यह जिला राज्य के सबसे अधिक उत्पादकता वाले जिले करनाल व कुरुक्षेत्र की बराबरी करने के प्रयास कर रहा है। इस जिले की खरीफ मौसम की सबसे महत्त्वपूर्ण फसल बाजरा है तथा रबी मौसम की फसलों में गेहूँ, चना तथा सरसों महत्त्वपूर्ण फसलें हैं। इन फसलों के अतिरिक्त महेन्द्रगढ़ जिले में कपास तथा सूरजमुखी जैसी नकदी फसलों की खेती भी की जाने लगी है।

☆ **जिला रेवाड़ी की प्रमुख फसलें:** इस जिले की अर्थव्यवस्था का मूल आधार कृषि है। हरियाणा के सुदूर दक्षिण में राजस्थान की सीमा के साथ लगते इस क्षेत्र की भूमि रेतीली है। कम वर्षा, धूलभरी आंधियाँ व उच्च तापमान के कारण कई बार कृषि पर प्रतिकूल प्रभाव भी पड़ता है। हरियाणा का अलग राज्य बनने के बाद यहाँ सिंचाई सुविधाओं में काफी वृद्धि हुई है। यहाँ की प्रमुख फसलें गेहूँ, चावल, गन्ना हैं।

☆ **जिला झज्जर, फतेहाबाद व पंचकुला की प्रमुख फसलें:** इन जिलों में प्रमुखतः चना, गेहूँ और चावल की खेती की जाती है।

बागवानी

खाद्यान्नों का उत्पादन बढ़ाने के साथ-साथ हरियाणा में बागवानी का तेजी से विकास हो रहा है। वर्ष 1991 में हरियाणा राज्य में फलों की खेती 12,640 हेक्टेयर भूमि पर होती थी और फलों की उपज 99,800 टन थी। वर्ष 2016-17 में फलों की खेती 61,596 हेक्टेयर में हो रही थी और फलों का कुल उत्पादन 7,70,965 मीट्रिक टन तक पहुँच गया था। सब्जियों के उत्पादन में भी तेजी से वृद्धि हुई है। वर्ष 1990-91 में सब्जियों की खेती 55360 हेक्टेयर में होती थी और कुल उत्पादन 8,02,240 टन था जो कि वर्ष 2016-17 में बढ़कर 4,11,051 हेक्टेयर और 61,80,430 मीट्रिक टन हो गया। कृषि के प्रगतिशील तरीके और बीजों की नई किस्में अपनाने के प्रति हरियाणा के किसानों में विशेष उत्साह है।

कृषि उत्पादन : गेहूँ और चावल हरियाणा के कृषि उत्पादन में महत्वपूर्ण भूमिका निभाते हैं। चावल का उत्पादन जो कि वर्ष 1970-71 में 4.60 लाख टन था 2016-17 में बढ़कर 44.53 लाख टन हो गया। इसी प्रकार गेहूँ का उत्पादन वर्ष 1970-71 के 23.42 लाख टन से बढ़कर 2016-17 में 123.82 लाख टन हो गया। इसी प्रकार अन्य फसलों के उत्पादन में भी तेजी से वृद्धि हुई है। हरियाणा का कुल खाद्यान्न उत्पादन वर्ष 1970-71 के 47.71 लाख टन से बढ़कर 2016-17 में 177.11 लाख टन हो गया।

राज्य में मशरूम का उत्पादन जो कि वर्ष 1990-91 में 850 टन था वर्ष 2016-17 में बढ़कर 10,530 टन हो गया। फूलों की खेती जो कि वर्ष 1990-91 में 50 हेक्टेयर में होती थी वर्ष 2016-17 में बढ़कर 5,514 हेक्टेयर में होने लगी है।

उर्वरकों की खपत : हरियाणा में फसलों के अच्छे उत्पादन के लिए उर्वरकों का भरपूर प्रयोग किया जाता है। राज्य में उर्वरकों का प्रयोग 1980-81 के 42 किलोग्राम प्रति हेक्टेयर से बढ़कर वर्ष 2016-17 तक 200 किलोग्राम प्रति हेक्टेयर से ज्यादा हो गया है।

प्रमुख फसलों का उत्पादन (000 टन)

वर्ष	कुल खाद्यान्न	गेहूँ	चावल	तिलहन	कपास ('000' Bales)	गन्ना
1966-67	2592	1059	223	92	288	5100
1970-71	4771	2342	460	99	373	7070
1980-81	6036	3490	1259	188	643	4600
1990-91	9559	6436	1834	638	1155	7800
2000-01	13295	9669	2695	563	1383	8170
2010-11	16568	11578	3465	965	1747	6042
2011-12	18370	13119	3757	758	2616	6953
2012-13	16150	11117	3941	968	2378	7500
2013-14	16970	11800	4041	899	2027	7499
2014-15	15236	10354	4006	706	1943	7169
2015-16	16293	11352	4145	855	993	7169
2016-17(अ)	17711	12382	4453	946	2041	8223

अ : अन्तिम

कृषि संबंधी महत्त्वपूर्ण तथ्य

1. हरियाणा में वर्ष 1990-91 में गेहूँ का उत्पादन 3479 किग्रा. प्रति हेक्टेयर था जो 2015-16 में बढ़कर 4,407 किग्रा. प्रति हेक्टेयर हो गया। चावल का उत्पादन वर्ष 1990-91 में 2775 किग्रा. प्रति हेक्टेयर था जो 2015-16 में बढ़कर 3,061 किग्रा. प्रति हेक्टेयर हो गया।

2. हरियाणा की कुल आय का लगभग 17.7 प्रतिशत भाग कृषि और इसके संबंधित क्षेत्रों से प्राप्त होता है।

3. हरियाणा का बासमती चावल के निर्यात में देश में प्रथम स्थान है।

4. हरियाणा में वर्ष 2004 से राष्ट्रीय कृषि बीमा योजना लागू कर दी गई है।

5. राज्य में किसानों की समस्याओं के निपटारे के लिए प्रत्येक जिले में 'किसान क्लब' की स्थापना की गई है।

6. हरियाणा में किसानों को सम्मानित करने के लिए राज्य और जिला स्तर पर 'किसान पुरस्कार' की स्थापना की गई है। राज्य स्तर के पुरस्कार में 1 लाख और जिले स्तर के पुरस्कार में 25,000 रुपए प्रदान किए जाते हैं।

7. सरकार ने वर्ष 2030 तक, 15 वर्षों में बागवानी फसलों के तहत क्षेत्र को दोगुना करने और उत्पादन को तीन गुणा करने के लिए ''बागवानी विजन'' तैयार किया है। सरकार ने 140 फसल कलस्टरों में 340 ''बागवानी गांव'' घोषित किए हैं, जिनके लिए फसल विविधीकरण और किसानों की आय बढ़ाने के लिए एक फसल क्लस्टर विकास कार्यक्रम (सीसीडीपी) तैयार किया गया है।

8. करनाल में महाराणा प्रताप के नाम पर एक बागवानी विश्वविद्यालय स्थापित किया जा रहा है। सरकार की राज्य के प्रत्येक जिले में ''उत्कृष्टता केन्द्र'' स्थापित करने की योजना है। करनाल, सिरसा और कुरुक्षेत्र में तीन केंद्र स्थापित किए जा चुके हैं। एक अन्य केन्द्र शाहाबाद, कुरुक्षेत्र में भी खोला गया है। झज्जर और नारनौल में अन्य दो केन्द्रों पर कार्य शुरू कर दिया गया है।

9. केन्द्र सरकार ने कृषि उत्पादों की विपणन प्रणाली को सुचारू, पारदर्शी और किसानों व आढ़तियों के अनुकूल बनाने के लिए ई-एनएएम (राष्ट्रीय कृषि बाजार) योजना के तहत एक ई-मार्केट प्लेटफार्म शुरू किया है। राज्य में 54 मंडियों को इस प्लेटफार्म के साथ जोड़ा जा चुका है और शेष को शीघ्र ही जोड़ दिया जाएगा।

वस्तुनिष्ठ प्रश्नोत्तर

1. हरियाणा प्रदेश के कृषि विश्वविद्यालय हिसार में 'धान' पर शोधकार्य कब शुरू किया गया?
   A. 1966 में   B. 1970 में
   C. 1974 में   D. 1989 में

2. हरियाणा में प्रमुख रूप से किस खाद्यान्न की कृषि की जाती है?
   A. गेहूँ   B. चना
   C. चावल   D. उपरोक्त सभी की

3. हरियाणा का कौन-सा जिला खुम्बी की फसल के उत्पादन में भारत में अग्रणी है?
   A. जिला अम्बाला   B. जिला सिरसा
   C. जिला सोनीपत   D. जिला यमुनानगर

4. जिला रोहतक में प्रमुख रूप से किस चीज की खेती की जाती है?

A. गेहूँ
B. ज्वार
C. गन्ना
D. उपरोक्त सभी की

5. कुरुक्षेत्र में किस स्थान पर गन्ना मिल है?

A. पेहवा
B. शाहबाद मारकण्डा
C. लाडवा
D. बबैन

6. हरियाणा के किस जिले को बासमती चावल के उत्पादन में विश्व प्रसिद्ध होने के कारण "धान का कटोरा" नाम से जाना जाता है?

A. हिसार जिला
B. कुरुक्षेत्र जिला
C. करनाल जिला
D. जीन्द जिला

7. हरियाणा को उन्नत किस्म के प्रमाणित बीजों के प्रयोग करने में भारत भर में कौन सा स्थान प्राप्त है?

A. प्रथम
B. द्वितीय
C. तृतीय
D. चतुर्थ

8. फव्वारा सिंचाई तकनीक को अपनाने में हरियाणा का भारत में कौन सा स्थान है?

A. प्रथम
B. द्वितीय
C. तृतीय
D. चतुर्थ

9. हरियाणा में किस फसल का उत्पादन सबसे ज्यादा होता है?

A. चावल
B. गेहूँ
C. चना
D. सरसों

10. हरियाणा में किस जिले के शिवालिक क्षेत्र में होने वाले भूमि कटाव को रोकने के लिए विश्व बैंक सहायता से समन्वित जलागम विकास (कान्डी) परियोजना चलाई जा रही है?

A. जिला अम्बाला
B. जिला पंचकूला
C. जिला यमुनानगर
D. उपरोक्त सभी जिलों में

उत्तरमाला

1	2	3	4	5	6	7	8	9	10
B	D	C	D	B	C	A	A	B	D

❖❖❖

10 | सिंचाई एवं विभिन्न परियोजनाएं

सिंचाई व उसके साधन

हरियाणा एक कृषि प्रधान देश है और कृषि के लिए पानी की बहुत आवश्यकता होती है। पानी की आवश्यकता वर्षा से पूरी होती है परन्तु वर्षा के अतिरिक्त अन्य तरीकों से भी कृषि के लिए पानी की आवश्यकता को पूरा किया जाता है। हरियाणा में वर्षा बहुत कम होती है, वर्षा अधिकतर समय पर नहीं होती तथा कभी-कभी सूखा भी पड़ जाता है। वर्षा की कमी को पूरा करने के लिए हम सिंचाई के अनेक साधन अपनाते हैं। राज्य में खेती के लगभग 75 प्रतिशत भाग पर सिंचाई की सुविधाएं उपलब्ध हैं। कुल सिंचित भूमि का 48.36% नहरों द्वारा, लगभग 50 प्रतिशत नलकूपों द्वारा तथा शेष अन्य साधनों द्वारा सींचा जाता है। राज्य में कुल सिंचित निबल क्षेत्र, 2,918 हजार हेक्टेयर से ऊपर पहुँच चुका है। हरियाणा में सिंचाई के प्रमुख साधन नहरें, कुएँ व नलकूप हैं। प्रदेश के विभिन्न भागों में सिंचाई के भिन्न-भिन्न साधन हैं—

1. उत्तर-पूर्वी भाग में सिंचाई के साधन—हरियाणा के उत्तरी-पूर्वी भाग में शिवालिक की पहाड़ियों की तलहटी का क्षेत्र अम्बाला जिले में है। यहाँ पर वर्षा काफी मात्रा में होती है। यहाँ का मैदानी भाग काफी उपजाऊ क्षेत्र है। यहाँ पर मक्का व चावल की फसल प्रमुख रूप से उगाई जाती है। यहाँ का सिंचाई का प्रमुख साधन वर्षा है। नंगल उठान सिंचाई परियोजना के बन जाने से जिला अम्बाला में नहरी सिंचाई सुविधा उपलब्ध हुई है। इस सिंचाई परियोजना से 75 गांवों की 45,500 एकड़ भूमि को सिंचाई सुविधा उपलब्ध हुई है।

2. मध्यवर्ती भाग में सिंचाई के साधन—हरियाणा का मध्यवर्ती भाग कुरुक्षेत्र, करनाल, जीन्द, रोहतक, पानीपत व सोनीपत जिले का है। इन भागों में वर्षा कुछ अच्छी होती है जिससे इन भागों में मक्का व चावल की फसल आसानी से उगाई जाती है। रबी की फसल की सिंचाई कुएँ, नलकूप या नहरों की सहायता से की जाती है। अतः इस क्षेत्र में सिंचाई के मुख्य साधन वर्षा, नलकूप व नहरें हैं।

3. दक्षिणी पूर्वी भाग में सिंचाई के साधन—प्रदेश का यह भाग गुरुग्राम व फरीदाबाद जिले का है। इस क्षेत्र में वर्षा बहुत कम होती है। अतः यहाँ की मुख्य फसलें मक्का, ज्वार,

बाजरा, जौ, गेहूँ, चना है। जिनकी सिंचाई नलकूप व नहरों की सहायता से की जाती है।

4. रेतीले भाग में सिंचाई के साधन—प्रदेश का रेतीला भाग हिसार, सिरसा, महेन्द्रगढ़ व भिवानी जिले का है। यहाँ पर वर्षा न के बराबर होती है। यहाँ के किसान ऊँटों की सहायता से खेती करते हैं। यहाँ की मुख्य फसलें ज्वार, बाजरा, चना, मक्का व गेहूँ है। इन फसलों की सिंचाई नलकूप की सहायता से फौव्वारों द्वारा की जाती है।

हरियाणा में सिंचाई का सबसे महत्त्वपूर्ण साधन नहरें हैं। प्रदेश में लगभग 2200 हजार हैक्टेयर भूमि में सिंचाई की सुविधाएँ हैं। कृषि उत्पादन में प्राप्त सफलता काफी हद तक समुन्नत सिंचाई सुविधाओं के प्रसार और उनका अधिकतम प्रयोग करने के कारण संभव हुई है। हरियाणा को मुख्यतः पश्चिमी यमुना नहर और भाखड़ा नहर प्रणाली से सिंचाई के लिए पानी मिलता है।

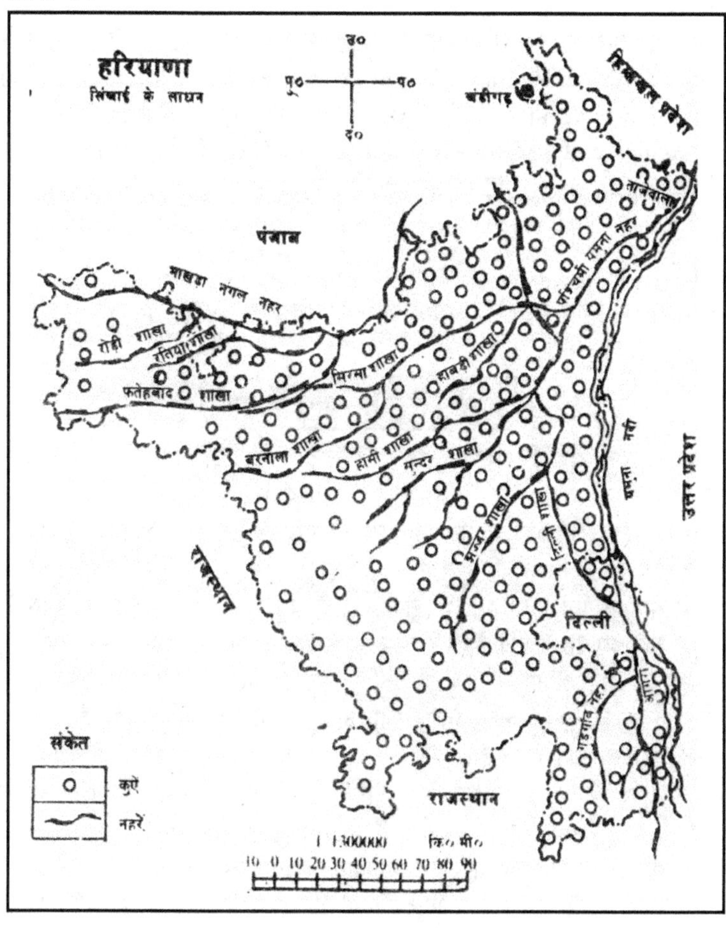

नहरें

1. **पश्चिमी यमुना नहरः** यह हरियाणा की सबसे पुरानी व प्रमुख नहर है। यह यमुना नदी के पश्चिमी किनारे से ताजेवाला स्थान से निकाली गई है। इस नहर की अपनी शाखाओं सहित कुल लम्बाई 3,226 किलोमीटर है। इसके द्वारा अम्बाला, करनाल, सोनीपत, रोहतक, हिसार और सिरसा जिलों तथा दिल्ली और राजस्थान के कुछ भागों की लगभग 5 लाख हेक्टेयर भूमि सींची जाती है।

2. **गुड़गाँव नहरः** यह राज्य की दूसरी प्रमुख नहर है। यह दिल्ली के निकट ओखला से यमुना नदी पर बाँध बनाकर निकाली गई है। इसके द्वारा गुरुग्राम, पलवल और फरीदाबाद की बल्लभगढ़ तहसील की लगभग 3.5 लाख हेक्टेयर भूमि की सिंचाई की जा रही है।

3. **भाखड़ा नहरः** राज्य की यह प्रमुख नहर नंगल शहर के समीप सतलुज से निकाली गई है। पंजाब के पटियाला और रूप नगर जिलों की सिंचाई के उपरांत यह नहर टोहाना के निकट हरियाणा में प्रवेश करती है। इसके द्वारा सिरसा और हिसार जिलों की लगभग 6 लाख हेक्टेयर भूमि की सिंचाई की जाती है। इसकी प्रमुख शाखाएं फतेहाबाद, रतिया, रोड़ी और बरवाला हैं।

हरियाणा और सिरसा जिलों में भी अधिकतम सिंचाई नहरों से होती है। महेन्द्रगढ़ और भिवानी के जिलों में सिंचाई के लिए छोटी–छोटी नहरें निकाली गई हैं। इनमें गुई नहर, भिवानी नहर और जवाहरलाल नेहरु नहर हैं। प्रदेश के किसान नहरों की सहायता से बड़ी सुगमता से सिंचाई कर लेते हैं।

प्रमुख सिंचाई परियोजनाएँ

नंगल उठान सिंचाई परियोजना—नंगल उठान सिंचाई परियोजना से पहले जिला अम्बाला में शायद ही कोई नहरी सिंचाई सुविधा उपलब्ध थी तथा कृषि पूरी तरह वर्षा पर निर्भर थी। इस सिंचाई परियोजना के बन जाने से 75 गांवों की 45,500 एकड़ भूमि को सिंचाई सुविधा उपलब्ध हुई है। इस परियोजना के पूरा हो जाने से पांच गांवों की 4,700 एकड़ भूमि को और सिंचाई सुविधा प्राप्त होगी। इसके अतिरिक्त इस परियोजना द्वारा अम्बाला नगर में पेयजल आपूर्ति हेतु 20 क्यूसिक पानी उपलब्ध करवाया जा रहा है तथा अम्बाला छावनी में रक्षा सेनाओं की पेयजल आपूर्ति हेतु 20 क्यूसिक पानी उपलब्ध करवाये जाने की योजना है। लगभग 8.35 करोड़ रुपये की लागत से 80.304 कि.मी. लम्बी नहर का निर्माण कार्य दो चरणों में पूरा किया जा चुका है।

हथनी कुण्ड बैराज परियोजना—यमुनानगर जिले में पिछले कई वर्षों से लटका हुआ हथनी कुण्ड बैराज बनकर तैयार हो गया है। हथनी कुण्ड बैराज के निर्माण पर 220 करोड़ रुपये खर्च हुए। सौ वर्ष से ज्यादा पुराने ताजेवाला हैडवर्क्स के स्थान पर हथनी कुण्ड बैराज का निर्माण कार्य इसलिए भी जरूरी था ताकि पश्चिमी और पूर्व यमुना नहर द्वारा सिंचाई और

पीने के पानी की निर्विघ्न आपूर्ति की जा सके तथा हरियाणा, उत्तर प्रदेश व दिल्ली को भीषण बाढ़ से बचाया जा सके।

हथनी कुण्ड बैराज के निर्माण से ताजेवाला हैडवर्क्स की पुनः स्थापना पर होने वाले खर्च को कम किया जा सकेगा। इस परियोजना से सिंचाई के लिए अतिरिक्त जल की प्राप्ति की जा सकेगी। इससे बारिश के मौसम में चावल की गहन खेती भी संभव हो सकेगी। इसके अतिरिक्त सूखाग्रस्त क्षेत्रों को सिंचाई की सुविधा उपलब्ध होगी, इससे कृषि उत्पादन में वृद्धि होगी, रोजगार के साधन उपलब्ध होंगे और मरुभूमि प्रसार पर रोक लगेगी। इस समय यमुना नदी में ताजेवाला हैडवर्क्स के ऊपरी भाग में पानी की पूर्ति 70,000 घन फुट होने पर नहरों को बन्द करना पड़ता है। इसके कारण पश्चिमी यमुना नहर पर बने पावर हाऊस बंद हो जाते हैं। नये बैराज के निर्माण से यह समस्या भी हल हो जायेगी।

जे.एल.एन. उठान सिंचाई परियोजना—महेन्द्रगढ़ जिले की खेती-बाड़ी को बढ़ाने के लिए सूखा राहत कार्यक्रम के अन्तर्गत इस जिले में जे.एल.एन. उठान सिंचाई परियोजना का कार्य आरम्भ किया गया। इस प्रणाली द्वारा 1976 में पहली बार पानी छोड़ा गया लेकिन इस परियोजना की आवश्यकता वास्तव में 1987 में पड़े अभूतपूर्व सूखे के दौरान महसूस हुई, जिससे खरीफ की फसल को बचाया गया।

महेन्द्रगढ़ जिले में सिंचाई सुविधाओं के लिए महेन्द्रगढ़ नहर प्रणाली में जे.एल.एन. फीडर के पम्प घर नं. 2 जो कि जे. एल. एन. फीडर की आर. डी. 3,43,100 पर स्थित है, के द्वारा पानी को उठाकर छोड़ा जाता है। महेन्द्रगढ़ नहर प्रणाली की क्षमता लगभग 1700 क्यूसिक पानी ग्रहण करने की है।

नखाना की सिंचाई परियोजना—नखाना क्षेत्र में सिंचाई सुविधाओं का विस्तार करने के लिए हरियाणा सरकार ने सालवान फीडर आर. डी. 1,44,000 को धमतान डिस्ट्रीब्यूटरी के साथ जोड़ने की परियोजना स्वीकृत की है। यह परियोजना 37,500 फुट लम्बी है। परिणामस्वरूप कलौदा, खुर्द कलां, भीखेवाला, खरड़वाल नेहरा, फुलिया कलां, गुलेहेड़ा और सुलहेड़ा गांवों को पर्याप्त सिंचाई सुविधाएं प्राप्त हुईं।

अन्य प्रमुख सिंचाई परियोजनाएँ

- जवाहरलाल नेहरु सिंचाई योजना
- लोहारू लिफ्ट सिंचाई योजना
- झज्जर उत्थान सिंचाई योजना
- सांगा उत्थान सिंचाई योजना
- पश्चिमी यमुना नहर योजना
- गुई लिफ्ट सिंचाई योजना
- सेवानी लिफ्ट सिंचाई योजना

नई परियोजनाएँ

पूरे राज्य में सिंचाई और पेय जल के समान वितरण के लिए सरकार 354 करोड़ रुपये की लागत की 109 किलोमीटर लंबी विशाल नहर 'भाखड़ा मुख्य नहर–हांसी शाखा–बुटाना शाखा बहुद्देशीय संपर्क नहर' का निर्माण कर रही है।

मानसून के मौसम में यमुना नदी के अतिरिक्त पानी को इस्तेमाल करने के लिए267 करोड़ रुपये की अनुमानित लागत वाली 'दादूपुर–शाहाबाद–वाल्वी नहर परियोजना' शुरू की है। इसके तहत यमुना नगर, अंबाला और कुरुक्षेत्र में पड़ने वाले 92,532 हेक्टेयर क्षेत्र की सिंचाई और भूजल रिचार्ज सुविधाओं के लिए 590 क्यूसेक अतिरिक्त जल का उपयोग किया जाएगा।

सरकार ने घग्घर और इसकी सहवर्ती नदियों पर चार कम ऊंचाई के बांध–कौशल्या बांध, दंग्राना बांध, दीवानवाला बांध और छामला बांध–परियोजनाओं को स्वीकृति प्रदान की है। इन पर क्रमशः 118 करोड़, 63.69 करोड़, 132.70 करोड़ तथा 20.41 करोड़ रुपयों की लागत आएगी और इनसे मानसून के मौसम में पानी का फालतू बहाव और संपत्ति को होने वाला नुकसान रोका जा सकेगा।

सिंचाई व विभिन्न परियोजनाओं का विकास

1. वर्षों से उपेक्षित नहरी तंत्र को सर्वोच्च प्राथमिकता पर सुदृढ़ और साफ करने से सिंचित क्षेत्र में बढ़ोत्तरी हुई है। नहरों के अन्तिम छोर तक पानी पहुँचा है।

2. लिफ्ट सिंचाई स्कीमें शुरू करने में हरियाणा का एशिया में प्रथम स्थान है। प्रदेश ने यह कीर्तिमान अपने अस्तित्व में आने के पहले दशक में ही स्थापित कर दिया था।

3. लिफ्ट सिंचाई तंत्र को सुचारू करने और इस प्रणाली में लगे पम्पों की मरम्मत से राज्य के सिंचित क्षेत्र में तेजी से वृद्धि हुई थी।

4. अहीरवाल क्षेत्र में सिंचाई सुविधाओं का विस्तार करने के लिए रेवाड़ी लिफ्ट सिंचाई स्कीम का निर्माण किया गया है। यह हरियाणा की पांचव लिफ्ट सिंचाई स्कीम है और इसके निर्माण पर 39.60 करोड़ रुपये खर्च हुए। इससे जिला गुरुग्राम, रेवाड़ी और झज्जर के 99 गाँवों की 78,790 एकड़ भूमि सिंचित है।

5. हरियाणा में पड़ने वाले आगरा नहर के चैनलों के रख-रखाव का कार्य हरियाणा सरकार ने अपने हाथ में लिया है ताकि मेवात क्षेत्र में सिंचाई सुविधाओं में सुधार लाया जा सके। नहरों की जलग्रहण क्षमता को बढ़ाने के लिए राज्य सरकार अनेक कदम उठा रही है। वर्तमान समय में नहरों द्वारा सिंचित क्षेत्र में तेजी से वृद्धि हुई है।

6. मेवात उठान सिंचाई योजना को नये सिरे से तैयार किया गया है और यह यमुना नदी पर प्रस्तावित पलवल बैराज की ऊपरी दिशा से निकाली जायेगी। इससे 82,651 एकड़ क्षेत्र में सिंचाई होगी।

7. हथनीकुण्ड बैराज बनकर पूरा हो चुका है, इसके बन जाने से हरियाणा को और अधिक पानी मिलेगा।

सिंचाई संबंधी प्रमुख तथ्य

- हरियाणा में सिंचाई के प्रमुख साधन नहरें, कुएँ व नलकूप हैं।
- हरियाणा में लगभग 2200 हजार हैक्टेयर भूमि में सिंचाई की सुविधाएँ हैं।
- हरियाणा को मुख्यतः पश्चिमी यमुना नहर और भाखड़ा नहर प्रणाली से सिंचाई के लिए पानी मिलता है।
- हरियाणा में लगभग 50 प्रतिशत सिंचित भूमि में कुओं और नलकूपों द्वारा सिंचाई की जाती है।
- हरियाणा की सबसे लम्बी सिंचाई योजना पश्चिमी यमुना नहर योजना है।
- हरियाणा की प्रमुख नहर प्रणालियाँ हैं—पश्चिमी यमुना नहर, भाखड़ा नहर प्रणाली और गुड़गाँव नहर।
- हथिनी कुंड बैराज परियोजना हरियाणा के यमुनानगर जिले में स्थित है।
- लिफ्ट सिंचाई स्कीमें शुरू करने में हरियाणा का एशिया में प्रथम स्थान है। प्रदेश ने यह कीर्तिमान अपने अस्तित्व में आने के पहले दशक में ही स्थापित कर दिया था।
- लिफ्ट सिंचाई योजना का अर्थ है—पानी को निचले स्तर से ऊपर और शुष्क ढलानों पर चढ़ाना।
- भाखड़ा में से हरियाणा के हिस्से का पानी भाखड़ा मेन लिंक तथा नरवाना ब्रांच से मिलता है।
- सतलुज-यमुना योजक नहर हरियाणा की जीवन रेखा है।
- हरियाणा के रेतीले भाग में नलकूप की सहायता से फव्वारों द्वारा सिंचाई होती है।
- हरियाणा के अहरिवाल क्षेत्र में सिंचाई सुविधा के अन्तर्गत रेवाड़ी लिफ्ट सिंचाई स्कीम प्रारम्भ की गई है।

वस्तुनिष्ठ प्रश्नोत्तर

1. हरियाणा प्रदेश में निम्नलिखित में से किस साधन द्वारा सिंचाई की जाती है?
   - A. नहरों द्वारा
   - B. कुओं द्वारा
   - C. नलकूपों द्वारा
   - D. उपरोक्त सभी के द्वारा

2. प्रदेश में जिला अम्बाला में नहरी सिंचाई सुविधा किस सिंचाई परियोजना के बनने से उपलब्ध हुई है?
   - A. नंगल उठान सिंचाई परियोजना
   - B. हथनी कुण्ड बैराज परियोजना
   - C. जवाहरलाल नेहरू सिंचाई परियोजना
   - D. सेवानी लिफ्ट सिंचाई परियोजना

3. हरियाणा के रेतीले भाग में सिंचाई का साधन क्या है?
   - A. नहरों द्वारा
   - B. कुओं द्वारा
   - C. नलकूप की सहायता से फौव्वारों द्वारा
   - D. वर्षा द्वारा

4. पश्चिमी यमुना नहर द्वारा हरियाणा के निम्नलिखित में से किस जिले में सिंचाई की जाती है?

A. करनाल

B. सोनीपत

C. रोहतक

D. उपरोक्त सभी जिलों में

5. गुरुग्राम के अतिरिक्त किस जिले में "गुड़गांव नहर" द्वारा सिंचाई की जाती है?

A. पानीपत

B. फरीदाबाद

C. सोनीपत

D. कैथल

6. हथनी कुण्ड बैराज परियोजना हरियाणा के किस जिले से सम्बन्धित है?

A. यमुनानगर

B. गुरुग्राम

C. रोहतक

D. फरीदाबाद

7. महेन्द्रगढ़ जिले में कृषि की उन्नति के लिए कौन सी सिंचाई परियोजना चलाई गई?

A. लोहारू लिफ्ट सिंचाई परियोजना

B. पश्चिमी यमुना नहर योजना

C. जे॰एल॰एन॰उठान सिंचाई परियोजना

D. हथनी कुण्ड बैराज परियोजना

8. हरियाणा की कौन-सी नहर दिल्ली में ओखला नामक स्थान से यमुना नदी से निकाली गई है?

A. गुड़गाँव नहर

B. भाखड़ा नहर

C. पूर्वी यमुना नहर

D. इनमें से कोई नहीं

9. हरियाणा की किस सिंचाई योजना द्वारा स्वरूप कलौदा, खुर्ल कलां, भीखेवाला, खरडवाला नेहरा, फुलिया कलां आदि गांवों को सिंचाई सुविधा प्राप्त हुई थी?

A. झज्जर उत्थान सिंचाई योजना

B. नखाना की सिंचाई परियोजना

C. नंगल उठान सिंचाई परियोजना

D. जवाहरलाल नेहरू सिंचाई योजना

10. हरियाणा के अहिरवाल क्षेत्र में सिंचाई सुविधा के अन्तर्गत निम्न में कौन सी सिंचाई स्कीम प्रारम्भ की गई है?

A. रेवाड़ी लिफ्ट सिंचाई स्कीम

B. हथनीकुण्ड बैराज सिंचाई स्कीम

C. मेवात उठान सिंचाई स्कीम

D. भाखड़ा नहर सिंचाई स्कीम

उत्तरमाला

1	2	3	4	5	6	7	8	9	10
D	A	C	D	B	A	C	A	B	A

❖❖❖

11 | पशु सम्पदा

पशु-पालन हरियाणा का एक महत्त्वपूर्ण व्यवसाय है। इस प्रदेश के कृषि करने वाले 80 प्रतिशत लोग पशु-पालन का कार्य भी करते हैं। प्रदेश के अधिकतर किसान गाय व भैंस पालते हैं। हरियाणा में किसानों के साथ-साथ प्रदेश सरकार ने भी एशिया का सबसे बड़ा पशु-फार्म हिसार में खोल रखा है। फार्म पर उत्तम नस्ल के पशु पैदा किये जाते हैं। प्रदेश की मुर्रा नस्ल की भैंसें सारे भारत में प्रसिद्ध हैं। मुर्रा नस्ल की भैंस अन्य सभी नस्ल की भैंसों की अपेक्षा अधिक दूध देती हैं। इसी प्रकार हरियाणा नस्ल की गाय भी अधिक दूध देने के लिए प्रसिद्ध है। पशुधन गणना वर्ष 2012 के अनुसार राज्य में पशुओं की संख्या 89.98 लाख है जिसमें 18.08 लाख गाय और 60.85 लाख भैंस हैं। पूरे राज्य में पशुधन को पशु चिकित्सा और प्रजनन सेवाएँ देने के लिए 2,853 पशु चिकित्सा संस्थान हैं जो कि औसतन प्रत्येक तीन गाँवों में एक पशु चिकित्सा संस्थान है। हरियाणा में वर्ष 2016-17 तक 962 पशु चिकित्सालय तथा 1,809 पशु औषधालय कार्यरत हैं। हरियाणा में दूध का उत्पादन वर्ष 2005-06 में 52.99 लाख मीट्रिक टन था जो 2016-17 में बढ़कर 89.75 लाख मीट्रिक टन हो गया। राज्य में वर्ष 2016-17 में प्रति व्यक्ति प्रतिदिन दूध की उपलब्धता 878 ग्राम तक पहुँच गई है। यहाँ कई सहकारी दूध संयन्त्र भी खुले हुए हैं। ये संयन्त्र हरियाणा में दुग्ध क्रान्ति को सफलतापूर्वक आगे बढ़ाने के लिए कार्य कर रहे हैं। राज्य में वर्ष 2016-17 के दौरान अण्डों के उत्पादन की संख्या 52,139 लाख और ऊन का उत्पादन 6.90 लाख किग्रा तक पहुँच चुका है जबकि राज्य में मांस उत्पादन 427.48 लाख किग्रा तक पहुँच गया है।

प्रदेश के **रेवाड़ी** जिले में 50 पशु चिकित्सालय, 62 पशु औषधालय, पशुधन केन्द्र, भेड़ें व ऊन विस्तार केन्द्र तथा कुक्कुट विस्तार केन्द्र हैं। नस्ल सुधार के लिए जिले में पशुओं के कृत्रिम गर्भाधान की व्यवस्था की गई है। गायों में संकर प्रजनन क्रिया में विदेशी नस्ल के जर्सी तथा होलस्टीन सांडों के वीर्य से गर्भाधान किया जा रहा है। यह योजन विशेषकर रेवाड़ी, बावल तथा कोसली के पशु संस्थानों में चलाई जा रही है। मुर्रा नस्ल की भैंसों की नस्ल विकसित करने के लिए कृत्रिम गर्भाधान की व्यवस्था है।

जिला **महेन्द्रगढ़** में पशुओं की देखभाल के लिए पशुपालन विभाग द्वारा 56 पशु चिकित्सालय, 69 पशु औषधालय, पशुधन केन्द्र, भेड़ व ऊन विस्तार केन्द्र, कृत्रिम गर्भाधान केन्द्र, पशु रोग निदान प्रयोगशाला, चलती-फिरती प्रयोगशाला तथा नारनौल में एक वीर्य बैंक स्थित है जहाँ पर तरल नाइट्रोजन प्लांट लगाया जा चुका है।

जिला **पानीपत** में 36 पशु चिकित्सालय, 74 पशु औषधालय कार्यरत हैं।

जिला **रोहतक** में 64 पशु चिकित्सालय, 46 पशु औषधालय कार्यरत हैं।

जिला **झज्जर** में 92 पशु चिकित्सालय, 43 पशु औषधालय कार्यरत हैं।

जिला **कुरुक्षेत्र** में स्थित थानेसर नगर में 1988-89 में कुक्कुट रोग जांच प्रयोगशाला के भवन का निर्माण किया गया। 49 पशु चिकित्सालय, 72 पशु औषधालय, मुख्य ग्राम केन्द्र, कृत्रिम गर्भाधान केन्द्र तथा कुक्कुट विस्तार केन्द्र कार्यरत हैं। थानेसर व शाहबाद में कुक्कुट विस्तार केन्द्र द्वारा समय-समय पर मुर्गियों का टीकाकरण तथा इलाज का कार्य किया जाता है। इस जिले में मुर्गियों के अतिरिक्त अन्य पशुओं के इलाज के लिए अनेक अस्पताल हैं जहाँ पर पशुओं के अनेक रोगों का इलाज किया जाता है। पशु संस्थानों द्वारा तरल और जमे हुए वीर्य की सुविधा उपलब्ध करवाई जाती है।

पशुधन व्यवसाय को बढ़ावा देने, पशुओं की नस्ल सुधारने तथा पशुओं की बीमारी की रोकथाम के लिए जिला **करनाल** में 49 पशु चिकित्सालय, 74 पशु औषधालय तथा पशुधन केन्द्रों का जाल बिछा हुआ है जो समय-समय पर पशुपालकों का मार्गदर्शन करते हैं और चिकित्सा सुविधा के अतिरिक्त प्रजनन कार्य करते हैं। पोल्ट्री विस्तार कार्यक्रम को बढ़ावा देने के लिए नीलोखेड़ी व करनाल में पोल्ट्री का 21 दिन का प्रशिक्षण दिया जाता है। इसके अतिरिक्त शूकर व्यवसाय को बढ़ावा देने के लिए वस्ताड़ा गाँव में विस्तार केन्द्र खोला गया है।

जिला **कैथल** में पशुओं को चिकित्सा सुविधा उपलब्ध करवाने हेतु 39 पशु चिकित्सालय, 82 पशु औषधालय, स्टॉकमैन तथा कृत्रिम गर्भाधान केन्द्र हैं, जिनमें स्नातकोत्तर पशु चिकित्सकों तथा चिकित्सालय एवं पशुधन विकास सहायकों द्वारा पशुओं को कृत्रिम गर्भाधान द्वारा नस्ल सुधार तथा पशुओं का इलाज किया जाता है। पशुपालकों व पंचायतों को सुधरी हुई नस्ल के झोटे व सांड राजकीय पशुफार्म, हिसार से उपलब्ध करवाने में सहायता दी जाती है।

पशुओं की देखभाल, उन्हें बीमारियों से बचाने तथा नस्ल सुधार के लिए समस्त **फरीदाबाद** जिले में 17 पशु चिकित्सालय, 47 पशु औषधालय हैं। इसके अतिरिक्त कई क्षेत्रीय कृत्रिम गर्भाधान केन्द्र कार्यरत हैं। मुर्गी पालन को बढ़ावा देने के लिए पोल्ट्री विस्तार केन्द्र तथा भेड़ पालन को प्रोत्साहित करने के लिए एक भेड़-ऊन विस्तार केन्द्र भी है। यहां के लोग बड़ी संख्या में गाय, भैंस, ऊँट, खच्चर तथा बैल पालते हैं।

पलवल जिले में 26 पशु चिकित्सालय तथा 86 पशु औषधालय हैं। इसके अतिरिक्त यहां पोल्ट्री विस्तार केन्द्र तथा भेड़–ऊन विस्तार केन्द्र भी है।

हरियाणा का **हिसार** जिला पशुधन विकास के मामलों में प्रदेश भर में अग्रणी है। पशु पालकों को सर्वोत्तम सेवाएं उपलब्ध करवाने के उद्देश्य से इस जिले में 74 पशु चिकित्सालय, 142 पशु औषधालय, पशुधन केन्द्र, गर्भाधान केन्द्र, चलती-फिरती पशु चिकित्सा इकाइयां, भेड़ व ऊन विकास केन्द्र, वीर्य बैंक, रोग निदान प्रयोगशाला कार्यरत हैं।

जिला **फतेहाबाद** में 50 पशु चिकित्सालय तथा 86 पशु औषधालय कार्यरत हैं। इस जिले के टोहाना उपमण्डल में एक अश्व स्टेलियन केन्द्र कार्यरत है। इसमें बहुत ही उच्चकोटि के घोड़े हैं। इस केन्द्र में घोड़ियों की सर्विस की जाती है ताकि उच्चकोटि के घोड़े पैदा किये जा सकें। उल्लेखनीय है कि यह अश्व स्टेलियन केन्द्र राज्यभर में अपनी किस्म का एक है।

जिला **नूंह** में 22 पशु चिकित्सालय तथा 61 पशु औषधालय कार्यरत हैं।

जिला **गुरुग्राम** में 20 पशु चिकित्सालयों, 45 पशु औषधालयों, कृत्रिम गर्भाधान केन्द्रों, भेड़-ऊन विस्तार केन्द्रों, स्टाकमैन सैंटरों व मुख्य ग्राम इकाइयों तथा कुक्कुट उपचार केन्द्रों द्वारा पशुओं को चिकित्सा सुविधाएँ प्रदान की जाती हैं। इस जिले में बड़ी संख्या में भैंसें, बकरियाँ व दुधारु पशु हैं। जिले में मुर्गी पालन को अधिक महत्त्व दिया गया है। जिले में तीन प्रकार के मुर्गी प्रजनन केन्द्र हैं।

प्रदेश का **जीन्द** जिला मुर्रा नस्ल की भैंसों के लिए बहुत प्रसिद्ध है। यहाँ इस नस्ल की भैंसें तैयार होती हैं। अन्य पशुओं की नस्ल भी यहाँ पर तैयार की जाती है। इस जिले में 61 पशु चिकित्सालय, 169 पशु औषधालय, स्टॉकमैन केन्द्र, भेड़ ऊन विस्तार केन्द्र एवं कुक्कुट विस्तार केन्द्र कार्यरत् हैं। हरियाणा के सहकारी क्षेत्र में बड़े पैमाने का एक मिल्क प्लांट जीन्द में स्थापित है।

सोनीपत जिला भी मुर्रा नस्ल की भैंसों और हरियाणा नस्ल की गायों के लिए प्रसिद्ध है। पशुपालन विभाग द्वारा पशुओं की नस्ल सुधारने के लिए समय–समय पर ध्यान दिया जाता है। पशुओं की बीमारियों की रोकथाम के लिए अनेक कार्यक्रम चलाये जाते हैं। पशुओं को बीमारियों से बचाने तथा नस्ल सुधार के लिए जिले में 51 पशु चिकित्सालय, 87 पशु औषधालय, कृत्रिम गर्भाधान केन्द्र, मुर्गी और सूअर पालन के लिए विकास केन्द्र और स्टॉकमैन केन्द्र भी स्थापित किये गये हैं।

जिला **भिवानी** में वर्ष 1972 में सघन पशु विकास परियोजना आरम्भ की गई थी। इस विकास परियोजना के अन्तर्गत भिवानी जिले में अनेक स्थानों पर पशु चिकित्सा अस्पताल और औषधालय स्थापित किए गए। वर्तमान में **भिवानी** तथा **चरखी दादरी** जिलों को मिलाकर 74 पशु चिकित्सालय, क्षेत्रीय कृत्रिम गर्भाधान केन्द्र, एक सीमन बैंक, 150 पशु-औषधालय, पशुधन केन्द्र, भेड़ व ऊन विस्तार केन्द्र के अलावा पिगरी सैंटर, कैमल सैन्टर, रोग निदान प्रयोगशाला, कुक्कुट विस्तार केन्द्र तथा हैचरी भी कर्यरत हैं।

जिला **भिवानी** में पशु प्रजनन हेतु 1972 में वीर्यकोष की स्थापना की गई थी। आरम्भ में यह संस्था एक निजी धर्मशाला से शुरू की गई। उसके बाद वर्ष 1979 में ग्रामीण विकास निकाय भिवानी के सौजन्य से इसके नये भवन का निर्माण किया गया। इस जिले में पशु रोगों

के निदान हेतु वर्ष 1978 में जिला ग्रामीण विकास निकाय द्वारा एक पशु रोग निदान प्रयोगशाला स्थापित की गई थी। इस जिले में एक सूकर विस्तार केन्द्र मनीला में है, जिसमें यार्कशायर नस्ल के साण्ड व सूअर रखे हुए हैं। जिला भिवानी में भेड़ व ऊन विकास की स्कीम लम्बे समय से चल रही है। इस स्कीम के तहत जिले में 14 भेड़ व ऊन विस्तार केन्द्र—बवानी खेड़ा, तोशाम, कालाडोली, सरदारा, सुहांगड़ा, ऊण, बहल, झूप्पाकलां, देवसर, कैरू, कुडल, फतेहगढ़ हरियाणा, ईशरवाल तथा झोझूकलां में कार्यरत हैं। इन केन्द्रों में अच्छी नस्ल के मेढ़े रखे हुए हैं। जिले में राजकीय हैचरी फार्म की स्थापना वर्ष 1982—83 में की गई थी। इससे पहले जिले में केवल दो मुर्गीफार्म थे। इसके अलावा पोल्ट्री ट्रेनिंग सैन्टर के माध्यम से जिला के मुर्गी पालकों को 21 दिन की ट्रेनिंग दी जाती है।

पशुपालन के मामले में जिला **अम्बाला** को प्रमुख स्थान प्राप्त है। जिले में 36 पशु चिकित्सालय, 93 पशु औषधालय, कृत्रिम गर्भाधान केन्द्र, स्टॉकमैन केन्द्र, भेड़ ऊन विस्तार केन्द्र तथा कुक्कुट विस्तार केन्द्र कार्यरत हैं। जिले में दूध की पैदावार को बढ़ाने तथा मुर्गी पालन को बढ़ावा देने के लिए अम्बाला में सघन पशुधन विकास परियोजना शुरू की गई है। सघन पशु विकास परियोजना के अन्तर्गत जिले में अम्बाला नगर, नारायणगढ़ तथा पिंजौर में मुर्गी पालन का मुफ्त प्रशिक्षण दिया जाता है तथा अम्बाला नगर में कुक्कुट पालन का प्रशिक्षण भी दिया जाता है।

जिला **सिरसा** में इस समय 58 पशु चिकित्सालय, कृत्रिम गर्भाधान केन्द्र, चलता—फिरता अस्पताल, रोग निदान प्रयोगशाला, तरल नत्रजन संयंत्र, वीर्य कोष, पशुधन केन्द्र, 168 पशु औषधालय, कुक्कुट विस्तार केन्द्र, ऊँट प्रजनन केन्द्र व भेड़ व ऊन विस्तार केन्द्र हैं, जिनमें पशुओं के विभिन्न रोगों का उपचार, बांझ पशुओं का उपचार और पशुओं को संक्रामक रोगों से बचाने के लिए टीकाकरण इत्यादि की व्यवस्था है।

यमुनानगर जिले में पशुओं के स्वास्थ्य की देखभाल के लिए 23 पशु चिकित्सालय, 66 पशु औषधालय, रीजनल ए० टी० सैन्टर, सीमन बैंक-क्रास ब्रीडिंग स्टेशन जगाधरी, मुर्गीपालन विस्तार केन्द्र, सुअर प्लॉन केन्द्र, रादौर, पशुधन चैक पोस्ट—1 (यमुनाब्रिज) कार्यरत हैं।

पंचकुला जिले में 15 पशु चिकित्सालय, कृत्रिम गर्भाधान केन्द्र, 29 पशु चिकित्सालय औषधालय, स्टॉकमैन केन्द्र और कुक्कुट विस्तार केन्द्र कार्यशील हैं।

उपरोक्त जिलों के अतिरिक्त प्रदेश के अन्य जिलों में भी पशुओं के लिए अनेक चिकित्सालय, प्रजनन केन्द्र, कृत्रिम गर्भाधान केन्द्र, रोग निदान प्रयोगशाला, वीर्यकोष, भेड़ व ऊन विस्तार केन्द्र तथा कुक्कुट विस्तार केन्द्र हैं। जिनमें पशुओं के अनेक रोगों का इलाज, बांझपन का उपचार और टीकाकरण आदि की व्यवस्था है।

वस्तुनिष्ठ प्रश्नोत्तर

1. एशिया का सबसे बड़ा पशु-फॉर्म हरियाणा में कहाँ पर स्थित है?

A. रोहतक	B. हिसार
C. पंचकुला	D. जीन्द

2. हरियाणा की किस नस्ल की भैंसे सारे भारत में प्रसिद्ध हैं?

A. मुर्रा
B. तुरा
C. पुस्म
D. चस्सा

3. हरियाणा में निम्नलिखित में से किस स्थान पर सहकारी दूध संयन्त्र खुले हुए हैं?

A. अम्बाला
B. भिवानी
C. जीन्द
D. उपरोक्त सभी स्थानों पर

4. जिला कुरुक्षेत्र के थानेसर नगर में कुक्कुट रोग जांच प्रयोगशाला के भवन का निर्माण कब किया गया?

A. 1980-81
B. 1984-85
C. 1988-89
D. 1995-96

5. हरियाणा में नीलोखेड़ी के अतिरिक्त निम्नलिखित में से किस स्थान पर पोल्ट्री का प्रशिक्षण दिया जाता है?

A. अम्बाला
B. करनाल
C. हिसार
D. कैथल

6. जिला फतेहाबाद में कहाँ पर अश्व स्टेलियन केन्द्र कार्यरत है?

A. टोहाना
B. रतिया
C. भूना
D. कूलां

7. जिला भिवानी में सघन पशु विकास परियोजना कब आरम्भ की गई थी?

A. वर्ष 1966 में
B. वर्ष 1970 में
C. वर्ष 1972 में
D. वर्ष 1978 में

8. जिला महेन्द्रगढ़ में किस स्थान पर एक वीर्य बैंक स्थित है जहाँ पर तरल नाइट्रोजन प्लांट लगा हुआ है?

A. अटेली
B. नारनौल
C. नांगल चौधरी
D. महेन्द्रगढ़

9. जिला भिवानी में पशु रोगों के निदान हेतु, जिला ग्रामीण विकास निकाय द्वारा, ''पशु रोग निदान प्रयोगशाला' की स्थापना कब की गई?

A. 1978 में
B. 1980 में
C. 1984 में
D. 1990 में

10. 'हरियाणा गौवंश संरक्षण एवं गौ संवर्द्धन एक्ट' किस साल लागू हुआ है?

A. 2017
B. 2014
C. 2016
D. 2015

उत्तरमाला

1	2	3	4	5	6	7	8	9	10
B	A	D	C	B	A	C	B	A	D

◆◆◆

12 | प्रमुख उद्योग

हरियाणा का औद्योगिक आधार विशाल है। राज्य में 1,354 बड़ी और मंझोली तथा 80,000 लघु उद्योग इकाइयां हैं। हरियाणा में हर चीज का उत्पादन होता है। हरियाणा कारों, ट्रेक्टरों, मोटरसाइकिलों, साइकिलों, रेफ्रिजरेटरों, वैज्ञानिक उपकरणों आदि का सबसे बड़ा उत्पादक है। हरियाणा विश्व बाजार में बासमती चावल का सबसे बड़ा निर्यातक है। पचरंगा अचार के अलावा पानीपत की हथकरघे की बनी वस्तुएं और कालीन विश्व भर में प्रसिद्ध हैं।

हरियाणा में उद्योग एवं निवेश नीति 2011, 1 जनवरी, 2011 से प्रभावी हो गई है। नई औद्योगिक नीति के परिणामस्वरूप सुरक्षित आर्थिक क्षेत्र (सेज) स्थापित करने के 100 से अधिक प्रस्ताव राज्य को मिले हैं जिसके अनुसार औद्योगिक ढांचे पर 5 करोड़ रुपये की लागत आएगी। इन परियोजनाओं के क्रियान्वयन के बाद कई हजार करोड़ रुपये का औद्योगिक निवेश होगा और हजारों लोगों को रोजगार मिलेगा। राज्य सरकार गुड़गांव में आईएमटी, मानेसर के विस्तार के अलावा फरीदाबाद, रोहतक और जगाधरी में औद्योगिक आदर्श नगर विकसित कर रही है। पानीपत में 33,000 करोड़ रुपये के निवेश का पैट्रो रसायन केंद्र स्थापित कर लिया है। 2,000 करोड़ रुपये की लागत से कुंडली–मानेसर–पलवल एक्सप्रेस राजमार्ग विकसित किया जा रहा है। इससे राजमार्ग के आसपास अनेक आर्थिक केंद्र बनेंगे जिससे औद्योगिक और सेवा क्षेत्र में निवेश के अनेक अवसर उपलब्ध होंगे। राज्य बहादुरगढ़ व रोहतक में नई औद्योगिक संपदाएं विकसित करके और सोनीपत, कुंडली, राई और बाड़ी में औद्योगिक ढांचे का विस्तार करके आर्थिक विकास की संभावनाएं तलाश कर रहा है। राज्य सरकार के पास अंबाला, साहा, यमुनानगर, बरवाला, करनाल, रोहतक और कैथल आदि शहरों में औद्योगिक संपदाएं स्थापित करने के अनेक प्रस्ताव विचाराधीन हैं।

हरियाणा राज्य औद्योगिक विकास निगम और हरियाणा नगर विकास प्राधिकरण द्वारा विकसित औद्योगिक संपदाओं में भूमि आवंटन हेतु उद्योगों की बहुत मांग है। राज्य में पिछले कुछ समय में 100 से अधिक बड़ी और मंझोली तथा लगभग 8,000 लघु औद्योगिक इकाइयां

स्थापित हुई हैं जिन पर लगभग 3 हजार करोड़ रुपये का निवेश हुआ है और 1,25,747 लोगों को रोजगार मिला है। इसके अलावा अनेक औद्योगिक इकाइयों का विस्तार किया गया है जिसके फलस्वरूप 35000 करोड़ रुपये से अधिक का नया निवेश हुआ है। भारतीय तेल निगम ने पानीपत में 5000 करोड़ रुपये के निवेश से पैरेक्सीलीन/पीटीए की स्थापना की है। मारुति उद्योग, हीरो हौंडा और अनेक ऑटोमोबाइल उद्योगों का विस्तार हुआ है जिन पर लगभग 10,000 करोड़ रुपये की लागत आई है। इस समय औद्योगिक क्षेत्र में 70,000 करोड़ रुपये के निवेश प्रस्तावों को क्रियान्वित किया जा रहा है। इसी तरह राज्य में सूचना प्रौद्योगिकी और वस्त्र उद्योग के क्षेत्र में खासकर सिले–सिलाए कपड़ों के अनेक उद्योग उभरकर आ रहे हैं।

प्रदेश के प्रमुख उद्योगों के विवरण निम्न प्रकार हैं–

जिला अम्बाला के उद्योग

लघु उद्योगों के क्षेत्र में जिला अम्बाला मिक्सी-कम-ग्राइण्डर, वैज्ञानिक उपकरण, दरी और इंजीनियरिंग वस्तुओं के निर्माण के लिए प्रसिद्ध है। देश से होने वाले वैज्ञानिक उपकरणों का 20 प्रतिशत सामान अकेले अम्बाला की लघु स्तरीय औद्योगिक इकाइयों द्वारा निर्यात किया जाता है। बिजली की मिक्सी और गैस स्टोव के उत्पादन में भी इन इकाइयों का अग्रणी स्थान है।

वर्ष 1966 में हरियाणा के गठन के समय जिले में केवल 679 लघु औद्योगिक इकाइयां थीं जिनमें 2,037 लोगों को रोजगार प्राप्त था। अब जिले में लघु उद्योगों की संख्या बढ़कर 8 हजार से ऊपर हो गई है और इनमें 30,000 से ज्यादा लोगों को रोजगार प्राप्त है।

इसी प्रकार लघु एवं मध्यम औद्योगिक इकाइयों की संख्या में भी काफी वृद्धि हुई है तथा इसमें हजारों लोगों को रोजगार प्राप्त है।

लघु एवं मध्यम दर्जे के उद्योगों के अलावा जिले को कई राष्ट्रीय स्तर के बड़े उद्योगों के स्थापित होने का गौरव भी प्राप्त है।

जिला सिरसा के उद्योग

वर्ष 1975 में जिला सिरसा के गठन के समय यहाँ पर केवल 483 लघु औद्योगिक इकाइयां तथा 2 मध्यम तथा बड़े स्तर की इकाइयां थीं। इस समय इनकी संख्या में दस गुना से ज्यादा की वृद्धि हो चुकी है। जिले में कृषि पर आधारित उद्योगों की काफी संभावनाएं हैं। निःसन्देह यह जिला औद्योगिक रूप से पिछड़ा हुआ है, परन्तु अब यहाँ उद्योगों में पूंजी निवेश का रुझान बना है और बड़ी इकाइयां भी स्थापित हो रही हैं।

जिला यमुनानगर के उद्योग

यमुनानगर जिला मुख्यतः औद्योगिक जिला है। यहाँ की सभी बड़ी एवं मध्यम व लघु उद्योग इकाइयों द्वारा औद्योगिक वस्तुओं, चीनी मिल की मशीनें, मशीनरी के कलपुर्जे, हाइड्रोलिक जैक,

शराब, आटोलीफ स्प्रिंग, क्लिपस तथा पीतल, तांबे, स्टील तथा अल्युमीनियम के बर्तनों का उत्पादन किया जाता है। इन इकाइयों द्वारा बनाया गया माल दुबई, जर्मनी, जिम्बाब्वे, सीरिया, नेपाल, केन्या, ग्याना, श्रीलंका, संयुक्त अमीरात, अमेरिका, नेपाल, रूस बड़ी-छोटी मिडिल ईस्ट तथा दक्षिण अफ्रीका आदि देशों को निर्यात किया जाता है।

सरस्वती शूगर मिल

यमुनानगर में कार्यरत सरस्वती शूगर मिल, सरस्वती औद्योगिक सिण्डीकेट लि॰ की एक यूनिट है जिसकी स्थापना वर्ष 1933 में लाहौर में की गई थी। कम्पनी ने अपनी गतिविधियां सरस्वती शूगर मिल (यमुनानगर) तथा नेओली शूगरमिल (उत्तर प्रदेश) से चीनी उत्पादन से शुरू की। वर्ष 1954 में सरस्वती शूगर मिल ने अपनी पिराई क्षमता में काफी विस्तार किया और वह एक हजार से बढकर 2500 टन प्रतिदिन की हो गई। इस चीनी मिल को देश की पुरानी 410 चीनी मिलों में से सर्वाधिक 8000 टन प्रतिदिन की गन्ना पिराई की क्षमता का गौरव प्राप्त है।

कम्पनी द्वारा चीनी के कारखानों में काम आने वाली मशीनरी के निर्माण के लिए यमुनानगर में "इण्डियन शूगर तथा जनरल इंजीनियरिंग कारपोरेशन" (आई॰एस॰जी॰ई॰सी॰) तथा "सरस्वती इण्डस्ट्रियल सिंडिकेट लि॰" (एस॰आई॰एस॰) की भी स्थापना की गई। इस जैक में लगभग 2000 अधिकारी व तकनीकी कर्मचारी कार्यरत हैं।

यमुना गैसेस लि॰

यमुनानगर में यमुना गैसेस लि॰ की स्थापना 1973 में की गई तथा यहाँ पर औद्योगिक गैसों का उत्पादन वर्ष 1973 से शुरू किया गया तथा कम्पनी ने 1975 में औद्योगिक गैसों के उत्पादन में अग्रणी स्थान प्राप्त करने का गौरव प्राप्त किया। वर्ष 1988 में कम्पनी ने अपना नाम यमुना गैसेस लि॰ से बदल कर "यमुना गैसेस तथा कैमीकल्स लि॰" कर दिया तथा टी॰टी॰ टाईप के केबल ज्वांइटिंग किट्स का निर्माण कार्य शुरू कर दिया। इस समय दिल्ली, मुम्बई, कोलकाता, चेन्नई व बंगलौर में कम्पनी के ब्रांच आफिस कार्यरत हैं।

रेलवे कैरिज तथा वैगन वर्कशाप, जगाधरी

अम्बाला डिवीजन के सहारनपुर-अम्बाला जंक्शन पर जगाधरी वर्कशाप रेलवे स्टेशन के साथ उत्तर रेलवे की 'कैरिज तथा वैगन वर्कशाप' स्थित है। यमुनानगर शहर से लगभग 6 कि॰मी॰ दूर स्थित इस वर्कशाप की स्थापना वर्ष 1952 में 3 कोचिंग स्टॉक यूनिटों तथा 9 गुड्स स्टॉक यूनिटों की प्रतिदिन मरम्मत करने की न्यूनतम सुविधाओं के साथ की गई थी। भारतीय रेलवे के अस्तित्व में आने के बाद यह वर्कशाप उत्तर रेलवे के एक भाग के तौर पर काम कर रही है।

830 एकड़ भूमि में बनी इस वर्कशाप में कुल रेलवे ट्रैकों की लम्बाई 50 कि॰मी॰ है तथा यहाँ पर 794 मशीनरी व प्लांट कार्यरत हैं। कर्मचारियों के लिए वर्कशाप परिसर में 1842 मकानों की सुविधाएं उपलब्ध हैं। भारतीय रेलवे की यही एक मात्र वर्कशाप है जहाँ पर शताब्दी एक्सप्रैस की ओवरहालिंग का महत्त्वपूर्ण कार्य पूरा किया जाता है।

बल्लारपुर पेपर मिल (बिल्ट)

श्री गोपाल यूनिट का प्रारम्भ 1929 में मैसर्ज पंजाब पल्प एण्ड पेपर मिल अब्दुल्लापुर लि॰ के रूप में हुआ था। बाद में सन् 1929 में स्वर्गीय करमचन्द थापर ने इसका प्रबन्ध संभाला। प्रारंभ में मिल में दो पेपर मशीनें थी, परन्तु इस समय मिल में कई पेपर मशीनें, कटिंग प्लांट, लैमिनेशन मशीनें, एक आधुनिक सी॰एस॰सी॰ प्लांट तथा वेजिटेबल उत्पादन प्लांट है। मिल में उच्च क्वालिटी का लिखने एवं मुद्रण का कागज, वनस्पति घी, रिफाइण्ड तेल, कास्टिक सोडा व अन्य वस्तुओं का उत्पादन होता है।

भारत स्टार्च कैमिकल लि॰, यमुनानगर

यह उद्योग 10 लाख रुपये के पूंजीनिवेश तथा 5 लाख टन प्रतिदिन की क्षमता के साथ 1938 में स्थापित हुआ। यहाँ पर मक्का के स्टार्च और इसके उप-उत्पाद तैयार होते हैं। यह विभिन्न प्रकार के उद्योगों जैसे सूती कपड़ा मिल, कागज मिल, फाऊंडरीज, टैनरीज इत्यादि उद्योगों की आवश्यकताओं की पूर्ति करता है।

हरियाणा डिस्टिलरी, यमुनानगर

यह डिस्टिलरी 1969 में स्थापित की गई।

टिम्बर मार्किट, यमुनानगर

यह मण्डी 100 वर्ष से भी अधिक पुरानी है। वर्ष 1947 से पूर्व यह मण्डी अब्दुल्लापुर के नाम से प्रसिद्ध थी। इस समय इस लक्कड़ मण्डी में 250 के लगभग व्यापारी लक्कड़ का व्यापार करते हैं। यह मण्डी लगभग 100 एकड़ भूमि में फैली हुई है। इसमें विशेषकर दियार, सागवान, चील, शीशम, कीकर, पापुलर व सफेदा की लकड़ी अधिक मात्रा में पाई जाती है। इस मण्डी में पंजाब के पठानकोट, अमृतसर, जलालाबाद तथा हिमाचल प्रदेश के प्रमुख स्थानों से लकड़ी आती है। यमुनानगर से दिल्ली, उत्तर प्रदेश व राजस्थान प्रदेशों में इमारती लकड़ी का व्यापार होता है।

जिला सोनीपत के उद्योग

यह जिला आत्मविश्वास के साथ सुनहरे औद्योगिक भविष्य की ओर तीव्र गति से अग्रसर है। इसका कारण यह है कि यहाँ उद्योगों के विकास के लिए सुदृढ़ आधारभूत ढ़ांचा, निरन्तर बिजली की आपूर्ति, सड़क तथा संचार साधनों और औद्योगिक सम्पदाओं का जाल कच्चे और तैयार माल की खपत के लिए निकट का औद्योगिक बाजार, और इन सबसे बढ़कर दिल्ली की समीपता। इस कारण सोनीपत उद्योगों की स्थापना के लिए आदर्श है।

सोनीपत, गन्नौर, कुण्डली और राई प्रमुख औद्योगिक स्थल हैं। यहाँ का एटलस साइकिल उद्योग विश्व के तीन प्रमुख साइकिल निर्माण प्रतिष्ठानों में से एक है। भारतीय

उप-महाद्वीप में एटलस ही एकमात्र ऐसी कम्पनी है जिसे साइकिल निर्माण की तकनीकी जानकारी निर्यात करने का श्रेय है।

एटलस के अलावा यहाँ की मिलटन साइकिल इन्डस्ट्रीज भी तेजी से प्रगति-पथ पर अग्रसर है। हरियाणा ब्रुअरीज, हरियाणा एग्रो फूड प्रोसैसिंग प्लांट (मुरथल), गन्नौर की बी॰एम॰टी॰ औद्योगिक इकाई, लकड़ी व चमड़े का सामान बनाने वाली इकाइयां, हरियाणा स्टील ओलाइज, हरियाणा स्टील ग्लास तथा सहकारी क्षेत्र में चीनी मिल जैसी प्रमुख इकाइयां भी इस जिले में स्थापित हैं। इन इकाइयों में रसायन, पेन्ट, वारनिश, साइकिल के पुर्जे तथा प्लास्टिक व रबड़ आदि की वस्तुओं का उत्पादन किया जाता है। हरियाणा राज्य औद्योगिक विकास निगम बारही (सोनीपत) में 55,000 करोड़ रुपए व्यय करके 275 एकड़ क्षेत्र में एक औद्योगिक क्षेत्र स्थापित कर रहा है।

जिला भिवानी के उद्योग

जिला भिवानी जब अस्तित्व में आया तब इसमें कुल 70 लघु औद्योगिक इकाइयां थीं। इस समय जिले में 5,000 से ज्यादा लघु एवं ग्रामीण उद्योग हैं। इन उद्योगों में प्रमुखतः कृषि औजार, स्टील के बर्तन, कपड़े धोने का साबुन, स्टील का फर्नीचर, स्टोन क्रेशर, चूना उद्योग, तेल निकालना, मोना पिलामैंट, निवार, धागा तथा अन्य प्रकार के सर्विसिंग एवं रिपेयरिंग वर्क्स आदि हैं। भिवानी जिले में कई बड़े एवं मध्यम उद्योग हैं जिनमें से कुछ राष्ट्रीय महत्त्व के हैं।

टैक्सटाइल मिल

कपड़ा तथा धागे के निर्माण में भिवानी टैक्सटाइल मिल अपना महत्त्वपूर्ण स्थान रखती है। इस मिल की स्थापना 1937 में हुई थी। इस मिल पर 34 करोड़ रुपये की लागत आई थी। यह मिल धागा तथा कपड़ा तैयार करती है। इसके अतिरिक्त इस मिल में कताई, बुनाई एवं प्रोसैसिंग का कार्य भी किया जाता है। इस मिल में तैयार किया गया धागा और कपड़ा देश में प्रयोग होने के साथ-साथ अरब देशों में भी निर्यात किया जाता है।

टैक्नोलॉजिकल इन्स्टीच्यूट ऑफ टैक्सटाइल, भिवानी

टी॰आई॰टी॰ मिल भी बी॰टी॰एम॰ की भांति जिला भिवानी की एक महत्त्वपूर्ण औद्योगिक इकाई है। इसकी स्थापना 1943 में हुई थी जिस पर 12 करोड़ रुपये की लागत आई थी। यह मिल कताई तथा प्रोसैसिंग के क्षेत्र में काम करती है। इसमें तैयार माल भारत के अतिरिक्त बंग्लादेश, तुर्की तथा बेल्जियम इत्यादि देशों में भेजा जाता है।

जिला चरखी दादरी के उद्योग

सीमेंट फैक्टरी, चरखी दादरी

इस फैक्टरी का निर्माण सन् 1939 में सेठ रामकृष्ण डालमिया ने जर्मनी के इंजीनियरों के सहयोग से किया था। 23 जून, 1981 को यह फैक्टरी भारत सरकार के उपक्रम भारतीय

सीमेंट निगम ने अपने अधीन ले ली। इस यूनिट में प्रतिदिन 500 मीट्रिक टन से अधिक सीमेंट का उत्पादन किया जा रहा है।

जिला रोहतक के उद्योग

रोहतक दिल्ली से करीब 70 किमी दूर दिल्ली–हिसार राष्ट्रीय राजमार्ग पर स्थित है। यहाँ मुख्यतः कृषि आधारित उद्योगों का विकास अधिक हुआ है। हरियाणा सरकार द्वारा उद्योगों के विकास हेतु शुरु की गई ''एकल खिड़की योजना'' रोहतक जिले के लिए वरदान सिद्ध हो रही है। इसी कारण अब काफी बढ़ी संख्या में नई औद्योगिक इकाइयां जिले में स्थापित हो रही हैं।

विशेषकर राष्ट्रीय राजमार्ग के दोनों ओर यह विकास तीव्र गति से हो रहा है। रोहतक में चीनी बनाने का कारखाना है।

जिला पानीपत के उद्योग

अन्तर्राज्यीय सड़क एवं रेल मार्ग से पूर्णतया जुड़े इस जिले का उद्योगों की स्थापना में बहुत महत्त्व है। देश की राजधानी के निकट होने के कारण पानीपत ने विश्व के औद्योगिक क्षेत्र में विशेष स्थान रखने वाले जिलों में अपना नाम जोड़ा है। यहाँ निर्मित हथकरघे पर बनी दरियाँ, बैड-कवर, टेबल-मैट्स, गलीचे, अचार और सूखी सब्जियों के अलावा खेतों में उत्पादित उन्नत किस्म का बासमती चावल मुख्यतः यू०एस०ए०, कनाडा, आस्ट्रेलिया, स्पेन, जापान, फ्रांस, जर्मन, स्विटजरलैंड, यू०के० और अरेबियन देशों को निर्यात किये जाते हैं। यहाँ से भारतीय सेना एवं अर्ध-सैनिक बलों के लिए सैनिकों के कंबलों की मांग का लगभग 75 प्रतिशत भाग पूरा किया जाता है।

इस जिले में हरियाणा बनने से पहले केवल एक ही बड़े स्तर की उद्योग-इकाई थी। राज्य के गठन के बाद यहाँ उर्वरक, ई०आर०डब्ल्यू० ट्यूबें, चीनी, स्प्रिट, सालवैन्ट तेल, शेडी धागा, तथा बिजली उत्पादन के लिए बड़े तथा मंझले स्तर की इकाइयां स्थापित की गईं।

इस जिले में स्थापित लघु, अतिलघु तथा ग्रामीण इकाइयां भी कार्यरत हैं। ये इकाइयां भी कपड़ा, कम्बल, कारपेट, कृषि यंत्र, हवाई चप्पल, टैक्सटाईल मशीनरी, गुड़, खाण्डसारी, तेल और आटा आदि वस्तुएं बना रही हैं। इसके अतिरिक्त जिले का उपनगर समालखा कृषियंत्रों के लिए पूरे भारत में अपना नाम बनाये हुए है। यहां पर बनी टोका मशीनें एवं गन्ना पिराई की मशीनों का अपना ही महत्त्व है।

कैप्टिव विद्युत संयंत्र

हरियाणा राज्य बिजली बोर्ड प्रणाली की विद्युत सप्लाई में उतार-चढ़ाव इत्यादि से उर्वरक संयंत्र को बचाने के लिए पानीपत जिले में 111 करोड़ रुपये की लागत से कैप्टिव विद्युत

संयंत्र की स्थापना की गई है। बायलर के 230 टन प्रति घण्टा तथा दोनों यूनिटों की 15-15 मैगावाट बिजली उत्पादन क्षमता है।

तेल शोधक कारखाना

हरियाणा में पैट्रोलियम पदार्थों की लगातार मांग के कारण वर्ष 1980 में जिला करनाल का बहौली क्षेत्र तेल शोधक परियोजना स्थापित करने के लिए चयन किया गया था। बाद में पानीपत जिले का गठन हो जाने से बहौली क्षेत्र पानीपत जिले का भाग बना तथा इसे पानीपत तेल शोधक कारखाने का नाम दिया गया। यह कारखाना देश के आधुनिकतम तथा सबसे बड़े तेल शोधक कारखाने का रूप लेगा।

नैशनल फर्टिलाइज़र लिमिटेड

पानीपत नगर व हरियाणा को नैशनल फर्टिलाइजर्स लिमिटेड, पानीपत इकाई की स्थापना से द्रुतगामी विकास प्रक्रिया को सही दिशा मिली है।

इस इकाई ने पटसन/एच॰डी॰पी॰ई॰ युक्त बोरियों के उत्पादन के लिए सहायक उत्पादन इकाइयों को प्रोत्साहित किया है। जूट बैग बनाने के तीन ऐसे यूनिट पहले ही लगाये जा चुके हैं। कार्बन-डाइ-ऑक्साइड भरने तथा डाइ-आईस उत्पादन हेतु चार इकाइयां भी स्थापित की जा चुकी हैं। गुणवत्ता जांचने के लिए कम्पनी आधुनिक उपकरणों व प्रतिशत कर्मचारियों से सुसज्जित ''गुणवत्ता सचेत संस्थान'' है।

कम्प्यूटर सैन्टर

एन॰एफ॰एल॰ पानीपत में कम्प्यूटर सैन्टर है। इस प्रणाली का विस्तार विभिन्न पड़ावों में तथा उत्पादकता बढ़ाये जाने के विभिन्न अवसरों को देखते हुए किया गया है।

अमोनिया प्लांट

अमोनिया प्लांट, अमोनिया उत्पादन के लिए शैल गैसीफिकेशन जिला पानीपत का प्रोसेस द्वारा फ्यूल-आयल का आंशिक ऑक्सीकरण, डबल स्टेज रैक्टीसोल विधि द्वारा कच्ची गैस का शुद्धिकरण, शिफ्ट कनवर्शन, सैक्शन में कार्बन-मोनोआक्साइड का कार्बन-आक्साइड में आयरन, क्रोमियम कैटेलिस्ट के साथ परिवर्तन तरल नाइट्रोजन की धुलाई द्वारा कार्बन मोनोआक्साड को अन्तिम रूप से निकालना तथा हालडोर टोपसो सिंथेसिज सूप द्वारा अमोनिया की सिंथेसिज की प्रक्रियाएं अपनाए हुए है।

यूरिया संयंत्र

यह संयंत्र, प्रिल्ड यूरिया के उत्पादन के लिए है। यहाँ अमोनिया की टाइटोनियम लाइन्ड रियेक्ट में प्रक्रिया होती है। यह संयंत्र पानीपत जिले में स्थित है।

जिला महेन्द्रगढ़ के उद्योग

जिला महेन्द्रगढ़ औद्योगिक रूप से प्रदेश का काफी पिछड़ा हुआ जिला है।

उद्योग के नाम पर इस समय नारनौल के निकट 50 लाख रुपये की लागत से स्थापित एक लघु सीमेंट प्लांट के अतिरिक्त एक रबड़ के पाईप बनाने की फैक्टरी, एक पशु आहार फैक्टरी, एक हवाई चप्पल बनाने की फैक्टरी तथा हरियाणा खनिज निगम द्वारा संचालित एक मार्बल फैक्टरी है। इसके अतिरिक्त यहाँ तेल की इकाइयां, स्टील, फर्नीचर तथा भवन निर्माण के काम आने वाली लोहे की वस्तुएं, हथकरघा, टायर-रिट्रेडिंग तथा डबल-रोटी (ब्रैड) बनाने की लघु इकाइयां भी चल रही हैं।

जिला महेन्द्रगढ़ सरसों के उत्पादन में हरियाणा राज्य में प्रथम स्थान पर है।

जिला रेवाड़ी के उद्योग

औद्योगिक क्षेत्र में रेवाड़ी जिला प्रगति पर है। इस जिले में धारूहेड़ा, रेवाड़ी तथा बावल में बड़े-बड़े उद्योग विकसित हो रहे हैं। दिल्ली-जयपुर राष्ट्रीय राजमार्ग पर स्थित धारूहेड़ा में कई उद्योग विकसित होने से यह इंडस्ट्रीयल काम्पलैक्स के रूप में उभर रहा है। हीरो होण्डा मोटर साईकिल फैक्टरी भी यहीं स्थापित है।

इस जिले की औद्योगिक इकाइयों में निर्मित चमड़े के जूते, स्लेट, टाइल, पीतल का सामान, हस्तशिल्प और हीरो होण्डा मोटर साइकिलों का निर्यात किया जाता है।

रेवाड़ी नगर पीतल बर्तन उद्योग के लिए देश भर में प्रसिद्ध है। पीतल-बर्तन उद्योग का तैयार माल स्थानीय बाजार के अतिरिक्त देश की विभिन्न मण्डियों को भेजा जाता है।

रेवाड़ी का तिल्ला जूती उद्योग भी देशभर में प्रसिद्ध है। रेवाड़ी के आसपास के गांवों के लोग चमड़े की जूती पर जरी की कढ़ाई करके तिल्ला-जूती तैयार करने के व्यवसाय में लगे हुए हैं।

जिला जीन्द के उद्योग

जीन्द जिले में कई बड़े एवं मध्यम दर्जे की औद्योगिक इकाइयां स्थापित हैं। इस जिले में साइकिल व चीनी बनाने के कारखाने हैं।

जिला कैथल के उद्योग

कैथल जिले ने बहुत जल्दी राजकीय औद्योगिक मानचित्र पर महत्त्वपूर्ण स्थान बना लिया है। यहाँ के फाऊंडरी कारखाने में तैयार होने वाली मशीनें और विभिन्न प्रकार के यन्त्र समस्त भारत में भेजे जाते हैं। यहां कई चावल मिलें हैं। क्षेत्र में उत्पादित बासमती किस्म का धान खाड़ी देशों में निर्यात करके विदेशी मुद्रा अर्जित की जाती है। इस जिले के लोहा ढलाई व इस्पात उद्योग जिले की औद्योगिक प्रगति के प्रतीक माने जाते हैं।

कैथल जिले के अधिकतर उद्योग कृषि के आधार पर ही पनप रहे हैं, जैसे राईस शैलर, आयल एक्सपैलिंग, ट्यूबवैल पार्ट्स फाउण्डरी, फ्लोर मिल व गत्ता उद्योग, जिनिका कुल उत्पादन में 70 प्रतिशत योगदान हे। ब्रेड, बिस्कुट, रबड़ पाइप्स, प्लास्टिक के थैले व बोतलें, रबड़ रोल, मथानी, इनामल पेन्टस, पी॰वी॰सी॰ वायर इत्यादि की इकाइयां भी इस जिले में नई तकनीक के आधार पर लगी हैं। इस जिले में चीनी, मैदा व सूजी बनाने के मध्यम पैमाने के उद्योग भी स्थापित हैं।

जिला हिसार के उद्योग

यह जिला आज हरियाणा के औद्योगिक मानचित्र पर विशेष रूप से उभर कर सामने आया है। यहां पर बड़े तथा लघु स्तर दोनों प्रकार के उद्योग स्थित हैं। बड़े स्तर के उद्योगों में सूती धागा, पी॰वी॰सी॰ पाइप, लोहे के पाइप, लोहे के गार्डर, काटन जिनिंग तथा स्टील इन गोटस आदि का सामान बनाया जाता है। लघु उद्योगों में मुख्यतः दरी, जूती, लकड़ी का सामान, कृषि औजार, रस्सियां व लेखन सामग्री आदि का उत्पादन होता है।

जिला फतेहाबाद के उद्योग

इस जिले के टोहाना उपमण्डल में न्यूवुड लकड़ी उद्योग स्थापित है। इस उद्योग में लकड़ी का विकल्प तैयार किया जाता है। सूती धागा का निर्माण भी यहाँ का प्रमुख उद्योग है।

जिला करनाल के उद्योग

इस जिले में कई बड़े व मध्यम तथा लघु एवं कुटीर उद्योग स्थापित हैं, जिनमें चमड़ा, कृषि यन्त्र, विभिन्न प्रकार का स्टील व लकड़ी का फर्नीचर तथा पेंट उद्योग मुख्य हैं। यहाँ निर्मित लिबर्टी जूतों का विदेशों में निर्यात किया जाता है। करनाल स्थित चीनी मिल में बड़ी मात्रा में चीनी का उत्पादन किया जाता है।

जिला कुरुक्षेत्र के उद्योग

कुरुक्षेत्र जिला जहाँ कृषि क्षेत्र में अग्रणी है वहीं उद्योग के क्षेत्र में भी प्रगति पर है। जिले में इस समय चीनी मिल, कोल्ड स्टोर, तेजाब बनाने की फैक्टरी, खाद बनाने की फैक्टरी, मिल्क प्लांट तथा चावल की मिलें कार्यरत हैं। इस समय जिले में कई लघु इकाइयां स्थापित हैं।

जिला कुरुक्षेत्र की शाहबाद सहकारी चीनी मिल की स्थापना 1984-85 में की गई थी।

जिला फरीदाबाद के उद्योग

फरीदाबाद हरियाणा का सबसे अधिक विकसित औद्योगिक शहर है। उद्योगों के विकास के कारण यह जिला जनसंख्या में हरियाणा के 22 जिलों में प्रथम स्थान पर है। यहाँ 200 से अधिक बड़े उद्योग स्थापित हैं। इसके अतिरिक्त जिले में 10,000 से अधिक लघु औद्योगिक इकाइयां कार्यरत हैं।

फरीदाबाद के औद्योगिक उत्पादन में ट्रैक्टर, राजदूत मोटर साइकिल, रेफ्रीजरेटर,

टाइपराइटर, रबड़ टायर, काली मेंहदी, टूल्स, चीनी के बर्तन, जूते तथा चप्पल, गैस के चूल्हे और इलैक्ट्रोनिक्स का सामान प्रसिद्ध है।

जिला गुरुग्राम के उद्योग

जिला गुरुग्राम में कृषि उपकरण बनाना, पावरलूम व टैक्सटाइल उद्योग प्रमुख हैं। गुरुग्राम स्थित औद्योगिक क्षेत्र में मारुति जैसे बड़े औद्योगिक प्रतिष्ठान भी हैं। सन् 1983 में यहाँ मारुति उद्योग के स्थापित होते ही उद्योगों व निगमों की भीड़ लग गई।

जिले में छह मुख्य इन्डस्ट्रीयल एस्टेट भी हैं। उच्च प्रौद्योगिकी पर आधारित तथा निर्यातोन्मुखी इलैक्ट्रोनिक्स उद्योग इकाइयों की स्थापना के लिए हरट्रान तथा हुड्डा द्वारा संयुक्त रूप से लगभग 40 एकड़ भूमि में इलैक्ट्रानिक नगर नामक एक काम्पलैक्स स्थापित किया जा रहा है। साफ्टवेयर टैक्नोलॉजी पार्क की स्थापना भी की गई है।

जिला पंचकूला के उद्योग

पंचकूला चण्डीगढ़ के समीप स्थित है। इस जिले में दो औद्योगिक क्षेत्र हैं। यहाँ पर हिन्दुस्तान मशीन टूल्ज़ लिमिटेड की सहायक औद्योगिक सम्पदा है जिसमें ट्रैक्टर के कलपुर्जों का निर्माण होता है। इस जिले में भारत इलैक्ट्रोनिक्स द्वारा 21 करोड़ रुपए की लागत से 60 एकड़ के विशाल परिसर में एक वृहद इलैक्ट्रोनिक्स प्रोजेक्ट भी स्थित है।

प्रमुख उद्योग एवं उत्पादक नगर

उद्योग	उत्पादक नगर	उद्योग	उत्पादक नगर
सीमेन्ट उद्योग	: सूरजपुर	कपड़ा उद्योग	: हिसार, भिवानी, फरीदाबाद, पानीपत व रोहतक
शक्कर उद्योग	: यमुनानगर, शाहबाद, जगाधरी, पानीपत, रोहतक, जीन्द, पलवल, करनाल, हिसार और महम	चमड़ा उद्योग	: फरीदाबाद व जीन्द
		बर्तन उद्योग (तांबा व पीतल)	: रेवाड़ी
गोला-बारूद उद्योग	: यमुनानगर		
कागज उद्योग	: फरीदाबाद, जगाधरी, सोनीपत, यमुनानगर और धारूहेड़ा	बर्तन उद्योग (चीनी मिट्टी)	: गुरुग्राम व बहादुरगढ़
औषधि उद्योग	: गुरुग्राम व डुंडाहेड़ा	सिलाई मशीन उद्योग	: अम्बाला
मोटर वाहन उद्योग	: गुरुग्राम, फरीदाबाद व पिंजौर	लोहा व स्टील उद्योग	: हिसार, गन्नौर, पानीपत व बहादुरगढ़
साइकिल उद्योग	: सोनीपत, फरीदाबाद, पलवल व जीन्द	टायर-ट्यूब उद्योग	: बल्लभगढ़ व फरीदाबाद
		इलेक्ट्रोनिक्स उद्योग	: पंचकूला, गुरुग्राम, अम्बाला व फरीदाबाद
पेट्रोल एवं पेट्रो–रसायन उद्योग	: पानीपत, बावल व करनाल	प्लास्टिक उद्योग	: फरीदाबाद
कृषि यन्त्र उद्योग	: फरीदाबाद	वनस्पति उद्योग	: करनाल व सिरसा
इंजीनियरिंग उद्योग	: फरीदाबाद	सेनेटरी उद्योग	: बहादुरगढ़
ऊन उद्योग	: हिसार और पानीपत	मारुति कार उद्योग	: गुरुग्राम

उद्योग संबंधी प्रमुख तथ्य

- हरियाणा देश में सबसे अधिक ट्रैक्टरों का उत्पादन करता है।

- देश से होने वाले वैज्ञानिक उपकरणों का 20 प्रतिशत सामान अकेले अम्बाला की लघुस्तरीय औद्योगिक इकाइयों द्वारा निर्यात किया जाता है।

- चीनी उत्पादन के लिए प्रसिद्ध सरस्वती शूगर मिल यमुनानगर में स्थित है।

- हरियाणा के यमुनानगर जिले के जगाधरी शहर में रेल कार्यशाला है।

- पानीपत को हाथ से बनी उत्कृष्ट एवं कलात्मक ऊनी दरियों एवं हथकरघे के सामानों के कारण भारत में 'बुनकरों का शहर' कहा जाता है।

- सोनीपत में एटलस साइकिल के निर्माण का कारखाना है। यह विश्व के तीन प्रमुख साइकिल निर्माण प्रतिष्ठानों में से एक है। भारतीय उप-महाद्वीप में एटलस ही एकमात्र ऐसी कंपनी है जिसे साइकिल निर्माण की तकनीकी जानकारी निर्यात करने का श्रेय है।

- यमुनानगर की टिम्बर मार्किट (मण्डी) वर्ष 1947 से पूर्व अब्दुल्लापुर मण्डी के नाम से प्रसिद्ध थी। यह मण्डी 100 वर्ष से भी अधिक पुरानी है।

- सीमेंट फैक्ट्री, चरखी दादरी का निर्माण सन् 1939 में सेठ रामकृष्ण डालमिया ने जर्मनी के इंजीनियरों के सहयोग से किया था।

- हरियाणा के पानीपत जिले में 'अमोनिया प्लांट' स्थापित है।

- मारुति कारों का निर्माण कार्य गुरुग्राम में होता है।

- कपड़ा तथा धागे के निर्माण में 'भिवानी टैक्सटाइल मिल' का प्रमुख स्थान है। 1937 में स्थापित इस मिल का धागा और कपड़ा देश में प्रयोग होने के साथ-साथ अरब देशों में निर्यात किया जाता है।

- हरियाणा में तेलशोधक कारखाना पानीपत जिले के बाहौली क्षेत्र में स्थापित किया गया है।

- हरियाणा के महेन्द्रगढ़ जिले का सरसों के उत्पादन में राज्य में प्रथम स्थान है।

- हरियाणा राज्य लघु उद्योग और निर्यात निगम की स्थापना 19 जुलाई, 1967 को की गई थी। इसका कार्य राज्य में लघु इकाइयों को कीमती कच्चे मालों की सप्लाई करना एवं इन लघु इकाइयों में बनने वाले सामानों को बाजार में बेचना है।

- हरियाणा डिस्टिलरी, यमुनानगर की स्थापना 1969 में की गई थी।

- रेवाड़ी जिले की हीरो होण्डा मोटर साइकिल फैक्ट्री, तिल्ली जूती उद्योग तथा पीतल बर्तन उद्योग देश भर में प्रसिद्ध है।

- देश के सैनीटरी सामानों का एक तिहाई हरियाणा से ही उत्पादित होता है।

- देश में कारों के कुल उत्पादन का लगभग 75 प्रतिशत हरियाणा में होता है।

हरियाणा में औद्योगिक विकास

1. प्रदेश में उद्योगों के विकास के लिए नई उद्योग नीति तथा औद्योगिक मूल संरचना विकास नीति घोषित की गई है।

2. प्रदेश में बड़े तथा मध्यम स्तर के उद्योगों की संख्या बढ़कर 1354 हो गई है तथा 80,000 लघु इकाइयां सुचारु रूप से कार्य कर रही हैं।

3. मानेसर जिला गुरुग्राम में एक औद्योगिक मॉडल टाऊनशिप की स्थापना की जा रही है, जो 1736 एकड़ क्षेत्र में फैला होगा। इस टाऊनशिप में मारुति उद्योग की सहायक औद्योगिक इकाइयां स्थापित करने के लिए हरियाणा राज्य औद्योगिक विकास निगम द्वारा 40 प्लाट अलाट किये गये हैं।

4. हरियाणा सरकार ने विशेष आर्थिक क्षेत्र अधिनियम (Special Economic Zone Act) पास कर दिया है। इससे राज्य में अधिक संख्या में उद्योगों की स्थापना का मार्ग प्रशस्त हो गया है।

5. कुण्डली में 107 एकड़ क्षेत्र में 30 करोड़ रुपये की लागत से ऐसी लघु औद्योगिक इकाइयां जो अपना 33 प्रतिशत उत्पादन निर्यात करेंगी, के लिए एक निर्यात प्रोत्साहन औद्योगिक पार्क स्थापित किया गया है।

6. गुरुग्राम में एक हाई-टैक टैक्नोलॉजी पार्क की स्थापना की जा रही है। इस सम्बन्ध में सिंगापुर कन्सोरिटियम ऑफ कम्पनी, एक प्राइवेट उद्यमी तथा हुड्डा के साथ समझौता पहले ही हो चुका है। टैक्नोलॉजी पार्क के विकास हेतु हुड्डा इस कम्पनी को 70 एकड़ के लगभग भूमि प्रदान करेगा। इस प्रोजैक्ट की अनुमानित लागत 266 करोड़ रुपये है।

7. राज्य ने निर्यात के क्षेत्र में नई ऊँचाइयों को छुआ है। राज्य का निर्यात वर्ष 2015-16 में बढ़कर 81,220 करोड़ हो गया है, जो 2001-2002 में 8,000 करोड़ रुपये था।

8. हरियाणा में नई औद्योगिक नीति 1 जनवरी, 2011 से लागू हो गई है। इस नीति का मुख्य उद्देश्य राज्य में ज्यादा से ज्यादा रोजगार के अवसरों का सृजन और पूंजी निवेश को बढ़ावा देना है।

9. कृषि आधारित खाद्य प्रसंस्करण को बढ़ावा देने के लिए राज्य सरकार द्वारा नरवाना (जींद), साहा (अम्बाला), राई (सोनीपत) और डबवाली (सिरसा) में फूड पार्क स्थापित किए जा रहे हैं।

सूचना प्रौद्योगिकी

दुनिया भर में चल रही वैश्वीकरण की प्रक्रिया में सूचना प्रौद्योगिकी के महत्व को देखते हुए हरियाणा सरकार ने सूचना प्रौद्योगिकी की नई व्यापक नीति तैयार की है ताकि राज्य नई सदी में विकास की ओर अग्रसर हो। इसके अंतर्गत सूचना प्रौद्योगिकी, आई.टी.ई.एस./ बी.पी.ओ. उद्योग को प्रोत्साहन देने का प्रावधान है। सरकार ने हाल ही में टेक्नोलॉजी पार्कों के लिए भी एक नीति घोषित की है जिसके अंतर्गत टेक्नोलॉजी पार्कों और आई.टी. कॉरीडोर्स स्थापना के लिए लचीला रुख अपनाया गया है। इस नीति का उद्देश्य सूचना प्रौद्योगिकी

को नैनो प्रौद्योगिकी, जैव प्रौद्योगिकी, मोबाइल कंप्यूटिंग और रोबोटिक्स से जोड़ना है। इसके अलावा गुरुग्राम को सूचना प्रौद्योगिकी और आई.टी.ई.एस./बी.पी.ओ. दोनों कंपनियों के लिए वरीयता प्राप्त निवेश गंतव्य के रूप में विकसित किया गया है। अब गुरुग्राम भारत में कारपोरेट दुनिया का केंद्र बन गया है। राज्य सरकार गुरुग्राम के इलेक्ट्रानिक नगर में हाई-टैक हैबिटेट सेंटर स्थापित करने की योजना बना रही है। इसमें सूचना प्रौद्योगिकी/आई.टी.ई.एस./बी.पी. ओ. होंगे जो विश्वस्तरीय सुविधाएं प्रदान करेंगे। गुरुग्राम के अलावा, सरकार कुंडली– मानेसर–पलवल एक्सप्रेस हाईवे और फरीदाबाद के पास के राष्ट्रीय राजधानी क्षेत्र के क्षेत्रों को विकसित करने पर विचार कर रही है। ये गुरुग्राम–मानेसर मेगा आई.टी. हब के उपग्रह का काम करेंगे।

सरकार राज्य भर में 'ई–दिशा एकल सेवा केंद्र' के नाम से 1,159 ग्रामीण और 104 शहरी सामान्य सेवा केंद्र स्थापित कर रही है। स्थापना का काम शुरू किया जा चुका है। ग्रामीण क्षेत्रों में 100 प्रतिशत और शहरी क्षेत्रों में 67 प्रतिशत काम हो चुका है। इस समय कंप्यूटर प्रशिक्षण, ई–टिकटिंग, मोबाइल रिचार्ज, जाब प्लेसमेंट सेवा, इंटरनेट सर्फिंग, डी.टी.पी. जैसी 'बिजनेस टु सिटिजन्स' (बी2 सी) सेवाएं इन केंद्रों से दी जा रही हैं। सरकार इन केंद्रों से बस के पास, बिजली के बिल वसूलने, नकल (भूमि रिकार्ड) जारी करने, अनु. जाति/पिछड़ी/निवास जन्म/मृत्यु प्रमाण पत्र जारी करने और नए राशन कार्ड जारी करने जैसी 'गवर्मेंट टु सिटिजन्स' (जी 2सी) सेवाएं प्रदान करने पर विचार कर रही है।

वस्तुनिष्ठ प्रश्नोत्तर

1. निम्न में से हरियाणा के किस जिले का सबसे ज्यादा औद्योगिक विकास हुआ है?

    A. गुरुग्राम   B. जींद

    C. कैथल   D. महेन्द्रगढ़

2. वर्ष 1975 में जिला सिरसा के गठन के समय लघु औद्योगिक इकाइयों की संख्या कितनी थी?

    A. 355   B. 395

    C. 445   D. 483

3. जिला यमुनानगर की औद्योगिक इकाइयों द्वारा बनाया गया माल निम्नलिखित में से किस देश में निर्यात किया जाता है?

    A. दुबई   B. जर्मनी

    C. दक्षिण अफ्रीका   D. उपरोक्त सभी देशों में

4. सरस्वती शूगर मिल, हरियाणा के किस जिले में स्थित है?

    A. रोहतक   B. पानीपत

    C. यमुनानगर   D. फरीदाबाद

5. यमुनानगर में यमुना गैसेस लि॰ की स्थापना कब की गई?

    A. 1973 में   B. 1975 में

    C. 1980 में   D. 1981 में

6. यमुनानगर में यमुना गैसेस लि॰ कम्पनी को गैसों के उत्पादन में अग्रणी स्थान प्राप्त करने का गौरव कब मिला?

    A. वर्ष 1969 में   B. वर्ष 1973 में

    C. वर्ष 1972 में   D. वर्ष 1975 में

7. भारत स्टॉर्च कैमिकल लि॰ की स्थापना यमुनानगर में कब हुई थी?

    A. 1929 में   B. 1932 में

    C. 1938 में   D. 1948 में

8. यमुनानगर की टिम्बर मार्किट (मण्डी) वर्ष 1947 से पूर्व किस नाम से प्रसिद्ध थी?

    A. अब्दुल्लापुर मण्डी   B. सादापुर मण्डी

    C. यमुनानगर मण्डी   D. यमुनापुर मण्डी

9. जिला सोनीपत का एटलस साइकिल उद्योग विश्व के कितने प्रमुख साइकिल निर्माण प्रतिष्ठानों में से एक है?

    A. तीन   B. पाँच

    C. सात   D. नौ

10. हरियाणा में "भिवानी टैक्सटाइल मिल" की स्थापना कब हुई थी?

    A. 1930 में   B. 1937 में

    C. 1942 में   D. 1950 में

11. भिवानी में स्थित टैक्सटाइल मिल में तैयार किया गया कपड़ा और धागा निम्नलिखित में से किन देशों में निर्यात किया जाता है?

    A. अरब देशों में   B. फ्रांस में

    C. इटली में   D. उपरोक्त सभी में

12. 1943 में जिला भिवानी स्थापित टी॰आई॰ मिल में तैयार माल भारत के अतिरिक्त किस देश में भेजा जाता है?

    A. बंग्लादेश   B. तुर्की

    C. बेल्जियम   D. उपरोक्त सभी देशों में

13. हरियाणा की सन् 1939 में चरखी दादरी स्थित सीमेंट फैक्टरी का निर्माण जर्मन-इंजीनियरों के सहयोग से किसके द्वारा किया गया था?

    A. सेठ सिंघानिया   B. सेठ करोड़ीमल

    C. सेठ रामकृष्ण डालमिया   D. सेठ रामकुमार बिड़ला

14. हरियाणा के चरखी दादरी स्थित, सीमेंट फैक्टरी के भारत सरकार के उपक्रम भारतीय सीमेंट निगम ने अपने अधिकार में कब लिया था?

A. 5 अप्रैल, 1980 को   B. 23 जून, 1981 को

C. 10 जून, 1984 को   D. 23 जून, 1988 को

15. जिला पानीपत में उत्पादित बासमती चावल किस देश में निर्यात किया जाता है?

A. कनाडा   B. आस्ट्रेलिया

C. अरेबियन देशों में   D. उपरोक्त सभी देशों में

16. हरियाणा के निम्नलिखित में से किस जिले में कैप्टिव विद्युत संयंत्र की स्थापना की गई है?

A. पानीपत जिले में   B. हिसार जिले में

C. रोहतक जिले में   D. करनाल जिले में

17. जिला पानीपत के बहौली क्षेत्र में कौन सा कारखाना स्थापित किया गया है?

A. कपड़े बनाने का कारखाना   B. कृषि यन्त्र बनाने का कारखाना

C. तेल शोधक कारखाना   D. हवाई चप्पल बनाने का कारखाना

18. हरियाणा के निम्नलिखित में से किस जिले में ''अमोनिया प्लांट'' स्थापित है?

A. जिला पानीपत   B. जिला कैथल

C. जिला गुरुग्राम   D. जिला करनाल

19. जिला महेन्द्रगढ़ का किस चीज के उत्पादन में हरियाणा राज्य में प्रथम स्थान है?

A. चावल के उत्पादन में   B. बर्तनों के उत्पादन में

C. सरसों के उत्पादन में   D. साइकिलों के उत्पादन में

20. औद्योगिक रूप से विकसित धारुहेड़ा नामक स्थान हरियाणा के किस जिले में स्थित है?

A. पानीपत   B. रेवाड़ी

C. रोहतक   D. करनाल

21. रेवाड़ी जिले का निम्नलिखित में से कौन सा उद्योग भारत भर में प्रसिद्ध है?

A. तिल्ला जूती उद्योग

B. पीतल बर्तन उद्योग

C. हीरो होण्डा मोटर साइकिल फैक्टरी

D. उपरोक्त सभी

22. जीन्द जिले में साइकिल बनाने के अतिरिक्त अन्य किस चीज का कारखाना स्थित है?

A. बर्तन बनाने का कारखाना

B. कपड़ों का कारखाना

C. चीनी बनाने का कारखाना

D. चमड़े के जूते बनाने का कारखाना

23. कौन–सा शहर सेनेटरी उद्योग के लिए प्रसिद्ध है?
- A. बहादुरगढ़
- B. बल्लभगढ़
- C. गन्नौर
- D. महम

24. जिला फतेहाबाद में लकड़ी का विकल्प तैयार करने वाला, ''न्यूवुड लकड़ी उद्योग'' कहाँ पर स्थापित है?
- A. फतेहाबाद उपमण्डल में
- B. टोहाना उपमण्डल में
- C. हांसी उपमण्डल में
- D. सिवानी उपमण्डल में

25. करनाल जिले में निर्मित किस वस्तु का विदेशों में भी निर्यात किया जाता है
- A. लिबर्टी जूतों का
- B. पेंट का
- C. लकड़ी के फर्नीचर का
- D. स्टील के फर्नीचर का

26. जिला कुरुक्षेत्र की शाहबाद सहकारी चीनी मिल की स्थापना कब की गई थी?
- A. 1976-77 में
- B. 1984-85 में
- C. 1991-92 में
- D. 1994-95 में

27. जिला फरीदाबाद में निम्नलिखित में से किस चीज का कारखाना स्थापित है?
- A. ट्रैक्टर
- B. रेफ्रीजरेटर
- C. रबड़ टायर
- D. उपरोक्त सभी

28. राजदूत मोटर साइकिल बनाने की फैक्टरी हरियाणा के किस जिले में स्थित है?
- A. जिला फरीदाबाद
- B. जिला पानीपत
- C. जिला रोहतक
- D. जिला करनाल

29. मारुति कारों का निर्माण कार्य हरियाणा में कहां पर होता है?
- A. गुरुग्राम
- B. अम्बाला
- C. फरीदाबाद
- D. हिसार

30. रेवाड़ी जिले का निम्नलिखित में से कौन–सा उद्योग संपूर्ण भारत में प्रसिद्ध है?
- A. तिल्ला जूती उद्योग
- B. हीरो होण्डा मोटर साइकिल फैक्ट्री
- C. पीतल बर्तन उद्योग
- D. उपर्युक्त सभी

उत्तरमाला

1	2	3	4	5	6	7	8	9	10
A	D	D	C	A	D	C	A	A	B

11	12	13	14	15	16	17	18	19	20
A	D	C	B	D	A	C	A	C	B

21	22	23	24	25	26	27	28	29	30
D	C	A	B	A	B	D	A	A	D

❖❖❖

13 | कल्याणकारी योजनाएं

हरियाणा सरकार ने समाज कल्याण हेतु व समाज का जीवन स्तर ऊँचा उठाने के लिए तथा समाज के कमजोर व पिछड़े हुए वर्ग के कल्याण हेतु विभिन्न कल्याणकारी योजनाएं चला रखी हैं। समाज से बुराई को जड़ से हटाने के लिए भी इस प्रदेश की सरकार के कल्याण मंत्रालय द्वारा कई योजनाएं प्रारम्भ की गई हैं। प्रदेश सरकार की विभिन्न कल्याणकारी योजनाओं का संक्षिप्त विवरण निम्नलिखित है—

समाज कल्याण

हरियाणा देश का पहला राज्य है, जहाँ वृद्धों, विधवाओं, बेसहारा और दिव्यांग लोगों को हर महीने की 7 तारीख तक नियमित रूप से पेंशन दी जाती है।

1 नवम्बर, 2017 से भाजपा सरकार ने वृद्धावस्था पेंशन बढ़ाकर 1800 रुपए महीना कर दी है। पहले यह 1600 रुपए तथा उससे पहले 1400 रुपए महीने थी।

वृद्धावस्था सम्मान भत्ता योजना के तहत हर जिले में महिलाओं को शॉल और पुरुषों को साफा व डोगा भेंट कर सम्मानित किया जा रहा है। इस योजना से 14,80,115 बुजुर्गों को लाभ मिल रहा है।

अन्य प्रकार की पेंशन्स में निम्न वृद्धि की गई है—

- **विधवा पेंशन भी अब 1800 रुपये प्रतिमासः** विधवा पेंशन 1600 रुपये प्रतिमाह से बढ़ाकर 1800 रुपये प्रतिमाह कर दी गई है। इससे 6 लाख 52 हजार 626 पात्रों को फायदा।

- **दिव्यांगों की पेंशन में भी वृद्धि:** दिव्यांगों को पहले 1600 रुपए प्रतिमाह पेंशन मिलती थी। इसे बढ़ाकर अब 1800 रुपए प्रतिमाह कर दिया गया है। इससे 1,48,484 दिव्यांगों को लाभ हो रहा है।

- **बेसहारा बच्चों को भी वित्तीय सहायता:** हरियाणा में बेसहारा बच्चों को भी प्रतिमाह आर्थिक सहायता दी जा रही है। इससे लाखों बेसहारा बच्चों को फायदा हो रहा है।

- **स्वतंत्रता सेनानियों की पेंशन में वृद्धिः** सरकार ने 1 अप्रैल, 2014 से स्वतंत्रता सेनानी तथा उनकी विधवाओं को दी जाने वाली स्वतंत्रता सेनानी पेंशन को 20,000 रुपये प्रतिमाह

से बढ़ाकर 25,000 रुपये प्रतिमाह कर दिया है, जिसमें 750 रुपये प्रतिमाह का फिक्सड चिकित्सा भत्ता शामिल है।

- **पेंशनरों को भी एलटीसी सुविधाः** प्रदेश के पेंशनर्ज को राज्य सरकार के कर्मचारियों की तर्ज पर एलटीसी सुविधा दी जा रही है। इससे 3 लाख से अधिक पेंशनरों को लाभ हो रहा है।

- 60 वर्ष से ऊपर के कलाकारों (गायक, नृत्य कलाकार, संगीतकार, अभिनेता) के लिए नई पेंशन योजना शुरू की गई है।

- दिव्यांग (समान अवसर, अधिकार, संरक्षण एवं पूर्ण भागीदारी) अधिनियम को हरियाणा राज्य में भी लागू कर दिया गया है। इस अधिनियम के अन्तर्गत दिव्यांग लोगों की पहचान तथा पुनर्वास हेतु सर्वेक्षण किया गया है।

- महिला आश्रम, करनाल, रोहतक एवं फरीदाबाद में रह रही महिलाओं को दी जाने वाली राशि 300 रुपये से बढ़ाकर 425 रुपये प्रति मास प्रति संवासी तथा कपड़ा भत्ता 50 रुपए से बढ़ाकर 75 रुपये प्रतिमास प्रति संवासी कर दिया गया है।

- महिला आश्रम तथा राजकीय उत्तर रक्षा गृहों में रह रही लड़कियों के विवाह पर 10,000 रुपये की राशि खर्च की जाती थी जो अब बढ़ाकर 15,000 रुपये कर दी गई है।

- भारत सरकार की एक नई योजना 'अन्त्योदय अन्न योजना' को 2001-2002 के दौरान हरियाणा में लागू किया गया है। इस योजना के अन्तर्गत अन्त्योदय परिवार के रूप में चुने हुए परिवारों को प्रति महीने प्रति परिवार 2 रुपये प्रति किलोग्राम की दर से 35 किलोग्राम गेहूँ दिया जा रहा है।

- 'चिल्ड्रन-इन-नीड ऑफ केयर एण्ड प्रोटेक्शन' स्कीम के अन्तर्गत स्वैच्छिक संस्थाओं के माध्यम से बच्चों के पालन-पोषण हेतु दी जाने वाली राशि 350 रुपये से बढ़ाकर अब 600 रुपये प्रतिमास प्रति संवासी कर दी गई है।

- राष्ट्रीय ग्रामीण रोजगार गारंटी योजना वर्ष 2006 से राज्य में लागू है।

- प्रदेश में अस्वच्छ व्यवसाय में लगे अनुसूचित जाति के बच्चों के लिए करनाल, अम्बाला, फरीदाबाद, रोहतक तथा रेवाड़ी में और विमुक्त जाति के बच्चों के लिए जीन्द में छात्रावास खोले गये हैं।

- विभिन्न क्षेत्रों में अनुकरणीय कार्य करने वाली महिलाओं को अवार्ड प्रदान किये जाते हैं: इसमें इन्दिरा गांधी महिला शक्ति अवार्ड में 1.50 लाख रुपये, कल्पना चावला शौर्य अवार्ड में 1 लाख रुपये, बहिन शन्नोदेवी अवार्ड में 1 लाख रुपये, लाईफ टाईम अचीवमैंट अवार्ड में 51,000 रुपये तथा वुमैन आउटस्टैंडिंग अचीवर्स अवार्ड में 21,000 रुपये प्रदान किया जाता है।

- घटते लिंग अनुपात में सुधार हेतु प्रोत्साहन पुरस्कारः लिंगानुपात में सुधार लाने वाले जिले को प्रथम, द्वितीय तथा तृतीय स्थान प्राप्त करने पर क्रमशः 5 लाख रुपये, 3 लाख रुपये तथा 2 लाख रुपये दिए जाते हैं।

- पोषण स्तर में सुधार के लिये न्यूट्रिशन अवार्डः बच्चों में कुपोषण को कम करने, पोषण तथा स्वास्थ्य स्तर में बढ़ोतरी करने के उद्देश्य से प्रथम, द्वितीय व तृतीय स्थान प्राप्त करने पर जिलों को क्रमशः 2 लाख रुपये, 1 लाख रुपये तथा 50,000 रुपये के न्यूट्रिशन अवार्ड दिए जाते हैं।

हरियाणा पिछड़ा वर्ग एवं आर्थिक रूप से कमजोर वर्ग कल्याण निगम पिछड़े वर्ग, अल्पसंख्यक समुदाय और दिव्यांग लोगों के जीवन स्तर को ऊँचा उठाने के लिए अनेक कार्यक्रम चला रहा है। गरीबी उन्मूलन की योजनाओं में 'स्वर्ण जयंती ग्राम स्वरोजगार योजना' प्रमुख है। इस योजना का उद्देश्य इस योजना से लाभान्वित प्रत्येक परिवार को गरीबी की रेखा से 3 वर्ष के अन्दर ऊपर उठाना है।

अनुसूचित जाति/विमुक्त जाति के कल्याणार्थ विभिन्न योजनाएं

- **डा. अम्बेडकर संशोधित मेधावी छात्र योजना :** इस योजना के तहत अनुसूचित जाति के छात्रों को उनकी अंक प्रतिशतता के आधार पर नौवीं से स्नातकोत्तर कक्षाओं तक *8000 रुपये से 12000 रुपये तक वार्षिक छात्रवृत्ति देने का प्रावधान* है, पिछड़े वर्ग के लिए यह योजना दसवीं कक्षा के छात्रों हेतु उपलब्ध है।

- **अनुसूचित जाति छात्रा उच्च शिक्षा प्रोत्साहन योजना :** 10+2 करने के उपरांत विज्ञान, वाणिज्य या व्यावसायिक कोर्सों में अध्ययन कर रही छात्राओं को इस योजना के अन्तर्गत *5000 रुपये से 14000 रुपये तक कक्षावार वार्षिक छात्रवृत्ति* प्रदान की जाती है।

- **मुख्यमंत्री विवाह शगुन योजना :** अनुसूचित जाति, विमुक्त जाति के व्यक्तियों को उनकी लड़की की शादी के अवसर पर 41,000 रुपए तथा अनुसूचित जाति को छोड़कर गरीबी रेखा से नीचे जीवनयापन करने वाले समाज के सभी वर्गों को उनकी लड़की की शादी के अवसर पर 11,000 रुपये प्रदान किए जाते हैं।

- **मकान अनुदान योजना :** गरीबी रेखा से नीचे जीवनयापन करने वाले उक्त जाति के लोगों को मकान निर्माण हेतु 50,000 रुपये तथा मकान मरम्मत हेतु 10,000 रुपये अनुदान दिया जाता है।

- **अत्याचार से पीड़ित व्यक्तियों को आर्थिक सहायता :** गैर अनुसूचित जाति के व्यक्तियों के अत्याचारों से पीड़ित अनुसूचित जाति के व्यक्तियों को *15,000 रुपये से 2 लाख रुपये तक की आर्थिक सहायता* दी जाती है।

- **अन्तर्जातीय विवाह योजना :** अनुसूचित जाति के लड़के/लड़की द्वारा गैर–अनुसूचित जाति की लड़की/लड़के से विवाह करने पर *50,000 रुपये* का अनुदान दिया जाता है।

- **पंचायतों को प्रोत्साहन योजना :** अनुसूचित जाति के कल्याणार्थ सराहनीय कार्य करने वाली पंचायत को *50,000 रुपये* की राशि प्रोत्साहन स्वरूप दी जाती है।

- **डा. अम्बेडकर चिकित्सा सहायता योजना :** अनुसूचित जाति के व्यक्तियों, जो गम्भीर बीमारी से ग्रस्त हैं तथा उन्हें शल्य क्रिया की आवश्यकता हो उन्हें *एक लाख रुपये की*

आर्थिक सहायता जिला कल्याण अधिकारी के माध्यम से डा. अम्बेडकर प्रतिष्ठान द्वारा प्रदान की जाती है, बशर्ते उनकी वार्षिक आय 50,000 रुपये से अधिक न हो।

- **कानूनी सहायता :** अनुसूचित जाति के व्यक्तियों को *कानूनी सहायता के रूप में 2500 रुपये* जिला कल्याण अधिकारी द्वारा व इससे अधिक राशि उपायुक्त द्वारा प्रदान की जाती है।

- **अनुसूचित जाति, पिछड़े वर्ग की विधवाओं, बेसहारा औरतों और लड़कियों के लिए आधुनिक फैशन सिलाई प्रशिक्षण :** योजना के अन्तर्गत *100 रुपये मासिक छात्रवृत्ति तथा 150 रुपये मासिक कच्चे समान के लिए* तथा कोर्स पूर्ण होने के उपरान्त एक सिलाई मशीन मुफ्त दी जाती है।

- **अस्वच्छ व्यवसाय में लगे व्यक्तियों के बच्चों के लिए प्री-मैट्रिक छात्रवृत्ति योजना :** अस्वच्छ व्यवसायों में लगे व्यक्तियों के बच्चों को *110 रुपये मासिक छात्रवृत्ति तथा 750 रुपये Adhoc Grant* एवं विभाग द्वारा चलाए जा रहे होस्टल में रहने वाले छात्रों को *750 रुपये प्रति मास छात्रवृत्ति तथा 1000 रुपये Adhoc Grant* दिया जाता है।

- **शिक्षा सम्बन्धी सुविधाएं :** अनुसूचित जाति के छात्रों को शिक्षा विभाग द्वारा पहली कक्षा से 12वीं कक्षा तक *100 रुपये से 300 रुपये प्रतिमाह छात्रवृत्ति तथा 740 रुपये से 1450 रुपये तक प्रतिवर्ष* कक्षा अनुसार एक मुश्त भत्ता दिया जाता है। इसी प्रकार अनुसूचित जाति की लड़कियों को *150 रुपये से 400 रुपये प्रतिमाह छात्रवृत्ति तथा 740 रुपये से 1450 रुपये तक प्रतिवर्ष* एक मुश्त भत्ता दिया जाता है।

- **अनुसूचित जाति के छात्रों के लिए पोस्ट मैट्रिक छात्रवृत्ति :** अनुसूचित जातियों के विद्यार्थियों को *प्रतिमास 230 रुपये से लेकर 1200 रुपये तक* छात्रवृत्ति के अतिरिक्त ट्यूशन फीस और अन्य जरूरी नॉन रिफन्डेवल फीस की प्रतिपूर्ति की जाती है। यह छात्रवृत्ति पिछड़े वर्ग के छात्रों हेतु भी उपलब्ध है।

- **अनुसूचित जाति तथा पिछड़े वर्गों के बेरोजगार युवकों का कम्प्यूटर के माध्यम से टंकण तथा डाटा एन्ट्री में कौशल विकास :** अनुसूचित जाति एवं पिछड़े वर्गों के बेरोजगार युवकों जिनकी पारिवारिक आय 1.50 लाख रुपये से अधिक न हो, को पूर्व परीक्षा प्रशिक्षण केन्द्रों में मुफ्त प्रशिक्षण एवं *250 रुपये प्रतिमास छात्रवृत्ति* प्रदान की जाती है।

- **इन्दिरा गांधी पेयजल योजना :** अनुसूचित जाति के परिवारों को *200 लिटर की एच. डी.पी.ई. टंकी पानी के कनैक्शन सहित मुफ्त* प्रदान की जाती है।

- **मत्स्य पालन योजना :** अनुसूचित जाति के परिवारों को रोजगार उपलब्ध करवाने के लिए मत्स्य पालन विभाग द्वारा यह योजना चलाई जा रही है।

- **महात्मा गांधी ग्रामीण बस्ती योजना :** गरीबी रेखा से नीचे जीवनयापन करने वाले अनुसूचित जाति के व्यक्तियों को *100-100 वर्गगज का प्लाट मुफ्त प्रदान* किया जाता है।

- **विशेष केन्द्रीय सहायता :** भारत सरकार द्वारा अनुसूचित जातियों के लिए आय उपार्जन स्कीम हेतु *हरियाणा अनुसूचित जाति वित्त एवं विकास निगम द्वारा,* दक्षता विकास हेतु औद्योगिक प्रशिक्षण एवं व्यावसायिक शिक्षा विभाग तथा ढ़ांचागत विकास हेतु *हरियाणा अक्षय ऊर्जा विकास एजेंसी* को अनुदान दिया जाता है।

शराबबन्दी

शराब के प्रचलन पर रोक लगाना किसी भी सरकार के लिए चुनौतीपूर्ण कार्य होता है क्योंकि इसके लिए सरकार के साथ-साथ लोगों के सामूहिक और निरन्तर प्रयासों की जरूरत है। इसके लिए दण्डात्मक कार्यवाही पर्याप्त नहीं है बल्कि शराबबन्दी नियमों का कड़ाई से पालन किया जाना जरूरी है। इस समस्या को जड़ से हल करने के लिए लोगों के नजरिये और उनकी सोच में परिवर्तन लाना सबसे महत्त्वपूर्ण कदम है। विकास के हर क्षेत्र में अग्रणी रहने वाले हरियाणा ने इस दिशा में, पहली जुलाई, 1996 से शराबबंदी का कानून लागू कर, अनुकरणीय कदम बढ़ाये थे। शराबबंदी कानून के कारण राज्य में किसी भी प्रकार की शराब बनाने, बेचने, अपने पास रखने, पीने व लाने-ले जाने पर पूर्ण प्रतिबन्ध लगा दिया गया था। ऐसा राज्य के नीति निर्देशक सिद्धान्तों की भावना के अनुरूप ही किया गया था क्योंकि भारतीय संविधान के अनुच्छेद 47 में इस बात का उल्लेख है कि राज्य, लोगों के स्वास्थ्य के लिए हानिकारक नशीले पेय पदार्थों और नशीली औषधियों के उपभोग पर पाबंदी लगाने का प्रयास करेगा।

मद्य निषेध कानून को और भी कठोर बनाने के लिए पंजाब आबकारी अधिनियम, 1914 में संशोधन किया गया।

राज्यवासियों की भलाई के लिए पूर्ण शराबबन्दी लागू करने के कदम से राज्य सरकार को करोड़ों रुपये की हानि तो जरूर हुई लेकिन इससे जो सामाजिक लाभ हुआ, उनका रुपया-पैसा मुकाबला नहीं कर सकता। शराबबन्दी के परिणामस्वरूप महिलाओं और बच्चों के चेहरों की वर्षों से खोयी खुशी लौटने लगी। उन्होंने प्रसन्नता से इस अभियान को जन-आन्दोलन का रूप दिया। राज्य के युवा क्लबों, सामाजिक और स्वैच्छिक संगठनों के अलावा पंचायती राज संस्थाओं, स्थानीय निकायों ने भी जन-चेतना लाने के लिए समितियाँ बनाईं। इन समितियों ने लोगों को शराब छोड़ने के लिए प्रेरित किया। राज्यवासियों के सहयोग के बल पर सरकार ने आबकारी अधिनियम के अन्तर्गत मामलों को अति शीघ्र निबटाने के लिए विशेष न्यायिक मजिस्ट्रेटों की नियुक्ति की गई।

परन्तु मार्च 1998 के लोकसभा के आम चुनावों के परिणाम आने के बाद मुख्यमंत्री बंसीलाल द्वारा 17 मार्च, 1998 को यह निर्णय लिया गया कि 1 अप्रैल, 1998 से राज्य में शराब बंदी समाप्त कर दी जाये और 1 अप्रैल, 1998 से शराब बन्दी समाप्त कर दी गई जिससे कि 600 करोड़ सालाना घाटा की रकम को बचाया जा सके।

बाल विकास परियोजना

समेकित बाल विकास परियोजना का मूल उद्देश्य बच्चों का शारीरिक, मानसिक और सामाजिक विकास, माताओं में शिशु-पालन की दक्षता को बढ़ाना, बाल मृत्यु दर को घटाना तथा बच्चों एवं माताओं के स्वास्थ्य और पोषाहार के स्तर में सुधार करना है। इस उद्देश्य की प्राप्ति के लिए आंगनवाड़ियों के माध्यम से छः मास से लेकर छः साल तक के बच्चों, गर्भवती एवं शिशुपालक माताओं को पोषाहार जुटाया जाता है, गर्भवती माताओं एवं 0 से 6 वर्ष आयु वर्ग के बच्चों को प्रतिरक्षण सुविधा प्रदान की जाती है, माताओं को स्वास्थ्य एवं सफाई के बारे में शिक्षित किया जाता है और बच्चों को अनौपचारिक शिक्षा दी जाती है।

समेकित बाल विकास परियोजना के सफलतापूर्वक क्रियान्वयन हेतु जिला मुख्यालय पर एक कार्यक्रम अधिकारी, खण्ड स्तर पर बाल विकास परियोजना अधिकारी, इसके बाद सर्कल में आंगनवाड़ी सुपरवाईजर जिसको पाँच-छः गांव की लगभग 20 आंगनवाड़ियों की गतिविधियों की निगरानी रखनी होती है तथा ग्राम स्तर पर प्रति हजार परिवारों के लिए एक आंगनवाड़ी में एक-एक आंगनवाड़ी कार्यकर्ता तथा एक-एक सहायक सेवारत हैं।

महिलाओं एवं बच्चों के विकास हेतु हरियाणा में कई महत्त्वपूर्ण योजनाएं जैसे–'देवी रूपक योजना', 'कन्यादान योजना', 'बालिका समृद्धि योजना', 'किशोरी शक्ति योजना', और 'महिला मंडल योजना' जैसी योजनाएं भी चलाई जा रही हैं।

ग्रामीण क्षेत्रों में कार्यरत आंगनवाड़ी केन्द्रों के माध्यम से हरियाणा सरकार की अनूठी योजना ''अपनी बेटी अपना धन'' भी सफलतापूर्वक क्रियान्वित की जा रही है। आंगनवाड़ी केन्द्रों में सेवारत कार्यकर्ताओं की इस दिशा में बड़ी महत्त्वपूर्ण भूमिका है। उल्लेखनीय है कि इस अनूठी योजना में सरकार कुछ बदलाव लाई है। अब इस योजना के अन्तर्गत प्रदेश में जो लड़की जन्म के 20 वर्ष बाद सरकार की ओर से निर्धारित अपनी धन-राशि को 22 वर्ष बाद निकलवाना चाहेगी तो सरकार द्वारा उसे 35 हजार रुपये दिये जायेंगे। बड़ी संख्या में गरीब लड़कियों को ''अपनी बेटी अपना धन'' योजना के तहत लाभान्वित किया जा चुका है।

स्वतंत्रता सेनानियों का कल्याण

हरियाणा राज्य में जब भी किसी स्वतंत्रता सेनानी की मृत्यु हो जाती है, तो सम्बन्धित जिलों के उपमंडल अधिकारी (नागरिक) या सिटी मजिस्ट्रेट द्वारा उसके दाह संस्कार के समय राज्य सरकार की ओर से सम्मान के तौर पर ''रीथ'' अर्पित की जाती है। साथ में सम्बन्धित उपायुक्त द्वारा 5000 रुपये का अनुदान दाह.संस्कार हेतु स्वतंत्रता सेनानी के निकट सम्बन्धियों को उसी समय प्रदान किया जाता है।

हरियाणा राज्य के स्वतंत्रता सेनानियों तथा आई॰एन॰ए॰ के सदस्यों के विधवाओं को उनकी लड़की तथा आश्रित बहन की शादी हेतु 51,000 रुपये की राशि अनुदान के रूप में प्रदान की जाती है।

प्रोफेशनल कोर्सों, मेडिकल (आयुर्वेदिक) सहित इंजीनियरिंग और आई॰टी॰आई॰ में स्वतंत्रता सेनानियों के लड़कों, लड़कियों, पोते.पोतियों, दोहते व दोहतियों के लिए 2 प्रतिशत का आरक्षण इस शर्त पर किया गया है कि भूतपूर्व सैनिकों या पिछड़े वर्ग की जाति के लिए जो कोटे हैं, में पात्र उम्मीदवार के उपलब्ध न होने पर इनमें से भर्ती किया जाए।

हरियाणा राज्य के उन कर्मचारियों, जिन्होंने स्वतंत्रता संग्राम आन्दोलन में भाग लिया है और अब राज्य की सेवा में कार्यरत हैं, को 60 वर्ष की आयु तक लोकहित में सरकारी सेवा में बनाये रखा जाता है।

हरियाणा राज्य के किसी स्वतंत्रता सेनानी की मृत्यु हो जाती है तो उसकी दी जा रही सम्मान पेंशन तथा बकाया आदि, यदि कुछ भी हो तो वह उसकी विधवा के नाम स्थानांतरण कर दिया जाता है।

हरियाणा राज्य के स्वतंत्रता सेनानियों, आजाद हिन्द फौज के सेनानियों एवं उनकी विधवाओं को मिलने वाली सम्मान पेंशन की राशि 20,000 प्रति माह से बढ़ाकर 25,000 प्रति माह कर दी गई है। इसमें मासिक 750 रु. चिकित्सा सुविधा के लिए भुगतान भी शामिल है।

स्वतंत्रता सेनानी एवं उनकी विधवाओं को मिलने वाली सम्मान पेंशन की राशि उनकी मृत्यु के बाद उनकी अविवाहित, बेरोजगार लड़की और अपंग, अविवाहित, बेरोजगार लड़के (75%) को हस्तांतरित किए जाने का प्रावधान है।

भूतपूर्व सैनिकों का कल्याण

हरियाणा में परमवीर चक्र विजेता को ₹ 2 करोड़, महावीर चक्र विजेता को ₹ 1 करोड़, वीर चक्र विजेता को ₹ 50 लाख तथा थल सेना, वायु सेना व नौ सेना मेडल विजेता को ₹ 21 लाख, अशोक चक्र विजेता को ₹ 1 करोड़, कीर्ति चक्र विजेता को ₹ 51 लाख तथा शौर्य चक्र विजेता को ₹ 31 लाख की राशि एकमुश्त प्रदान की जाती है।

विक्टोरिया क्रास विजेता को दी जाने वाली पेंशन बढ़ाकर ₹ 15,000 कर दी गई है।

नेत्रहीन भूतपूर्व सैनिकों को दी जाने वाली आर्थिक सहायता बढ़ाकर ₹ 1000 प्रतिमास कर दी गई है।

भूतपूर्व सैनिकों के अनाथ बच्चों को दी जाने वाली आर्थिक सहायता भी बढ़ाकर ₹ 2000 प्रतिमास कर दी गई है। भूतपूर्व सैनिकों की विधवाओं को उनकी लड़कियों की शादी के लिए दी जाने वाली आर्थिक सहायता भी बढ़ा दी गई है।

जुलाई, 1998 से ब्याज में छूट स्कीम के अन्तर्गत भूतपूर्व सैनिकों को दी जा रही ऋण की सीमा व्यक्तिगत मामलों में 50,000 रुपये से बढ़ाकर 2 लाख रुपये तथा सहकारी समितियों के मामलों में 2 लाख रुपये से बढ़ाकर 5 लाख रुपये कर दी गई है।

सैनिकों, भूतपूर्व सैनिकों तथा उनके आश्रित के कल्याण के लिए चलाई जा रही विभिन्न योजनाओं की सरकार समय.समय पर समीक्षा करती रहती है तथा उन्हें उपयोगी बनाने के लिए उसमें संशोधन भी करती रहती है।

कल्याण की अन्य योजनाएं

हरियाणा सरकार ने 1 नवम्बर, 2016 से निम्न जनहित योजनाओं की शुरुआत की है:

- स्नातकोत्तर युवाओं को सक्षम योजना के तहत 9,000 रुपये प्रतिमाह बेरोजगारी भत्ता
- जनवरी, 2016 से सातवां वेतन आयोग लागू
- दीन दयाल जन आवास योजना का लोकार्पण
- मार्च, 2017 तक समस्त हरियाणा कैरोसीनमुक्त
- 'प्रधानमंत्री उज्ज्वला योजना' के तहत लाभपात्रों को एल.पी.जी. कनेक्शन जारी
- सभी सामाजिक सुरक्षा पेंशन व सम्मान भत्ते बढ़ाकर किया 1,800 रुपये प्रतिमास कर दिया गया है।

- सार्वजनिक वितरण प्रणाली के तहत ई-डिवाईस के माध्यम से राशन वितरित
- 'भूतपूर्व सैनिक कल्याण विभाग' बनाने का निर्णय
- भूतपूर्व सैनिक व उनकी विधवाओं, निःशक्त भूतपूर्व सैनिकों व उनके अनाथ बच्चों आदि को दी जाने वाली वित्तीय सहायता की राशि में बढ़ोतरी
- युद्ध में हुए शहीदों के परिवार के लिए अनुग्रह राशि बढ़ाकर 50 लाख रुपये की गई
- प्रदेश के इतिहास में पहली बार सभी पुलिस कर्मियों के लिए साप्ताहिक अवकाश
- सभी पुलिस अधिकारियों/कर्मियों के लिए स्वर्ण जयंती मैडल
- होम गार्ड का दैनिक भत्ता बढ़ाकर पुलिस कांस्टेबल के बराबर
- ग्रामीण चौकीदारों को साइकिल व छतरी
- बेसहारा बच्चों को दी जाने वाली वित्तीय सहायता बढ़ाकर की 700 रुपये प्रतिमाह
- स्कूल न जाने वाले निःशक्त बच्चों की मासिक वित्तीय सहायता बढ़ाकर हुई 1000 रुपये
- ग्रामीण क्षेत्रों में सफाई कर्मचारियों का मानदेय बढ़ाकर किया 10,000 रुपये प्रतिमास
- **वरिष्ठ नागरिक स्वैच्छिक सेवाएं संगठन/नेटवर्क:** राज्य के वरिष्ठ नागरिकों की स्वेच्छा से सेवाएं करने वाले वरिष्ठ नागरिकों का संगठन/नेटवर्क स्थापित किया जाता है।
- **'व्योश्रेष्ठ सम्मान'–वरिष्ठ नागरिकों के लिए राष्ट्रीय पुरस्कार:** वृद्धजनों, विशेषकर निराश्रित वरिष्ठ नागरिकों के हितों के लिए महत्वपूर्ण सेवाएं प्रदान करने में लगे विख्यात वरिष्ठ नागरिकों तथा संस्थाओं के प्रयासों का सम्मान करने के लिए केन्द्र सरकार ने राष्ट्रीय पुरस्कार प्रदान करने की योजना लागू की है।
- **शहरी सम्पदा क्षेत्रों में सीनियर सिटीजन क्लब:** वरिष्ठ नागरिकों को निःशुल्क चिकित्सा, मनोरंजन, सांस्कृतिक कार्यक्रम तथा परामर्श जैसी सुविधाएं प्रदान की जा रही हैं।
- **वृद्धावस्था सम्मान भत्ता योजना:** 60 वर्ष या इससे अधिक आयु वर्ग के हरियाणा निवासी नागरिक को ₹1800 प्रतिमास प्रति लाभपात्र बैंकों/पोस्ट ऑफिस इत्यादि के माध्यम से वृद्धावस्था सम्मान भत्ता प्रदान किया जा रहा है।
- **वरिष्ठ नागरिकों के लिए राज्य पुरस्कार योजना:** वरिष्ठ नागरिकों को अलग-अलग क्षेत्र में उनकी उपलब्धियों के लिए पुरस्कार देने की योजना चलाई जा रही है।
- **वृद्धों के लिए समेकित कार्यक्रम:** वृद्ध के रहन-सहन में सुधार के लक्ष्य से इस योजना के तहत स्वैच्छिक संस्थाओं को राज्य सरकार की सिफारिशों के आधार पर दैनिक वृद्ध केन्द्र, वृद्ध आश्रम, सचल चिकित्सा इकाइयाँ व गैर-संस्थागत सेवाओं हेतु भारत सरकार सहायक अनुदान प्रदान करती है।
- **पीड़ित वरिष्ठ नागरिकों के जीवन एवं सम्पत्ति का संरक्षण:** पीड़ित वरिष्ठ नागरिकों के जीवन एवं सम्पत्ति के संरक्षण के लिए कार्य योजना अधिसूचित की जा चुकी है, जिसके तहत वरिष्ठ नागरिकों की जीवन एवं सम्पत्ति के संरक्षण एवं रख-रखाव के लिए नजदीक के पुलिस थाना, सम्बन्धित उपमण्डल मैजिस्ट्रेट/पुलिस अधीक्षक/जिला उपायुक्त को हिदायतें जारी की गई हैं।

वस्तुनिष्ठ प्रश्नोत्तर

1. हरियाणा सरकार द्वारा स्वतंत्रता सेनानियों को सम्मानित करने का निर्णय किस वर्ष लिया गया था?

A. वर्ष 1980 में   B. वर्ष 1981 में

C. वर्ष 1985 में   D. वर्ष 1997 में

2. हरियाणा राज्य में स्वतंत्रता सेनानियों तथा आई॰एन॰ए॰ के सदस्यों की विधवाओं को उनकी लड़की तथा आश्रित बहन की शादी हेतु कितनी धनराशि अनुदान के रूप में दी जाती है?

A. ₹ 51,000   B. ₹ 25,000

C. ₹ 20,000   D. ₹ 75,000

3. प्रदेश में परमवीर चक्र प्राप्त सैनिकों को कितनी धनराशि एकमुश्त प्रदान की जाती है?

A. ₹ 1 करोड़   B. ₹ 3 करोड़

C. ₹ 2 करोड़   D. ₹ 5 करोड़

4. युद्ध सेवा मैडल प्राप्त करने वाले सैनिकों को नकद राशि, वार्षिकी और भूमि के बदले नकद राशि देने की स्कीम 1988 में बन्द कर दी गई थी, उसे बंसी लाल की सरकार द्वारा पुनः कब चालू किया गया?

A. अप्रैल, 1995 में   B. अप्रैल 1997 में

C. अप्रैल, 1996 में   D. अप्रैल, 1998 में

5. भारत सरकार की 'अन्त्योदय अन्न योजना' को हरियाणा में कब लागू किया गया?

A. 1998-99 के दौरान   B. 2003-2004 के दौरान

C. 1996-97 के दौरान   D. 2001-2002 के दौरान

6. हरियाणा में 18 वर्ष या इससे ऊपर की विधवा और परित्यक्त महिलाओं को 1 नवम्बर, 2017 से कितने रुपए प्रतिमाह पेंशन प्रदान की जा रही है।

A. ₹ 1800   B. ₹ 1500

C. ₹ 1300   D. ₹ 2500

7. हरियाणा में लगभग कितने वृद्ध नागरिकों को वृद्धावस्था पेंशन दी जा रही है?

A. लगभग 5 लाख   B. लगभग 7 लाख

C. लगभग 14.80 लाख   D. लगभग 9 लाख

8. प्रदेश के महिला आश्रम तथा राजकीय उत्तर रक्षा गृहों में रह रही लड़कियों के विवाह पर खर्च की जाने वाली वर्तमान धन राशि कितनी है?

A. ₹ 15,000   B. ₹ 13,000

C. ₹ 20,000   D. ₹ 33,000

9. प्रदेश में अस्वच्छ व्यवसाय में लगे अनुसूचित जाति के बच्चों के लिए किस स्थान पर छात्रावास है?

  A. करनाल   B. फरीदाबाद

  C. अम्बाला   D. सभी में

10. विमुक्त जाति के बच्चों के लिए प्रदेश में किस स्थान पर छात्रावास खोला गया है?

  A. रोहतक   B. जीन्द

  C. फरीदाबाद   D. गुरुग्राम

11. हरियाणा में शराबबन्दी कानून कब लागू किया गया था?

  A. 1 दिसम्बर, 1991 में   B. 1 जून, 1993 में

  C. 1 जुलाई, 1996 में   D. 1 मई, 1997 में

12. प्रदेश सरकार द्वारा शराबबन्दी कानून कब समाप्त किया गया?

  A. 1 मार्च, 1996 में   B. 1 मई, 1997 में

  C. 1 फरवरी, 1996 में   D. 1 अप्रैल, 1998 में

13. निम्नलिखित में से कौन सी बाल विकास परियोजना हरियाणा राज्य से सम्बन्धित है?

  A. समेकित बाल विकास परियोजना   B. बाल स्वास्थ्य परियोजना

  C. शिशु पोषण परियोजना   D. असहाय बाल विकास परियोजना

14. हरियाणा में गरीब लड़कियों के कल्याण हेतु निम्नलिखित में से कौन सी परियोजना चलाई जा रही है?

  A. पराया धन पराई बेटी   B. अपनी बेटी पराया धन

  C. अपनी बेटी अपना धन   D. कोई नहीं

15. हरियाणा में रैपिड मेट्रो की शुरुआत सर्वप्रथम किस शहर में हुई?

  A. फरीदाबाद   B. गुरुग्राम

  C. पानीपत   D. सोनीपत

उत्तरमाला

1	2	3	4	5	6	7	8	9	10
B	A	C	B	D	A	C	A	D	B

11	12	13	14	15
C	D	A	C	B

❖❖❖

14 | बिजली का सुधारीकरण

बिजली विकास की धुरी है। इस धुरी को सुदृढ़ और व्यवस्थित बनाये रखने के लिए यह जरूरी है कि बिजली की बढ़ती हुई मांग के अनुरूप उत्पादन क्षमता में वृद्धि के साथ-साथ, ट्रांसमिशन और वितरण व्यवस्था को मजबूत बनाये रखा जाये। 1 नवम्बर, 1966 को जब हरियाणा एक अलग राज्य के रूप में देश के नक्शे पर उभरा, उस समय राज्य में सुदृढ़ एवं सुचारू ट्रांसमिशन एवं वितरण प्रणाली की व्यवस्था नहीं थी इस कारण यह प्रदेश भाखड़ा परियोजना से अपने हिस्से की प्रतिदिन मिलने वाली 16 लाख यूनिट बिजली का भी पूरा प्रयोग नहीं कर पाता था यहाँ तक कि इन्द्रप्रस्थ ताप बिजली संयंत्र स्थापित होने के पश्चात उससे हरियाणा को प्रतिदिन मिलने वाली लगभग 2 लाख यूनिट बिजली भी दूसरे राज्यों द्वारा ही इस्तेमाल की जाती थी।

ऐसी स्थिति में तत्कालीन मुख्यमंत्री श्री बंसीलाल के नेतृत्व में सरकार ने उस समय राज्य के हर गांव में बिजली पहुँचाने का एक क्रान्तिकारी कार्यक्रम चलाया, जिसके फलस्वरूप 29 नवम्बर, 1970 तक प्रदेश के सभी गाँवों में बिजली पहुँचा दी गई।

राज्य के कोने-कोने तक बिजली पहुँचने से चहुंमुखी विकास को एक नई दिशा मिली और घरेलू, कृषि तथा औद्योगिक क्षेत्रों में बिजली की मांग निरन्तर बढ़ती चली गई। ग्रामीण क्षेत्रों में जब बिजली पहुँचाई गई तब इसका इस्तेमाल नलकूप चलाने व घरों में रोशनी करने के लिए ही किया जाता था। धीरे-धीरे ग्रामीण क्षेत्रों में भी बिजली चालित आधुनिक उपकरणों का प्रयोग होने लगा। यहाँ तक कि दूध बिलौने, चक्की चलाने तथा चारा काटने के लिए भी बिजली प्रयोग में लाई जाने लगी।

कीर्तिमान

हरियाणा देश का ऐसा पहला राज्य है जहां 1970 में ही सभी गांवों में बिजली पहुंचा दी गई थी। सन् 1966 में राज्य में 20,000 नलकूप थे जिनकी संख्या अब 6 लाख से ऊपर हो गई है। बिजली की प्रति व्यक्ति खपत 2015-16 में 1628 यूनिट हो गई है। बिजली उपभोक्ताओं की संख्या 2016-17 तक 59.40 लाख हो गई है। 2016-17 तक बिजली की स्थापित उत्पादन क्षमता 11065 मेगावाट थी।

वर्ष 2016-17 तक राज्य में बिजली की स्थापित उत्पादन क्षमता 11065 मेगावाट हो गई है। इसमें 2792.4 मेगावाट राज्य के अपने विद्युत स्टेशनों से, 829 मेगावाट संयुक्त परियोजनाओं से तथा शेष केन्द्रीय परियोजनाओं और निजी विद्युत परियोजनाओं द्वारा उत्पादित की जा रही है। इन स्रोतों से बिजली की उपलब्धता वर्ष 2016-17 में 45465.9 मिलियन यूनिट तक पहुँच गई।

हरियाणा में बिजली की उपलब्धता

वर्ष	कुल स्थापित क्षमता (मेगावाट में)	कुल बिजली उपलब्धता (मिलियन यूनिट)
2005-06	4033.3	23243.7
2006-07	4051.3	25125.3
2007-08	4368.0	26465.6
2008-09	4686.5	27224.1
2009-10	5201.83	28860.5
2010-11	5997.83	29662.3
2011-12	6740.93	32647.3
2012-13	9839.43	34317.7
2013-14	10683.61	40277.9
2014-15	11102.32	43895.6
2015-16	11053.30	44511.1
2016-17	11065	45465.9

राज्य में वर्ष 2016-17 तक विद्युत उपभोक्ताओं की कुल संख्या 59.40 लाख थी। प्रतिवर्ष लगभग 1.5 लाख नए विद्युत कनेक्शन दिए जा रहे हैं। राज्य में प्रति व्यक्ति बिजली की खपत वर्ष 2006-07 के 700 यूनिट से बढ़कर वर्ष 2015-16 में 1628 यूनिट हो गई है।

विद्युत उपभोक्ताओं की संख्या

वर्ष	घरेलू	गैर घरेलू	औद्योगिक	ट्यूबवेल	अन्य	कुल
2005-06	31,19,788	3,87,520	70,181	4,11,769	11,402	40,00,660
2006-07	32,77,131	4,01,606	73,290	4,27,832	16,437	41,46,286
2007-08	33,05,927	4,15,861	77,341	4,51,037	20,436	42,70,602
2008-09	33,82,292	4,29,849	79,186	4,66,393	24,324	43,82,044
2009-10	35,12,501	4,46,024	81,955	4,91,807	28,771	45,61,058
2010-11	36,84,410	4,62,520	85,705	5,20,391	34,896	47,87,922
2011-12	38,49,779	4,79,366	88,821	5,40,406	38,593	49,96,665
2012-13	40,20,928	5,02,912	91,087	5,61,381	41,919	52,18,227
2013-14	41,36,499	5,22,110	93,839	5,82,605	46,076	53,81,129
2014-15	42,66,675	5,47,395	96,887	6,03,797	47,265	55,62,019
2015-16	44,19,364	5,73,848	99,195	6,13,973	45,790	57,52,170
2016-17	45,69,311	5,97,063	1,01,388	6,21,571	50,825	59,40,158

राज्य के 22 जिलों के 38 गांवों के छोटे–छोटे खंडों में समन्वित ग्रामीण ऊर्जा कार्यक्रम का क्रियान्वयन किया जा रहा है।

राज्य की वर्तमान सरकार द्वारा बिजली की वितरण प्रणाली को मजबूत बनाने तथा उसके सुधारीकरण के लिए विशेष प्रयास किये जा रहे हैं जिसके अनुसार हरियाणावासियों का 24 घण्टे बिना कट बिजली प्राप्त करने का सपना तक पूरा हो जायेगा। इसके लिए सरकार ने बिजली के सुधार की एक जबरदस्त योजना बनाकर इस पर काम शुरु कर दिया है।

विश्व बैंक ने हरियाणा की बिजली सुधार तथा पुनर्गठन की इस परियोजना के लिए 2,400 करोड़ रुपये का कर्ज स्वीकृत किया है, जिसके अन्तर्गत अनेक स्कीमों पर कार्य शुरु कर दिया गया है, जिसमें मुख्य हैं–

1. पल्ला में 220 के॰वी॰ का सब-स्टेशन बनाना ताकि फरीदाबाद में एन॰टी॰पी॰सी॰ द्वारा बनाये जा रहे 432 मैगावाट के पावर प्लांट में बनने वाली बिजली हरियाणा की तारों में डाली जा सके। (18 करोड़ रुपये)

2. पल्ला से पाली, पल्ला से समहेपुर और यमुनानगर से शाहबाद तक 220 के॰वी॰ की नई लाइनें बिछाना। (24 करोड़ रुपये)

3. 50 सबसे कमजोर फीडरों की वोल्टेज और क्षमता बढ़ाना। (36 करोड़ रुपये)

4. 2 लाख नये मीटरों की खरीद। (32 करोड़ रुपये)

5. 5,500 नये ट्रांसफार्मर लगाना। (41 करोड़ रुपये)

6. कुरुक्षेत्र में दिवाना और मथाना, करनाल में रम्बा, इन्द्री व बरसत, हिसार में भाटला, आर्यनगर, फतेहाबाद में भट्टू, सोनीपत में मिनी सचिवालय एवं औद्योगिक क्षेत्र, कुण्डली, खरखौदा, रोहतक में झाड़ौदा, भिवानी में लोहानी और लाड़, जीन्द में रामराय, बीबीपुर, दणौदा और अलेवा, नारनौल में निजामपुर, मुंडिया खेड़ा और जरथल तथा सिरसा में नाथूसरी/लूदेसर के 24 सब स्टेशनों की क्षमता बढ़ाना (10 करोड़ रुपये)

7. 16,000 किलोमीटर लम्बी नई लाइनें बिछाना। (290 करोड़)

8. नये कनैक्शन देने के लिए 12,000 नये ट्रांसफार्मरों की खरीद। (120 करोड़ रुपये)

9. वोल्टेज बढ़ाने के लिए 5,000 कैपिस्टरों की खरीद (5 करोड़ रुपये)

10. यमुनानगर, टेपला, चीका और महेन्द्रगढ़ में 220 के॰वी॰ के 4 नये सब-स्टेशन बनाना, पेहवा, सोनीपत, पानीपत, पंचकूला और निसिंग के 220 के॰वी॰ के 5 सब-स्टेशनों की क्षमता बढ़ाना, 132 के॰वी॰ के 11 नये सब-स्टेशन-इसराना, कुण्डली, चकूलदाना, पाडला, कंगथाली, मुरथल, हरसाना कलां, जलमाना, तोशाम, औद्योगिक क्षेत्र भिवानी तथा लोहारू में बनाना, 132 के॰वी॰ के 3 सब-स्टेशनों-गोहाना, इस्माइलाबाद और उकलाना की क्षमता बढ़ाना तथा 66 के॰वी॰ के 6 नये सब-स्टेशन–कालका, मनसा देवी, गुरुग्राम के सैक्टर 9, 55, 56 व 45 तथा मोहरा में बनाना।

वर्ष 1970 में बिछाई गई सम्प्रेषण व वितरण लाइनों को बदलने के लिए एक विशाल कार्यक्रम शुरू किया गया है। इसके तहत 640 किलोमीटर लम्बी नई लाइनें बिछाई गईं, 25 नए सब-स्टेशन—निसिंग, रोहतक, सागा, मूनक, इस्माइलाबाद, छाजपुर, हथीन, चान्दपुर, औद्योगिक क्षेत्र, अम्बाला कैंट, अलेवा, नहला, कैथल, बरसत, बहादुरगढ़, महमड़ा, अटेरना, भटगांव, धर्मगढ़, द्वारका, जसोरखेडी, भिवानी रोहिता, 12 क्रॉस रोड अम्बाला कैंट, एम॰डी॰यू॰ रोहतक, ट्योंथा, माडल टाउन रिवाड़ी में स्थापित किये गये और 123 सब-स्टेशनों की क्षमता बढ़ाई गई है। इन कार्यों से ट्रांसमिशन क्षमता में 1,693 एम॰वी॰ए॰ की बढ़ौतरी हुई है। दक्षिणी हरियाणा में बिजली उपलब्धता में सुधार लाने के लिए 6.12 करोड़ रुपये की लागत से बादशाहपुर से रेवाड़ी तक 220 के॰वी॰ की 50 किलोमीटर लम्बी नई सिंगल सर्किट लाइन बिछाई गई है। फरीदाबाद में एन॰टी॰पी॰सी॰ द्वारा 1,163 करोड़ रुपये की लागत से गैस पर आधारित 432 मेगावाट का पावर प्लांट स्थापित किया गया है, जिसकी 143-143 मेगावाट की दो इकाइयाँ जून 1999 में तथा 146 मेगावाट की तीसरी इकाई दिसम्बर 1999 में चालू हो गई है। इसकी सारी बिजली हरियाणा को मिल रही है, जोकि 90 लाख यूनिट प्रतिदिन है।

पानीपत ताप बिजली संयन्त्र की 110-110 मेगावाट की चारों इकाइयों का नवीनीकरण और सुधार किया गया है। इन इकाइयों की उत्पादन क्षमता 250 से लेकर 270 मेगावाट तक बढ़ गई है, जिससे प्रदेश को प्रतिदिन लगभग 55 लाख यूनिट अतिरिक्त बिजली मिल रही है।

वर्षों से लम्बित पानीपत ताप बिजली संयंत्र की 210 मेगावाट की छठी यूनिट की स्थापना 854 करोड़ रुपये की लागत से की गई है। इस संयन्त्र की स्थापना से प्रतिदिन लगभग 42 लाख यूनिट अतिरिक्त बिजली मिल रही है। यदि यह संयंत्र 1989 में समय पर बना लिया जाता तो इस पर 238 करोड़ रुपये की लागत आती।

तरल ईंधन पर आधारित 25-25 मेगावाट के बिजली संयन्त्र स्थापित करने के लिए 14 प्राईवेट फर्मों के साथ 28 समझौतों पर हस्ताक्षर किये गये हैं। 19 स्थलों पर ऐसे संयन्त्र स्थापित करने के लिए स्वीकृति प्रदान कर दी गई है और ऐसा एक संयन्त्र गुरुग्राम में स्थापित कर दिया गया है।

2016-17 तक राज्य में बिजली की स्थापित उत्पादन क्षमता 11065 मेगावाट हो गई है, जबकि वर्ष 2015-16 के दौरान बिजली उत्पादन का स्तर 11053.30 मेगावाट तक पहुंचा था।

भारतीय तेल निगम द्वारा पानीपत में स्थापित किये जाने वाले 301 मेगावाट के बिजली संयन्त्र की समस्त बिजली प्राप्त करने के लिए निगम के साथ एक समझौता किया गया है।

राज्य के अपने बिजली उत्पादन संयन्त्रों से बिजली का उत्पादन वर्ष 1995-96 के 330 करोड़ यूनिट से बढ़कर 2016-17 तक 2792.4 मेगावाट हो गया। लगभग 1.5 लाख नए बिजली कनेक्शन प्रतिवर्ष दिए जा रहे हैं। इससे जाहिर है कि ताप बिजलीघरों के रख-रखाव और संचालन में काफी सुधार हुआ है।

हरियाणा में प्रतिव्यक्ति बिजली की खपत वर्ष 2015-16 में बढ़कर 1628 यूनिट हो गई, जबकि वर्ष 2014-15 में यह 1442.90 यूनिट थी।

किसानों की मांग पर नलकूपों की गहराई के आधार पर बिजली की स्लैब प्रणाली पूरे प्रदेश में लागू की गई। नलकूपों की गहराई के आधार पर बिना मीटर के नलकूप के लिए राज्य सरकार उत्पादन लागत से बहुत ही कम मूल्य में बिजली उपलब्ध करा रही है।

अक्षय ऊर्जा के क्षेत्र में सोलर संयंत्रों की स्थापना, कमीशनिंग और बिक्री के बाद सेवा पर विशेष ध्यान देने के लिए, कुशल मानव शक्ति को विकसित करने हेतु सरकार ने 'सूर्यामित्रा' नाम से प्रशिक्षण कार्यक्रम आरंभ किया है।

गैर परम्परागत ऊर्जा साधनों से बिजली उत्पादन में निजी क्षेत्र के निवेश को आकर्षित करने के लिए हरियाणा सरकार ने एक नई निवेश नीति लागू की है, जिसमें विद्युत उत्पादन अथवा ग्रिड को विद्युत आपूर्ति पर कोई सीमा निर्धारित नहीं की गई है।

इस नई विद्युत नीति के अन्तर्गत 18 कम्पनियों से 44 मैगावाट बिजली पैदा करने के प्रस्ताव प्राप्त हो चुके हैं। ये कम्पनियाँ, बायोमास, शहरों का कचरा और नहरों पर उपलब्ध पानी के छोटे झरनों से बिजली उत्पन्न करेंगी। ये प्राइवेट कम्पनियाँ प्रदेश में 220 करोड़ रुपये का निवेश करेंगी।

भारत सरकार के गैर-परम्परागत ऊर्जा स्रोत मंत्रालय ने हरियाणा द्वारा क्रियान्वित समन्वित ग्रामीण ऊर्जा कार्यक्रम की सराहना की है और देश के अन्य राज्यों को हरियाणा के इस मॉडल को अपनाने के लिए कहा है।

वस्तुनिष्ठ प्रश्नोत्तर

1. हरियाणा राज्य में प्रत्येक गांव में बिजली पहुँचाने का कार्य कब पूर्ण किया गया?
    A. 10 जून, 1966 को   B. 25 मार्च, 1971 को
    C. 15 अप्रैल, 1968 को   D. 29 नवम्बर, 1970 को

2. हरियाणा में विद्युत उपभोक्ताओं की कुल संख्या 2016-17 तक कितनी है?
    A. 59.40 लाख   B. 50 लाख
    C. 62.40 लाख   D. 70 लाख

3. विश्व बैंक द्वारा हरियाणा की बिजली सुधार तथा पुनर्गठन की परियोजना के लिए कितने रुपये का कर्ज स्वीकृत किया है?
    A. 10,000 करोड़ रुपये   B. 1,000 करोड़ रुपये
    C. 2,400 करोड़ रुपये   D. 3,500 करोड़ रुपये

4. दक्षिणी हरियाणा में बिजली की उपलब्धता में सुधार लाने के लिए कहाँ से कहाँ तक 220 के॰वी॰ की 50 कि॰मी॰ लम्बी नई सिंगल सर्किट लाइन बिछाई गई है?

A. गुरुग्राम से बादशाहपुर तक   B. बादशाहपुर से रेवाड़ी तक
C. फरीदाबाद से रेवाड़ी तक   D. जीन्द से कैथल तक

5. हरियाणा में निम्नलिखित में से किस जगह तरल ईंधन पर आधारित 25-25 मेगावाट के बिजली संयन्त्र की स्थापना की गई है।
A. गुरुग्राम में   B. फरीदाबाद में
C. करनाल में   D. रोहतक में

6. हरियाणा में अपने बिजली उत्पादन संयन्त्रों से बिजली का उत्पादन वर्ष 2016-17 तक कितने मेगावाट है?
A. 1800.60 मेगावाट   B. 1350.40 मेगावाट
C. 2792.4 मेगावाट   D. 1000.20 मेगावाट

7. किसानों की मांग पर नलकूपों की गहराई के आधार पर बिजली की कौनसी प्रणाली पूरे प्रदेश में लागू की गई है?
A. स्टैव प्रणाली   B. विद्युत नापन प्रणाली
C. टैस्ट प्रणाली   D. इनमें से कोई नहीं

8. हरियाणा में निम्नलिखित में से किस स्थान पर ताप बिजलीघर स्थित है?
A. हिसार   B. कैथल
C. जीन्द   D. फरीदाबाद

9. प्रदेश में एन॰टी॰पी॰सी॰ द्वारा गैस पर आधारित 432 मेगावाट का पावर प्लान्ट कहाँ पर लगाया गया?
A. गुरुग्राम   B. फरीदाबाद
C. पानीपत   D. करनाल

उत्तरमाला

1	2	3	4	5	6	7	8	9
D	A	C	B	A	C	A	D	B

✦✦✦

15 | सड़क परिवहन व्यवस्था

हरियाणा में परिवहन का मुख्य साधन सड़क मार्ग व रेल मार्ग हैं। यह एक छोटा प्रदेश है इस कारण यहाँ हवाई मार्गों का विकास अधिक नहीं हुआ है। सड़क और रेल दोनों मार्गों में भी मुख्य साधन सड़कें हैं। हरियाणा में लगभग सभी गांवों व कस्बों को पक्की सड़कों से जोड़ने का जो लक्ष्य रखा गया था वह पूरा कर लिया गया है। जब देश सन् 1947 में आजाद हुआ था तो इस प्रदेश में केवल 1,895 कि०मी० लम्बी पक्की सड़कें थीं तथा सन् 1966 में हरियाणा राज्य के गठन के समय 5,100 कि०मी० लम्बी पक्की सड़कें ही बनी थीं। आज इस प्रदेश में पक्की सड़कों का जाल सा बिछा हुआ है तथा हरियाणा ही देश का पहला ऐसा राज्य है जहाँ के सभी गाँव व नगरयोजक पक्की सड़कों से जुड़े हैं। क्योंकि पक्की सड़कों को विकास की धमनियाँ कहा गया है अतएव हरियाणा में जो विकास प्रक्रिया चल रही है वह निःसंन्देह अद्वितीय मानी जा रही है। दिसम्बर 2017 तक प्रदेश की सड़कों का विवरण निम्न प्रकार है—

- प्रदेश में सड़कों की कुल लंबाई (किलोमीटर में) 26,131
- प्रदेश में राष्ट्रीय राजमार्ग कुल लम्बाई (किलोमीटर में) 2505
- प्रमुख जिला सड़कें (किलोमीटर में) 1395
- अन्य जिला सड़कें (किलोमीटर में) 20430
- प्रदेश में पक्की सड़कों से जुड़े सम्पर्क वाले गांवों की संख्या 7,021
- राजकीय राजमार्ग की कुल लम्बाई (किलोमीटर में) 1801
- प्रदेश में परिवहन बसों की कुल संख्या 4,100
- प्रदेश में बड़े परिवहन बस डिपो की संख्या 23
- प्रदेश में छोटे परिवहन बस डिपो की संख्या 13
- प्रदेश में सुविधायुक्त बस स्टैंडों की संख्या 105

सन् 1972 में जनसाधारण को गाँव-गाँव तक यात्री परिवहन सुविधाएँ प्रदान करने के लिए हरियाणा सरकार ने यात्री परिवहन का शत-प्रतिशत राष्ट्रीयकरण कर दिया। हरियाणा राज्य परिवहन को एक नई दिशा एवं दक्षता प्रदान की गई और इस परिवहन द्वारा दी जाने वाली सेवाओं की भूरि-भूरि प्रशंसा होने लगी। मोटर वाहन कराधान कमेटी ने अपनी महत्त्वपूर्ण रिपोर्ट में हरियाणा राज्य परिवहन बस सेवा को देश में सबसे दक्ष एवं लाभ अर्जित करने वाली

परिवहन घोषित किया। सभी प्रान्तों में हरियाणा परिवहन ने अपनी लोकप्रियता स्थाई तौर पर बना ली है। लोग घंटों इन्तजार करने में असुविधा महसूस नहीं करते, बल्कि दूसरे प्रदेशों की बसों की बजाय हरियाणा परिवहन की बसों में सफर करना सुविधाजनक समझते हैं। हरियाणा परिवहन की बसें सुविधाजनक हैं, गतिशील हैं, सुरक्षित हैं एवं मंजिल तक पहुँचाने के लिए कृतसंकल्प हैं। वर्तमान समय में हरियाणा परिवहन के पास लगभग 4,100 बसें हैं। प्रतिदिन ये बसें लगभग 11.74 लाख कि०मी० का फासला तय करती हुई 10.87 लाख से ज्यादा यात्रियों को अपने गन्तव्य तक ले जाती हैं। हरियाणा परिवहन में लगभग 18,217 कर्मचारी कार्यरत हैं जो इस परिवहन की गरिमा को नियमित रूप से बनाये हुए हैं। यह इस प्रदेश के लिए अति गौरव की बात है।

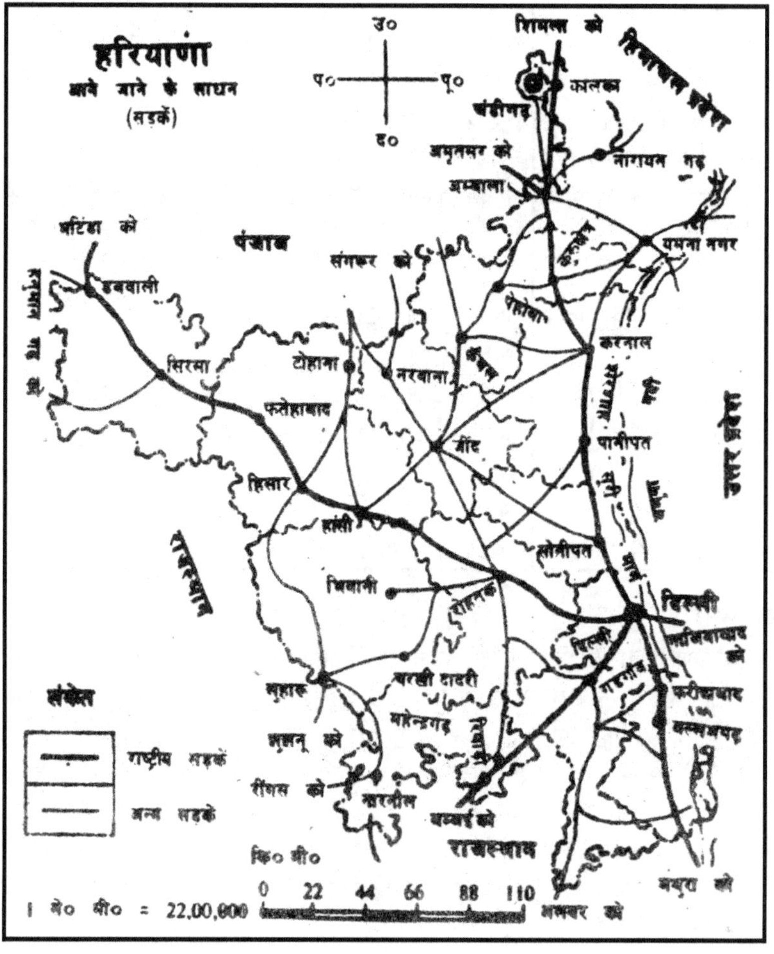

राष्ट्रीय राजमार्ग

वह सड़कें जो देश के एक कोने को दूसरे कोने से मिलाती हैं, और केन्द्रीय सरकार के अधीन हैं, राष्ट्रीय राजमार्ग कहलाती हैं। हरियाणा में दिसम्बर 2017 तक राष्ट्रीय राजमार्गों की कुल लम्बाई 2505 किमी. है। वर्तमान में हरियाणा में देश के राष्ट्रीय राजमार्गों का 2.32 प्रतिशत भाग है। हरियाणा में अग्रलिखित राष्ट्रीय राजमार्ग हैं—

क्रमांक	मार्ग	राष्ट्रीय राजमार्ग संख्या	इस राष्ट्रीय राजमार्ग पर पड़ने वाले हरियाणा के प्रमुख नगर
1.	दिल्ली–अमृतसर	राष्ट्रीय राजमार्ग-1 (N.H. 1)	मुरथल, पानीपत, करनाल, पीपली, शाहबाद, अम्बाला
2.	दिल्ली–कोलकाता	राष्ट्रीय राजमार्ग-2 (N.H. 2)	फरीदाबाद, बल्लभगढ़, पलवल, होडल
3.	दिल्ली–मुम्बई (वाया रेवाड़ी)	राष्ट्रीय राजमार्ग-8 (N.H. 8)	गुरुग्राम, बावल
4.	दिल्ली–फिरोजपुर	राष्ट्रीय राजमार्ग-10 (N.H. 10)	बहादुरगढ़, रोहतक, महम, हांसी, हिसार, फतेहाबाद, सिरसा, मण्डी, डबवाली
5.	पिंजौर–स्वरघाट	राष्ट्रीय राजमार्ग-21-A (N.H. 21 A)	पिंजौर, पंचकुला
6.	अम्बाला–शिपकीला	राष्ट्रीय राजमार्ग-22 (N.H. 22)	कालका, पंचकुला
7.	अम्बाला–पाली	राष्ट्रीय राजमार्ग-65 (N.H. 65)	अम्बाला
8.	रोहतक–पानीपत	राष्ट्रीय राजमार्ग-71-A (N.H. 71 A)	रोहतक, पानीपत
9.	अम्बाला–हरिद्वार	राष्ट्रीय राजमार्ग-72 (N.H. 72)	अम्बाला, जगाधरी

रेल मार्ग

हरियाणा में सड़क परिवहन की तुलना में रेलमार्गों का निर्माण एवं विस्तार कम हुआ है। 1966-67 में हरियाणा बनने के समय यहाँ 3,245.11 किमी. लंबा रेलमार्ग था जो वर्तमान में बढ़कर 3,737.91 किमी हो गया है। राज्य में देश के कुल रेलमार्गों का 6% भाग पाया जाता है। प्रदेश के प्रमुख रेलवे स्टेशन अम्बाला कैंट, पानीपत, जींद, हिसार, रोहतक, फरीदाबाद, भिवानी तथा रेवाड़ी हैं।

- हरियाणा का प्रमुख रेलमार्ग दिल्ली से होकर राज्य के पूर्वी किनारे के साथ–साथ उत्तर दिशा में सोनीपत, पानीपत, करनाल, कुरुक्षेत्र व अम्बाला से होता हुआ अमृतसर (पंजाब) तक पहुँचता है।

- राज्य का दूसरा प्रमुख रेलमार्ग दिल्ली से बहादुरगढ़, रोहतक, जीन्द, नरवाना, टोहाना व जाखल से होता हुआ फिरोजपुर तक जाता है।
- दिल्ली से निकलने वाला तीसरा प्रमुख रेलमार्ग गुड़गाँव होता हुआ रेवाड़ी पहुँचता है। रेवाड़ी राज्य का सबसे बड़ा रेलवे जंक्शन है। यहाँ से पाँच दिशाओं में रेलमार्ग निकलते हैं।

मेट्रो का परिचालन शुरू

दिल्ली के कुतुबमीनार मेट्रो स्टेशन से गुरुग्राम के हुड्डा सिटी तक लगभग 15 किमी. लंबी मेट्रो लाइन पर ट्रेनों का आवागमन 21 जून 2010 से आरंभ हो गया है। इससे दिल्ली से गुरुग्राम तक का सफर महज 27 मिनट में पूरा करना संभव हो गया है। यह दिल्ली मेट्रो की दूसरी सबसे लंबी लाइन सेवा है। इस मेट्रो रूट के चालू होने से दिल्ली मेट्रो का नेटवर्क बढ़कर 125 किमी. हो गया है। इस रूट पर कुल 28 मेट्रो स्टेशन हैं, गुरुग्राम के हुड्डा सिटी सेंटर से आरंभ होकर इफको चौक, एम.जी. रोड, सिकंदरपुर, गुरु द्रोणाचार्य, अर्जन गढ़ एवं घिटोरनी मेट्रो स्टेशन होते हुए ट्रेन कुतुबमीनार मेट्रो स्टेशन तक पहुंचेगी।

बदरपुर-मुजेसर मेट्रो लाइन की शुरुआत

प्रधानमंत्री नरेंद्र मोदी ने 6 सितम्बर, 2015 को दिल्ली के बदरपुर से मुजेसर (फरीदाबाद) तक मेट्रो लाइन का उद्घाटन किया। इस 14 किमी लम्बे लाइन मार्ग पर 9 स्टेशन हैं। इससे दिल्ली और फरीदाबाद के बीच आने-जाने वाले लगभग दो लाख यात्रियों को फायदा होगा। हरियाणा अब दो तरफ से मेट्रो से जुड़ गया है और दिल्ली के मुंडका से बहादुरगढ़ तक मेट्रो लाइन पर काम जारी है। मेट्रो को 2017 में बल्लभगढ़ तक ले जाने की सरकार की योजना है।

गुरुग्राम में रैपिड मेट्रो की शुरुआत

गुरुग्राम में 14 नवम्बर, 2013 से रैपिड मेट्रो की शुरुआत हो गई है। सिकंदरपुर स्टेशन से इसकी अपनी व्यावसायिक सेवा शुरू हो गई है। यह परियोजना पब्लिक प्राइवेट पार्टनरशिप पर आधारित है। वर्ष 2009 में हरियाणा सरकार ने साइबर सिटी में रैपिड मेट्रो चलाने की अनुमति दी थी। 2010 में इसका निर्माण कार्य शुरू हुआ। इसका ट्रायल अक्टूबर 2012 में शुरू हुआ और इसकी सेवा नवम्बर 2013 से आम लोगों के लिए शुरू कर दी गई। इसकी कुल दूरी 6.1 किमी है। इसके पहले चरण के रैपिड मेट्रो के निर्माण पर 1,088 करोड़ रुपए खर्च हुए हैं।

हवाई मार्ग

हरियाणा में इस समय 6 असैनिक हवाई अड्डे हैं। एक छोटा-सा राज्य होने के कारण हरियाणा में हवाई मार्ग का विकास अधिक नहीं हुआ है। दिल्ली और चण्डीगढ़ के बीच हवाई यात्रा की सुविधा है। सिरसा के पास छोटा-सा हवाई अड्डा बनाया गया है। हिसार, करनाल, भिवानी, नारनॉल, जीन्द व पिंजौर में पक्के रन-वे हैं।

सड़क घनत्व

प्रति 100 वर्ग किमी. क्षेत्रफल के अनुपात में सड़कों की लम्बाई को सड़क घनत्व कहा जाता है। हरियाणा में पक्की सड़कों का औसत घनत्व 52.14 प्रति 100 वर्ग किमी है। यह देश के औसत सड़क घनत्व से अधिक है।

हरियाणा में सड़कों की कुल लम्बाई (2016-17) (P) (किमी॰ में)

क्र.सं.	जिला	राष्ट्रीय राजमार्ग	राज्य सड़कें	कुल
1.	अम्बाला	171	1081	1252
2.	पंचकुला	73	518	591
3.	यमुनानगर	78	1,109	1187
4.	कुरुक्षेत्र	77	1,062	1139
5.	कैथल	46	1,653	1699
6.	करनाल	137	1,475	1612
7.	पानीपत	56	789	845
8.	सोनीपत	168	1,262	1430
9.	रोहतक	156	930	1086
10.	झज्जर	107	1,096	1203
11.	फरीदाबाद	38	485	523
12.	पलवल	53	718	771
13.	गुरुग्राम	86	606	692
14.	नूंह	89	828	917
15.	रेवाड़ी	121	832	953
16.	महेन्द्रगढ़	94	936	1030
17.	भिवानी	313	2,116	2429
18.	जीन्द	201	953	1154
19.	हिसार	243	1,907	2150
20.	फतेहाबाद	37	1461	1498
21.	सिरसा	138	1,697	1835
22.	चरखी दादरी	—	—	—

P—Provisional

Source: Engineer-in-Chief. P.W.D. (B&R Branch), Haryana

परिवहन सम्बन्धी कार्य

हरियाणा राज्य परिवहन को देश का आदर्श परिवहन उपक्रम होने का गौरव प्राप्त है।

1. दिसम्बर 2017 तक हरियाणा राज्य परिवहन के पास 4100 बसें हैं जो कि 23 डिपुओं व 13 उप-डिपुओं से प्रतिदिन लगभग 11.74 लाख कि॰मी॰ की दूरी तय करती हैं तथा इनमें प्रतिदिन 10.87 लाख से ज्यादा यात्री यात्रा करते हैं।

2. प्रदेश में बसों को बदलने की समय सीमा 8 वर्ष से घटाकर 7 वर्ष कर दी गई है।

3. यात्रियों की सुविधा के लिए असन्ध, रतिया, जुलाना, समालखा, चरखी, दादरी व अटेली में आधुनिक बस अड्डों को परिचालन के लिए शुरू किया गया। इसके अतिरिक्त, राजौन्द, रोहतक बाई पास, अम्बाला कैन्ट तथा भिवानी में नए बस अड्डे निर्माणाधीन हैं।

4. प्रदेश के बलदेव नगर कैम्प अम्बाला, नारनौल व हथीन बस अड्डे के लिए भूमि अधिग्रहण की कार्यवाही पूर्ण हो चुकी है। लोहारू, कलायत, कैथल बाई पास, बहल, तावड़ू, बाढ़डा व सढ़ौरा में बस स्टैण्ड निर्माण के लिए भूमि अधिग्रहण की कार्यवाही प्रगति पर है।

5. हरियाणा से दिल्ली चलने वाली बसों को सीएनजी से चलने वाली बस के रूप में परिवर्तित किया गया है।

6. हरियाणा राज्य परिवहन के सभी डिपुओं में व कुछ सब-डिपुओं में बसों की सफाई के लिए स्वचालित मशीनें लगाई गई हैं।

7. हरियाणा में मुरथल के विभागीय चालक प्रशिक्षण संस्थान में भारी वाहनों के चालकों को प्रशिक्षण दिया जाता है। इसी तरह की प्रशिक्षण सुविधाएँ केन्द्रीय कर्मशाला करनाल, हिसार, गुरुग्राम और रोहतक डिपुओं की कर्मशालाओं में भी शुरू की गई हैं।

8. चंडीगढ़ से दिल्ली के बीच वातानुकूलित वाल्वो बसों का परिचालन शुरू किया गया है।

सड़क सम्बन्धी कार्य

1. हरियाणा को सभी गावों को पक्की सड़कों से जोड़ने का गौरव प्राप्त है।

2. हरियाणा में राष्ट्रीय राजमार्ग नं० 1 को मुरथल से करनाल तक चार मार्गी बनाने का काम, जो कि लम्बे समय से रुका पड़ा था, नमस्ते चौक करनाल तक पूरा करके यातायात के लिए खोल दिया गया है।

3. प्रदेश के राष्ट्रीय राजमार्ग नं० 1 को करनाल से पंजाब सीमा तक 287 करोड़ रुपये की लागत से चार मार्गी बनाने का काम चल रहा था पूरा हो चुका है। करनाल से शाहबाद तक के राजमार्ग नं० 1 को सितम्बर 1998 से यातायात के लिए खोल दिया गया है।

4. प्रदेश के राष्ट्रीय राजमार्ग नं० 2 को बल्लभगढ़ से उत्तर प्रदेश की सीमा तक चार मार्गी बनाया गया है। इस पर 108 करोड़ रुपये की लागत आई है। देश के उत्तरी भाग में पहली बार हरियाणा में कंक्रीट मार्ग तैयार किया गया है, जिसकी अगले 20 वर्षों तक मरम्मत की जरूरत नहीं होगी।

5. प्रदेश में 'हरियाणा राज्य सड़क तथा पुल विकास निगम' बनाने की योजना है। निगम पूँजी उधार लेकर पुलों, बाईपास व रेलवे लाइन के ऊपर पुलों तथा सड़कों का

निर्माण करेगा। निगम इन पर टोल टैक्स लगाएगा तथा इक्ट्ठे किये गये धन से कर्जे की वापसी करेगा। कर्जे की वापसी के उपरान्त ये कार्य लोक-निर्माण विभाग की सड़कों का हिस्सा बन जायेंगे तथा इन पर टोल-टैक्स समाप्त हो जायेगा।

6. प्रदेश में 52.65 कि॰मी॰ लम्बी नई सड़कें बनाने तथा 216 कि॰मी॰ लम्बी मौजूदा सड़कों का सुधार करने तथा पाँच पुलों का निर्माण करने के लिए राष्ट्रीय कृषि एवं ग्रामीण विकास बैंक से 11 करोड़ 92 लाख रुपये की ऋण सहायता प्राप्त की गई है।

7. प्रदेश में डोभ, कैथल तथा सांपला के बाईपास पूरे किये जा चुके हैं तथा 23 करोड़ 51 लाख रुपये की राशि से नारनौल, भिवानी, हिसार फेज–II, ऐलनाबाद, ढांड़, जींद, सफीदों, सोनीपत तथा झज्जर में नये बाईपास बनाने के लिए स्वीकृति दी गई है।

वस्तुनिष्ठ प्रश्नोत्तर

1. हरियाणा में दिसम्बर 2017 तक सड़कों की कुल लम्बाई किलोमीटर में लगभग कितनी है?
   A. 26,131 कि॰मी॰
   B. 30,065 कि॰मी॰
   C. 25,074 कि॰मी॰
   D. 28,115 कि॰मी॰

2. प्रदेश में बड़े परिवहन बस डिपुओं की संख्या कितनी है?
   A. 12
   B. 13
   C. 23
   D. 25

3. हरियाणा के राष्ट्रीय राजमार्ग नं 1 को करनाल से शाहबाद तक यातायात के लिए कब खोल दिया गया?
   A. दिसम्बर, 1991 में
   B. अक्टूबर, 1996 में
   C. सितम्बर, 1998 में
   D. सितम्बर, 1999 में

4. हरियाणा सरकार द्वारा यात्री-परिवहन का सम्पूर्ण राष्ट्रीयकरण कब किया गया?
   A. सन् 1972 में
   B. सन् 1976 में
   C. सन् 1980 में
   D. सन् 1985 में

5. प्रदेश में पक्की सड़कों से जुड़े सम्पर्क वाले गांवों की संख्या कितनी है?
   A. 2,270
   B. 3,528
   C. 5,266
   D. 7,021

6. दिल्ली से अमृतसर जाने वाला राष्ट्रीय राजमार्ग नं. 1 किसके द्वारा बनवाया गया था?
   A. शेरशाह सूरी द्वारा
   B. शाहजहाँ द्वारा
   C. फिरोज तुगलक द्वारा
   D. बाबर द्वारा

7. दिल्ली से फिरोजपुर राष्ट्रीय मार्ग पर यात्रा करने पर हरियाणा का कौन सा प्रमुख नगर पड़ता है?

A. रोहतक

B. सिरसा

C. हिसार

D. उपरोक्त सभी

8. हरियाणा में दिसम्बर 2017 तक राष्ट्रीय राजमार्ग की कुल लम्बाई कितने किमी है?

A. 900 किमी

B. 1200 किमी

C. 1600 किमी

D. 2505 किमी

9. हरियाणा में वर्तमान समय में कितने असैनिक हवाई अड्डे हैं?

A. 2

B. 4

C. 6

D. 8

10. हरियाणा में हिसार, करनाल, भिवानी, नारनौल व जीन्द के अतिरिक्त निम्नलिखित में से किस स्थान पर पक्का रन-वे है?

A. पानीपत

B. पिंजौर

C. फरीदाबाद

D. रेवाड़ी

11. हरियाणा के राष्ट्रीय राजमार्ग नं. 2 को बल्लभगढ़ से किस प्रदेश की सीमा तक चार मार्गी बनाया गया है?

A. उत्तर प्रदेश

B. पंजाब

C. हिमाचल प्रदेश

D. राजस्थान

12. हरियाणा में भारी वाहन चालक प्रशिक्षण संस्थान निम्नलिखित में से किस स्थान पर स्थित है?

A. मुरथल

B. चरखी दादरी

C. अम्बाला

D. तावडू

उत्तरमाला

1	2	3	4	5	6	7	8	9	10
A	C	C	A	D	A	D	D	C	B

11	12
A	A

❖❖❖

16 | अनुसंधान कार्य

भारतीय गणराज्य में, एक अलग प्रदेश के रूप में हरियाणा की स्थापना यद्यपि 1 नवम्बर, 1966 को हुई, किन्तु एक विशिष्ट ऐतिहासिक एवं सांस्कृतिक इकाई के रूप में हरियाणा का अस्तित्व प्राचीन काल से मान्य रहा है।

हरियाणा के विषय में वैदिक साहित्य में अनेक उल्लेख मिलते हैं। प्राचीन संस्कृत-साहित्य में भी हरियाणा के विभिन्न नगरों, निकट की पर्वतमालाओं, वन, झीलों, सरोवरों, तीर्थों, जनजातियों आदि का जो विवरण उपलब्ध है, उससे इस प्रदेश की सीमाओं की स्थिति एवं स्वरूप का निर्धारण किया जा सकता है।

हरियाणा भारतीय संस्कृति का मूल केन्द्र है और परम्परानुसार इसे आदि सृष्टि का जन्म-स्थान माना जाता है। शिवालिक की पहाड़ियों में पिंजौर-कालका के निकट पाषाण-काल के जो उपकरण प्राप्त हुए हैं, उससे मानव के प्राचीनतम अस्तित्व के प्रमाण मिलते हैं। यह भी मान्यता है कि मानव जाति की उत्पत्ति जिन वैवस्तु मनु से हुई, वे इसी प्रदेश के राजा थे। ''अवन्ति सुन्दरी कथा'' में इन्हें स्थाण्वीश्वर निवासी कहा गया है। पुरातत्त्ववेत्ताओं की खोजों के आधार पर आद्यैतिहासकालीन-प्राग्हड़प्पा, हड़प्पा, परवर्ती हड़प्पा एवं चित्रित–धूसर मृद्भांड, संस्कृतियों के विशद प्रमाण हरियाणा के वणावली, सीसवाल, कुणाल, मिर्जापुर, दौलतपुर और भगवानपुरा आदि स्थानों के उत्खननों से प्राप्त हुए हैं। इन स्थानों से प्राप्त स्थापत्य सम्बन्धी अवशेषों, मृद्भाण्डों, ताम्रनिर्मित वस्तुओं, आभूषणों तथा दैनिक जीवन से सम्बन्धित अन्य पदार्थों से हरियाणा की इन कालों की सांस्कृतिक व भौतिक समृद्धि का आभास मिलता है। इन प्रमाणों से विदित होता है कि परवर्ती हड़प्पा संस्कृति के लोग कच्ची ईंटों के मकानों में रहते थे। इनके आभूषण बहुमूल्य प्रस्तर, फियांस और पक्की मिट्टी के बने हुए होते थे। वे अपने अस्त्र-शस्त्र तांबे के बनाते थे, ताम्र निर्मित भाले के फलक, छैनी, सुई, चूड़ियाँ, मछली पकड़ने के काँटों के अतिरिक्त भट्टियां घिसने के पत्थर अस्थि-निर्मित उत्कीर्णक भी इन उत्खननों से प्राप्त हुए हैं। कुरुक्षेत्र जिले के भगवानपुरा के महत्त्वपूर्ण उत्खनन से चित्रित धूसर मृद्भाण्ड संस्कृति के विषय में महत्त्वपूर्ण प्रकाश पड़ता है। उत्खनन से विदित हुआ है कि इस संस्कृति के लोग

पहले अर्द्ध-चन्द्राकार झोपड़ियाँ बनाते थे जिनकी छतें बेंत को लीप कर बनाई जाती थीं। फिर मिट्टी के मकान बनाये गये और उसके पश्चात् पक्की ईंटों के मकान बनाये जाने लगे। इतिहास-काल में विभिन्न स्थानों से प्राप्त अभिलेखों, सिक्कों, मुद्रा एवं मुद्रा-छापों, स्थापत्य एवं मूर्तियों सम्बन्धी कला-अवशेषों से हरियाणा में इतिहासकाल से लेकर अब तक के विविध तथ्यों एवं स्थितियों के प्रमाण उपलब्ध हुए हैं जो हरियाणा के निवासियों की विभिन्न कालों की सांस्कृतिक, सामाजिक, राजनीतिक, आर्थिक एवं कलात्मक गतिविधियों, अभिरुचियों एवं उपलब्धियों के परिचायक हैं।

हरियाणा में पुरातात्विक अन्वेषण, सर्वप्रथम एलेक्जेण्डर कनिंघम ने 1862 ई॰ में आरम्भ किया। तब से 1990 तक इस प्रदेश में अनेक सभ्यताओं के अवशेष मिले हैं। हरियाणा में मानव संस्कृति का इतिहास पाषाण युग से प्रारम्भ होता है। इस युग के अनेक पत्थर के औजार पिन्जौर में मिलते हैं। सिरसा, झाझर, और कौशल्या नदियों की ऊपरी घाटियों के अन्वेषण से ज्ञात होता है कि यहाँ पाषाण-कालीन मनुष्य रहता था। कालका स्टेशन से पश्चिम की ओर टनगर में पाषाण-कालीन औजार मिले हैं। जिला अम्बाला से भी ऐसे औजार मिले हैं। यद्यपि इन पाषाण के औजारों का काल निर्णय वर्षों में करना कठिन है परन्तु विद्वानों ने इसका समय लगभग एक लाख वर्ष माना है।

डॉ॰ सूरजभान की मिथाथल (जिला भिवानी) की खुदाई से भी बहुत महत्त्वपूर्ण सामग्री प्राप्त हुई। प्रथम काल में कालीबंगा सदृश्य प्राक् हड़प्पा भाण्ड प्राप्त होते हैं। द्वितीय काल अ और ब में हड़प्पा संस्कृति के अवशेष मिलते हैं।

डॉ॰ उदयवीर सिंह के निर्देशन में बालू में जो उत्खनन हुआ उसमें प्राक् हड़प्पा, उत्तर हड़प्पा के अवशेष मिले हैं। प्राक् हड़प्पा और हड़प्पा कालीन दुर्ग के अवशेष भी मिले हैं जो कच्ची मिट्टी की ईंटों का बना था। दौलतपुर से उत्तर हड़प्पा युग के अवशेष और उसके बाद धूसर चित्रित मृदभाण्ड सभ्यता के अवशेष प्राप्त हुए।

प्रथम ब काल में यहाँ हड़प्पा परवर्ती संस्कृति के लोग रहते रहे परन्तु बाद में चित्रित स्लेटी पात्र सभ्यता के लोग आकर रहने लगे। दोनों सभ्यताओं के लोगों के साथ-साथ रहने का यह सर्वप्रथम प्रमाण भगवानपुर में मिला है। चित्रित स्लेटी पात्र सभ्यता के बारे में प्रमाण अन्य स्थानों में भी मिलते हैं। परन्तु भगवानपुरा में उनके रहन-सहन इत्यादि के बारे में बहुत बातें मालूम हुई हैं। प्रथम चरण में ये लोग गोल या अर्द्ध चन्द्राकार झोपड़ियों में रहते थे और द्वितीय चरण में मिट्टी के भवनों में रहने लगे। एक तरह कमरे का मिट्टी की दीवारों का बना मकान मिला है। कमरों का आकार 1.60 × 1.60, 3.35 × 4.25 मीटर था। कमरों में काफी मात्रा में चित्रित स्लेटी पात्र, हड्डी की कलमें, खिलौने तथा मणके मिले हैं। 2.5 प्रतिशत हड़प्पा पूर्वोत्तर सभ्यता के पात्र भी मिले हैं। जिससे सामाजिक आदान-प्रदान का पता चलता है। तृतीय चरण में ये लोग पक्की ईंटों के मकानों में रहने लगे। 5 प्रकार की ईंटें मिली हैं।

कुछ अण्डाकार रचनाएँ भी मिली हैं। कदाचित इनका कुछ धार्मिक प्रयोजन हो सकता है। दो समाधियाँ भी मिली हैं जिनमें एक बच्चे का, दूसरे में एक पूरे आदमी का कंकाल उत्तर-दक्षिण दिशा में लिटाया हुआ मिला है। चित्रित स्लेटी पात्र की सभ्यता के लोगों के मिट्टी के खिलौने, मनुष्याकृतियाँ, मणके, हड्डी की कलमें, शलाकाएँ और बच्चों के खिलौने विशेष उल्लेखनीय हैं।

भगवानपुरा की खुदाई ने चित्रित स्लेटी पात्र सभ्यता का काल द्वितीय सहस्राब्द के मध्य में लाकर रख दिया और हड़प्पा पूर्वोत्तर काल से इसका गठबन्धन कर दिया है। हड़प्पा पूर्वोत्तर काल में ही इस सभ्यता का आविर्भाव हो गया था।

उपर्युक्त स्थानों के अलावा दर्जनों टीले हरियाणा में हैं जिनकी सूचियाँ उपलब्ध हैं। उनमें प्राक् हड़प्पा संस्कृति, हड़प्पा संस्कृति और चित्रित स्लेटी पात्र सभ्यता के अनेक टीले हैं। हड़प्पा संस्कृति का एक बहुत ही विराट टीला जीन्द के पास राखीगढ़ी में है। यह एक बहुत बड़ा सभ्यता का नगर मालूम पड़ता है। यहाँ से स्वामी ओमानन्द जी की सैन्धव मुद्राएँ भी मिली हैं। हरियाणा प्रदेश में राखीगढ़ी सरीखे कुछ टीले सभ्यता की कई छिपी कड़ियों को जोड़ने की चुनौती है।

मौर्यकालीन अवशेषों में राजा अशोक का प्रसिद्ध स्तम्भ (272-232 B.C.) टोपरा जिला अम्बाला में था, इसे उठवाकर फिरोजशाह तुगलक ने कोटला में (1356) लगवा दिया। शमसशिराज ने इसका विवरण दिया है। इसमें राजा विसलदेव का भी बाद का एक लेख है। इसके अलावा दो स्तम्भों के टुकड़े जिनमें से एक हिसार में है और दूसरा फतेहाबाद में है। हो सकता है ये स्तम्भ हांसी या अग्रोहा में हों बाद में हटाकर यहाँ लगा दिये गये हों। एक स्तूप के अवशेष चनेती जगाधरी से तीन कि॰मी॰ पूर्व की तरफ पाये गये हैं। इस टीले की ऊँचाई 8 मीटर है और परिधि 20 मीटर है। पुरातत्वज्ञों का मत है कि यह एक मौर्यकालीन स्तूप हो सकता है।

पलवल से प्राप्त प्रतिमा जो लाल पत्थर की बनी है, इसमें यक्ष एक साफा बांधे, गले में हार, बड़े-बड़े कान, हाथ में शंखाकार वस्तु लिए, प्रारम्भिक शुंग काल की है, जिसे लगभग द्वितीय शताब्दी ईसा पूर्व रखा जा सकता है।

अमीन जिला कुरुक्षेत्र से प्राप्त दो स्तम्भ शुंग युग की कला के बहुत ही उत्कृष्ट नमूने हैं। प्रथम में एक यक्ष दिखाया गया है और दूसरे में एक यक्ष युगल पेहवा से प्राप्त एक पक्की मिट्टी की मूर्ति बहुत ही सुन्दर है जिसमें गान्धार कला की अनुभूति होती है। यह पेहवा में कैसे आ गई यह जानकारी नहीं मिलती।

द्वितीय प्रथम शताब्दी में हरियाणा में योधेय, अग्रेय और कुनिन्दों का काफी प्रभुत्व रहा। और इनके बहुत से सिक्के अनेक स्थानों से मिलते हैं। इण्डो-ग्रीक, इण्डो-पाथियन् इण्डो-सीथिया, और इण्डो-लससानियन राजाओं के सिक्के भी इस प्रदेश में प्राप्त हुए हैं।

हरियाणा में कुषाणों के समय के अनेक सिक्के और मूर्तियाँ प्राप्त हुई हैं जो इतिहास और कला की दृष्टि से बड़े महत्त्वपूर्ण हैं। करनाल से प्राप्त एक खरोष्टी लिपि का लेख है जो अब लाहौर संग्रहालय में है।

अष्टीपुर थानेश्वर से प्राप्त एक पक्की मिट्टी की मूर्ति प्लॉक है जिसमें एक लम्बे बाल वाला मनुष्य और दूसरे घुंघराले बाल वाला मनुष्य आपस में लड़ते हुए दिखाई देते हैं जिसमें कदाचित गांधार शैली की छाप प्रतीत होती है।

खोखरा कोट से एक सिंह ध्वज एक दूसरे के पीछे बैठे पावों वाले सिंहों के दो जोड़े मिले हैं, इसमें पीछे की तरफ एक यक्ष और यक्षी बैठे हैं। इस तरफ के सिंहों के पंख नहीं हैं। यह प्रथम-द्वितीय शताब्दी की कृति अब राष्ट्रीय संग्रहालय में है।

तीसरी शताब्दी में रोहतक के इलाके में योधेयों का बोलबाला था। इनके अनेक सिक्के मिले हैं। इनके कार्तिकेय इष्ट देवता थे जिनके चित्र इनके सिक्कों पर मिलते हैं।

रोहतक के पास हड़प्पाकालीन अवशेष प्राप्त

रोहतक से चालीस किलोमीटर दूर फरमाणा गांव में खुदाई में 18.5 किलोमीटर में फैली हड़प्पा काल की बड़ी भवन संरचना मिली है। पुरातत्व की दृष्टि से इसे असाधारण खोज के रूप में देखा जा रहा है। इसी साइट के बगल में कब्रिस्तान भी मिला है, जहां से 70 मानव शरीर के ढांचे भी मिले हैं। इसे भी हड़प्पाकालीन सभ्यता का माना जा रहा है, जिसका समय 3500 से 3000 ईसा पूर्व हो सकता है।

राजा करण के किले से कुछ मिट्टी की मूर्तियाँ और एक श्रीदेवी का साँचा मिला है। समुद्रगुप्त का एक परशु प्रकार का सोने का सिक्का मिथाथल, भिवानी से मिला है। इसके अलावा और भी कई शुद्ध सोने के सिक्के मिले हैं। जगाधरी से भी समुद्रगुप्त का एक सोने का सिक्का मिला है। तुषाम से प्राप्त गुप्तकालीन लेख एक महत्त्वपूर्ण उपलब्धि है। इसमें तीन अभिलेख हैं। एक में लिखा है, 'जिंत भगवता भगवद्पाददेशें'। यद्यपि लेख छोटे हैं परन्तु इस प्रदेश की धार्मिक गतिविधियों पर प्रकाश डालते हैं। विशेष प्रकार से वैष्णव धर्म पर कपाल मोचन जिला अम्बाला में 484 A.D. का एक लेख मिलता है। मुद्राएँ तो गुप्तकाल की अनेक मिली हैं।

सोनीपत से प्राप्त हर्षवर्धन की ताँबे की मुद्रा का बहुत महत्त्व है जिसमें थानेश्वर के पुष्यभूति वंशावली का वृत्तान्त मिलता है।

ह्वेनसांग ने थानेश्वर का विस्तार से वर्णन किया है। यहाँ पर 3 बौद्ध विहार थे और 700 बौद्ध भिक्षु रहते थे। ह्वेनसांग के वृत्तान्त में यह भी उल्लेख है कि थानेश्वर के उत्तर-पश्चिम में एक अशोक कालीन स्तूप भी था। रोजर्स को एक बुद्ध की भंग मूर्ति कुरुक्षेत्र के सरोवर के पास से मिली थी।

भारतीय पुरातत्व सर्वेक्षण की ओर से श्री बृजमोहन पाण्डे के निर्देशन में कई वर्ष तक चल रहे थानेश्वर के उत्खनन से हरियाणा के इलाके का एक अच्छा सांस्कृतिक कालक्रम मिलता है। प्रथम काल चित्रित धूसर मृद पात्र सभ्यता, द्वितीय में कुषाण, तृतीय में गुप्तकालीन, चतुर्थ में गुप्तोत्तर हर्ष कालीन, पंचम काल में सल्तनत और छठे में मुगलकाल

के अवशेष मिलते हैं। इस उत्खनन से पता चलता है कि थानेश्वर में कुषाणकाल में मिट्टी का परकोटा था और बाद में मुगलों ने परकोटे को पक्की ईंटों से बनवाया था। हर एक काल के उपकरण उस काल की सभ्यता के द्योतक हैं।

जगाधरी के पास सुग जिला यमुनानगर में एक बहुत प्राचीन स्थान है। ह्वेनसांग ने भी इस स्थान की चर्चा की थी और लिखा है कि 9वीं शताब्दी में यह भग्नावशेष हालत में था। उसने लिखा है कि नगर के दक्षिण-पश्चिम में एक बौद्ध विहार था और जमुना के पश्चिम में एक अशोक का स्तूप था। इस स्तूप के बगल में एक और स्तूप था जिसमें बुद्ध के बाल और नाखून रखे थे और उसके पास अनेक स्तूप थे। बुद्ध ने अपने पिछले जन्म में सुग में धर्म प्रवचन किया था। पंजाब विश्वविद्यालय के तत्वावधान में सुग में डॉ॰ बहादुर चन्द्र छावड़ा और डॉ॰ सूरजभान चौधरी ने उत्खनन किया और चित्रित स्लेटी पात्र तथा काली चमकीली मिट्टी के प्रथम काल के पात्र मिले। इसी काल में सुग के नगर का निर्माण हुआ। अनेक सिक्के मिले हैं जिनमें चाँदी के पंच मार्थ सिक्के तथा मेनेण्डर का सिक्का बहुत महत्त्वपूर्ण है। इसका काल निर्णय 500-100 B.C. आंका गया है।

द्वितीयकाल में मकान सुनियोजित रूप से पक्की और कच्ची ईंटों के बनाये गये थे। यहाँ से बहुतायात से कुषाणकाल की अनेक मूर्तियाँ मिली हैं। अनेक मणके और सिक्के मिले हैं। तीसरी शताब्दी की एक मुद्रा में 'व्याघ्रराज' और दूसरी में 'सुघ' लिखा है। सुग से कुछ दूरी दक्षिण-पश्चिम पर एक आयताकार संरचना के अवशेष मिले हैं, जो शायद ह्वेनसांग द्वारा वर्णित बौद्ध विहार हो।

हिसार से 20 कि॰मी॰ उत्तर-पश्चिम में अग्रोहा, प्राचीन अग्रोदक के अवशेष एक विराट टीले के रूप में विद्यमान हैं। भारतीय पुरातत्व सर्वेक्षण के एच॰ एल॰ श्रीवास्तव ने यहाँ पर खुदाई करवाई थी। इस नगर की नींव पाँचवीं शताब्दी ई॰ पू॰ से पहले पड़ी होगी। इस जिले में 51 सिक्के तथा अनेक मूर्तियाँ और पक्की मिट्टी की मूर्तियाँ मिली हैं। यहाँ से कुषाण और यौधेय काल के सिक्के भी मिले हैं। महिषासुर मर्दिनी और वराह की मूर्तियाँ सुन्दर हैं। यहाँ से 9वीं शताब्दी का एक भोजपत्र में लिखा हुआ हस्तलिखित ग्रंथ भी मिला है।

पेहवा (पृथुदक) की प्रशस्ति से ज्ञात होता है कि प्रतिहारों के नीचे तोमरों का शासन करनाल के इलाके में था। प्रतिहार युग की दो सुन्दर मूर्तियाँ पेहवा में मिली हैं—एक शिव-पार्वती की है और दूसरी बुद्ध की है। प्रतिहार और तोमरों के आधिपत्य में नवमीं शताब्दी के अनेक शिल्प समस्त हरियाणा में प्राप्त होते हैं।

कैथल-नरवाणा सड़क में कलायत में तीन ईंट के बने मन्दिरों के अवशेष हैं जिनमें दो काफी अच्छी हालत में हैं और तीसरे का सिर्फ द्वार ही शेष रह गया है। ये मन्दिर सातवीं-आठवीं शताब्दी के हैं। इन मन्दिरों की शैली देखने से विशेषतः कपिलमुनि के मन्दिर को देखने के बाद मटिर गाँव के गुप्त मन्दिर की याद आने लगती है। यहाँ पर भगवती के मन्दिर में काल पत्थर की गणेश और महिषामर्दिनी की मूर्तियाँ बहुत ही भव्य हैं। कहा जाता है कि 10वीं

शताब्दी में सूरजताल तोम ने सूरजकुण्ड, जिला गुरुग्राम का निर्माण करवाया था। इसमें अर्धचन्द्राकार सीढ़ियाँ बनी हैं। विश्वास किया जाता है कि इसके पश्चिम में एक सूर्य का मन्दिर था। फिरोजशाह तुगलक ने इसकी मरम्मत करवाई थी। (1351-58) सूरजकुण्ड से 2 मि. दक्षिण-पश्चिम में अनंगपुर के पास एक बांध है जिसे अनंगपाल ने बनवाया था। पिंजौर के पास भीमादेवी मन्दिर के अवशेष हैं। यह मन्दिर 10वीं शताब्दी का है और यहाँ से अनेक दुर्लभ मूर्तियां उपलब्ध हुई हैं जिनमें मिथुन, यक्ष, वरुण, अप्सरा बहुत ही सुन्दर हैं।

11वीं शताब्दी में हरियाणा में महमूद गजनवी का आक्रमण हुआ। उसके बाद हरियाणा में मुसलमान कालीन अनेक मकबरे, मस्जिदें, बावलियाँ, आरामगाह और लाटें मिलती हैं जो मध्ययुगीन स्थापत्य के विशेष नमूने हैं इनमें से फतेहाबाद जिले में फिरोजशाह का किला और महल तथा लाट, हूमायूँ की मस्जिद जहाँ कहा जाता है कि अमरकोट को जाते हुए हुमायूँ ने नमाज अदा की थी, हाँसी जो सूफियों का केन्द्र था और जहाँ बाबा शेख फरीद 12 साल रहे थे, किला, बरस गेट, बारादरी खानगाह, चहर कुतुब के चार मजार, मीर तज्जा की कब्र, फिरोज तुगलक की मस्जिद, छत्री जिसमें सबसे पुरानी मजार है, स्थापत्य के अच्छे नमूने हैं।

नारनौल, प्राचीन नन्दीग्राम जिसे च्यवण ऋषि से भी सम्बोन्धित किया जाता है, हरियाणा के मध्ययुगीन स्थापत्य का बहुत ही सुन्दर उदाहरण है। 1137 में शाह विलायत, नारनौल आया था। वह बहुत शूरवीर था। एक मकबरा, एक मस्जिद और स्कूल उसकी स्मृति में इब्राहिम खान सूर के मकबरे के पास हैं। पन्द्रहवीं शताब्दी में नारनौल में लोदी राजाओं के नीचे इब्राहिम खान था। अकबर के समय में नारनौल में टकसाल बनाई गई और अनेक भवन तथा बगीचे बनाये गये। औरंगजेब के समय में सतनामियों ने बगावत कर दी।

नारनौल में शेरशाह सूरी ने अपने दादा इब्राहिम कूंवान का मकबरा बनवाया। (1538-1546 A.D.) यह पठान शैली का चौकोर मकबरा है जिसमें लाल स्लेटी और सफेद रंग के पत्थर लगे हैं और मकबरे की छत बहुत सुन्दर ढंग से चित्रित है।

शाहकुलीखान (1578-89) ने एक बाग लगवाया जिसका नाम आरामें कोसर था और त्रिपोलिया दरवाजे का निर्माण करवाया। जल महल और जामी मस्जिद अन्य भव्य इमारतें हैं।

मुकुन्द दास जो शाहजहाँ के समय नारनौल का दीवान था उसने एक इमारत बनवाई जो छत्ता राय मुकुन्द दास के नाम से जानी जाती है। नारनौल में शाहजहाँ के समय की सराय मुकन्द दास भी है जिसमें एक लेख भी है, आजकल इस इमारत में सरकारी दफ्तर है।

औरंगजेब का सरदार फिदाई खान जो सरहिन्द का गवर्नर था उसने पिंजौर की स्थिति से विभोर होकर वहाँ पर एक मुगल परिपाटी का बाग बनाया। इस बाग में ऊपर एक प्रवेश द्वार है और फिर सात सीढ़ीदार बाग हैं, बीच में फव्वारे और पानी चलता रहता है। शीशमहल, जलमहल और रंगमहल इस बाग की भव्यता बढ़ा देते हैं। यह एक ऐसा बाग है जो अभी भी औरंगजेब के समय की याद दिलाता है। फरुखनगर में मुगलोत्तर काल का किला और बावली पुरानी परिपाटी की याद दिलाते हैं।

वस्तुनिष्ठ प्रश्नोत्तर

1. हरियाणा की शिवालिक पहाड़ियों में पिंजौर-कालका के निकट किस काल के उपकरण प्राप्त हुए हैं?

A. पाषाण काल

B. उत्तरवैदिक काल

C. हड़प्पा काल

D. पूर्ववैदिक काल

2. मानव-जाति के जनक माने जाने वाले वैवस्त मनु को ''अवन्ति सुन्दरी कथा'' नामक ग्रन्थ में, किस स्थान का निवासी माना गया है?

A. पानीपत

B. रोहतक

C. स्थाण्वीश्वर

D. पंचकुला

3. हरियाणा के वणावली, सीसवाल, कुणाल, मिर्जापुर, दौलतपुर और भगवानपुरा नामक स्थानों के उत्खननों से किस काल की संस्कृतियों के प्रमाण मिले हैं?

A. आद्यौतिहासकालीन-प्राग्हड़प्पा

B. हड़प्पा

C. परवर्ती हड़प्पा

D. उपरोक्त सभी कालों के

4. हरियाणा में पुरातात्विक अन्वेषण, सर्वप्रथम किसने आरम्भ किया था?

A. जॉनसर

B. एलेक्जेण्डर कनिंघम

C. लार्ड मुनरो

D. जॉन मार्शल

5. हरियाणा में पुरातात्विक अन्वेषण का आरम्भ कब हुआ?

A. 1862 ई. में

B. 1892 ई. में

C. 1900 ई. में

D. 1905 ई. में

6. डॉ सूरजभान के निर्देशन में हरियाणा में किस स्थान की खुदाई से महत्त्वपूर्ण ऐतिहासिक सामग्री प्राप्त हुई है?

A. मिथाथल (जिला भिवानी)

B. दादरी (जिला चरखी दादरी)

C. ऐलनाबाद (जिला सिरसा)

D. सफीदों (जिला जीन्द)

7. हरियाणा में हड़प्पा परवर्ती संस्कृति व चित्रित स्लेटी पात्र सभ्यताओं के लोगों के साथ-साथ रहने का सर्वप्रथम प्रमाण कहाँ मिला है?

A. नारनौल

B. भगवानपुरा

C. सिरसा

D. महेन्द्रगढ़

8. हरियाणा में हड़प्पा संस्कृति का एक विराट टीला जीन्द के समीप किस स्थान पर है?

A. सफीदों

B. उचाना

C. नरवाना

D. राखीगढ़ी

9. जगाधरी से तीन कि.मी. पूर्व की ओर चनेती में एक स्तूप के अवशेष मिले हैं, इस स्तूप की ऊँचाई 8 मीटर है। बताइये इसकी परिधि कितने मीटर है?

A. 20 मीटर

B. 30 मीटर

C. 45 मीटर

D. 50 मीटर

10. अमीन जिला कुरुक्षेत्र से प्राप्त दो स्तम्भ किस काल की कला को दर्शाते हैं?

   A. मौर्यकाल   B. वर्धनकाल

   C. गुप्तकाल   D. शुंगकाल

11. समुद्रगुप्त का एक परशु प्रकार का सोने का सिक्का हरियाणा में कहाँ पर मिला है?

   A. कोसली (रेवाड़ी)   B. टोहाना (फतेहाबाद)

   C. मिथाथल (भिवानी)   D. रानिया (सिरसा)

12. हरियाणा के किस इलाके में तीसरी शताब्दी में यैधेयों का बोलबाला था?

   A. पानीपत के इलाके में   B. रोहतक के इलाके में

   C. हिसार के इलाके में   D. अम्बाला के इलाके में

13. जगाधरी से किस शासक की सोने की मुद्रा प्राप्त हुई है?

   A. कनिष्क   B. कुमारगुप्त

   C. पुष्पमित्रशुंग   D. समुद्रगुप्त

14. हरियाणा के किस स्थान से हर्षवर्धन की तांबे की मुद्रा मिली है जिसमें थानेश्वर के पुष्पमूर्ति वंशावली का वृत्तान्त मिलता है?

   A. सोनीपत   B. सिरसा

   C. गुरुग्राम   D. कैथल

15. भारतीय पुरातत्त्व सर्वेक्षण के एच.एल. श्रीवास्तव द्वारा हिसार में किस स्थान पर खुदाई कार्य करवाया गया था?

   A. उकलाना   B. हांसी

   C. अग्रोहा   D. आदमपुर

उत्तरमाला

1	2	3	4	5	6	7	8	9	10
A	C	D	B	A	A	B	D	A	D

11	12	13	14	15
C	B	D	A	C

❖❖❖

17 | शिक्षा

हरियाणा को राज्य का दर्जा मिलने के बाद से अब तक यहाँ का शिक्षा स्तर तीव्र गति से बढ़ा है। पूर्ण राज्य बनने से पहले यहाँ केवल 20 प्रतिशत जनसंख्या साक्षर थी। अब हरियाणा की साक्षरता जनगणना 2011 के अनुसार 75.6 प्रतिशत है।

- कुल साक्षर जनसंख्या.. 1,65,98,988

- शिक्षित पुरुषों की संख्या 97,94,067

- शिक्षित स्त्रियों की संख्या 68,04,921

मान्यता प्राप्त विश्वविद्यालयों/महाविद्यालयों/विद्यालयों की संख्या

संस्था की किस्म	2000-01	2005-06	2010-11	2014-15	2015-16	2016-17
विश्वविद्यालय	4	5	24	43	43	43
कला तथा विज्ञान महाविद्यालय	150	168	190	238	288	274
इंजीनियरिंग महाविद्यालय	25	40	155	156	148	175
अध्यापक प्रशिक्षण महाविद्यालय	20	36	472	472	491	491
उच्च/वरिष्ठ मध्यमिक विद्यालय	4,138	5,317	6,771	7,571	7,663	7,782
माध्यमिक विद्यालय	1,887	2,168	3,439	4,051	4,430	4,986
प्राथमिक/पूर्व प्राथमिक विद्यालय	11,013	12,152	13,073	9,603	9,675	9,968

बच्चों को निःशुल्क और अनिवार्य शिक्षा का अधिकार अधिनियम, 2009 के क्रियान्वयन के फलस्वरूप सरकार ने शिक्षा तक सार्वभौमिक पहुँच सुनिश्चित करने की दिशा में उल्लेखनीय प्रगति की है। सार्वभौमिक पहुँच के अतिरिक्त शिक्षा की गुणवत्ता भी मायने रखती है जिसके लिए सरकार स्कूलों में शैक्षणिक माहौल में सुधार पर बल दे रही है। इस लक्ष्य को प्राप्त करने के लिए, राज्य में गुणवत्ता सुधार का एक कार्यक्रम शुरू किया गया है जिसका उद्देश्य विद्यार्थियों में सीखने के अंतर को पाटना और यह सुनिश्चित करना है कि पाँच वर्षों में प्राथमिक कक्षाओं के कम-से-कम 80 प्रतिशत विद्यार्थी ग्रेड स्तरीय दक्षता प्राप्त कर लें। ''अध्ययन अभिवृद्धि कार्यक्रम (Learning Enhancement Programme)'' के तहत प्राथमिक कक्षाओं के लिए सुधारात्मक कक्षाएं शुरू की गई हैं। इसके साथ ही, अध्यापक प्रशिक्षण कोर्सों के माध्यम से अध्यापकों की क्षमता बढ़ायी जा रही है।

हरियाणा में प्रारम्भिक शिक्षा निःशुल्क व अनिवार्य है। 6 से 11 वर्ष की आयु वर्ग के स्कूल जाने योग्य सभी बच्चों को प्राइमरी स्कूलों की सुविधायें उपलब्ध हैं। प्रदेश में एक कि.मी. की परिधि में एक प्राथमिक स्कूल, 1.45 कि.मी. की परिधि में एक मिडिल स्कूल, 1.77 कि.मी. की परिधि में एक हाई स्कूल तथा 3.19 कि.मी. पर एक उच्चतर माध्यमिक स्कूल खुला हुआ है।

प्रदेश सरकार ने वर्ष 1985-86 में 10+2+3 शिक्षा प्रणाली लागू कर दी है। इस प्रणाली के लागू होने से हरियाणा प्रदेश राष्ट्रीयधारा में आ गया है। इस प्रकार अब इस स्कीम के अन्तर्गत शैक्षिक व व्यावसायिक दोनों प्रकार की प्रणालियों को समान रूप से बल मिल सकेगा।

प्रदेश में 500 से ज्यादा तकनीकी संस्थान हैं। इनमें सरकारी एवं प्राइवेट दोनों शामिल हैं। ये सभी संस्थान विभिन्न क्षेत्रों में तकनीकी शिक्षा दे रहे हैं। रीजनल इंजीनियरिंग कॉलेज (कुरुक्षेत्र) या रेक को डीम्ड विश्वविद्यालय का दर्जा दे दिया गया है। अब इसका नाम नेशनल इंस्टीट्यूट ऑफ टेक्नॉलोजी रखा गया है। गांव पन्नावाला मोटा (सिरसा में) चौधरी देवी लाल स्मृति इंजीनियरिंग कॉलेज खोला गया।

प्रदेश में हरिजन बालिकाओं के लिए उपस्थिति छात्रवृत्ति लागू है। जिसके अन्तर्गत प्रत्येक हरिजन बालिका को 70 प्रतिशत उपस्थिति के लिए छात्रवृत्ति दी जाती है। उन्हें निःशुल्क वर्दी भी दी जाती है। इसके अतिरिक्त प्राथमिक स्कूल के छात्रों को मुफ्त कापियाँ और लेखन-सामग्री भी दी जाती हैं।

प्रदेश सरकार ने स्त्रियों की शिक्षा की ओर भी विशेष ध्यान दिया है। सहशिक्षा संस्थाओं में लड़कियों के लिए अलग सैक्शन खोलने की अनुमति है। स्कूल व कॉलेज स्तर पर लड़कियों/महिलाओं की शिक्षा से सम्बन्धित मामलों पर सरकार को सहायता तथा परामर्श देने के लिए महिला शिक्षा राज्य परिषद् की स्थापना की गई है। प्रदेश में बालिकाओं की शिक्षा को बढ़ावा देने के लिए उनकी शिक्षा स्नातक स्तर तक निःशुल्क है।

वर्ष 2011 की जनगणनानुसार राज्य की साक्षरता 75.6 प्रतिशत है, जिसमें पुरुष साक्षरता 84.1 प्रतिशत तथा महिला साक्षरता 65.9 प्रतिशत है। साक्षरता की दृष्टि से हरियाणा का देश में 22वाँ स्थान है। राज्य का सर्वाधिक साक्षर जिला गुरुग्राम है, जिसकी साक्षरता 84.7 प्रतिशत है तथा न्यूनतम साक्षर जिला नूंह है जिसकी कुल साक्षरता 54.1 प्रतिशत है। राज्य में पंजाबी भाषा को बढ़ावा देने के उद्देश्य से इसे द्वितीय स्थान पर रखा गया है। राज्य में कुल साक्षर व्यक्तियों की संख्या 1,65,98,988 है, इसमें साक्षर पुरुषों की संख्या 97,94,067 तथा साक्षर महिलाओं की संख्या 68,04,921 है।

हरियाणा : साक्षरता 2011

क्रम सं.	राज्य/ जिला	व्यक्ति	पुरुष	स्त्रियां	दर % में	पुरुष	स्त्रियां
	हरियाणा	16598988	9794067	6804921	75.6	84.1	65.9
1.	पंचकुला	405318	229862	175456	81.9	87.0	76.0
2.	अम्बाला	818025	461288	356737	81.7	87.3	75.5
3.	यमुनानगर	832457	474793	357664	78	83.8	71.4
4.	कुरुक्षेत्र	646893	370828	276065	76.3	83.0	68.8
5.	कैथल	646529	385782	260747	69.2	78.0	59.2
6.	करनाल	978013	564516	413497	74.7	81.8	66.8
7.	पानीपत	786599	464136	322463	75.9	83.7	67.0
8.	सोनीपत	998316	589881	408435	79.1	87.2	69.8
9.	जींद	832758	502049	330709	71.4	80.8	60.8
10.	फतेहाबाद	557578	327471	230107	67.9	76.1	58.9
11.	सिरसा	782897	456968	325929	68.8	76.4	60.4
12.	हिसार	1114311	670200	444111	72.9	82.2	62.3
13.	भिवानी	1069871	643158	426713	75.2	85.6	63.5
14.	रोहतक	747582	436025	311557	80.2	87.7	71.7
15.	झज्जर	676091	399480	276611	80.6	89.3	70.7
16.	महेन्द्रगढ़	630255	380440	249815	77.7	89.7	64.6
17.	रेवाड़ी	636947	375453	261494	81	91.4	69.6
18.	गुरुग्राम	1111116	638666	472450	84.7	90.5	78.0
19.	नूंह	454897	308435	146462	54.1	69.9	36.6
20.	फरीदाबाद	1272739	734940	537799	81.7	88.6	73.8
21.	पलवल	599796	379696	220100	69.3	82.7	54.2

Source: Census of India-2011, Primary Census Abstract, Total Population

प्रदेश में प्रौढ़ शिक्षा ने महत्त्वपूर्ण प्रगति की है। इस समय 6,000 से भी अधिक प्रौढ़ शिक्षा केन्द्र काम कर रहे हैं। हरियाणा में स्कूल के बाहर ऐसे लड़कों और लड़कियों को शिक्षा सुविधायें उपलब्ध कराई गई हैं, जो अपने माता-पिता के काम में हाथ बंटाने के कारण किसी औपचारिक स्कूल में नहीं जा सकते।

प्रदेश के गुरुग्राम जिले में शिक्षा अनुसंधान तथा प्रशिक्षण के लिए राज्य परिषद स्थापित की गई है। यह परिषद ऐसे अनेक कार्यक्रमों में लगी हुई है। जिसका उद्देश्य स्कूल शिक्षा तथा उनके शिक्षकों के स्तर में सुधार लाना है। यह परिषद् अनुसंधान परियोजना भी हाथ में लेती है और सर्वेक्षण कार्य भी करती है।

प्रदेश सरकार प्रतिवर्ष प्राथमिक, उच्चतर माध्यमिक स्कूलों के शिक्षकों को राज्य शिक्षक पुरस्कार से सम्मानित करती है। प्रत्येक पुरस्कृत शिक्षक को नकद धनराशि तथा एक रजत पदक और प्रमाण-पत्र दिया जाता है। भारत सरकार भी प्रतिवर्ष शिक्षकों को राष्ट्रीय शिक्षक पुरस्कार से सम्मानित करती है।

प्रदेश शिक्षा के क्षेत्र में विकास कार्य

1. हरियाणा ने उच्च शिक्षा में काफी प्रगति की है। वर्ष 1966 में राज्य में जहाँ मात्र 1 विश्वविद्यालय था वही वर्ष 2016-17 में इनकी संख्या बढ़कर 43 हो गई है।

2. रोजगार के अधिक अवसर उपलब्ध करवाने के उद्देश्य से शिक्षा में डिप्लोमा की सीटों की संख्या 2,180 से बढ़ाकर 10 हजार से ज्यादा कर दी गई है।

3. प्रदेश में पंजाबी भाषा को बढ़ावा देने के लिए पंजाबी को दूसरी भाषा का दर्जा दिया गया है तथा इसके विकास के लिए हरियाणा पंजाबी साहित्य अकादमी का गठन किया गया है।

4. माध्यमिक और दसवीं की परीक्षाओं में पंजाबी में उच्च स्थानों पर आने वाले छात्रों को छात्रवृत्तियां दी जाती हैं।

5. विश्व बैंक की सहायता से चलाये जा रहे जिला प्राथमिक शिक्षा कार्यक्रम का विस्तार कई और जिलों में कर गया है। इसके तहत इन जिलों के प्राथमिक स्कूलों में व्यापक स्तर पर सुविधाएँ उपलब्ध करवाने की व्यवस्था है और 6 से 11 वर्ष के हर बच्चे को प्राइमरी शिक्षा उपलब्ध करवाने की योजना है।

6. हरियाणा में गरीब छात्र/छात्राओं में शिक्षा का स्तर बढ़ाने के लिए अनेक उपाय किए गए हैं। अनुसूचित जाति/गरीब वर्ग के कक्षा 5 से 12 तक सरकारी स्कूलों में पढ़ने वाले बच्चों को निःशुल्क पाठ्य पुस्तकें उपलब्ध कराई जा रही है।

7. प्रदेश में अनुसूचित जातियों, घुमन्तु कबीलों व कमजोर वर्गों के बच्चों को विशेष-रूप से लड़कियों को शिक्षा के प्रति प्रोत्साहित करने के लिए प्राथमिक कक्षाओं में उन्हें निःशुल्क वर्दियां, पुस्तकें व लेखन सामग्री, उपस्थिति पुरस्कार, विशेष उपस्थिति भत्ता आदि प्रदान किया जा रहा है।

8. शिवालिक तथा मेवात क्षेत्रों में अध्यापकों की कमी को पूरा करने के लिए स्थानीय उम्मीदवारों के लिए राजकीय प्राथमिक अध्यापक प्रशिक्षण संस्थान, मोरनी तथा राजकीय प्राथमिक अध्यापक प्रशिक्षण संस्थान, फिरोजपुर में 50-50 अतिरिक्त सीटें बढ़ाई गई हैं।

9. विद्यालय स्तर पर ली जाने वाली कक्षा 6, कक्षा 7, कक्षा 9 एवं कक्षा 11 की परीक्षाओं के लिए समान नीति अपनाई गई है और अब परिणाम बोर्ड द्वारा निर्धारित फार्मूले के आधार पर घोषित किये जाते हैं।

10. प्रदेश के सभी जिलों को जिला साक्षरता कार्यक्रम के अन्तर्गत लाया गया है। इस कार्यक्रम के तहत 15 से 35 वर्ष के लाखों निरक्षरों को साक्षर बनाने का कार्यक्रम है।

11. वर्तमान समय में प्रदेश में सभी स्तरों की परीक्षाओं के परिणामों में वृद्धि हुई है।

12. विश्व बैंक की सहायता से तकनीकी शिक्षा की 175 करोड़ रुपये की लागत से एक परियोजना चलाई जा रही है। इसके अन्तर्गत प्रयोगशालाओं एवं कर्मशालाओं के आधुनिकीकरण के अतिरिक्त विभिन्न संस्थानों में नये भवनों का निर्माण कार्य किया जा रहा है।

13. सभी सरकारी स्कूलों में शिक्षा सत्र 2001-02 से कम्प्यूटर शिक्षा एक वैकल्पिक विषय के रूप में शामिल की गई है।

14. एडुसेट (EDUSAT) प्रोग्राम में राज्य के कई सीनियर सेकेन्ड्री स्कूलों में आरम्भ किया गया है।

15. राज्य सरकार ने अध्यापकों की नियुक्ति में 33 प्रतिशत स्थान महिलाओं के लिए आरक्षित करने का निर्णय लिया है।

16. सर छोटूराम स्टेट कॉलेज ऑफ इंजीनियरिंग, मुरथल, वैश्य कॉलेज ऑफ इंजीनियरिंग, रोहतक, एम.एम. कॉलेज ऑफ इंजीनियरिंग, मुलाना तथा एम.एल. इन्स्टीट्यूट ऑफ इंजीनियरिंग एण्ड टैक्नोलॉजी, रादौर में 10 प्रतिशत सीटें आरक्षित की गई हैं। इन सीटों के विरुद्ध डिप्लोमा धारकों को चार वर्षीय डिग्री पाठ्यक्रम के दूसरे वर्ष में प्रवेश दिया जाता है।

17. लोहारू में भी एक बहुतकनीकी संस्थान की स्थापना की गई है।

वस्तुनिष्ठ प्रश्नोत्तर

1. हरियाणा प्रदेश में वर्ष 2016-17 तक मान्यता प्राप्त प्राथमिक/पूर्व प्राथमिक विद्यालयों की संख्या कितनी है?

A. 9,968
B. 9,399
C. 11,582
D. 8,780

2. प्रदेश में वर्ष 2016-17 तक मान्यता प्राप्त माध्यमिक विद्यालयों की संख्या कितनी है?

A. 1,215
B. 2,312
C. 4,986
D. 3,850

3. हरियाणा में वर्ष 2016-17 तक मान्यता प्राप्त उच्च/वरिष्ठ माध्यमिक विद्यालयों की संख्या कितनी है?

A. 3,780
B. 7,782
C. 5,490
D. 3,460

4. हरियाणा के किस जिले की साक्षरता दर सबसे ज्यादा है?

A. गुरुग्राम
B. झज्जर
C. रोहतक
D. पलवल

5. प्रदेश के सभी सरकारी स्कूलों में किस शिक्षा सत्र से कम्प्यूटर शिक्षा एक वैकल्पिक विषय के रूप में शामिल की गई है?

A. 1999-2000
B. 2007-08
C. 2004-05
D. 2001-02

6. प्रदेश के किस जिले की साक्षरता दर सबसे कम है?

A. नूंह
B. कैथल
C. करनाल
D. पानीपत

7. प्रदेश में कुल साक्षर जनसंख्या कितनी है?

A. 1,65,98,988
B. 1,20,93,677
C. 1,78,10,882
D. 1,32,58,652

8. प्रदेश में वर्ष 2016-17 तक कितने मान्यता प्राप्त विश्वविद्यालय हैं?

A. 43
B. 50
C. 30
D. 60

9. प्रदेश में निम्नलिखित में से किस स्थान पर नवोदय विद्यालय स्थित है?

A. तितरम
B. ओढ़ा
C. देवराला
D. उपरोक्त सभी में

10. हरियाणा सरकार ने किस वर्ष 10+2+3 शिक्षा प्रणाली लागू की?

A. 1980-81 में
B. 1976-77 में
C. 1988-89 में
D. 1985-86 में

11. ''महर्षि दयानन्द विश्वविद्यालय'' हरियाणा के किस नगर में स्थित है?

    A. रोहतक   B. हिसार

    C. फरीदाबाद   D. रेवाड़ी

12. ''चौधरी चरणसिंह कृषि विश्वविद्यालय'' प्रदेश के किस नगर में स्थित है?

    A. जीन्द   B. गुरुग्राम

    C. हिसार   D. कुरुक्षेत्र

13. हरियाणा में पंजाबी भाषा को बढ़ावा देने के उद्देश्य से पंजाबी भाषा को किस स्थान पर रखा गया है?

    A. प्रथम   B. द्वितीय

    C. तृतीय   D. चतुर्थ

14. हरियाणा में चौधरी देवीलाल विश्वविद्यालय निम्नलिखित में से किस स्थान पर स्थित है?

    A. कुरुक्षेत्र   B. हिसार

    C. रोहतक   D. सिरसा

उत्तरमाला

1	2	3	4	5	6	7	8	9	10
A	C	B	A	D	A	A	A	D	D

11	12	13	14
A	C	B	D

✦✦✦

18 | खेल, भाषा व साहित्य

खेल

खेलों का हमारे जीवन में बड़ा महत्त्वपूर्ण स्थान है, इससे जीवन में अनुशासन की प्रवृत्ति बढ़ती है। भावी राष्ट्रीय चरित्र के निर्माण में भी खेलों की महत्त्वपूर्ण आवश्यकता है। हरियाणा का खेलों के क्षेत्र में महत्त्वपूर्ण योगदान रहा है। प्रदेश में खेलों की गतिविधियों को तेज करने के उद्देश्य से सरकार द्वारा अनेक महत्त्वपूर्ण योजनाएँ चलाई जा रही हैं जैसे—खेल संस्थाओं को अनुदान, प्रशिक्षण योजना, कुश्ती केन्द्र, योग केन्द्र, खेल स्टेडियम, ग्रामीण खेल केन्द्र, खेल प्रतिभा खोज योजना, खेल छात्रावास, खेलों का सामान, खेल मैदानों का विकास, राज्य खेल पुरस्कार, प्रशिक्षण, निर्णायकों को पुरस्कार, खेल प्रतियोगिता आदि। हरियाणा में प्रत्येक जिले में कम-से-कम एक अच्छा स्टेडियम बनाने का प्रस्ताव है। खिलाड़ियों को आधुनिक तथा वैज्ञानिक ढंग से प्रशिक्षण देने के लिए गुरुग्राम में एक खेल छात्रावास स्थापित किया गया है। इस छात्रावास में रहने वाले खिलाड़ियों को भोजन और आवास की सुविधा नि:शुल्क दी जाती है। खेल विंग योजना के अन्तर्गत खिलाड़ियों को एक ही स्थान पर रखकर उन्हें विभिन्न खेलों में समुचित प्रशिक्षण दिया जाता है।

- प्रदेश के सोनीपत जिले के राई नामक स्थान पर मोतीलाल नेहरु नामक खेलकूद स्कूल है। आवासीय पब्लिक स्कूलों की भाँति चलाया जाने वाला यह स्कूल एशिया में अपनी प्रकार की एक अनोखी संस्था है। इसमें योग्यता के आधार पर प्रवेश दिया जाता है। निर्धन और आर्थिक रूप से पिछड़े विद्यार्थियों को छात्रवृत्तियाँ भी दी जाती हैं। यह स्कूल एक बहुमुखी संस्था है जो अपने विद्यार्थियों के व्यक्तित्व के सर्वांगीण विकास के लिए प्रयास करती है।

> **हरियाणा के ग्रामीण खेल**
> चूखल, झिरना झंकी, लिल-लिल टाँचिया, फोरा कूदना, खुलिया, आँख मिचौनी, गिल्ली-डण्डा, पिट्ठू, गद्दा घोड़ी।

- राई के खेलकूद स्कूल में कमला नेहरु स्कूल भी स्थित है। यह वर्ष 1974 में स्थापित किया गया था। इसे मोतीलाल नेहरु खेलकूद स्कूल का जूनियर विंग कहा जाता है। इसमें 8 से 11 वर्ष की आयु के बच्चों को प्रवेश दिया जाता है।

- प्रदेश के ग्रामीण क्षेत्रों में भी खेलों के विकास के लिए ग्रामीण खेल-केन्द्र चलाये जा रहे हैं। इन खेल-केन्द्रों की यहाँ के शिक्षा संस्थाओं के पी॰ टी॰ आई॰, खेल अध्यापकों द्वारा देखरेख की जाती है।

- योग को लोकप्रिय बनाने के लिए प्रदेश में कई स्थानों पर योग प्रशिक्षण केन्द्रों की स्थापना भी की गई है।

- बीजिंग ओलंपिक 2008 में हरियाणा के विजेन्द्र कुमार ने मुक्केबाजी प्रतियोगिता में कांस्य पदक प्राप्त किया। वह किसी भी ओलंपिक में मुक्केबाजी में पदक जीतने वाले पहले भारतीय बन गए हैं।

- हरियाणा के खिलाड़ियों ने 3 से 14 अक्टूबर, 2010 तक नई दिल्ली में सम्पन्न हुए 19वें कॉमनवेल्थ खेलों में देश को मिले कुल 38 स्वर्ण पदकों में से 14 पदक झटक कर समूचे देश में अपनी प्रतिभा व कौशल के झंडे गाड़ दिए। 121 करोड़ की आबादी वाले देश में केवल 2.53 करोड़ की जनसंख्या वाले छोटे से प्रांत हरियाणा के खिलाड़ियों ने जनसंख्या में केवल 1.91 फीसदी होते हुए भी कॉमनवेल्थ में समूचे देश के जीते गए स्वर्ण पदकों में से 36.84 फीसदी स्वर्ण पदक झटक लिए। ग्लासगो में वर्ष 2014 में हुए 20वें कॉमनवेल्थ खेलों में हरियाणा के कई खिलाड़ी पदक जीतने में सफल रहे।

- लंदन ओलंपिक 2012 में भारत ने 6 पदक जीते। इनमें चार पदक हरियाणा के सुशील कुमार (कुश्ती–रजत), गगन नारंग (निशानेबाजी–कांस्य), सायना नेहवाल (बैडमिंटन–कांस्य), एवं योगेश्वर दत्त (कुश्ती–कांस्य) ने जीते। हरियाणा की कृष्णा पुनिया डिस्कस थ्रो के फाइनल राउंड तक पहुंची। बॉक्सर विजेंद्र कुमार एवं कुश्ती खिलाड़ी अमित कुमार ने क्वार्टर फाइनल में जगह बनाई।

- भारतीय क्रिकेट में हरियाणा ने महत्त्वपूर्ण योगदान दिया है। कपिल देव क्रिकेट को हरियाणा की एक उत्कृष्ट देन है।

- रियो ओलंपिक 2016 में भारत ने मात्र दो पदक जीते। इसमें हरियाणा की पहलवान साक्षी मलिक ने कांस्य पदक जीता। साक्षी ओलंपिक में पदक जीतने वाली पहली महिला पहलवान बन गई हैं।

- 21वें राष्ट्रमंडल खेल ऑस्ट्रेलिया के क्वींसलैंड प्रांत के गोल्ड कोस्ट नगर में 4-15 अप्रैल, 2018 को आयोजित किए गए। गोल्ड कोस्ट में भारत ने ऐतिहासिक प्रदर्शन करते हुए सर्वश्रेष्ठ तीसरे स्थान के साथ अपना अभियान समाप्त किया। भारत ने 26 स्वर्ण, 20 रजत और 20 कांस्य पदकों के साथ कुल 66 पदक हासिल किए। गोल्ड कोस्ट राष्ट्रमंडल खेलों में हरियाणा के खिलाड़ियों का जलवा रहा। भारत द्वारा जीते गए कुल 66 पदकों में एक तिहाई यानी 22 पदक हरियाणा के खिलाड़ियों ने जीते। इसे हरियाणा की नई खेल नीति 2015 का प्रोत्साहन माना जा रहा है। हरियाणा के खिलाड़ियों ने कुल 22 पदकों में नौ स्वर्ण, सात रजत और छह कांस्य पदक जीते हैं।

हरियाणा के प्रमुख खिलाड़ी और उनके खेलों का विवरण निम्न प्रकार है—

खिलाड़ी	खेल	खिलाड़ी	खेल	खिलाड़ी	खेल
कपिलदेव	क्रिकेट	मास्टर	कुश्ती	नरेन्द्र सिंह	जूडो
नवाब पटौदी	क्रिकेट	चंदगीराम		अजय रात्रा	क्रिकेट
चांदराम	धावक	कृष्ण गोदारा	कुश्ती	योगेश्वर दत्त	कुश्ती
गीता जुत्शी	धावक	अशन कुमार	कुश्ती	ममता खरब	हॉकी
सुरेश यादव	धावक	सांगवान		सीमा अंतिल	निशानेबाजी
नीलम जेसिंह	धावक	ओमप्रकाश	कुश्ती	कर्णम मल्लेश्वरी	भारोत्तोलन
श्रीचन्द	धावक	नरवाल			
बहादुर सिंह	गोलाफेंक	तेजबीर सिंह	कुश्ती	बबीता कुमारी	कुश्ती
गिरवर सिंह	मुक्केबाजी	सतीश कुमार	जूडो	विनेश फोगाट	कुश्ती
सुनीता शर्मा	जिमनास्टिक	संदीप कोठिया	हैंडबाल	अखिल कुमार	मुक्केबाजी
निर्मला गुलिया	जिमनास्टिक	भूपिन्दर कौर	हॉकी	विजेन्द्र	मुक्केबाजी
संध्या	जिमनास्टिक	प्रीतम ठकरान	हॉकी	जितेन्द्र	मुक्केबाजी
रोहताश सिंह दहिया	कुश्ती	कुलदीप सिवाच	हॉकी	साक्षी मलिक	कुश्ती
				दीपा मलिक	गोला फेंक

- सितम्बर–अक्टूबर 2014 में इंचियोन (द. कोरिया) में हुए 17वें एशियाई खेलों में हरियाणा के खिलाड़ियों ने 2 स्वर्ण, 1 रजत और 6 कांस्य पदक जीतकर भारत के गौरव को बढ़ाया।

- हरियाणा सरकार ने एक नया कार्यक्रम प्रारम्भ किया है, जिसमें खेलकूद प्रतियोगिता के दौरान किसी खिलाड़ी की दुर्घटना में मृत्यु पर 5 लाख रुपये उसके परिवार को प्रदान किये जाएँगे।

भाषा व साहित्य

हरियाणा की अनेक क्षेत्रों में महत्त्वपूर्ण भूमिका रही है। साहित्य के क्षेत्र में भी इस प्रदेश की देन कम नहीं है। भगवद्गीता जैसे अमर ग्रन्थ का अवतरण, जहाँ इसकी कुरुक्षेत्र की युद्धस्थली में हुआ वहाँ युद्ध साहित्यकार हिन्दी साहित्य के आदि कवि चन्दबरदाई और भक्त कवि सूरदास को भी हरियाणा की देन मानते हैं। प्राचीन कवियों में इस क्षेत्र में पुष्पदन्त, सन्त उधोदास, वीरभान, जैन कवि मालदेव, महात्मा हरिदास, सन्त नित्यानन्द, बनारसीदास, जैन कवि सुन्दरदास, निश्चिलदास, बनवारीदास, कवि उम्मेद और मस्तराम आदि अनेक ऐसे उल्लेखनीय नाम हैं जिनकी रचनाओं से हिन्दी साहित्य का विकास और समृद्धि हुई है। मुस्लिम

सन्तों में भी शेख-यू-अलीशाह कलन्दर, मुहम्मद अफजल, शेख अब्दुल कदूस, सनत सादुल्ला, शेख बहाउद्दीन चिश्ती, गुलाम नीलामी, नूर मुहम्मद तथा जन कवि हस्नो आदि ने अपने भावों को हिन्दी व ब्रजभाषा के माध्यम से प्रकट किया और हिन्दी साहित्य के विकास में महत्त्वपूर्ण योगदान दिया।

- प्रदेश के कुछ कवियों और साहित्यकारों ने हिन्दी और पंजाबी दोनों भाषाओं में रचनायें की। ऐसे कवि व साहित्यकारों में प्रमुख हैं—दीदार सिंह, भाई सन्तोष सिंह, साहिब सिंह मृगेन्द्र, बगासिंह, उज्जवल सिंह व जोगिन्द्र सिंह। कुरुक्षेत्र जिले के शाहबाद के प्रसिद्ध शिक्षाविद् एवं साहित्कार जोगिन्द्र सिहं ने हिन्दी, पंजाबी व उर्दू में बराबर प्रशंसनीय साहित्य प्रस्तुत किया है।

- हिन्दी के विकास में हरियाणा के जिन लेखकों ने योगदान दिया उनमें सर्वश्री बालमुकुन्द गुप्त, माधव प्रसाद मिश्र और राधाकृष्ण मिश्र के नाम उल्लेखनीय हैं। इनकी हिन्दी साहित्य के इतिहास में अत्यन्त महत्त्वपूर्ण और उपयोगी देन है। बालमुकुन्द गुप्त मूलतः उर्दू के पत्रकार थे किन्तु बाद में वे व्याख्यान वाचस्पति दीनदयाल शर्मा की प्रेरणा से हिन्दी लेखन की ओर प्रवृत्त हुए। बालमुकुन्द गुप्त के बाद हरियाणा के साहित्य सेवियों में श्री माधव प्रसाद मिश्र का नाम उल्लेखनीय है। उन्होंने कविता से अपना साहित्यिक जीवन प्रारम्भ किया और धीरे-धीरे अनेक महत्त्वपूर्ण रचनाओं का लेखन किया। श्री माधव के छोटे भाई राधाकृष्ण मिश्र भी हिन्दी के उच्चकोटि के लेखक थे।

- हिन्दी के प्रसिद्ध कहानीकार श्री विश्म्भरनाथ कौशिक का सम्बन्ध भी हरियाणा से रहा है। उनका जन्म अम्बाला छावनी (हरियाणा) में हुआ था और बाद में उनका परिवार कानपुर जाकर बस गया। कहानी और उपन्यास लेखन के अतिरिक्त वे 'चाँद' नामक मासिक पत्रिका में 'दुबे की चिट्ठियाँ' नाम से व्यंग्य तथा हास्य स्तम्भ भी लिखा करते थे।

- भिवानी के पं॰ नेकीराम शर्मा हरियाणा केसरी के नाम से प्रसिद्ध थे। यद्यपि वे एक अच्छे वक्ता और नेता थे परन्तु उन्होंने अपने सामाजिक जीवन का आरम्भ पहले लेखन से ही किया था। उन्होंने भिवानी से 'सन्देश' नामक पत्र भी हिन्दी में निकाला था। आपके लेख 'अभ्युदय' तथा 'वेंकटेश्वर समाचार' आदि पत्रों में प्रकाशित होते थे।

- भिवानी के कवि तुलसीदास शर्मा दिनेश ने पुरुषोत्तम महाकाव्य भक्त भारती मतवाली मीरा, श्याम सतसई तथा सत्याग्रही प्रह्लाद आदि अनेक काव्यों की रचना की। मुनीमी जैसे कार्य को करते हुए भी उन्होंने सरस्वती की कठोर साधना की यह एक महत्त्वपूर्ण और आश्चर्यजनक बात है।

- गुड़गाँव जिले के बादशाहपुर नामक ग्राम में जन्मे श्री अयोध्या प्रसाद गोयलीय भी हरियाणा के प्रमुख साहित्यकार थे। उन्होंने उर्दू शायरी से हिन्दी के पाठकों को परिचित कराया। वे काफी वर्षों तक हिन्दी की प्रतिष्ठित प्रकाशन संस्था भारतीय ज्ञानपीठ के मंत्री रहे।

- हरियाणा राज्य की स्थापना होते ही भाषा विभाग हरियाणा के 31 मार्च, 1967 में आयोजित प्रथम वार्षिक समारोह के अवसर पर प्रदेश के राज्यकवि का चुनाव होना भी प्रारम्भ हुआ। इस समारोह में उदयभानु हंस को हरियाणा का प्रथम राज्यकवि चुना गया।

- उदयभानु हंस के पश्चात् श्री खुशीराम राम शर्मा वशिष्ठ को हरियाणा का राज्यकवि बनाया गया। वे हिन्दी के उत्कृष्ट कवि होने के साथ-साथ एक अच्छे पत्रकार और समालोचक भी हैं। उन्होंने प्रेमोपहार रण निमन्त्रण, गुरुगोविन्द सिंह और युद्ध चरित नामक उल्लेखनीय कृतियों की रचना की।

- हिसार के जनकवि भाई परमानन्द ने भूदान आन्दोलन में सक्रिय भाग लिया और हरियाणा में भूदान की पदयात्रा में उन्होंने अपने रसीले गीतों द्वारा जनमानस तक आचार्य विनोबा भावे के संदेश को पहुँचाया। हिन्दी में ईश्वर चन्द्र पांडेय और सिरसा के लीलाधर दुखी भी प्रदेश के प्रमुख कवियों की श्रेणी में आते हैं।

- हरियाणा की लोककला के उत्थान और विकास के क्षेत्र में श्री राजाराम शास्त्री ने हरियाणा लोकमंच के माध्यम से कार्य किया है। उनका 'झाड़ू फिरी' हरियाणवी भाषा का पहला उपन्यास है। इसके अतिरिक्त श्री जसवन्त सिंह टोहनवी, लोककवि बस्तीराम, लक्ष्मीचन्द सांगी और धनपत सिंह के नाम भी इस क्षेत्र में उल्लेखनीय हैं। यदि वे सब विभूतियाँ अपनी रचनाओं और सांगों के माध्यम से हिन्दी को न अपनातीं तो हरियाणा में हिन्दी का वह प्रचार कदापि न होता जो आज दिखाई देता है। डॉ॰ रणजीत सिंह गुरुकुल महाविद्यालय, ज्वालापुर के स्नातक और हिन्दी के प्रमुख लेखक हैं। कवियों में सर्वश्री बलदेवराज शान्त, ओमप्रकाश आदित्य, जैमनी हरियाणवी, दीपचन्द निर्मोही और विष्णुदत्त कविरत्न के नाम अविस्मरणीय हैं।

वस्तुनिष्ठ प्रश्नोत्तर

1. हरियाणा में खेलों को बढ़ावा देने के उद्देश्य से प्रदेश सरकार द्वारा कौन सी महत्त्वपूर्ण योजना चलाई जा रही है?
   A. खेल संस्थाओं को अनुदान
   B. प्रशिक्षण योजना
   C. खेल स्टेडियम
   D. उपरोक्त सभी

2. खिलाड़ियों को आधुनिक और वैज्ञानिक ढंग से प्रशिक्षण देने के लिए हरियाणा में किस स्थान पर खेल छात्रावास की स्थापना की गई है?
   A. गुड़गांव में
   B. रोहतक में
   C. फरीदाबाद में
   D. पानीपत में

3. हरियाणा के सोनीपत जिले के राई नामक स्थान पर एक खेलकूद स्कूल है, उसका नाम बताइये?
   A. जवाहरलाल नेहरू खेलकूद स्कूल
   B. इन्दिरा गांधी खेलकूद स्कूल
   C. मोतीलाल नेहरू खेलकूद स्कूल
   D. राजीव गांधी खेलकूद स्कूल

4. सोनीपत जिले के राई नामक स्थान पर स्थित मोतीलाल नेहरू खेलकूद स्कूल में स्थित कमला नेहरू नामक स्कूल की स्थापना कब की गई थी?
   A. वर्ष 1970 में
   B. वर्ष 1974 में
   C. वर्ष 1982 में
   D. वर्ष 1986 में

5. अगस्त 2008 में हुए बीजिंग ओलंपिक में हरियाणा के खिलाड़ी विजेन्द्र कुमार ने किस खेल में कांस्य पदक प्राप्त किया था?

A. कुश्ती
B. भारोत्तोलन
C. निशानेबाजी
D. मुक्केबाजी

6. अक्टूबर, 2010 में दिल्ली में हुए 19वें कॉमनवेल्थ खेलों में हरियाणा के खिलाड़ियों ने कुल कितने पदक जीते?

A. 20
B. 24
C. 26
D. 30

7. वर्ष 2018 में गोल्ड कोस्ट में हुए 21वें कॉमनवेल्थ खेलों में हरियाणा के खिलाड़ियों ने कुल कितने पदक जीते?

A. 22
B. 16
C. 18
D. 20

8. हरियाणा की प्रसिद्ध खिलाड़ी गीता जुत्शी किस खेल से सम्बन्धित हैं?

A. जिमनास्टिक
B. दौड़
C. बैडमिंटन
D. टेनिस

9. हरियाणा की प्रसिद्ध महिला खिलाड़ी ममता खरब का संबंध किस खेल से है?

A. हॉकी
B. कबड्डी
C. जूडो
D. हैंडबाल

10. हिन्दी के प्रसिद्ध कहानीकार श्री विशम्भरनाथ कौशिक का जन्म हरियाणा में कहां पर हुआ था?

A. अम्बाला छावनी में
B. सिरसा में
C. पंचकूला में
D. रोहतक में

11. हरियाणा के प्रसिद्ध लेखक पं॰ नेकीराम शर्मा ने भिवानी से कौन सा पत्र हिन्दी में प्रकाशित किया था?

A. संवाहक
B. सन्देश
C. निवारण
D. वाणी

12. निम्नलिखित में से भारतीय क्रिकेट का कौन सा सर्वप्रमुख खिलाड़ी हरियाणा से सम्बन्धित है?

A. कपिल देव
B. सुनील गावस्कर
C. अजय जडेजा
D. अजहरुद्दीन

13. 34वें राष्ट्रीय खेलों (2011) में हरियाणा को पदक तालिका में कौन-सा स्थान प्राप्त हुआ?

A. प्रथम
B. द्वितीय
C. तृतीय
D. चतुर्थ

14. हरियाणा के खिलाड़ी सतीश कुमार का संबंध किस खेल से है?

   A. हैंडबाल   B. जूड़ो

   C. हॉकी   D. क्रिकेट

15. हरियाणा का निम्नलिखित में से कौन सा खिलाड़ी जिमनास्टिक से सम्बन्धित नहीं है?

   A. सुनीता शर्मा   B. संध्या

   C. निर्मला गुलिया   D. गीता जुत्शी

16. निम्नलिखित में से किस प्रमुख आदिकवि को हरियाणा का माना जाता है?

   A. गोस्वामी तुलसीदास   B. कबीरदास

   C. कवि चन्दबरदाई   D. रहीम दास

17. निम्नलिखित में से हरियाणा के किस मुस्लिम संत ने हिन्दी साहित्य के विकास में महत्त्वपूर्ण योगदान दिया?

   A. शेख-यू-अलीशाह कलन्दर   B. सन्त सादुल्ला

   C. शेख बहाउद्दीन चिश्ती   D. उपरोक्त सभी ने

18. निम्नलिखित में से कौन सा प्राचीन कवि हरियाणा से सम्बन्धित नहीं है?

   A. वीरभान   B. महात्मा हरिदास

   C. बनारसीदास   D. नरोत्तम दास

19. ग्लास्गो कॉमनवेल्थ खेलों 2014 में स्वर्ण पदक जीतने वाले योगेश्वर दत्त का संबंध किस खेल से है?

   A. भारोत्तोलन   B. कुश्ती

   C. बैडमिन्टन   D. जूडो

20. रियो ओलंपिक 2016 में कांस्य पदक जीतने वाली साक्षी मलिक का संबंध किस खेल से हैं?

   A. कुश्ती   B. भारोत्तोलन

   C. निशानेबाजी   D. मुक्केबाजी

उत्तरमाला

1	2	3	4	5	6	7	8	9	10
D	A	C	B	D	C	A	B	A	A

11	12	13	14	15	16	17	18	19	20
B	A	C	B	D	C	D	D	B	A

❖❖❖

19 | प्रशासनिक ढाँचा

हरियाणा राज्य की स्थापना 1 नवम्बर, 1966 को हुई थी। पहले यह प्रदेश पंजाब का एक भाग था। परन्तु 1 नवम्बर, 1966 को इसे अलग से पूर्ण राज्य घोषित कर दिया गया। हरियाणा की राजधानी हरियाणा में स्थित नहीं है, इस प्रदेश की राजधानी चण्डीगढ़ है जो एक केन्द्रशासित प्रदेश है। यही पंजाब की भी राजधानी है। चण्डीगढ़ से ही हरियाणा का सारा प्रशासन चलता है। हरियाणा के राज्यपाल इसी नगर में हरियाणा राजभवन में रहते हैं तथा प्रदेश का सचिवालय भी यहीं है। मुख्यमंत्री तथा अन्य मन्त्रियों के कार्यालय भी इसी भवन में हैं। सचिवालय के पास ही विधानसभा और उच्च न्यायालय के भवन हैं। प्रदेश में एक सदनीय विधान मंडल, विधान सभा है, जिसके सदस्यों की संख्या 90 है।

इस प्रदेश में छः मण्डल–अम्बाला, हिसार, रोहतक, गुरुग्राम, करनाल तथा फरीदाबाद हैं। फरवरी 2018 तक यहाँ 73 उपमंडल, 93 तहसीलें और 49 उपतहसीलें हैं। प्रदेश में खण्डों की संख्या 140 है। सम्पूर्ण प्रदेश में कुल 6,841 गाँव तथा 154 नगर हैं। आबाद गाँवों की संख्या 6,754 है। मण्डल का प्रशासनिक अधिकारी कमिशनर होता है। जिलों का प्रशासनिक अधिकारी उपायुक्त या डिप्टी कमिशनर होता है। जिले का शासन-प्रबन्ध उसी की देखरेख में चलता है। जिले में शान्ति बनाये रखने की उसकी विशेष जिम्मेदारी होती है। शान्ति व्यवस्था के कार्य में पुलिस अधीक्षक तथा उसके अधीन कर्मचारी उसकी पूरी सहायता करते हैं।

प्रशासनिक ढांचा : एक दृष्टि में (फरवरी 2018 तक)	
⇨ प्रदेश में कुल मण्डलों की संख्या	6
⇨ प्रदेश में कुल जिलों की संख्या	22
⇨ प्रदेश में उपमण्डलों की संख्या	73
⇨ प्रदेश में तहसीलों की संख्या	93
⇨ प्रदेश में उप-तहसीलों की संख्या	49
⇨ प्रदेश में खण्डों (ब्लाकों) की संख्या	140
⇨ प्रदेश में गांवों की संख्या	6,841
⇨ प्रदेश में नगरों की संख्या	154

हरियाणा : मण्डल, उप-मण्डल, जिला, तहसील, उप-तहसील एवं खण्ड (23-02-2018 तक)

जिला	उप-मण्डल	तहसील	उप-तहसील	खण्ड
1. अम्बाला मण्डल				
अम्बाला	1. अम्बाला, 2. नारायणगढ़, 3. बराडा, 4. अम्बाला छावनी	1. अम्बाला, 2. बराड़ा, 3. नारायणगढ़, 4. अम्बाला कन्टोनमैंट	1. मुलाना, 2. साहा, 3. शहजादपुर	1. अम्बाला-I, 2. अम्बाला-II, 3. बराड़ा, 4. नारायणगढ़, 5. शहजादपुर, 6. साहा
पंचकुला	1. पंचकुला, 2. कालका	1. पंचकुला, 2. कालका, 3. रायपुर रानी	1. बरबाला, 2. मोरनी,	1. बरबाला, 2. पिन्जौर, 3. मोरनी, 4. रायपुर रानी
यमुनानगर	1. जगाधरी, 2. बिलासपुर, 3. रादौर	1. जगाधरी, 2. छछरौली, 3. बिलासपुर, 4. रादौर	1. सढौरा, 2. मुस्तफाबाद, 3. खिजराबाद	1. बिलासपुर, 2. छछरौली, 3. जगाधरी, 4. रादौर, 5. सढौरा, 6. मुस्तफाबाद, 7. खिजराबाद
कुरुक्षेत्र	1. थानेसर, 2. पेहोवा, 3. शाहबाद 4. लाडवा	1. थानेसर, 2. पेहोवा, 3. शाहबाद 4. लाडवा	1. इस्माइलाबाद, 2. बबैन	1. लाडवा, 2. पेहोवा, 3. शाहबाद, 4. थानेसर, 5. बबैन, 6. इस्माइलाबाद, 7. पिपली
2. करनाल मण्डल				
करनाल	1. करनाल, 2. असन्ध, 3. इन्द्री, 4. घरौंडा	1. करनाल, 2. असन्ध, 3. नीलोखेड़ी, 4. इन्द्री, 5. घरौंडा	1. निसिंग, 2. बल्ला, 3. निगधु	1. घरौंडा, 2. इन्द्री, 3. करनाल, 4. नीलोखेड़ी, 5. निसिंग स्थित चीड़ाओं, 6. असन्ध, 7. मुनक, 8. कुंजपुरा
पानीपत	1. पानीपत, 2. समालखा	1. पानीपत, 2. समालखा, 3. इसराना, 4. बापौली, 5. मडलौडा		1. पानीपत, 2. इसराना, 3. मडलौडा, 4. समालखा, 5. बापौली, 6. सनौली खुर्द
कैथल	1. कैथल, 2. गुहला, 3. कलायत	1. कैथल, 2. गुहला, 3. फतेहपुर पुण्डरी, 4. कलायत	1. सीवन, 2. राजौंद, 3. ढाण्ड	1. गुहला स्थित चीका, 2. कैथल, 3. पुण्डरी, 4. कलायत, 5. राजौंद, 6. सीवान, 7. ढाण्ड
3. रोहतक मण्डल				
रोहतक	1. रोहतक, 2. महम, 3. सांपला	1. रोहतक, 2. महम, 3. सांपला, 4. कलानौर	1. लाखन माजरा	1. कलानौर, 2. लाखन माजरा, 3. महम, 4. रोहतक, 5. सांपला

जिला	उप-मण्डल	तहसील	उप-तहसील	खण्ड
झज्जर	1. झज्जर, 2. बहादुरगढ़, 3. बेरी, 4. बादली	1. झज्जर, 2. बहादुरगढ़, 3. बेरी, 4. मातनहेल, 5. बादली	1. साल्हावास	1. झज्जर, 2. बहादुरगढ़, 3. बेरी, 4. साल्हावास, 5. मातनहेल, 6. बादली
सोनीपत	1. सोनीपत, 2. गोहाना, 3. गन्नौर, 4. खरखौदा	1. सोनीपत, 2. गन्नौर, 3. गोहाना, 4. खरखौदा	1. खानपुर कलां, 2. राई	1. गन्नौर, 2. खरखौदा, 3. राई, 4. सोनीपत, 5. मुण्डलाना, 6. कथूरा, 7. गोहाना, 8. मुरथल
भिवानी	1. भिवानी, 2. लोहारू, 3. सिवानी, 4. तोशाम	1. भिवानी, 2. बवानी खेड़ा, 3. तोशाम, 4. लोहारू, 5. सिवानी	1. बेहल	1. बवानी खेड़ा, 2. भिवानी, 3. लोहारू, 4. तोशाम, 5. कैरू, 6. सिवानी, 7. बेहल
चरखी दादरी	1. चरखी दादरी, 2. बादड़ा	1. चरखी दादरी, 2. बादड़ा	1. भौंदकला	1. चरखी दादरी, 2. बादड़ा, 3. भौंदकला, 4. झोंझू
4. गुरुग्राम मण्डल				
गुरुग्राम	1. उत्तर गुरुग्राम, 2. दक्षिण गुरुग्राम, 3. पटौदी	1. गुरुग्राम, 2. पटौदी, 3. सोहना, 4. फरूखनगर, 5. मानेसर	1. वजीराबाद, 2. बदशाहपुर, 3. कड़ीपुर, 4. हरसारू	1. फरूखनगर, 2. गुरुग्राम, 3. पटौदी, 4. सोहना
रेवाड़ी	1. रेवाड़ी, 2. कोसली, 3. बावल	1. रेवाड़ी, 2. बावल, 3. कोसली	1. धारूहेड़ा, 2. डहीना, 3. मनेठी, 4. नाहड़, 5. पहलावास	1. रेवाड़ी, 2. खोल स्थित रेवाड़ी, 3. जाटुसाना, 4. बावल, 5. नाहड़, 6. डहीना
महेन्द्रगढ़	1. महेन्द्रगढ़, 2. नारनौल, 3. कनीना	1. महेन्द्रगढ़, 2. नारनौल, 3. नांगल चौधरी, 4. अटेली, 5. कनीना	1. सतनाली	1. अटेली नांगल, 2. कनीना, 3. महेन्द्रगढ़, 4. नांगल चौधरी, 5. नारनौल, 6. सिहमा, 7. निजामपुर, 8. सतनाली
5. फरीदाबाद मण्डल				
फरीदाबाद	1. फरीदाबाद, 2. बल्लभगढ़, 3. बड़कल	1. बल्लभगढ़, 2. फरीदाबाद, 3. बड़कल	1. मोहना, 2. तिगांव, 3. धोज, 4. दयालपुर, 5. गांच्छी	1. बल्लभगढ़, 2. फरीदाबाद, 3. तिगांव
पलवल	1. पलवल, 2. होडल, 3. हथीन	1. पलवल, 2. होडल, 3. हथीन	1. हसनपुर, 2. बहीन	1. पलवल, 2. होडल, 3. हसनपुर, 4. हथीन, 5. पृथला, 6. बड़ोली

जिला	उप-मण्डल	तहसील	उप-तहसील	खण्ड
नूंह	1. नूंह, 2. फिरोजपुर झिरका 3. पुन्हाना 4. तावड़ू	1. नूंह, 2. फिरोजपुर झिरका, 3. पुन्हाना, 4. तावड़ू	1. नगीना	1. फिरोजपुर झिरका, 2. नूंह, 3. पुन्हाना, 4. तावड़ू 5. नगीना, 6. इन्द्री, 7. पिंगवां
6. हिसार मण्डल				
हिसार	1. हिसार, 2. हांसी, 3. बरवाला 4. नारनौंद	1. हिसार, 2. आदमपुर, 3. हांसी, 4. नारनौंद, 5. बरवाला 6. बास	1. उकलाना मण्डी 2. बालसमन्द 3. खेरी जलान	1. आदमपुर, 2. बरवाला, 3. हांसी-I, 4. हांसी-II, 5. हिसार-I, 6. हिसार-II, 7. नारनौन्द, 8. अग्रोहा, 9. उकलाना
फतेहाबाद	1. फतेहाबाद, 2. टोहाना, 3. रतिया	1. फतेहाबाद, 2. टोहना, 3. रतिया	1. भूना, 2. भट्टूकलां, 3. जाखल, 4. कूलां	1. फतेहाबाद, 2. टोहाना, 3. रतिया, 4. भट्टूकलां, 5. भूना, 6. जाखल, 7. नागपुर
सिरसा	1. सिरसा, 2. डबवाली, 3. ऐलनाबाद, 4. कलांवाली	1. सिरसा, 2. डबवाली, 3. ऐलनाबाद, 4. रानिया, 5. नाथूसारी चौपटा, 6. कलांवाली	1. गौरीवाला	1. डबवाली, 2. बढ़ागुढ़ा, 3. ऐलनाबाद, 4. रानिया, 5. सिरसा, 6. औढ़ां, 7. नाथूसारी चौपटा
जींद	1. जींद, 2. सफीदों, 3. नरवाना 4. उचाना	1. जींद, 2. सफीदों, 3. नरवाना, 4. जुलाना 5. उचाना 6. अलेवा	1. पिल्लूखेड़ा	1. जींद, 2. जुलाना 3. पिल्लूखेड़ा, 4. सफीदों, 5. उचाना, 6. नरवाना, 7. अलेवा, 8. उचाना

विधानसभा सीटें

क्रम सं.	जिले व विधानसभा निर्वाचन क्षेत्र	जिला व विधानसभा क्षेत्र का नाम प्रस्थिति	क्रम सं.	जिले व विधानसभा निर्वाचन क्षेत्र	जिला व विधानसभा क्षेत्र का नाम प्रस्थिति
अम्बाला			**यमुनानगर**		
1.	नारायणगढ़	सामान्य	7.	जगाधरी	सामान्य
2.	मुलाना	आरक्षित (अनुसूचित जाति)	8.	रादौर	सामान्य
3.	अम्बाला छावनी	सामान्य	9.	यमुनानगर	सामान्य
4.	अम्बाला शहर	सामान्य	10.	सढौरा	आरक्षित (अनुसूचित जाति)
पंचकुला			**कुरुक्षेत्र**		
5.	कालका	सामान्य	11.	शाहबाद	आरक्षित (अनुसूचित जाति)
6.	पंचकुला	सामान्य	12.	थानेसर	सामान्य

क्रम सं.	जिले व विधानसभा निर्वाचन क्षेत्र	जिला व विधानसभा क्षेत्र का नाम प्रस्थिति	क्रम सं.	जिले व विधानसभा निर्वाचन क्षेत्र	जिला व विधानसभा क्षेत्र का नाम प्रस्थिति
13.	पेहोवा	सामान्य	40.	बादली	सामान्य
14.	लाडवा	सामान्य	41.	बहादुरगढ़	सामान्य

कैथल

फरीदाबाद

15.	कलायत		42.	फरीदाबाद	सामान्य
16.	कैथल	सामान्य	43.	फरीदाबाद निट	सामान्य
17.	गुहला	आरक्षित (अनुसूचित जाति)	44.	प्रिथला	सामान्य
18.	पुण्डरी	सामान्य	45.	बडखल	सामान्य
			46.	बल्लभगढ़	सामान्य
			47.	तिगांव	सामान्य

करनाल

नूंह

19.	इन्द्री	सामान्य	48.	पुन्हाना	सामान्य
20.	नीलोखेड़ी	(अनुसूचित जाति)	49.	फिरोजपुर (झिरका)	सामान्य
21.	करनाल	सामान्य	50.	नूंह	सामान्य
22.	घरौण्डा	सामान्य			
23.	असन्ध	सामान्य			

गुरुग्राम

| | | | 51. | सोहना | सामान्य |
| | | | 52. | गुड़गाँव | सामान्य |

पानीपत

24.	पानीपत ग्रामीण	सामान्य	53.	पटौदी	आरक्षित (अनुसूचित जाति)
25.	पानीपत शहर	सामान्य	54.	बादशाहपुर	सामान्य
26.	समालखा	सामान्य			

रेवाड़ी

| 27. | इसराना | (अनुसूचित जाति) | 55. | कोसली | सामान्य |
| | | | 56. | बावल | आरक्षित (अनुसूचित जाति) |

सोनीपत

| | | | 57. | रेवाड़ी | सामान्य |

महेन्द्रगढ़

28.	गन्नौर	सामान्य			
29.	राई	सामान्य	58.	महेन्द्रगढ़	सामान्य
30.	खरखौदा	आरक्षित (अनुसूचित जाति)	59.	अटेली	सामान्य
31.	बड़ौदा	सामान्य	60.	नारनौल	सामान्य
32.	गोहाना	सामान्य	61.	नांगल चौधरी	सामान्य
33.	सोनीपत	सामान्य			

रोहतक

भिवानी + चरखी दादरी

34.	गढ़ी सांपला किलोई	सामान्य	62.	बाढड़ा	सामान्य
35.	रोहतक	सामान्य	63.	दादरी	सामान्य
36.	महम	सामान्य	64.	भिवानी	सामान्य
37.	कलानौर	आरक्षित (अनुसूचित जाति)	65.	तोशाम	सामान्य

झज्जर

			66.	लोहारू	सामान्य
38.	बेरी	सामान्य	67.	बवानी खेड़ा	आरक्षित (अनुसूचित जाति)
39.	झज्जर	आरक्षित (अनुसूचित जाति)			

क्रम सं.	जिले व विधानसभा निर्वाचन क्षेत्र	जिला व विधानसभा क्षेत्र का नाम प्रस्थिति	क्रम सं.	जिले व विधानसभा निर्वाचन क्षेत्र	जिला व विधानसभा क्षेत्र का नाम प्रस्थिति
जीन्द			**फतेहाबाद**		
68.	नरवाना	आरक्षित (अनुसूचित जाति)	80.	टोहाना	सामान्य
69.	उचाना कलां	सामान्य	81.	रतिया	आरक्षित (अनुसूचित जाति)
70.	जीन्द	सामान्य	82.	फतेहाबाद	सामान्य
71.	जुलाना	सामान्य	**सिरसा**		
72.	सफीदों	सामान्य	83.	रानिया	सामान्य
हिसार			84.	ऐलनाबाद	सामान्य
73.	बरवाला	सामान्य	85.	सिरसा	सामान्य
74.	नारनौन्द	सामान्य	86.	कालावली	आरक्षित (अनुसूचित जाति)
75.	हाँसी	सामान्य	87.	डबवाली	सामान्य
76.	हिसार	सामान्य	**पलवल**		
77.	नालवा	सामान्य	88.	हथीन	सामान्य
78.	आदमपुर	सामान्य	89.	होडल	आरक्षित (अनुसूचित जाति)
79.	उकलाना	आरक्षित (अनुसूचित जाति)	90.	पलवल	सामान्य

पंचायत राज व्यवस्था

1992 में संसद द्वारा पारित पंचायत राज व्यवस्था विधेयक के अनुसार प्रदेश के प्रत्येक जिले में तीन स्तरीय पंचायती राज व्यवस्था लागू की गई। ग्राम पंचायत, पंचायत समिति, जिला परिषद आदि। ग्राम पंचायत व नगर समितियों का कार्यकाल 5 वर्ष रखा गया है। प्रत्येक 5 वर्ष बाद इन स्वशासन संस्थाओं का प्रत्यक्ष चुनाव राज्य के चुनाव आयोग की देखरेख में होता है। गाँव व शहर की इन स्वशासन संस्थाओं को अपने क्षेत्र के निवासियों के अर्थिक विकास और सामाजिक न्याय के लिए योजनाएँ बनाती हैं और क्रियान्वित करती हैं। इन संस्थाओं को कुछ कर, शुल्क, फीस लगाने और वसूल करने का अधिकार भी प्राप्त है।

ग्राम पंचायत—प्रदेश में प्रत्येक गाँव के लिए ग्राम पंचायत है। ग्राम पंचायत का प्रत्येक सदस्य प्रत्यक्ष चुनाव द्वारा गाँव के मतदाताओं द्वारा चुना जाता है। चुनाव प्रदेश के चुनाव आयोग की देखरेख में होता है। ग्राम पंचायत का सामान्य कार्यकाल 5 वर्ष होता है और प्रत्येक 5वें वर्ष नये चुनाव होते हैं। हरियाणा में वर्ष 2011 तक कुल 6,083 ग्राम पंचायत हैं।

प्रत्येक ग्राम पंचायत में महिलाओं, अनुसूचित जातियों और जनजातियों को समुचित प्रतिनिधित्व देने के लिए सीटें आरक्षित हैं। प्रत्यक्ष चुनाव के माध्यम से भरी जाने वाली सीटों में से एक-तिहाई सीटें महिलाओं के लिए आरक्षित हैं। अनुसूचित जातियों और जनजातियों के लिए आरक्षित सीटों में से कम से कम एक-तिहाई सीटें महिलाओं के लिए आरक्षित हैं। यहाँ तक कि पंचायत के सभापति के पद के लिए भी अनुसूचित जातियों, जनजातियों और महिलाओं के लिए आरक्षण है।

हरियाणा में पंचायती राज संस्थाएं और प्रतिनिधियों की स्थिति (2011)

क्रम सं.	जिला	कुल ग्राम पंचायतें	कुल पंचायत समितियां	कुल पंचायत समिति सदस्य	कुल जिला परिषद् सदस्य
1.	अम्बाला	405	6	119	14
2.	भिवानी + चरखी दादरी	461	10	211	29
3.	फरीदाबाद	111	2	57	10
4.	फतेहाबाद	245	6	130	17
5.	गुरुग्राम	210	4	86	10
6.	हिसार	309	9	217	28
7.	जींद	300	7	172	24
8.	झज्जर	249	5	118	18
9.	पंचकुला	121	4	40	10
10.	महेन्द्रगढ़	344	5	140	18
11.	रेवाड़ी	351	5	123	16
12.	रोहतक	141	5	107	14
13.	सोनीपत	323	7	177	24
14.	सिरसा	334	7	170	21
15.	यमुनानगर	441	6	122	16
16.	कुरुक्षेत्र	382	5	117	15
17.	कैथल	270	6	141	19
18.	करनाल	372	6	174	22
19.	पानीपत	167	5	111	14
20.	नूंह	308	5	128	18
21.	पलवल	239	4	112	17
		6,083	119	2,772	374

नगर संस्थाएँ

छोटे नगरों, मध्यम दर्जे के नगरों और बड़े नगरों के लिए क्रमशः नगरपालिकायें, म्युनिसिपलटिज और म्युनिसिपल कार्पोरेशन हैं। इन सब संस्थाओं के सदस्यों का निर्वाचन प्रत्यक्ष निर्वाचन विधि से होता है। इनका चुनाव प्रदेश चुनाव आयोग की देखरेख में होता है।

स्थानीय शासन की इन सभी संस्थाओं में महिलाओं और अनुसूचित जातियाँ, जनजातियों के लिए आरक्षण का प्रावधान है। एक-तिहाई सीटें महिलाओं के लिए आरक्षित हैं। अनुसूचित जातियों, जनजातियों के लिए सीटें कुल जनसंख्या में उनकी जनसंख्या के अनुपात में आरक्षित हैं और उनमें भी एक-तिहाई सीटें अनुसूचित जातियों, जनजातियों की महिलाओं के लिए आरक्षित हैं। इन संस्थाओं के सभापतियों के पदों के लिए भी महिलाओं और अनुसूचित जातियों, जनजातियों के लिए सीटें आरक्षित हैं।

प्रत्येक नगरपालिका, म्युनिसिपलटी और म्युनिसिपल कार्पोरेशन का सामान्य कार्यकाल 5 वर्ष है। 5 वर्ष बाद नये चुनाव होते हैं। इन सभी संस्थाओं को अपने क्षेत्र के विकास के लिए योजनायें बनाने और उन्हें क्रियान्वित करने का काम सौंपा गया है।

इन्हें अपने क्षेत्र के अधीन कुछ कर, शुल्क और फीस लगाने और वसूल करने का अधिकार है। प्रदेश सरकार भी इन्हें सहायता अनुदान प्रदान करती है।

नगरीय स्वशासन संस्थाओं को सौंपे गये कुछ विषय निम्न प्रकार हैं—

1. शहरी नगर आयोजन
2. सड़कें
3. पुल
4. पीने के पानी की व्यवस्था
5. स्वच्छता व सफाई
6. अग्निशमन सेवा
7. गंदी बस्ती सुधार
8. शहरी गरीबी निवारण योजना
9. सामाजिक-आर्थिक विकास योजना
10. चिकित्सा सुविधा
11. शिक्षा
12. जन्म-मृत्यु
13. सड़कों पर प्रकाश व्यवस्था
14. परिवहन सुविधा
15. पर्यावरण सुधार
16. पार्क व बगीचा की देखरेख

जिलेवार नगरपालिकाएं/परिषदें (2011)

	जिला	नगरपालिका/परिषद
1.	अम्बाला	1. अम्बाला शहर, 2. नारायणगढ़, 3. महेशनगर/(अम्बाला सदर)
2.	करनाल	1. करनाल, 2. घरौंडा, 3. नीलोखेड़ी, 4. इन्द्री, 5. तरावड़ी, 6. असन्ध
3.	कुरुक्षेत्र	1. थानेसर, 2. लाडवा, 3. शाहबाद मारकण्डा, 4. पेहोवा
4.	रोहतक	1. रोहतक, 2. कलानौर, 3. महम
5.	सोनीपत	1. सोनीपत, 2. गन्नौर, 3. खरखौदा, 4. गोहाना
6.	जींद	1. जुलाना, 2. सफीदों, 3. नरवाना, 4. उचाना, 5. जींद
7.	यमुनानगर	1. यमुनानगर, 2. साढ़ौरा, 3. रादौर, 4. बूडिया, 5. जगाधरी, 6. छछरौली
8.	कैथल	1. कैथल, 2. पुण्डरी, 3. गुहला चीकर, 4. कलायत
9.	झज्जर	1. झज्जर, 2. बेरी, 3. बहादुरगढ़
10.	रेवाड़ी	1. रेवाड़ी, 2. बावल
11.	पानीपत	1. पानीपत, 2. समालखा
12.	पंचकुला	1. कालका, 2. पिंजौर, 3. पंचकुला
13.	फतेहाबाद	1. फतेहाबाद, 2. टोहाना, 3. जाखल, 4. रतिया
14.	हिसार	1. हिसार, 2. हांसी, 3. उकलान मण्डी, 4. बरवाला, 5. नारनौंद
15.	सिरसा	1. सिरसा, 2. मण्डल डबवाली, 3. कलांवाली, 4. ऐलनाबाद, 5. रानिया
16.	भिवानी+ चरखी दादरी	1. भिवानी, 2. लोहारू, 3. चरखी दादरी, 4. बवानीखेड़ा, 5. तोशाम, 6. सिवानी
17.	गुरुग्राम	1. गुरुग्राम, 2. सोहना, 3. पटौदी, 4. हेलीमण्डल, 5. फरुखनगर
18.	फरीदाबाद	1. फरीदाबाद कॉम्पलैक्स
19.	महेन्द्रगढ़	1. महेन्द्रगढ़, 2. नारनौल, 3. कनीना, 4. अटेली मण्डी
20.	नूंह	1. नूंह, 2. फिरोजपुर झिरका, 3. तावड़ू, 4. पुन्हाना, 5. हथीन
21.	पलवल	1. पलवल, 2. होडल, 3. हसनपुर, 4. हथीन

वस्तुनिष्ठ प्रश्नोत्तर

1. हरियाणा राज्य को पूर्ण राज्य का दर्जा कब मिला?
A. 1 नवम्बर, 1964 को
B. 10 दिसम्बर, 1965 को
C. 1 नवम्बर, 1966 को
D. 15 जून, 1968 को

2. हरियाणा की राजधानी कौन सा नगर है?
A. चण्डीगढ़
B. रोहतक
C. करनाल
D. यमुनानगर

3. हरियाणा को प्रशासनिक सुविधा के लिए कितने मण्डलों में बांटा गया है?
A. तीन
B. छः
C. पांच
D. चार

4. वर्तमान समय में हरियाणा में कितने जिले हैं?
A. 16
B. 17
C. 18
D. 22

5. सम्पूर्ण हरियाणा कितने उप-मण्डलों में विभाजित है?
A. 35
B. 40
C. 73
D. 48

6. हरियाणा राज्य में तहसीलों की संख्या कितनी है?
A. 93
B. 68
C. 70
D. 90

7. प्रदेश में उप-तहसीलों की संख्या कितनी है?
A. 30
B. 35
C. 49
D. 51

8. हरियाणा प्रदेश में कितने खण्ड (ब्लॉक) हैं?
A. 95
B. 140
C. 120
D. 145

9. प्रदेश में नगरों की संख्या कितनी है?
A. 154
B. 100
C. 100
D. 110

10. हरियाणा प्रदेश में कुल कितने गांव हैं?
A. 4,522
B. 5,278
C. 6,149
D. 6,841

उत्तरमाला

1	2	3	4	5	6	7	8	9	10
C	A	B	D	C	A	C	B	A	D

❖❖❖

20 | सामाजिक व सांस्कृतिक दर्शन

हरियाणा में सर्वाधिक संख्या हिन्दुओं की है। यह प्रदेश की समस्त जनसंख्या का 88.2 प्रतिशत है तथा शेष 12 प्रतिशत मुसलमान, ईसाई, सिख, बौद्ध व जैन हैं।

प्रदेश में हिन्दुओं में प्रमुखतः ब्राह्मण, राजपूत, जाट, गूजर, सैनी, खत्री, अहीर, खाती, रोड़ व अनुसूचित जाति के लोग हैं। प्रदेश में अधिकांशतः 36 गोत्रों में बँटे हुए गौड़वंशीय ब्राह्मण हैं, दूसरे स्थान पर जाट जाति के लोग हैं। प्रदेश में सामाजिक दृष्टि से जाट, गूजर, राजपूत, अहीर, सुनार व सैनी आदि के लोगों का एक ही स्तर है। कृषि के कार्य के अतिरिक्त ये लोग सेना व पुलिस में भी हैं। हरियाणा के प्रायः सभी ग्रामीण इलाकों में रहने वाले अनुसूचित जाति के लोग अधिकांश रूप से शिल्पी हैं। मुसलमानों की मुख्य जातियाँ पठान, मेव, रंगरेज व लोहार आदि इस प्रदेश में निवास करती हैं।

वेशभूषा

प्रदेश के पुरुषों की पारम्परिक वेशभूषा इस प्रकार है—

धोती	— धोती
कुर्ता	— गोल बाँहों का पुराने रिवाज का कुर्ता
कमीज	— कालरदार कमीज
खंड़वा	— पगड़ी
साफा	— पगड़ी (सैनिक फैशन की)
पागड़ी	— मारवाड़ी ढंग की पगड़ी
पाग	— राजपूती ढंग की बड़ी पगड़ी
कमरी	— आधी अस्तीन की कटि तक की कमरी, जो अब भी कई बुजुर्ग पहनते हैं।
अंगरखा	— गण्यमान्य लोगों का नीचे तक झूलता कलीदार पहनावा, पुराने दरबारी ढंग का।

दोहर	— हाथ के कते बारीक दोहरे सूत की मजबूत बड़ी चादर, जो जाड़ों में ओढ़ी जाती है।
खेस	— मोटे सूत की मोटी चादर, जो शीतकाल में ओढ़ी जाती है।
टोपी	— गांधी टोपी जैसी टोपी, जिसे पुराने लोग पहनते थे।
रूई की कमरी	— रूई डालकर सिलाई गई कमरी, इसे लोग जाड़े में पहनते हैं। इसी को मिरजई भी कहते हैं।
लोई	— लोई

प्रदेश की स्त्रियों की पारम्परिक वेशभूषा—

घाघरी	— घाघरा
दामण	— काले या लाल सूती कपड़े का घाघरा
बोरड़ा	— खद्दर के कपड़े पर फूल छपा घाघरा
लैह	— नीले कपड़े पर पीले पाट की कढ़ाई वाले कपड़े का घाघरा
गुलडां की लैह	— बंधाई पद्धति से रंगे हुए खद्दर से बना घाघरा
कैरी	— नीले खद्दर पर लाल टीकों वाले कपड़े का घाघरा
खारा	— चार नीले तथा चार लाल धागों की बुनाई वाले खद्दर से बना बिना कली का घाघरा
चांदतारा	— खद्दर पर दूज के चांद और तारे की छपाई वाले कपड़े से बना घाघरा
कमरी	— वास्केटनुमा पूरी या आधी आस्तीनों की कमरी। इसे पहले विवाहित स्त्रियाँ ही पहनती थीं।
आंग्गी	— अंगिया
समीज	— कमीज के नीचे पहना जाने वाला वस्त्र
कमीज	— कालरदार कमीज
जम्फर	— जम्फर, जो आजकल लोकप्रिय है
सिलवार	— सलवार, नई पीढ़ी इसे तेजी से अपना रही है
ओढ़णा	— गोट-गोटा लगी ओढ़नी
दुकानियाँ	— खद्दर का गहरे लाल रंग का पीले धागों से कढ़ा ओढ़ना
छ्यामा	— पीले पाट का कढ़ा ओढ़ना
सोपली	— गहरे लाल रंग की किनारें पर छपी ओढ़नी।
डिमास या डिमाच	— रेशमी ओढ़ना जो कि विवाह में चढ़ाया जाता था।
गुमटी	— सूती रंगीन कपड़े पर रेशमी बूँदियों कढ़ी ओढ़नी।
लहरिया	— बँधाई पद्धति की रंगाई से तैयार किया गया ओढ़ना।
बोल	— सूती कपड़े पर रेशमी पट्टीदार कढ़ाई का ओढ़ना।

पीलिया	—	लाल किनारियों का बीच से पीला पतले कपड़े का बंधी रंगाई से तैयार ओढ़ना। इसे बच्चा होने पर पीहर से देते हैं।
चूंदणी	—	लाल पल्लों और बीच में नीली रंगाई वाली पतली ओढ़नी।
मौडिया	—	नीले या काले पल्लों की रंगाई का बारीक ओढ़ना।
कंघ	—	पक्के लाल रंग का ओढ़ना। इनकी कई तरह की कढ़ाई होती थी। जलसे की कढ़ाई मिर्चों के पेड़ों की कढ़ाई, बटनों की कढ़ाई और फिर्कीदार कढ़ाई लोकप्रिय थी। इस कढ़ाई के आधार पर ही कंघ का नामकरण होता था।
फुलकारी	—	कंघ पर पीले पाट या ऊन की डब्बीनुमा फुलकारियों के ओढ़ने। इसके अतिरिक्त घाघरों की अन्य किस्में भी हैं जैसे—'ढाक पात्ता', 'पीपल पात्ता', 'नई चाल', 'गेहूँ दाणा' और 'तेरी मेरी सलाह'।
फरगल	—	जाड़े में बच्चों को पहनाया जाने वाला टोप, जिसकी रंग-बिरंगी झालर कमर तक पीछे लटकती रहती है।
झुगला	—	छोटे बच्चों का पहनावा।
सौड़	—	खद्दर की रजाई।
सौड़िया	—	खद्दर का गदेला।
रिजाई	—	रजाई

आभूषण

हरियाणा के पारम्परिक आभूषण निम्नलिखित हैं—

1. पात्तीं
2. फूल पात्ती
3. तात्ती
4. छैल कड़े
5. गिटियाँ के
6. गजरियाँ
7. कड़ी
8. झाँजण चूड़ी
9. रमझोल
10. छोटी नेवरी
11. बड़ी घुंघरुओं की नेवरी
12. बिछुए
13. बांकड़ी

(पाँव में पहने जाने वाले सारे गहने चाँदी के होते हैं।)

हाथों के आभूषण :

1. आरसी (अँगूठे की)
2. अँगूठी
3. हथफूल
4. पौहची
5. कड़ूल्ला
6. गजरा
7. छन्न
8. पछेल्ली
9. काँगणी
10. छन कंगण
11. टाड (बाजू पर पहनी जाती है)
12. टाडिया (बाजू पर पहनी जाने वाली सोने की टाड)
13. बाजूबन्ध

गले के आभूषण :

1. हंसला	—	(चाँदी या सोने की)
2. हंसली	—	(चाँदी या सोने की)
3. मोहनमाला	—	(सोने की)
4. गलश्री	—	(सोने की)
5. कण्ठी	—	(सोने की)
6. जंजीरा	—	(सोने या चाँदी की)
7. गुलूबन्ध	—	(सोने का)
8. झालरा	—	(गिन्नियों का या चाँदी के रुपयों का)
9. बटन	—	(चाँदी या सोने के)
10. हार	—	(चाँदी का)
11. माला	—	(सोने की)

मुँह और सिर के आभूषण :

1. फूल	—	(चाँदी या सोने का) सिकर के ऊपर बाँधा जाता है।
2. सिंगार पट्टी	—	(चाँदी या सोने की) सिर के ऊपर बाँधी जाती है।
3. बेस्सर	—	(सोने की) माथे पर बँधती है।
4. ताग्गा	—	(सोने-चाँदी दोनों का) माथे के लिए।
5. बोरला	—	(सोने या चाँदी का, नगीने जड़कर बनाया जाता है) माथे के बीच में लगाया जाता है।
6. टीक्का	—	(सोने का) माथे पर लटकता है।
7. क्लफ	—	(सोने या चाँदी की) बालों में लगाई जाती है।
8. बूजनी	—	(कानों में पहनी जाती है) सोने या चाँदी की।
9. ढेडे	—	कानों के लिए चाँदी के।
10. कर्णफूल	—	(सोने या चाँदी के) कानों में पहने जाते हैं।
11. बाली	—	(सोने या चाँदी की) कानों के लिए।
12. डांडें	—	(चाँदी के) कानों के पास लटकते हैं।
13. छाज	—	(चाँदी के) माथे पर लटकता है।
14. नांथ	—	(सोने की) नाक में पहनी जाती है।
15. पुरली	—	(सोने की) नाक में पहनी जाती है।
16. कोक्का	—	(सोने का) नाक में पहना जाता है।
17. लोंग	—	(सोने की) नाक में पहनी जाती है।

अन्य आभूषण :

1. गोफ	—	(पुरुषों का) गले का जेवर।
2. कठला	—	(पुरुषों का) गले का सोने का जेवर।

3. मुरकी	—	(पुरुषों का) कानों का जेवर।
4. जंजीरा	—	(पुरुषों का) कान का जेवर।
पत्तरी	—	(स्त्री-पुरुष) दोनों के लिए गले का जेवर।
तागड़ी	—	(स्त्रियों का) कमर का जेवर
नाड़ा	—	(चाँदी का झब्बेदार जेवर, जो घाघरे के नाड़े के साथ बाँधा जाता है।)
पल्लू	—	चाँदी का जेवर, जो स्त्रियों के ओढ़ने के पल्ले में बाँधा जाता है।)

शकुन-अपशकुन

विश्व का शायद ही ऐसा कोई देश हो जहाँ शकुन-अपशकुन का विचार नहीं किया जाता हो। भारत में तो यह लोकविश्वास बहुत है। हरियाणा प्रदेश भी इसके प्रभाव से अछूता नहीं बचा है यद्यपि आज के युग में इनका अधिक महत्त्व नहीं रह गया है, किन्तु लोकविश्वास के रूप में इनका महत्त्वपूर्ण स्थान है। हरियाणा के प्रचलित शकुन-अपशकुनों का उल्लेख निम्न प्रकार है—

शकुन—यात्रा अथवा कोई कार्य आरम्भ करते समय जिन लक्षणों से शुभ होने का आभास होता है, उन्हें शकुन कहा जाता है। ये लक्षण हैं—

- **पानी भरा घड़ा**—घर से बाहर निकलने पर पानी से भरा घड़ा लिए पनिहारिन का मिलना शुभ होता है।
- **मेहतर (झाड़ू लिए हुए)**—काले वर्ण का मेहतर का हाथ में झाड़ू लिए हुए मार्ग में मिलना।
- **गौ-दर्शन**—प्रातःकाल गाय का दर्शन।
- **दही अथवा चाँदी का सिक्का**—प्रातः उठते ही चाँदी के सिक्के अथवा दही के दर्शन।
- **हिरण दर्शन**—विदेश-यात्रा के समय हिरण का बाईं ओर से दाहिनी ओर चलना या भागना अथवा रास्ता काटना। लोकभाषा में इसे 'हिरण की बूक्कल खोलना' कहा जाता है।
- **हथेली का खुजलाना**—पुरुष की दाहिनी अथवा स्त्री की बाईं हथेली में खुजली होना धन प्राप्ति का द्योतक समझा जाता है।
- **आँख का फड़कना**—पुरुष की दाहिनी और स्त्री की बाईं आँख फड़कना।
- **बिल्ली का मुँह धोना**—प्रातःकाल बिल्ली का मुँह धोते हुए दिखाई पड़ना, इससे समझा जाता है कि कोई प्रियजन आयेगा।
- **कौए का बोलना**—घर के छज्जे या द्वार पर सुबह के समय कौआ बोले, तब किसी मेहमान के आने की संभावना होती है।
- **रोटी का मुड़ जाना**—यह भी अतिथि-आगमन की सूचना है।
- **चिड़िया का रेत में नहाना**—चिड़िया रेत में नहाती दिखाई दे तो वर्षा होने का अनुमान लगाया जाता है।

- **जूती पर जूती चढ़ना**—यदि किसी के एक पैर की जूती दूसरे पैर की जूती पर चढ़ी दिखाई पड़े तो यह माना जाता है कि उस व्यक्ति को कहीं दूर की यात्रा करनी पड़ेगी।
- **पैर का खुजलाना**—पैर का खुजलाना भी किसी यात्रा का द्योतक है।
- **सधवा दर्शन**—पूरा शृंगार किये हुए किसी सधवा (सुहागन) का मार्ग में मिलना।
- **नीलकण्ठ-दर्शन**—प्रातः नीलकण्ठ पक्षी का दर्शन हो जाये तो बहुत ही शुभ माना जाता है, और दशहरे के दिन तो नीलकंठ का दर्शन सब पापों से मुक्ति का द्योतक समझा जाता है।
- **दूब का दर्शन**—बिस्तर से उठते ही हरी दूब का दर्शन होना। इससे सारा दिन सुख से बीतने का अनुमान लगाया जाता है।
- **हस्त दर्शन**—प्रातः उठते ही बिना किसी का मुँह देखे अपने हाथों को अंजलि के रूप में देखने को भी शुभ मानते हैं।
- **ब्राह्मण-कन्या का दर्शन**—ब्राह्मण की कन्या का सुबह-सुबह दर्शन।
- **भिस्ती का जल लिए मिलना**—जल भरी मशक लिए भिस्ती का सामने पड़ जाना भी बहुत शुभ माना जाता है।

अपशकुन—यात्रा अथवा कोई शुभ-कार्य करते समय जिन लक्षणों से अशुभ होने का आभास होता है, उन्हें अपशकुन कहा जाता है। ये लक्षण हैं-

- **खाली घड़ा**—घर से निकलते ही खाली घड़ा लिए पनिहारिन का मिलना।
- **ईंधन का टोकरा**—ईंधन का टोकरा लिए किसी का रास्ता काटना।
- **काली बिल्ली**—काली बिल्ली का दाहिने से बाएँ रास्ता काटना।
- **छींकना**—किसी शुभ काम के अवसर पर छींक अच्छी नहीं समझी जाती है।
- **सूअर का मिलना**—मार्ग में सूअर दिखाई पड़ना।
- **ग्वाले की भैंस की सवारी**—मार्ग में भैंसे पर सवार ग्वाले का दिखाई पड़ना बहुत अशुभ माना जाता है।
- **आँख फड़कना**—पुरुष की बाईं और स्त्री की दाईं आँख फड़कना।
- **श्मशान में गीदड़ों का रोना**—श्मशान भूमि में से गीदड़ के रोने की आवाज सुनाई पड़े तो बस्ती में किसी की मृत्यु की आशंका होती है। गीदड़ का वैसे भी रोना अशुभ माना जाता है।
- **कुत्तों का रोना**—कुत्तों का रोना भी किसी अनिष्ट की पूर्व सूचना के रूप में समझा जाता है।

वस्तुनिष्ठ प्रश्नोत्तर

1. हरियाणा प्रदेश में पुरुषों द्वारा पहनी जाने वाली पगड़ी क्या कहलाती है?

    A. खंडवा   B. पग्गड़

    C. तोडा   D. पगड़ी

2. प्रदेश में राजपूती ढंग की बड़ी पगड़ी को क्या कहते हैं?

A. साफा

B. टोपी

C. पाग

D. दोहरा

3. हरियाणा में चार नीले तथा चार लाल धागों की बुनाई वाले खद्दर से बना बिना कली का घाघरा क्या कहलाता है?

A. धारणा

B. खारा

C. थारा

D. कचारा

4. प्रदेश में प्रचलित निम्नलिखित में से कौन सा आभूषण गले में नहीं पहना जाता है?

A. हंसला

B. फूल

C. गलश्री

D. बटन

5. प्रदेश में निम्नलिखित में से कौन सा आभूषण मुंह और सिर पर पहना जाता है?

A. सिंगार पट्टी

B. तग्गा

C. बेस्सर

D. उपरोक्त सभी

6. प्रदेश में प्रचलित आभूषणों में निम्नलिखित में से कौन सा आभूषण नाक में नहीं पहना जाता है?

A. नाथ

B. पुरली

C. ढेडे

D. कोक्का

7. प्रदेश में प्रचलित निम्नलिखित में से कौन सा आभूषण हाथों में नहीं पहना जाता है?

A. पौहची

B. कड़ूल्ला

C. पछेल्ली

D. बांकड़ी

8. प्रदेश में प्रचलित शकुन-अपशकुनों में निम्नलिखित में से किसे शकुन माना जाता है?

A. पानी भरा घड़ा

B. हिरण दर्शन

C. मेहतर (झाड़ू लिए हुए)

D. उपरोक्त सभी

9. प्रदेश में प्रचलित शकुन-अपशकुनों में निम्नलिखित में से किसे अपशकुन माना जाता है?

A. खाली घड़ा

B. दूब का दर्शन

C. पैर का खुजलाना

D. भिस्ती का जल लिए मिलना

10. प्रदेश में पारम्परिक आभूषणों में निम्नलिखित में से कौन सा आभूषण पुरुषों द्वारा पहना जाता है?

A. गोफ

B. तागड़ी

C. नाड़ा

D. कड़ी

उत्तरमाला

1	2	3	4	5	6	7	8	9	10
A	C	B	B	D	C	D	D	A	A

❖❖❖

21 | मेले व त्यौहार

किसी भी देश-प्रदेश के मेलों और तीज-त्यौहारों से वहां के जन-जीवन की वास्तविक झलक के दर्शन होते हैं। भारत की एकता को स्थिर व अक्षुण्ण रखने में हमारी सांस्कृतिक परम्पराओं, मेलों व तीज-त्यौहारों ने काश्मीर से कन्याकुमारी और कामरूप से कच्छ काठियावाड़ तक सम्पूर्ण देश को एकता प्रदान की है। इस सम्बन्ध में हरियाणा प्रदेश का हमारे राष्ट्रीय जीवन में विशेष स्थान है, क्योंकि यहां के कुछ मेले ऐसे हैं जिनकी प्रसिद्धि देश भर में फैली हुई है। सूर्य-ग्रहण के अवसर पर देश के कोने-कोने से लाखों तीर्थयात्री धर्मक्षेत्र-कुरुक्षेत्र की पवित्र-भूमि पर एकत्रित होते हैं, सरोवरों में स्नान करते हैं और अपनी-अपनी श्रद्धा व सामर्थ्य के अनुसार धर्मानुष्ठान करते हैं। वैसे भी श्रीमद्भगवद गीता की जन्म भूमि होने के नाते कुरुक्षेत्र की प्रसिद्धि सारे विश्व में फैली हुई है।

इस प्रदेश में जगह-जगह अनेक धार्मिक स्थान बने हुए हैं। महेन्द्रगढ़ जिले में नारनौल के समीप ठोसी पहाड़ी पर सोमवती अमावस को जो मेला लगता है वह इस क्षेत्र का सबसे बड़ा मेला माना जाता है। यहां ''च्यवन ऋषि'' की स्मृति में एक तीर्थ स्थल भी बना हुआ है। गुड़गांव जिले में इस्लामपुर नामक स्थान पर भादो मांस के नौवें दिन 'गूगा नौमी' का मेला लगता है।

गुरुग्राम में चैत्र व आषाढ़ मास में प्रत्येक सोमवार व मंगलवार को शीतला माता का मेला लगता है। इस मेले में देश के कोने-कोने से लाखों की संख्या में श्रद्धालु माता के दर्शन करने के लिए आते हैं। जिला भिवानी में तोशाम नामक स्थान में कार्तिक और वैशाख की पूर्णिमा के मेले में दूर-दूर से लोग आते हैं। जींद जिले में रामराय और भूतेश्वर के मेले प्रसिद्ध हैं। रोहतक के अस्थल बोहर के मठ में फरवरी-मार्च में बाबा मस्तनाथ का मेला लगता है। बोहर मठ नाथ सम्प्रदाय के संन्यासियों की गद्दी है जिसके श्रद्धालु हरियाणा व हरियाणा से आगे राजस्थान के इलाकों में फैले हुए हैं। रोहतक का तीज का मेला भी बड़ा प्रसिद्ध है। कुरुक्षेत्र जिले का पेहवा नामक स्थान एक प्रसिद्ध तीर्थ स्थल है। मार्च के महीने में यहाँ एक बड़ा मेला लगता है। इस मेले में सरोवरों में स्नान और पितरों की सद्गति के लिए पिण्डदान जैसे बड़े-बड़े अनुष्ठान होते हैं। अम्बाला जिले में भाद्रपद महीने की बावन द्वादशी को मेला लगता है। यह मेला अम्बाला में अगस्त-सितम्बर के महीने में लगता है।

जगाधरी के समीप बिलासपुर में कार्तिक पूर्णिमा को कपाल मोचन का मेला लगता है। कैथल जिले में फरल गांव में आश्विन मास की सोमवती अमावस्या को फल्गु का मेला लगता है। इस मेले में लोग स्नान-दान और श्राद्ध-तर्पण करते हैं। चण्डीगढ़ के समीप मनसा देवी का प्रसिद्ध मन्दिर है जहाँ चैत्र और अश्विन के नवरात्रों में मेला लगता है।

यमुनानगर और कुरुक्षेत्र का वैशाखी का मेला भी प्रसिद्ध है। रोहतक जिले के लाखन माजरा नामक स्थान पर 'मंजी साहब का गुरुद्वारा' है, जहां पर मोहोला हल्ला का त्यौहार बड़े उत्साह से मनाया जाता है।

इसी तरह जिला सिरसा में श्री जीवनगर नामक ग्राम है, जहां नामधारी सम्प्रदाय के गुरु महाराज रहते हैं। बसन्त के दिन विशेषकर तथा अन्य अवसरों पर साधारणतः यहां समारोह होते हैं जिनमें दूर-दूर से आकर नामधारी सम्मिलित होते हैं। पानीपत, गुरुग्राम और हिसार आदि जिलों में मुस्लिम सम्प्रदाय के ''उर्स'' होते हैं। तथा इनमें शामिल होने के लिए पाकिस्तान से भी यात्री आते हैं। हांसी जिला हिसार में चहारकुतुब व पानीपत में 'बुअली शाह कलन्दर' की मज़ार है।

हरियाणा में होली, दीवाली, शिवरात्री, भैयादूज, सलोमण यानी रक्षाबन्धन, करवाचौथ, निर्जला एकादशी, होई, कार्तिक शुक्ला एकादशी की देव अठणी ग्यास आदि अनेक त्योहार मनाये जाते हैं। हरियाणा की होली में त्यौहार व मेला दोनों का समावेश है, क्योंकि यहां पर होली का हुड़दंग व हास-परिहास कई दिन तक चलता रहता है। इस अवसर पर लिंग, जाति, रंग और सब प्रकार के भेद-भाव भुला दिये जाते हैं और सब लोग मिलकर होली खेलते हैं। यहां के धर्म-परायण स्त्री व पुरुष इस अवसर पर भक्त प्रहलाद की अमर गाथा का स्मरण करते हैं। होली के अवसर पर इस प्रदेश में फाग के गीत गाये जाते हैं और ढोल-ताशों से सारा वातावरण गूंज उठता है। हरियाणा के मेलों में लोक-कला, नृत्य, संगीत, नाटक तथा सांगों को प्रोत्साहन मिलता है।

देश के स्वतंत्र होने के पश्चात से मनाये जाने वाले हमारे दो राष्ट्रीय पर्व गणतंत्र दिवस व स्वतंत्रता दिवस भी इस प्रदेश में बड़े धूम-धाम से मनाये जाते हैं।

विविध जिलों के मेले/उत्सव

क्र. सं.	मेला/उत्सव का नाम	स्थान का नाम जहाँ मेला लगता है	महीना/ दिनांक	मेले का महत्त्व
जिला यमुनानगर				
1.	बावन द्वादशी	गौरी शंकर का मन्दिर जगाधरी	भादों दूज	धार्मिक
2.	कपाल मोचन	बिलासपुर	कार्तिक पूर्णिमा	धार्मिक
3.	हजरत शाह कुमैश आज़म	सढौरा	आश्विन मास	धार्मिक
4.	गूगा माड़ी	जगाधरी	भादों	धार्मिक
5.	आदि बद्री	कठगढ़ बिलासपुर	वैसाख की सातवीं, तीज व कार्तिक पूर्णिमा	धार्मिक
6.	पंचमुखी	छोली (छछरौली)	हर मंगलवार	धार्मिक

क्र.सं.	मेला/उत्सव का नाम	स्थान का नाम जहाँ मेला लगता है	महीना/दिनांक	मेले का महत्त्व
जिला अम्बाला				
1.	तीज का मेला	पंजोखड़ा	सावन सुदी तीज (जुलाई, अगस्त)	सामाजिक
2.	गुरु नानक दिवस	अम्बाला	कार्तिक की पूर्णमासी (अक्टूबर, नवम्बर)	धार्मिक
3.	बावन द्वादशी	अम्बाला	भादों दूज (अगस्त, सितम्बर)	धार्मिक
4.	मेला काली माई	कालका	चैत्र सुदी 4 (मार्च, अप्रैल)	धार्मिक
5.	दुर्गाष्टमी	मनसा देवी/नन्योला	चैत्र (मार्च)	धार्मिक
6.	मेला सत्वा तीज	पिंजौर	जेठ	धार्मिक
7.	शारदा देवी	त्रिलोकपुर	चैत्र	धार्मिक
8.	दुर्गाष्टमी	रायपुररानी	चैत्र	धार्मिक
9.	गुगा नवमी	केसरी	भादों	धार्मिक
10.	शिव चौदस	दुराना	फाल्गुन	धार्मिक
जिला कुरुक्षेत्र				
1.	सूर्य ग्रहण	कुरुक्षेत्र	जब भी सूर्य ग्रहण लगे	सरोवरों में स्नान
2.	पेहवा मेला	पेहवा	मार्च	सरस्वती तीर्थ में स्नान
3.	सोमवती अमावस	कुरुक्षेत्र/पेहवा	जब भी अमावस; सोमवार को हो	सरोवरों में स्नान
4.	देवी मेला	शाहबाद	अप्रैल	देवी की पूजा
5.	मारकण्डा मेला	शाहबाद	प्रत्येक रविवार	पूजा-पाठ
6.	महावीर जयन्ती	लाडवा	मार्च	पूजा-पाठ
7.	देवी मेला	लाडवा	अप्रैल	पूजा-पाठ
8.	वैसाखी	कुरुक्षेत्र	13 अप्रैल	सरोवरों में स्नान
जिला कैथल				
1.	फल्गु	गाँव फरल, तहसील कैथल	आसोज मास में सोमवती अमावस को	तालाबों में स्नान
2.	मेला पुण्डरक	पुण्डरी	अप्रैल	देहाती मेला
3.	मेला देहाती	लुदाना बाबा	अक्टूबर	देहाती मेला
4.	बावन द्वादशी मेला	कैथल रेलवे स्टेशन के निकट	शुक्ल पक्ष की द्वादशी	श्री भगवान बावन अवतार की आराधना
जिला करनाल				
1.	देवी का मेला	पटहेड़ा (इन्द्री)	अप्रैल	देवी पूजा
2.	गुगा पीर	खेड़ा (इन्द्री)	अगस्त (भादों से पूर्व) तीन दिन का मेला लगता है)	पूजा-पाठ
3.	देवी मेला	इन्द्री	मार्च	पूजा-पाठ
4.	सिमरनदास बाबा की समाधि पर मेला	इन्द्री	अक्टूबर	तीन दिन का मेला

क्र. सं.	मेला/उत्सव का नाम	स्थान का नाम जहाँ मेला लगता है	महीना/दिनांक	मेले का महत्त्व
5.	परासर	तरावड़ी	फरवरी	शिव पूजा
6.	रामलीला तथा दशहरा	करनाल	अक्तूबर	रामलीला
7.	पंखदेवी	करनाल	अक्तूबर	देवी-पूजा
8.	पाण्डु मेला	पपहाना (असन्ध)	प्रतिमास	स्नान
9.	देवी मेला	सालवान (सन्ध)	अप्रैल	पूजा
10.	छड़ियों का मेला	अमूपुर	सितम्बर	छड़ी पूजा

जिला पानीपत

क्र. सं.	मेला/उत्सव का नाम	स्थान का नाम जहाँ मेला लगता है	महीना/दिनांक	मेले का महत्त्व
1.	माता का मेला	तिवाह	चैत्र महीने की सीली सातम	माता की पूजा से छोटे बच्चों को माता नहीं निकलती
2.	माता का मेला	अदमी	चैत्र महीने की चौदस/ आश्विन महीने की चौदस	माता की पूजा होती है
3.	दुर्गा अष्टमी मेला	देवी मन्दिर, पानीपत	अश्विन सुदी अष्टमी तथा चैत्र सुदी अष्टमी	पूजा
4.	कलन्दर की मज़ार	पानीपत	रमज़ान के महीने के बाद 14-15 चाँद की तारीखें	नमाज़ अदा की जाती है
5.	गुगा पीर	आसनखुर्द	फाल्गुन बदी त्रियोदश तथा सावन बदी तीज	गुगे की पूजा
6.	शिवरात्रि का मेला	भादड़	फाल्गुन बदी तीज व सावन बदी तीज	शिव मन्दिर पर जल के साथ पूजा
7.	पाथरी माता का मेला	पाथरी	चैत्र व आषाढ़ मास के हर बुधवार	शादी का गठजोड़ा उतारने के लिए एवं मुरादें पूरी करने के लिए
8.	माता का मेला	बहौली	चैत्र महीने की सीली सातम	माता की पूजा-अर्चना से बच्चों को माता नहीं निकलती

जिला जीन्द

क्र. सं.	मेला/उत्सव का नाम	स्थान का नाम जहाँ मेला लगता है	महीना/दिनांक	मेले का महत्त्व
1.	हटकेश्वर	गांव हाट	सावन सुदी के आखिरी रविवार को	स्नान
2.	शिवजी	भूरायण	सावन व फाल्गुन सुदी	शिव पूजा
3.	बिलसर	हंसडैहर	हर सोमवती अमावस	धार्मिक
4.	जुलाना	जुलाना	फाल्गुन सुदी के दोनों रविवार	धार्मिक
5.	माता का मेला	कालवन	मार्च	धार्मिक
6.	रामरायह्रद	रामराय	वैशाख व कार्तिक की पूर्णमासी	परशुराम के मन्दिर में पूजा व पवित्र स्नान

क्र.सं.	मेला/उत्सव का नाम	स्थान का नाम जहाँ मेला लगता है	महीना/दिनांक	मेले का महत्त्व
7.	पाण्डु पिंडारा	पिंडारा	हर अमावस को	स्नान व पिण्डदान
8.	बुड़ा बाबा मेला	जीन्द	रविवार	धार्मिक
9.	श्याम जी	पड़ाना	फाल्गुन की द्वादशी	धार्मिक
10.	बाबा भोलूनाथ	खरक रामजी	होली के दिन	धार्मिक
11.	देवी पूजा	गांगटेहड़ी	चैत्र की अष्टमी	धार्मिक
12.	नागदेव मेला	घोघड़िया	भादों की पंचमी	धार्मिक
13.	धमतान साहिब	धमतान	हर मास की अमावस	गुरुद्वारा व मन्दिर हिन्दू-सिख एकता का प्रतीक
14.	शिव मेला	बड़ौद	श्रावण की कृष्ण पक्ष की चौदस	शिव पूजा
15.	नाग क्षेत्र तीर्थ	सफीदों	श्रावण मास की पंचमी	नागपूजा, स्नान
16.	मेला सच्चा सौदा	सफीदों	हर मास की अमावस	धार्मिक आस्था
17.	मेला सिंहपूरा	सिंहपूरा	गुरुपूर्व की पूर्णमासी	गुरु तेग बहादुर की स्मृति
18.	मेला जामनी	जामनी	चैत्र मास की कृष्ण पक्ष की सप्तमी	धार्मिक

जिला रोहतक

क्र.सं.	मेला/उत्सव का नाम	स्थान का नाम जहाँ मेला लगता है	महीना/दिनांक	मेले का महत्त्व
1.	मेला बाबा मस्त नाथ	अस्थल बोहर	फाल्गुन सुदी अष्टमी व नवमी (फरवरी-मार्च)	बाबा मस्तनाथ की याद में
2.	मेला बाबा गनतीदास	छुडानी	फाल्गुन सुदी (फरवरी, मार्च) भादों बदी अगस्त, सितम्बर	सन्त गनतीदास की याद में
3.	मेला श्याम जी	दुबलधन माजरा	फाल्गुन सुदी द्वादशी (फरवरी-मार्च)	यहाँ बच्चों के बाल उतरवाये जाते हैं व नववधु को आर्शीवाद दिया जाता है
4.	मेला शिवरात्रि	किलोई	फाल्गुन (फरवरी, मार्च) श्रावण (जुलाई-अगस्त)	भगवान शिव की पूजा होती है
5.	मेला बाबा जमनादास	भालोट	चैत्र सुदी 8 (मार्च-अप्रैल)	बाबा जमनादास की याद में
6.	मेला माता	रोहतक	चैत्र का हर बुधवार (मार्च-अप्रैल)	यह विश्वास किया जाता है कि माता चेचक से रक्षा करती हैं

क्र. सं.	मेला/उत्सव का नाम	स्थान का नाम जहाँ मेला लगता है	महीना/दिनांक	मेले का महत्त्व
8.	तीज मेला	रोहतक	सावन सुदी (जुलाई-अगस्त)	नये वस्त्र पहन कर झूला झूलना मलहार गीत गाना,
9.	दशहरा	रोहतक	आश्विन सुदी 10 (सितम्बर, अक्तूबर)	रावण के बुत को जलाया जाता है
10.	मेला जन्माष्टमी	रोहतक	भादों बदी 8 (अगस्त, सितम्बर)	भगवान श्रीकृष्ण की पूजा होती है
11.	गुगा नवमी	बादली	भादों बदी 9 (अगस्त, सितम्बर)	गुगा पीर की पूजा होती है
12.	होला मोहल्ला	लाखनमाजरा	फाल्गुन सुदी पूर्णिमा (फरवरी-मार्च)	गुरु तेग बहादुर की याद में
13.	सालोनी (राखी)	बहादुरगढ़ झज्जर	पूर्णमासी (जुलाई-अगस्त)	बहनें अपने भाइयों की कलाई पर राखी बांधती हैं
14.	मेला बाबा बूढ़ा	आसोदा	आश्विन, कार्तिक (सितम्बर-अक्टूबर)	ऐसी धारणा है कि यहां पर हर मनोकामना पूरी होती है

जिला गुरुग्राम/नूँह

क्र. सं.	मेला/उत्सव का नाम	स्थान का नाम जहाँ मेला लगता है	महीना/दिनांक	मेले का महत्त्व
1.	शीतला माता मेला	गुरुग्राम	चैत्र या आषाढ़ मास में हर सोमवार, मंगलवार	शीतला देवी की पूजा
2.	बुढ्ढो माता का मेला	मुबारिकपुर	मार्च के हर सप्ताह के दो दिन	श्रद्धालु अपनी मनोकामना की पूर्ति हेतु आते हैं तथा देवी की पूजा की जाती है
3.	गुगा नवमी	इस्लामपुर	भादों के नौवें दिन	गुगा पीर की पूजा
4.	भक्त पूर्णमल	कासन	भादों सुदी 12, 13, 14	पूर्ण भक्त की पूजा
5.	बुढ़ी तीज	आलदूर्का	भादों सुदी-2	मुस्लिम मेला
6.	महादेव का मेला	इच्छापुरी	फाल्गुन सुदी 14 व 15 और श्रावण सुदी 14, 15	महादेव की पूजा
7.	रामनवमी	फिरोजपुर	मार्च, अप्रैल	धार्मिक
8.	शिवजी का मेला	पुन्हाना	फरवरी	शिवजी की पूजा
9.	शाहचौखा खोरी	खोरी	अप्रैल, मई	मुस्लिम मेला
10.	तीज का मेला	गुरुग्राम	श्रावण सुदी 3	तीज पूजा
11.	रावण का मेला	फिरोजपुर झिरका	चैत्र सुदी 8	रावण का पुतला जलाना
12.	शिवजी का मेला	जीरासी	श्रावण, फाल्गुन 14	शिवपूजा
13.	शिवजी का मेला	सीवाड़ी	श्रावण	शिवपूजा
14.	देवी मेला	बुढेड़ा	चैत्र, आसोज	देवी पूजा
15.	नाग पूजा	नांगल मुबारकपुर	भादों सुदी-6	नाग पूजा
16.	शिवजी मेला	फिरोजपुर झिरका	मार्च, अप्रैल	शिवजी की पूजा

क्र. सं.	मेला/उत्सव का नाम	स्थान का नाम जहाँ मेला लगता है	महीना/दिनांक	मेले का महत्त्व
		जिला सोनीपत		
1.	डेरा नग्न बालकनाथ	रभड़ा (तहसील) गोहाना	फाल्गुन सुदी-9 (फरवरी, मार्च)	बाबा बालकनाथ की पूजा होती है तथा हिन्दू विशेषकर कनपाड़े साधू गद्दी की पूजा करते हैं
2.	मेला देवी	गोहाना	चैत्र सुदी 8 (मार्च,अप्रैल) आश्विन, सदी (सितम्बर, अक्टूबर)	देवी पूजा
3.	यमुना स्नान	बेगा (त॰ सोनीपत)	शुदी का हर रविवार	धार्मिक - यह विश्वास किया जाता है कि रविवार (सुदी को) यहाँ स्नान करने से सारे पाप धुल जाते हैं
4.	यमुना स्नान	मेंहरीपुर (त॰ सोनीपत)	श्रावण (जुलाई, अगस्त का आखिरी रविवार)	यथोपरि
5.	मेला सांझी (शाम)	चुलकाना (त॰ सोनीपत)	फाल्गुन (फरवरी, मार्च)	सांझी के मन्दिर में भेंट चढ़ाई जाती है
6.	सतकुम्भा	खेड़ी गुज्जर (त॰ सोनीपत)	श्रावण (जुलाई-अगस्त का आखिरी रविवार)	एक परम्परा के अनुसार किसी समय यहाँ चक्वा बहन की राजधानी थी। चुमकद ऋषि यहां से 3 मील दूर चुलकाना गांव में समाधि लगाए बैठा था। दोनों के मध्य लड़ाई शुरू हो गई। अपनी शक्ति से ऋषि ने राजा को राख में मिला दिया। कुछ समय बाद चुमकद ऋषि के चेले यहां से गुजरे और यहां पर बावली बनवा दी
7.	मेला बाबा शमकशाह	खुबड़ु (त॰ सोनीपत)	फाल्गुन की पूर्णमासी (फरवरी, मार्च)	सैयद सम्प्रदाय के एक सन्त की समाधि पर भेंट चढ़ाई जाती है। वह सन्त भगवान के भक्त थे तथा जड़ी-बूटियों से लोगों का इलाज करते थे। उनकी मृत्यु के पश्चात हिन्दू-मुसलमान चेलों ने उनकी कब्र को पक्का करवा दिया तथा उनकी याद में एक धर्मशाला बनवा दी, जहाँ अब मेला लगता है।

क्र. सं.	मेला/उत्सव का नाम	स्थान का नाम जहाँ मेला लगता है	महीना/दिनांक	मेले का महत्त्व
8.	मेला रक्षा बन्धन	हिन्दू स्कूल के नजदीक	श्रावण की पूर्णमासी	रक्षा-बन्धन के (सोनीपत) अवसर पर कुश्तियां होती हैं
9.	देवी मेला	चटाना (तह॰ सोनीपत)	चैत्र की सातम	देवी पूजा

जिला फरीदाबाद/पलवल

क्र. सं.	मेला/उत्सव का नाम	स्थान का नाम जहाँ मेला लगता है	महीना/दिनांक	मेले का महत्त्व
1.	रक्षा बन्धन	फरीदाबाद	श्रावण सदी पूर्णिमा	पूरे नगर में विभिन्न धार्मिक देवताओं की झांकियां निकाली जाती हैं
2.	बराही	फरीदाबाद	चैत्र सुदी पूर्णिमा	देवी की पूजा होती है
3.	बलदेव छट	बल्लभगढ़	भादों सुदी नवमी व दसवीं	यह मेला बल्लभगढ़ में बलदेव की जन्म तिथि के उपलक्ष्य में लगाया जाता है।
4.	माता कालका	मोहना	चैत्र सुदी अष्टमी	इसमें माता की पूजा की जाती है
5.	गुगा नवमी	बहबलपुर	भादों सुदी नवमी	यह मेला गुगा जाहर पीर की याद में लगता है
6.	उदासनाथ	अलावलपुर	फाल्गुन बदी अमावस्या	सिद्ध बाबा उदासनाथ की समाधि है। हर इच्छा पूरी होने का विश्वास है
7.	फूलडोर	अतरचट्ठा	चैत्र बदी दूज	यहाँ सिद्ध बाबा बक्शीनाथ ने जमीन में समाधि ली थी। उनकी याद में यहाँ मेला लगता है
8.	जन्माष्टमी	धतीर	भादो बदी अष्टमी	जन्माष्टमी पर यहाँ विशाल दंगल का आयोजन होता है तथा पहलवानों को आकर्षक इनाम भी दिये जाते हैं
9.	रक्षाबन्धन	पंचवटी (पलवल)	श्रावण सुदी पूर्णिमा	प्राचीन मन्दिर है। किंवदन्ती है कि वनवास के दौरान पाण्डवों ने यहां विश्राम किया था।
10.	फूलडोल	बंचारी दीघोट,	चैत्र बदी दूज	रबी की फसल भैण्डोली शौन्दकी कटाई की खुशी में मेला लगता है।
11.	रक्षाबन्धन	औरंगाबाद, खाम्बी	श्रावण पूर्णिमा	रक्षाबन्धन के उपलक्ष्य में
12.	बलदेव छट	मुंडकटी	भादों बदी-6	बलराम की जन्मतिथि के उपलक्ष्य में
13.	कनूवाका	गाढ़ोता	भादों बदी एकादशी	जुलाहा जाति से कनुवाका भक्त था, उसी की याद में मेला लगता है
14.	रामनवमी	भैंडोली	भादों नवमी	रामजन्म के उपलक्ष्य में

क्र. सं.	मेला/उत्सव का नाम	स्थान का नाम जहाँ मेला लगता है	महीना/दिनांक	मेले का महत्त्व
15.	दशहरा	होडल/बामनी खेड़ा हसनपुर	आसोज सुदी दशमी	इस दिन राम ने रावण को मारा था, वैसे तो सब जगह ही दशहरा मनाया जाता है, पर इन गांवों में विशेष गहमा-गहमी रहती है
16.	सती मेला	होडल	माह बदी दूज	सती मन्दिर में पूजा
17.	शिव चौदस	मैरौली	लगते फाल्गुन बदी चौदस	शिवजी के जन्म के उपलक्ष्य में
18.	दादा कान्हा रावत	बहीन	फाल्गुन पंचमी	दादा कान्हा रावत पाल के सरदार थे। औरंगजेब ने उनको जबरदस्ती मुसलमान बनाना चाहा, न मानने पर उन्हें दिल्ली में जिन्दा जमीन में गड़वा दिया। उनकी याद में गांव में कान्हा गौशाला बनाई गई है, यहीं पर मेला लगता है।

जिला हिसार

क्र. सं.	मेला/उत्सव का नाम	स्थान का नाम जहाँ मेला लगता है	महीना/दिनांक	मेले का महत्त्व
1.	देवी का मेला	बास	चैत्र तथा आश्विन	देवी की पूजा
2.	देवी का मेला	बनभोरी	चैत्र तथा आश्विन में 8 दिन	देवी की पूजा
3.	दशहरा मेला	हांसी, हिसार, बरवाला, उकलाना	विजयदशमी	श्रीरामचन्द्र जी की रावण पर विजय की यादगार में
4.	जन्माष्टमी	हिसार जिले के सभी गांवों में	भादों मास में आठवें दिन	श्रीकृष्णजी का जन्म एवं गुरु जम्भेश्वर जी का जन्म
5.	गुगा नवमी मेला	हिसार	भादों सुदी नवमी पूजा के दिन	गुगा पीर की पूजा
6.	शिवजी का मेला	सीसवाल, किरमारा	फाल्गुन में	शिवरात्रि में शिवजी की पूजा
7.	काली देवी	हांसी	मई मास में	देवी पूजा
8.	अग्रसेन जयन्ती मेला	अग्रोहा	अक्टूबर में 3 दिन	महाराजा अग्रसेन की स्मृति में

जिला सिरसा

क्र. सं.	मेला/उत्सव का नाम	स्थान का नाम जहाँ मेला लगता है	महीना/दिनांक	मेले का महत्त्व
1.	दशहरे का मेला	सिरसा	आश्विन सुदी दसवीं	ऐतिहासिक
2.	रामदेवी जी का मेला	कागदाना, गिरोरानी	माघ सुदी दसवीं	धार्मिक
3.	तीजो का मेला	सिरसा	श्रावणसुदी तीज	सांस्कृतिक
4.	बाबा भुमगताह का मेला	मंगाला, मौजदीन मल्लेवाला, गीदड़ांवाली	संक्रान्ति के दिन	धार्मिक
5.	बैसाखी मेला	सिरसा व चौरमार	भादों सुदी नवमी	धार्मिक
6.	गनगौर का मेला	सिरसा	चैत्र सुदी तृतीया से पंचमी तक	सांस्कृतिक

क्र. सं.	मेला/उत्सव का नाम	स्थान का नाम जहाँ मेला लगता है	महीना/दिनांक	मेले का महत्त्व
7.	गुरु गोविन्द सिंह पर्व	सिरसा/चौरमार	आषाढ़ सुदी सप्तमी	धार्मिक
8.	गुरु नानक देव पर्व	सिरसा/चौरमार	आश्विन की पूर्णिमा	धार्मिक
9.	मेला सच्चा सौदा	सिरसा/जगमाल वाली	17, 18 अप्रैल तथा 13, 14 नवम्बर	धार्मिक
10.	मेला बाबा सरसाईनाथ	सिरसा	चैत्र सुदी एकम	धार्मिक
11.	राधा स्वामी मेला	सिकन्दरपुर	मार्च तथा सितम्बर	धार्मिक

जिला झज्जर

क्र. सं.	मेला/उत्सव का नाम	स्थान का नाम जहाँ मेला लगता है	महीना/दिनांक	मेले का महत्त्व
1.	सालोनी/राखी	झज्जर	श्रावण पूर्णमासी (जुलाई-अगस्त)	बहनें अपने भाइयों की कलाई पर राखी बांधती हैं
2.	मेला देवी	बेरी	चैत्र सुदी 8-9-14 (मार्च-अप्रैल) आश्विन 8-9-14 (सितम्बर-अक्टूबर)	देवी माता भीमेश्वरी देवी की पूजा की जाती है

जिला फतेहाबाद

क्र. सं.	मेला/उत्सव का नाम	स्थान का नाम जहाँ मेला लगता है	महीना/दिनांक	मेले का महत्त्व
1.	दशहरा मेला	फतेहाबाद, भुना	विजयदशमी	श्रीराम चन्द्र जी की रावण पर विजय की यादगार में

जिला भिवानी/चरखी दादरी

क्र. सं.	मेला/उत्सव का नाम	स्थान का नाम जहाँ मेला लगता है	महीना/दिनांक	मेले का महत्त्व
1.	देवी का मेला	देवसर, पहाड़ी	चैत्र तथा आश्विन की अष्टमी	देवी पूजा
2.	पूर्णमासी का मेला	तोशाम	कार्तिक तथा वैशाख के अन्तिम दिन	कार्तिक मास के गीत
3.	बाबा नागा मेला	नवांराजगढ़	बाबा नागा पूजा	नागा पूजा
4.	दशहरा मेला	भिवानी, दादरी लोहारू	विजय दशमी	श्रीरामचन्द्र जी की रावण पर विजय
5.	जन्माष्टमी	भिवानी, दादरी, लोहारू	भादों मास के 8वें दिन	कृष्ण भगवान का जन्म
6.	मेला बाबा खेडेवाला	नौरंगाबाद	रक्षा बंधन के दिन	बाबा की पूजा
7.	मेला मुंगीपा	रिवासा	कार्तिक सुदी चौदस	बाबा जी की समाधि की पूजा
8.	सती का मेला	खरक कलां	भादों सुदी पंचमी	दादी जगदे सती की पूजा

जिला महेन्द्रगढ़

क्र. सं.	मेला/उत्सव का नाम	स्थान का नाम जहाँ मेला लगता है	महीना/दिनांक	मेले का महत्त्व
1.	दुलहण्डी	गांव बुचौली, नई मण्डी नारनौल	चैत्र बदी 1	धार्मिक
2.	माता मसानी	महेन्द्रगढ़	चैत्र बदी 6	धार्मिक
3.	शीतला माता	गांव नूनी, शेखपुरा, गांव	चैत्र बदी 7	धार्मिक
4.	देवी माता	अटेली, बेगपुर, नांगल चौधरी	चैत्र बदी 8	धार्मिक

क्र. सं.	मेला/उत्सव का नाम	स्थान का नाम जहाँ मेला लगता है	महीना/दिनांक	मेले का महत्त्व
5.	बुद्धो माता	नई सराय, नारनौल	चैत्र बदी 8	धार्मिक
6.	भैरु नाथ बाबा	शोभा सागर, नारनौल	चैत्र बदी 9	धार्मिक
7.	माता गुडगांव वाली	नलापुर, नारनौल	चैत्र बदी 10	धार्मिक
8.	बाबा सांवलदास	गांव मुकन्दपुरा	चैत्र बदी 12	धार्मिक
9.	शनि देव	चान्दूवाड़ा, नारनौल	चैत्र बदी 15 (अमावस्या)	धार्मिक
10.	बाबा मौजीनाथ	गांव घाटासेर	चैत्र सुदी 1	धार्मिक
11.	दुर्गा माता	गांव सिरोही, बहाली, गढ़ी महासर	चैत्र सुदी 7	धार्मिक
12.	राम नवमी	गांव खेड़ी, गांव मौखुता, बामनवास	चैत्र सुदी 9	धार्मिक
13.	हनुमान जी	शोभा सागर, नारनौल, गांव दौचाना	चैत्र सुदी 15 (पूर्णमासी)	धार्मिक
14.	भुरा भवानी	महेन्द्रगढ़	बैसाख बदी 9	धार्मिक
15.	शिवजी	गांव बागौत, महेन्द्रगढ़	श्रावण बदी 13	धार्मिक
16.	तीज	नारनौल, महेन्द्रगढ़	श्रावण सुदी 3	धार्मिक
17.	बाबा केशरिया	गांव कुरावहटा	भादों बदी 4	धार्मिक
18.	गुगा बाबा	गांव कनीना, हुडीना, नारनौल, महेन्द्रगढ़	भादों बदी 9	धार्मिक
19.	रामनवमी	मौखुता, बामनवास	असौज सुदी 9	धार्मिक
20.	दशहरा	नारनौल, महेन्द्रगढ़	असौज सुदी 10	धार्मिक
21.	बाबा भिलाईनाथ	गांव नांगलकाढा	फाल्गुन सुदी 9	धार्मिक

जिला रेवाड़ी

क्र. सं.	मेला/उत्सव का नाम	स्थान का नाम जहाँ मेला लगता है	महीना/दिनांक	मेले का महत्त्व
1.	दुलहण्डी	गोकलपुर	चैत्र एकम	पौराणिक
2.	बाबा सूरजगिरी	खोरी	चैत्र एकम	पौराणिक
3.	बाबा पीर	धारुहेड़ा	चैत्रबदी 14	धार्मिक
4.	गुगा पीर	बीकानेर	भादों बदी 9वीं	धार्मिक
5.	दुर्गामाता	टांकड़ी	चैत्र सुदी 7, 8, 9	धार्मिक
6.	बुद्धोमाता	कुतुबपुर	चैत्र बदी के हर बुद्धवार	धार्मिक
7.	भोली माता	गोल चक्कर रेवाड़ी	चैत्र बदी के हर सोमवार	धार्मिक
8.	बसंतपंचमी	काठूवास	माघ सुदी पंचमी	पौराणिक
9.	भैरू जी	बास दूदा	चैत्र सुदी 11, 12, 13 व आश्विन बदी 11	धार्मिक
10.	महादेव जी	सुनारियां, ततारपुर	फाल्गुन सुदी-13	धार्मिक
11.	शिवरात्रि	खड़गवास, चीमनावास, कन्हौरी'	फाल्गुन बदी-13	धार्मिक
12.	दशहरा	रेवाड़ी	आसौज सुदी दसवीं	धार्मिक
13.	नसियानी जी जैन मन्दिर	रेवाड़ी	मंगसर सुदी 10वीं	धार्मिक
14.	बाबा सैय्यद	झोलरी	सावन सुदी-3	धार्मिक
15.	रथ यात्रा जगन्नाथ	बारा हजारी रेवाड़ी	आषाढ़ सुदी-2	धार्मिक
16.	बाबा सच्चासाही	गुरावड़ा	फाल्गुन बदी अमावस	धार्मिक
17.	देवी माता	बावल	चैत्र आसोज 8वीं, 9वीं	धार्मिक
18.	दुर्गाष्टमी	दुर्गा मन्दिर रेवाड़ी	चैत्र सुदी 8वीं	धार्मिक
19.	श्याम बाबा शोभा यात्रा	कायस्थवाडा रेवाड़ी	सावन सुदी 8वीं	धार्मिक
20.	श्याम बाबा छड़ी मेला	ब्रह्मगढ़ रेवाड़ी	फाल्गुन सुदी 9वीं	धार्मिक

वस्तुनिष्ठ प्रश्नोत्तर

1. हरियाणा में निम्नलिखित में से किस धार्मिक स्थान पर, सूर्य ग्रहण के अवसर पर भारत भर से लाखों यात्री स्नान व धर्मानुष्ठान के लिए आते हैं?

A. गुड़गांव
B. कुरुक्षेत्र
C. जगाधरी
D. इनमें से कोई नहीं

2. गुरुग्राम जिले में इस्लामपुर नामक स्थान पर भादों मास के नौवें दिन कौन सा मेला लगता है?

A. गूगा नौमी
B. नागपूजा
C. यमुना स्नान
D. शिव मेला

3. गुरुग्राम में चैत्र व आषाढ़ मास में प्रत्येक सोमवार व मंगलवार को निम्नलिखित में से कौन सा प्रसिद्ध मेला लगता है?

A. बुद्धो माता का मेला
B. शिवजी का मेला
C. शीतला माता का मेला
D. मेला बाबा बूढ़ा

4. हरियाणा के किस जिले में रामसराय और भूतेश्वर के प्रसिद्ध मेले लगते हैं?

A. फरीदाबाद जिले में
B. जीन्द जिले में
C. रोहतक जिले में
D. झज्जर जिले में

5. रोहतक के अस्थल बोहर मठ में फरवरी-मार्च के महीने में कौन सा मेला लगता है?

A. बाबा मस्तनाथ का मेला
B. कपाल मोचन का मेला
C. देवी मेला
D. पाथरी माता का मेला

6. जगाधरी के समीप बिलासपुर नामक स्थान पर कार्तिक पूर्णिमा के दिन कौन सा मेला लगता है?

A. आदि बद्री मेला
B. मेला काली माई
C. कपाल मोचन का मेला
D. पंचमुखी मेला

7. रोहतक जिले में लाखन माजरा नामक स्थान पर "मंजी साहब का गुरुद्वारा" स्थित है यहां पर निम्नलिखित में से कौन सा त्यौहार मनाया जाता है?

A. मेला सत्वा तीज
B. मोहोला हल्ला का त्योहार
C. बावन द्वादशी
D. माणु मेला

8. जिला पानीपत के पाथरी नामक स्थान पर चैत्र व आषाढ़ मास के हर बुधवार को कौन सा मेला लगता है?

A. माता का मेला
B. शिव मेला
C. मेला देहाती
D. पाथरी माता का मेला

9. जीन्द जिले के खरक रामजी नामक स्थान पर होली के दिन कौन सा मेला लगता है?

A. माता का मेला
B. नागदेवता का मेला
C. बाबा भालूनाथ का मेला
D. मेला सच्चा सौदा

10. रोहतक जिले के दुबलधन माजरा नामक स्थान पर फाल्गुन सुदी द्वादशी (फरवरी- मार्च) को कौन सा मेला लगता है?

A. मेला माता

B. मेला देवी

C. मेला श्यामजी

D. मेला बाबा बूढ़ा

11. जिला गुरुग्राम के खोरी नामक स्थान पर अप्रैल, मई में कौन सा मेला लगता है?

A. शाहचोखा खोरी मेला

B. शिव का मेला

C. नागपूजा मेला

D. बाबा मस्तनाथ का मेला

12. जिला सोनीपत में किस स्थान पर फाल्गुन सुदी-9 (फरवरी, मार्च) में डेरा नग्न बालकनाथ का मेला लगता है?

A. बेगा (तहसील सोनीपत)

B. मेहरीपुर (तहसील सोनीपत)

C. रभड़ा (तहसील गोहाना)

D. चुलकाना (तहसील सोनीपत)

13. जिला सोनीपत के खुबडु नामक स्थान पर फाल्गुन की पूर्णमासी (फरवरी, मार्च) को कौन सा मेला लगता है?

A. सतकुम्भा मेला

B. मेला बाबा शमकशाह

C. मेला सांझी

D. देवी मेला

14. फरीदाबाद जिले के अलावलपुर नामक स्थान पर स्थित बाबा उदासनाथ की समाधि पर मेला कब लगता है?

A. भादों सुदी नवमी को

B. चैत्र बदी दूज को

C. लगते फाल्गुन बदी चौदस को

D. फाल्गुन बदी अमावस्या को

15. जिला भिवानी में किस स्थान पर रक्षा बंधन के दिन बाबा खेडेवाला का मेला लगता है?

A. नौरंगाबाद

B. खरक कलां

C. रिवासा

D. तोशाम

उत्तरमाला

1	2	3	4	5	6	7	8	9	10
B	A	C	B	A	C	B	D	C	C

11	12	13	14	15
A	C	B	D	A

✦✦✦

22 | लोकगीत, लोकनृत्य व लोकनाट्य

लोकगीत

हरियाणा प्रदेश के ग्रामीण समाज में अनेक प्रकार के रीति-रिवाज हैं। इन्हीं रीति-रिवाजों से जुड़े हैं विभिन्न प्रकार के लोकगीत। इन्हीं लोक-गीतों से लोकमानस अपने मन के प्यार, तकरार, हँसी और ठिठोली को प्रकट करता है।

ये लोकगीत रस्म और मौसम के अनुरूप होते हैं। बरसात में सावन के गीत, कार्तिक में भजन-कीर्तन और फागुन के महीने में मस्ती भरे गीत गाये जाते हैं। इसी प्रकार बच्चे के जन्म के समय मातृत्व की गरिमा देने वाले और विवाह के समय मंगल-गीत गाये जाते हैं। इस प्रकार हरियाणा में सभी विषयों से जुड़े लोकगीत प्रचुर मात्रा में गाये जाते हैं। किन्तु मुख्य विषय हैं—जन्म, विवाह, तीर्थ-व्रत, पर्व-त्यौहार, सावन और फागुन, बैल और खेती, हास्य-विनोद, हर्षोल्लास आदि। कुछ संस्कारों के अवसर के लोकगीत हैं— पुत्रजन्म की बधाई, दाई, जच्चा, लगन, हल्दी, विवाह के गीत, बनड़ा, घोड़ी के गीत आदि। तीज, होली और बारहमासा के गीत अपने ढंग के अनोखे हैं। इनके अलावा ननद-भौजाई, देवर-जेठानी, सास-बहू, पीहर-ससुराल और भाई-बहन के सम्बन्धों की सूक्ष्म अनुभूतियों, उनके बीच हास-परिहास के सूक्ष्म और तीखे चित्रों के गीतों की भरमार है।

लोकगीतों के कुछ उदाहरण—

सावन के महीने में तीज का त्यौहार आता है। हरियाणा के तीज के गीतों में कहीं मनोहारी ऋतु का वर्णन है तो कहीं भाई की प्रतीक्षा करती बहन की व्याकुलता है। कहीं वर्षा का वर्णन है तो कहीं ससुराल में रहने वाली लड़की की विवशता को अभिव्यक्त किया गया है। इस प्रदेश के लोकगीतों में सावन की छटा निराली है।

प्रदेश में सावन के अवसर पर गाये जाने वाले एक लोकगीत का उदाहरण इस प्रकार है—

"सावन का महीन-मेघा रिमझिम-रिमझिम, बरसै।
मन नै समझाऊँ तो बी बैरी जोबन, तरसै।।"

'तीज' के अवसर पर भाई-बहन के घर उपहार लेकर जाता है जिसे 'कोथली' कहते हैं। बहनें झूले पर चढ़कर हिलोरें लेकर अपने भाई के आगमन की राह इस प्रकार निहारती हैं-

"बागां मांह पपीहा बोल्या, मैं जाणी कोय आवै सै,

झूले चढ़ के देखन लागी, छोटा बीरा आवै से।।"

हरियाणा में पुत्र के जन्म-संस्कार के अवसर पर मंगलमय 'पीलिया' लोकगीत गाया जाता है। जिसके उदाहरण हैं—

1. पीला तो ओढ़ म्हारी जच्चा मुंडले बैठी,

सास नणद नै मुख मोडया पति प्यारा जी,

पीला रंग द्यो जी।

2. भोले हाक्किम नै ठग लिया पति प्यारा जी,

पीला रंग द्यो जी।

विवाह के अवसर पर ब्याही जाने वाली लड़की के साथ उसकी सखियाँ-सहेलियाँ मजाक करती हैं जिसका एक उदाहरण हैं—

'सखि, तेरा बन्नड़ा है, चन्दे का हुणियार

भाणा, तेरा बन्नड़ा है, चन्दे का हुणियार

नाक सुआ सा, मुँह बटवा-सा

आँख निम्बू की फाड़

भाणा, तेरा बन्नड़ा है, चन्दे का हुणियार

अनमेल विवाह (युवती का वृद्ध के साथ ब्याह) के अवसर पर युवती किस प्रकार विलाप करती है इसका एक उदाहरण है—

अम्मां मेरी री कर सोलह सिंगार

बूढ़े की सेजां धीरे गई ए मेरी माँ

....

....

आम्मां मेरी ए मरुंगी विष खा

बुड्ढे न बेटी क्यूँ दई ए मेरी माँ

विभिन्न त्यौहारों के अवसर पर भी लोकगीत गाये जाते हैं। होली के त्यौहार के अवसर पर गाया जाने वाला एक हरियाणवी लोकगीत का उदाहरण है—

"आ गए किरसण मुरारी

गैल में राधा प्यारी

अर गोपी बीसैं सारी

मथुरा की कुंज गली में

होली खेल गये भगवान।।"

हरियाणा में बुढ़ापा और जवानी से सम्बन्धित लोकगीत भी प्रचलित हैं। जिसका एक उदाहरण है—

जवानी आम की डाली रे।
बुढ़ापा नीम की डाली रे।।
जवानी खेल में खोई रे।
बुढ़ापा देख के रोई रे।।
जवानी लाडवे खाती रे।
बुढ़ापा राबड़ी सुरड़ै रे।।
बुढ़ापा दूर से जाइयो रे।
जवानी फिर भी आइयो रे।।

लोकनृत्य

हरियाणा के लोकनृत्य यहाँ की सांस्कृतिक परम्पराओं के प्रतीक हैं और विभिन्न अवसरों पर किये जाने वाले लोकनृत्य प्रदेश के लोगों की उमंग, उत्साह व उल्लास को भी दर्शाते हैं। कुछ नृत्य पुरुषों द्वारा किये जाते हैं और कुछ स्त्रियों द्वारा, कुछ में स्त्री-पुरुष साथ-साथ सम्मिलित रूप से नृत्य करते हैं। प्रदेश में पुरुषों व स्त्रियों द्वारा किये जाने वाले नृत्यः—

1. धमाल नृत्य—प्रदेश में पुरुषों का धमाल नामक नृत्य बहुत प्रसिद्ध नृत्य है। बीनों, खंजरी, तुम्बे, घड़वे, खड़ताल, ढोलक और बाँसुरी की ध्वनि-ताल पर थिरकता यह नृत्य महेन्द्रगढ़, झज्जर में लोकप्रिय है और चांदनी रात में खुले मैदान में इसका आयोजन किया जाता है।

2. मंजीरा नृत्य—मंजीरा नृत्य मेवात में बड़े-बड़े नक्कारों, डफ और मंजीरों के साथ होता है।

3. लूर नृत्य—प्रदेश के बांगर क्षेत्र में होली के मौसम में लूर नृत्य होता है।

4. डमरु—हरियाणा में पुरुषों द्वारा किया जाने वाला डमरु नृत्य भी बहुत प्रसिद्ध है।

5. छठी नृत्य—छठी नृत्य का आयोजन प्रदेश में शिशु के जन्म के छठे दिन स्त्रियों द्वारा रात्रि में किया जाता है। इस समारोह के अन्त में उबले चने और गेहूँ बांटे जाते हैं।

6. घोड़ा नृत्य—घोड़ी नृत्य का आयोजन प्रमुख रूप से शादी के अवसरों पर किया जाता है। यह व्यावसायिक आधार पर भी किया जाता है। इस नृत्य में गत्ते और रंगीन कागज से बनाया हुआ घोड़े का मुखोटा प्रयोग करते हैं।

7. छड़ी नृत्य—भादों माह की नौमी के दिन गुगापीर की पूजा के बाद इस नृत्य का आयोजन किया जाता है। यह नृत्य पुरुषों द्वारा किया जाता है।

8. तीज का नृत्य—यह नृत्य तीज के त्यौहार के अवसर पर एक विशेष स्थान पर किया जाता है। इस अवसर पर स्त्रियाँ सुन्दर-सुन्दर परिधान धारण करती हैं तथा नृत्य व गायन का आयोजन करती हैं।

9. फाग नृत्य—इस नृत्य का आयोजन प्रदेश में होली से दो सप्ताह पूर्व किया जाता है। यह नृत्य रात्रि में स्त्रियों द्वारा किया जाता है। कहीं-कहीं इसका आयोजन पुरुषों द्वारा भी किया जाता है। इस नृत्य की यह विशेषता है कि पुरुष, स्त्रियों के नृत्य को नहीं देख सकता है।

10. खोड़िया नृत्य—इस नृत्य का आयोजन घर में लड़के के विवाह के अवसर पर किया जाता है। बारात के जाने के बाद स्त्रियाँ नृत्य व गायन करती हैं।

लोकनाट्य

हरियाणा का लोकनाट्य अति समृद्ध है। 16वीं शताब्दी के आरम्भ में रासलीला और रामलीला की शुरुआत हुई। इन्हीं लीलाओं का बदला रूप सांग, भजन, संगीत, तमाशा और नकल में मिलता है।

सांगः हरियाणा का जनोल्लास सांगों में प्रस्फुटित होता है। सांग रात्रि में प्रायः रात-रात भर होते हैं। पं॰ दीपचंद सांगी, सांगों के युग प्रवर्तक थे। सुप्रसिद्ध सांगों के नाम हैं, सीला सेठानी, हरिश्चन्द्र, नल-दमयन्ती, मीराबाई, सत्यवान-सावित्री, सेठ ताराचंद आदि।

हरियाणा के प्रसिद्ध लोकप्रिय सांग-गीत हैं: पूरन भगत, शाही लकड़हारा, रूप-बसन्त, हकीकत राय आदि।

वस्तुनिष्ठ प्रश्नोत्तर

1. हरियाणा प्रदेश में मंगलमय ''पीलिया'' लोकगीत किस अवसर पर गाया जाता है?
   A. सावन के महीने पर
   B. पुत्र-जन्म के अवसर पर
   C. विवाह के अवसर पर
   D. फागुन के महीने में

2. हरियाणा प्रदेश में निम्नलिखित में से किस अवसर पर लोकगीत गाये जाते हैं?
   A. पुत्र जन्म के समय
   B. सावन के महीने में
   C. पर्व-त्यौहार के अवसर पर
   D. उपरोक्त सभी अवसरों पर

3. प्रदेश पुरुषों में बीनों, खंजरी, तुम्बे, बांसुरी, खड़ताल पर, चांदनी रात में खुले मैदान में निम्नलिखित में से कौन सा नृत्य किया जाता है?
   A. धमाल नृत्य
   B. मंजीरा नृत्य
   C. लूर नृत्य
   D. डमरु नृत्य

4. हरियाणा के मेवात क्षेत्र में बड़े-बड़े नक्कारों, डफ और मंजीरों के साथ निम्नलिखित में से कौनसा नृत्य प्रचलित है?
   A. घोड़ा नृत्य
   B. धमाल नृत्य
   C. मंजीरा नृत्य
   D. छठी नृत्य

5. हरियाणा के बागर क्षेत्र में होली के मौसम में निम्नलिखित में से कौन सा नृत्य किया जाता है?
   A. डमरु नृत्य
   B. मंजीरा नृत्य
   C. घोड़ा नृत्य
   D. लूर नृत्य

6. हरियाणा में प्रचलित घोड़ा लोकनृत्य का आयोजन प्रमुख रुप से किस अवसर पर किया जाता है?

   A. विवाह के अवसर पर   B. फागुन माह में

   C. पुत्र-जन्म के अवसर पर   D. सावन माह में

7. प्रदेश में भादों के महीने की नौमी के दिन गुग्गापीर की पूजा के बाद निम्नलिखित में से कौन सा नृत्य किया जाता है?

   A. धमाल नृत्य   B. छड़ी नृत्य

   C. लूर नृत्य   D. डमरु नृत्य

8. प्रदेश में प्रचलित लोकनृत्यों में से कौन सा नृत्य स्त्रियों द्वारा किया जाता है?

   A. तीज नृत्य   B. धमाल नृत्य

   C. डमरु नृत्य   D. मंजीरा नृत्य

9. प्रदेश में प्रचलित लोक नृत्यों में से कौन सा नृत्य पुरुषों द्वारा किया जाता है?

   A. छठी नृत्य   B. तीज का नृत्य

   C. डमरु नृत्य   D. खोडिया नृत्य

10. हरियाणा में प्रचलित लोकनृत्यों में से कौनसा नृत्य स्त्री-पुरुषों दोनों के द्वारा किया जाता है?

   A. तीज नृत्य   B. लूर नृत्य

   C. खोडिया नृत्य   D. फाग नृत्य

उत्तरमाला

1	2	3	4	5	6	7	8	9	10
B	D	A	C	D	A	B	A	C	D

❖❖❖

23 | धार्मिक एवं तीर्थ स्थल

गुरुद्वारा नीम साहिब

यह गुरुद्वारा कैथल में प्रताप गेट के निकट स्थित है। सिखों के नौवें गुरु तेग बहादुर जी मालवा प्रदेश की यात्रा करते हुए परिवार सहित कार्तिक बदी सात सम्वत् 1723 शाम को कैथल के ठण्डहार तीर्थ पर आये थे। कहते हैं कि प्रातःकाल ठण्डहार तीर्थ पर स्नान करके गुरुजी यहां स्थित एक नीम के पेड़ के नीचे ध्यान मग्न थे। अनेक श्रद्धालु उनके दर्शनार्थ आने लगे, श्रद्धालुओं में एक ज्वर से पीड़ित व्यक्ति भी था। गुरु जी ने उसे नीम के पत्ते खाने के लिए दिए और खाते ही वह स्वस्थ हो गया। इसी स्थान पर कालान्तर में एक गुरुद्वारे का निर्माण हुआ, जिसे नीम साहिब के नाम से जाना गया।

गुरुद्वारा मंजी साहिब

कैथल नगर में स्थित इस गुरुद्वारे के बारे में एक जनश्रुति है कि एक बार कैथल नगर में रहने वाले एक गरीब तरखान श्रद्धालु ने सिखों के नवें गुरु तेगबहादुर को अपने घर आमन्त्रित किया था। गुरु जी उस समय वर्तमान नीम साहिब गुरुद्वारा के स्थान पर एक नीम के पेड़ के नीचे विश्राम कर रहे थे। गुरु जी की सेवा से कृतार्थ होने वाले उस तरखान सिंह ने यह स्थान गुरुद्वारे के निर्माण हेतु दिया था। वह तरखान मंजी अर्थात् चारपाई आदि बनाने का काम करता था और कालान्तर में इसी स्थान पर मंजी साहिब गुरुद्वारे का निर्माण हुआ और आज यहाँ नगर का एक भव्य गुरुद्वारा बन चुका है।

नवग्रह

प्रदेश के कैथल नामक स्थान के पुरातन तीर्थों में नवग्रह कुण्डों का विशेष महत्त्व है। महाभारत के समय भगवान कृष्ण ने अभ्युत्थान हेतु नवग्रह यज्ञ का अनुष्ठान धर्मराज युधिष्ठिर के हाथों करा कर नवग्रह कुण्डों (सूर्य कुण्ड, चन्द्र कुण्ड, मंगल कुण्ड, बुद्ध कुण्ड, वीर कुण्ड, शुक्र कुण्ड, शनि कुण्ड, राहू कुण्ड व केतु कुण्ड) का निर्माण करवाया था। आज ये कुण्ड जीर्ण-शीर्ण हालत में हैं। कुछ तो लुप्त हो गये हैं। प्राचीन काल में यहाँ पक्के घाट थे। तीर्थ यात्री इनमें स्नान करके पुण्य कमाते थे। इन कुण्डों में स्नान के महत्त्व के कारण कैथल को छोटी काशी भी कहा गया है।

बाबा लदाना

बाबा लदाना कैथल से 10 किलोमीटर दूर बाबा लदाना राजपुरी का जन्म स्थान है। इस स्थान पर बाबाजी ने कठोर तपस्या करके सिद्धि पाई थी। इस स्थान पर बाबा जी की समाधि है और एक तालाब है। हर वर्ष दशहरे से अगले दिन बाबा लदाना में बड़ा भारी मेला लगता है और लोग तालाब में स्नान करके बाबा जी की समाधि पर पुष्प, दूध, प्रसाद आदि चढ़ाते हैं। कुश्ती, दंगल का आयोजन किया जाता है और बाबा जी की ओर से चार दिन का भण्डारा भी चलता है।

उल्लेखनीय है कि इस मेले में लाखों श्रद्धालु आते हैं और उनके आने-जाने के लिए विशेष बसें भी चलाई जाती हैं।

ब्रह्म सरोवर

यह तीर्थ कुरुक्षेत्र में थानेसर सिटी स्टेशन के समीप स्थित है। इस तीर्थ को कुरुक्षेत्र सरोवर भी कहते हैं। इस तीर्थ का आकार लगभग 1219.2 मीटर × 608.6 मीटर है। पौराणिक काल में इस सरोवर के चारों ओर लम्बी सीधी सीढ़ियाँ थीं पर अब ये केवल इसके उत्तरी और पश्चिमी किनारों पर ही दिखाई देती हैं। पेड़ों की लम्बी कतारों और तालाब के मध्य एक छोटे द्वीप व दूसरी ओर बड़े द्वीप ने इसके सौन्दर्य को विशेष रूप से बढ़ाया है तथा यात्रियों के लिए और आकर्षक बनाया है। इस द्वीपों पर मन्दिर व पौराणिक तथा ऐतिहासिक महत्त्व वाले स्थान हैं। छोटे द्वीप को एक पुल द्वारा श्रवणनाथ मठ (संन्यासियों का पुराना आश्रम) और बड़े द्वीपों को एक-दूसरे पुल द्वारा जोड़ा गया है जो उत्तरी तट को मध्य से ही बराबर दो भागों में विभाजित करता है।

इस तीर्थ को वामन पुराण में बहुत ही पवित्र बताया गया है। इस सरोवर को राजा कुरु ने खुदवाया था। सूर्य ग्रहण के अवसर पर देश-विदेश के विभिन्न भागों से लोग यहाँ आकर इसके पवित्र जल में स्नान करते हैं। इस पावन सरोवर के उत्तरी तट पर बहुत से मन्दिर तथा धर्मशालाएं हैं। सरोवर के मध्य शान्त तथा सौम्य वातावरण में भगवान् शंकर का मन्दिर स्थित है।

सूर्य ग्रहण पर कुरुक्षेत्र में स्नान करना महापुण्य है, ऐसा मत्स्य पुराण में कहा गया है। इसी पुराण में यह भी कहा गया है कि पृथ्वी पर पुण्यकारी तीर्थ नेमिष तीर्थ है, आकाश में पुष्करराज और तीनों लोकों में पुण्यदायक तीर्थ कुरुक्षेत्र प्रसिद्ध है। यहां से ब्रह्माजी ने संसार की रचना प्रारम्भ की, विष्णु ने उसकी स्थिति के लिए यहां तप किया और भगवान शिव भी उसमें प्रवेश कर स्थित हुए। यहाँ पर तपस्या करने वाले स्वर्ग प्राप्त करते हैं। यहाँ पर आने वाले यात्रियों की सुविधा को ध्यान में रखते हुए हरियाणा सरकार ने कुरुक्षेत्र विकास बोर्ड के माध्यम से इस तीर्थ पर परिक्रमा हेतु सुन्दर एवं आकर्षक सदरियां बनवाई हुई हैं। सरोवर में स्नान के लिए लगभग 6.10 मीटर चौड़ा प्लेटफार्म बनाया हुआ है और जल की स्वच्छता के लिए इस तीर्थ को लगभग साढ़े चार मीटर गहरा किया गया है। इस तीर्थ के मध्य में भगवान श्री सर्वेश्वर महादेव जी का मंदिर है।

सन्निहित तीर्थ

यह तीर्थ कुरुक्षेत्र रेलवे स्टेशन से लगभग डेढ़ किलोमीटर की दूरी पर कुरुक्षेत्र-पेहवा रोड पर स्थित है। यह सरोवर ब्रह्म सरोवर की तुलना में बहुत छोटा है। लगभग 472.44 मीटर लम्बा तथा 137.16 मीटर चौड़ा यह तीर्थ कुरुक्षेत्र के पवित्रतम तीर्थों में सबसे प्रसिद्ध है। यहाँ पर यात्री अपने दिवंगत पूर्वजों को श्रद्धांजलि अर्पित करने के लिए आते हैं। माना जाता है कि सूर्य ग्रहण के अवसर पर इस तीर्थ में स्नान करने से मनुष्य पाप मुक्त हो जाता है। इस तीर्थ के तीनों ओर पक्के व सुन्दर घाट बने हुए हैं। तीर्थ-पुरोहित यात्रियों से श्राद्ध व तर्पण इसी स्थान पर करवाते हैं। प्रत्येक मास की अमावस्या को ब्रह्मादिदेव, ऋषिगण तथा समस्त पृथ्वी के तीर्थ यहाँ पर एकत्रित होते हैं।

इस स्थल को भगवान विष्णु का स्थाई निवास स्थान माना जाता है। इसके एक तरफ श्री ध्रुव नारायण का मन्दिर है। इसमें भगवान विष्णु, भक्त ध्रुव हनुमान और मां दुर्गा की मूर्तियां स्थापित हैं। दूसरी तरफ दूसरा मन्दिर श्री लक्ष्मी नारायण जी का है।

ज्योतिसर सरोवर

ज्योतिसर सरोवर कुरुक्षेत्र रेलवे स्टेशन से 8 कि०मी० दूर पेहवा मार्ग पर सरस्वती नदी के किनारे स्थित है। ज्योतिसर का अर्थ है ज्ञान का सरोवर अथवा स्रोत। इस स्थान पर श्रीकृष्ण ने अर्जुन को गीता का उपदेश दिया था। यहाँ पर एक सरोवर, अक्षयवट तथा शिव मन्दिर के भग्नावशेष विद्यमान हैं। यहाँ पर शंकराचार्य जी पधारे और भगवद्गीता.दर्शन का मनन चिंतन किया। लगभग 150 वर्ष पूर्व काश्मीर के महाराजा ने यहाँ एक शिव मन्दिर बनवाया था। महाराजा दरभंगा ने सन् 1924 में अक्षयवट के चारों ओर पक्के चबूतरे का निर्माण करवाया था। 1967 में कामकोटि पीठ के शंकराचार्य ने यहां एक कृष्ण-अर्जुन रथ तथा शंकराचार्य के मन्दिर का निर्माण करवाया। प्रत्येक वर्ष शीत ऋतु में यहाँ शुक्लपक्ष की एकादशी को मार्गशीष मास में प्रारम्भ होकर 18 दिनों तक गीता जयन्ती के समारोह का आयोजन होता है।

ज्योतिसर सरोवर की लम्बाई 1000 फुट (393.70 मीटर) तथा चौड़ाई 500 फुट (196.85 मीटर) है। इस सरोवर के जीर्णोद्धार पर कुरुक्षेत्र विकास मण्डल ने 16 लाख 50 हजार रुपये खर्च किये। मण्डल इस तीर्थ के और आगे पुनर्निर्माण के लिए प्रयासरत है। अब यह व्यवस्था की गई है कि इस सरोवर में यात्रियों को स्नानार्थ नरवाना नहर से निरन्तर शुद्ध एवं ताजा जल उपलब्ध होता रहे।

महाभारत एवं पुराणों में वर्णित होने के कारण इस स्थान की प्राचीनता स्वतः सिद्ध है। यह तीर्थ पवन देवता से सम्बन्धित था अतः पवन हृदय कहलाता था। महाभारत में इसे मरुत से सम्बन्धित बताया गया है तथा पदम-पुराण में इसका सम्बन्ध दधिचि से स्थापित किया गया है। इसके अतिरिक्त वामन पुराण में इस तीर्थ का सम्बन्ध शिव एवं पवन दोनों के साथ स्थापित किया गया है। पौराणिक आख्यान में कहा गया है कि इस हद में पवन पुत्र शोक

संतप्त होकर छुप गया था तथा तब ब्रहम आदि देवताओं ने उसे किसी तरह प्रसन्न करके पुनः प्रकट किया। इस तीर्थ में स्नान करके और शिव का दर्शन करके व्यक्ति सभी पापों से मुक्त होकर शैव पद का अधिकारी होता है।

बाबा काली कमली वाले का डेरा

जिला कुरुक्षेत्र में स्थित यह स्थान सन्निहत तीर्थ के निकट है। श्री स्वामी विशुद्धानन्द जी महाराज द्वारा स्थापित यह क्षेत्र कमली वाले के क्षेत्र के नाम से जाना जाता है। यहाँ यात्रियों के ठहरने के लिए धर्मशालाएं हैं तथा भोजन के लिए भी सुविधा उपलब्ध है। यहाँ पर भगवान शंकर, श्रीकृष्ण तथा अर्जुन की प्रतिमाएं हैं।

चन्द्रकूप

यह स्थान कुरुक्षेत्र तीर्थ के निकट है। यहाँ पर एक कुआं है जो कुरुक्षेत्र के पवित्र कूपों में गिना जाता है। इसके निकट एक मन्दिर है जो धर्मराज युधिष्ठिर ने महाभारत के युद्ध के बाद बनवाया था। इसी स्थान पर विजय स्तम्भ कायम किया गया था, जो अब लुप्त है।

गौड़ीय मठ

कुरुक्षेत्र जिले में कुरुक्षेत्र तीर्थ (ब्रह्म सरोवर) के उत्तरी तट पर बना यह मठ उस भक्तिकाल से सम्बन्धित है, जब चैतन्य महाप्रभु के सम्प्रदाय का श्रीगणेश हुआ था।

श्री चैतन्य महाप्रभु को विष्णु भगवान् का अवतार माना जाता है और इन्हें गौरांग महाप्रभु के नाम से भी पुकारा जाता है। यहाँ पर श्री बंगाली साधु रहते हैं जो "हरे कृष्ण" नाम संकीर्तन का प्रचार करते हैं। ये साधु कृष्ण भक्त हैं। यहाँ पर राधा-कृष्ण जी की आकर्षक एवं सुन्दर मूर्तियां भी बनी हुई हैं।

गीता भवन

यह स्थान कुरुक्षेत्र तीर्थ के उत्तरी तट पर विद्यमान है। मध्य प्रदेश, रीवां के महाराज ने सन् 1921 ई० में इसकी स्थापना कुरुक्षेत्र पुस्तकालय के नाम से की थी। इसका भवन राजा महाराजाओं के महलों जैसा है। इस भवन में भगवान श्रीकृष्ण, दुर्गामाता और शंकर भगवान की प्रतिमाएं स्थापित हैं। इस स्थान पर यात्रियों के ठहरने की सुविधाएं हैं। साधु महात्माओं के लिए ठहरने के अतिरिक्त यहाँ भोजन आदि की भी व्यवस्था है।

वाल्मीकि आश्रम

कुरुक्षेत्र में, थानेसर रेलवे स्टेशन के सामने बाल्मीकि आश्रम है। इस स्थान पर बाबा लक्ष्मण गिरि महाराज ने जीवित समाधि ली थी। यहाँ पर बाबा लक्ष्मण गिरि जी की समाधि एवं मन्दिर तथा महर्षि बाल्मीकि का मन्दिर है। हरियाणा राज्य में यह अपने ढंग का अनोखा स्थान है। कहा जाता है कि इस स्थान पर स्वर्ग से निकाले गये अन्न देवता की सती माता ने रक्षा की थी। अन्न देवता स्वर्ग लोक से रुष्ट हो गये और हाहाकार मच गया तब लोगों

ने भगवान की आराधना की और उनके अनुरोध पर मृत्यु लोक का भार हरने के लिए स्वयं भगवान् विष्णु ने यहाँ आकर अन्न देवता से सम्पर्क कर सती माता से अन्न देवता को पुनः स्वर्ग लोक में ले जाने के लिए प्रार्थना की।

राजघाट गुरुद्वारा

यह गुरुद्वारा श्री गुरु गोविन्द सिंह जी के उस समय से सम्बन्ध रखता है जब गुरु महाराज सूर्य ग्रहण के अवसर पर यहाँ पधारे थे।

इस गुरुद्वारे में लोग गुरु ग्रन्थ साहब के दर्शन करके लाभ उठाते हैं और गुरुवाणी का आनन्द प्राप्त करते हैं। यह गुरुद्वारा कुरुक्षेत्र में स्थित है।

बाण गंगा

कुरुक्षेत्र जिले में यह स्थान थानेसर-ज्योतिसर मार्ग पर नरकातारी गांव के निकट है। इसी स्थान पर भीष्म कुण्ड बाण गंगा तीर्थ है। अर्जुन ने धरती में बाण मार कर यहीं पर गंगा निकाली थी और उसकी जलधारा शर-शैय्या पर पड़े भीष्मपितामह के मुख में पहुँची थी। यहाँ पर हनुमान जी की एक विशालकाय प्रतिमा भी स्थापित की गई है।

कमल नाभ तीर्थ

यह स्थान जिला कुरुक्षेत्र में स्थित है। ऐसा माना जाता है कि सृष्टि के उत्पत्तिकर्ता ब्रह्मा जी इस स्थान पर प्रकट हुए थे। भगवान विष्णु के नाभि स्थल से ब्रह्मा की उत्पत्ति का पुराणों में वर्णन है। इस स्थान पर ब्रह्मा जी और भगवान विष्णु का पूजन करने से मनुष्य को इच्छानुसार फल की प्राप्ति होती है। कुछ वर्षों पहले ही इस तीर्थ के तालाब का जीर्णोद्धार किया गया है। इस तालाब पर स्त्रियों व पुरुषों के स्नान के लिए अलग-अलग व्यवस्था की गई है।

कालेश्वर तीर्थ

यह स्थान जिला कुरुक्षेत्र में स्थित है। जनश्रुति के अनुसार रामायण काल में लंकेश्वर महाराज रावण ने भगवान रुद्र की प्रतिष्ठा यहां पर की थी। पुराणोक्त ग्यारह रूद्रों में से यह एक रूद्र है। यहाँ पापनाशक लिंग के पूजन की प्राचीनकाल से ही महिमा बताई गई है। इस स्थान पर भगवान शंकर का एक प्राचीन मन्दिर है और यहाँ एक पक्का घाट है जहाँ कड़काल रूपी महात्मा रूद्र ने सर्वपापनाशक एक महालिंग की स्थापना की। इस स्थान पर स्नान तथा भगवान शंकर की पूजा करने से अग्निष्टोम यज्ञ का फल मिलता है।

गुरुद्वारा नौंवी पातशाही

जिला कुरुक्षेत्र में स्थाण्वीश्वर महादेव मन्दिर के निकट यह गुरुद्वारा श्री गुरुतेग बहादुर जी महाराज की याद में विस्थापित किया गया है। सूर्य ग्रहण के समय गुरु महाराज ने यहाँ के महात्माओं, संन्यासियों से धर्म वार्ताएं की थीं। गुरु महाराज ने उस समय यहाँ पर लंगर चलाया जिसे सर्वजातीय लोगों ने ग्रहण किया।

प्राची तीर्थ

यह स्थान जिला कुरुक्षेत्र में स्थित है। कहा जाता है कि देवव्रत (भीष्म पितामह) की माता 'गंगा' के पाप इस स्थान पर स्नान करने से दूर हो गये थे। यह स्थान भद्रकाली मन्दिर से उत्तर की ओर कुबेर तीर्थ के पास है।

यात्री इस स्थान पर पितृ तर्पण करते हैं। प्राचीन सरस्वती पापात्माओं के लिए भी पुण्यदायिनी है। कहा जाता है कि तीन रात्रि तक यहां रह कर व्रत करने से शरीर में कोई भी पाप नही रह जाता।

कुबेर तीर्थ

जिला कुरुक्षेत्र में यह स्थान सरस्वती नदी के तट पर काली माता के मन्दिर से थोड़ी दूर पर एक छोटा सा तीर्थ है। यहाँ पर यक्षपति कुबेर ने यज्ञों का आयोजन किया था। यहाँ पर चैतन्य महाप्रभु की कुटिया भी विद्यमान है। यहाँ पर उन्होंने तपस्या की थी।

मारकाण्डेय तीर्थ

कुरुक्षेत्र में पिपली जाने वाली सड़क पर सरस्वती नदी के तट पर यह तीर्थ स्थान है। इस स्थान पर ऋषि मारकाण्डेय का आश्रम था। उन्होंने इसी स्थान पर वर्षों तपस्या करके परम पद प्राप्त किया था। यहाँ पर मन्दिर है। यात्री इस स्थान पर मारकण्डा नदी में स्नान कर सूर्य पूजन करते हैं।

गुरुद्वारा छठी पातशाही

कुरुक्षेत्र में यह गुरुद्वारा सन्निहित तीर्थ के समीप ही स्थित है। प्राचीन गुरुद्वारा होते हुए भी इसका भवन सबसे नया है। कुछ वर्ष पूर्व ही इसका पुनर्निर्माण हुआ है। यह वास्तव में देखने योग्य है। आसपास के इलाके में इस गुरुद्वारे की बहुत मान्यता है। यहाँ पर हमेशा गुरु भक्तों की भीड़ लगी रहती है।

नरकातारी (अनरक तीर्थ)

अनरक तीर्थ कुरुक्षेत्र के प्राचीन तीर्थों में से एक है। महाभारत एवं पुराणों में इस तीर्थ का बहुत महत्त्व बताया गया है। पौराणिक काल में (आठवीं शती) में यह तीर्थ अधिक प्रसिद्ध था। इस तीर्थ के पूर्व में ब्रह्मा, दक्षिण में महेश्वर, पश्चिम में रुद्र पत्नी तथा उत्तर में पद्मनार्थ (विष्णु) स्थित हैं तथा इन सबके मध्य में तीनों लोकों में दुर्लभ यह अनरक तीर्थ है। ब्रह्मा, विष्णु, महेश एवं रूद्र पत्नी से समावृत होने के कारण इस तीर्थ का जो महत्त्व है वह भी महाभारत एवं पुराणों में वर्णित है।

सभी सम्प्रदाय के व्यक्तियों के लिए ग्राह्य बनाने के लिए इस तीर्थ का सम्बन्ध ब्रह्मा, विष्णु, महेश एवं रूद्र की पत्नी के साथ स्थापित किया गया है। यह तीर्थ कुरुक्षेत्र विश्वविद्यालय के उत्तर-पश्चिम में एक कि॰मी॰ की दूरी पर स्थित है। यहाँ पर बहुत गहरा एक कुण्ड है। जिसे बाण गंगा कहा जाता है।

कमोधा

यह वन जिला कुरुक्षेत्र में स्थित है। आधुनिक कमोधा का सम्बन्ध प्राचीन काम्यकवन से है। यह वन प्राचीनकाल में सरस्वती के तट से लेकर मरु प्रदेश तक फैला हुआ था। पाण्डवों ने भी इसी वन में निवास किया था।

काम्यक वन में कामेश्वर नामक तीर्थ विद्यमान था। यहाँ पर कामेश्वर महादेव का ईंटों का मन्दिर एवं मठ है। यहीं पर ईंटों का एक छोटा कमरा है, जो जनसाधारण में द्रोपदी के भण्डार के नाम से जाना जाता है।

परम्परा के अनुसार द्रोपदी ने यहाँ पाण्डवों के लिए खाना बनाया था। कमोधा स्थान थानेसर से 14 कि॰मी॰ दक्षिण पश्चिम में है।

आपगा (ऋग्वेद आपया)

जिला कुरुक्षेत्र में स्थित यह अति प्राचीन तीर्थ है जो आपया (आपगा) नदी के तट पर विद्यमान था। ऋग्वेद में दृषद्वती और सरस्वती के साथ इस नदी का उल्लेख होने से इसकी प्राचीनता 2000 बी॰सी॰ अथवा इससे भी पीछे पहुँच जाती है। इन्हीं नदियों के तट पर वैदिक सभ्यता का प्रादुर्भाव हुआ और ऋचाओं का सृजन ऋषियों ने किया।

इस नदी एवं तीर्थ का पौराणिक महत्त्व है। "आपगा में स्नान करके महेश्वर की पूजा करने से मनुष्य परमगति को प्राप्त करता है।"

"यहाँ पर भाद्रपद मास में विशेष रूप से कृष्ण पक्ष की चतुर्दशी को मध्याह्न में पिण्डदान करने वाले व्यक्ति को मुक्ति प्राप्त होती है।" ऐसा पौराणिक ग्रन्थों में उल्लेख है।

अनेक विद्वानों ने इस ऋग्वैदिक नदी की स्थिति को जानने का प्रयास किया है तो भी वे किसी सर्वमान्य पक्ष को प्रस्तुत नहीं कर सके। परम्परा के अनुसार यह स्थान कुरुक्षेत्र विश्वविद्यालय के दक्षिण-पश्चिम में आधे कि॰मी॰ की दूरी पर कर्ण के टीले के पास विद्यमान है। यह तीर्थ अति जीर्णावस्था में है तथा अपना प्राचीन महात्म खो चुका है। प्राचीन कुण्ड मिट्टी से भर चुका है।

पेहोवा

कुरुक्षेत्र के तीर्थों में सबसे अधिक महत्त्व पृथुदक को दिया गया है। पुथुदक की पहचान आधुनिक पेहोवा से की जाती है। यह हरियाणा में थानेसर से 25 कि॰मी॰ पश्चिम में स्थित है। महाभारत का यह कथन है कि सरस्वती के किनारे स्थित तीर्थों में पृथूदक सर्वोपरि है। परम्परा के अनुसार राजा पृथु ने अपने पिता वेणु का तर्पण यहीं किया था। इसी कारण इस स्थल का नाम पृथुदक (पृथु का जल) प्रसिद्ध हुआ। यहाँ पर पितरों का श्राद्ध किया जाता है। आषाढ़ मास में मार्ग-शीर्ष नक्षत्र में यहाँ श्राद्ध करना सबसे महत्त्वपूर्ण बताया गया है। यह परम्परा आज भी विद्यमान है। जम्मू-कश्मीर, पंजाब, हरियाणा और राजस्थान के लोग यहाँ आकर पिण्डदान करते हैं। इस तीर्थ को दिल्ली के इस पार के क्षेत्र में वही स्थान प्राप्त है, जो पूर्व में गया तीर्थ को है। गया में भी पितरों का श्राद्ध किया जाता है।

पेहोवा के टीलों में पृथुदक का अतीत छिपा है, लेकिन अभी तक यहाँ पर कोई पुरातात्त्विक उत्खनन नहीं किया गया है। सर्वेक्षण से इसकी प्राचीनता के बारे में थोड़ी सामग्री प्राप्त है। पेहोवा का सांस्कृतिक महत्त्व आज भी है। यहाँ अनेक नवीन मन्दिर हैं। सौ-डेढ़ सौ साल पहले निर्मित श्रवणनाथ तथा गरीब नाथ मन्दिर आज भी पेहोवा में आने वाले यात्रियों के लिए आकर्षण का केन्द्र हैं।

सती का स्थान

यह स्थान होडल क्षेत्र में है। प्रतिवर्ष जनवरी और अप्रैल मास में यहाँ भारी मेला लगता है। कहते हैं कि ये मेला सती रमनी की याद में मनाया जाता है। स्त्रियाँ इस दिन सती की पूजा करती हैं जबकि पुरुष इस स्थल पर कुश्तियों तथा अन्य ग्रामीण खेलों में भाग लेते हैं।

पंचवटी

पलवल में स्थित पंचवटी मन्दिर पाण्डवों के समय का माना जाता है। अज्ञातवास के समय पाण्डवों ने इस स्थान पर विश्राम किया था। इनकी याद में इस स्थान का निर्माण किया गया। यहाँ एक पुराना तालाब है जो द्रोपदी घाट के नाम से प्रसिद्ध है। यहाँ पाँच पुराने वट वृक्ष हैं, जो महाभारत काल के बताये जाते हैं।

पाण्डू-पिण्डारा

जीन्द के निकट ही जीन्द-गोहाना सड़क पर पाण्डू-पिण्डारा नामक प्राचीन धर्मस्थल है। जनश्रुति के अनुसार पाण्डवों को यहाँ पर 12 वर्ष तक सोमवती अमावस्या की प्रतीक्षा करनी पड़ी, जनश्रुति है कि महाभारत युद्ध के बाद इस स्थान पर पांडवों ने अपने पूर्वजों के पिण्डदान की रस्म अदा की थी। आज भी प्रत्येक वर्ष सोमवती अमावस्या के दिन यहाँ भारी मेला लगता है। पवित्र तालाब में लोग स्नान व पिण्डदान की रस्म अदा करते हैं। यहाँ कई दर्शनीय प्राचीन शिवालय हैं।

रामराय

जीन्द-हिसार सड़क पर रामराय भी एक महत्त्वपूर्ण धार्मिक स्थान है। यहाँ प्रत्येक पूर्णमासी को मेला लगता है। परन्तु वैसाख व कार्तिक की पूर्णमासी के मेले अधिक महत्त्वपूर्ण हैं क्योंकि उस दिन स्त्रियाँ अपने पुराने वस्त्र त्यागकर नये वस्त्र धारण करती हैं। जनश्रुति के अनुसार भगवान रामचन्द्र बनवास के समय सीता व लक्ष्मण सहित यहाँ आये थे। संभवतः इसी कारण इस स्थान का नाम रामराय पड़ा। ग्रन्थों में यह तीर्थ-स्थल रामहद के नाम से भी प्रसिद्ध है। यहाँ अनेकों प्राचीन मन्दिर व शिवालय हैं। भगवान परशुराम का मन्दिर भी आकर्षक है। कहा जाता है कि भगवान परशुराम ने इस स्थल पर यज्ञ किया था।

इसके निकट ही गाँव ईक्कस है। ईक्कस को महाभारत काल के राजा इक्ष्वाक की नगरी बताया जाता है। पास में ही एक और स्थान है 'ढूंढवा'। कहा जाता है कि दुर्योधन युद्ध में हारने के बाद यहां आकर छिपा, तो महाबली भीम ने उसे तलाश करके यहाँ मारा था। वह तालाब अब भी ढुंढू तालाब के नाम से जाना जाता है।

सफीदों

सफीदों जीन्द जिले का तहसील मुख्यालय है। इसे महाभारत युग में सर्पदमन के नाम से पुकारा गया है। कहा जाता है कि यहाँ पर महाराज जन्मेजय ने अपने पिता परीक्षित की सांप के काटने से हुई मृत्यु का बदला लेने के लिए सर्पदमन यज्ञ किया था। अब यहाँ नागक्षेत्र नामक तीर्थ स्थल एवं सरोवर है।

हंसडैहर

जीन्द जिले के नरवाना उपमण्डल मुख्यालय से 10 कि॰मी॰ दूर नरवाना-पटियाला सड़क से हट कर 3 कि॰मी॰ पूर्व की ओर हंसडेहरी नामक पौराणिक तीर्थस्थल है। पुराणों के अनुसार सिद्ध पुरुष कपिलमुनि के पिता कर्दम ऋषि ने यहाँ तपस्या की। यह भी कहा जाता है कि कपिल मुनि का जन्म भी इसी स्थान पर हुआ था। जनश्रुति के अनुसार कर्दम ऋषि का देवहति से विवाह हुआ। विवाह में अन्य देवताओं के साथ हंस की सवारी पर ब्रह्मा यहां पहुंचे। इसी कारण इस स्थान का नाम हंसडैहर पड़ा। सोमवती अमावस्या को यहाँ महत्त्वपूर्ण मेला लगता है। मेले में लोग अपने पूर्वजों के पिण्डदान करते हैं। इस समय यहाँ पर कर्दम ऋषि का एक सुन्दर मन्दिर एवं प्राचीन सरोवर विद्यमान है।

हटकेश्वर

जीन्द जिले के सफीदों उपमण्डल मुख्यालय से दक्षिण की ओर 11 कि॰मी॰ दूर गांव हाट है। हाट के पवित्र सरोवर में पृथ्वी के 68 तीर्थों की क्रान्ति एवं शक्ति निहित है। सावन शुदी के आखिरी रविवार को यहाँ लगने वाला मेला बड़ा अनूठा होता है। इसे महाभारत युगीन गांव माना जाता है। खुदाई में प्राप्त होने वाले प्राचीन अवशेषों के कारण भी यह काफी प्रसिद्ध है।

जामनी

जीन्द-सफीदों सड़क पर लगभग 19 कि॰मी॰ दूर जामनी नामक धार्मिक स्थान है। इस स्थान पर भगवान परशुराम के पिता श्री महर्षि जगदग्नि का प्राचीन मन्दिर है। यहाँ पर महर्षि जगदग्नि ने तपस्या की थी।

धमतान साहिब

सिक्ख सम्प्रदाय का अत्यन्त प्राचीन धमतान साहिब नरवाना उपमण्डल के नरवाना-टोहाना मार्ग पर लगभग 17 कि॰मी॰ दूर स्थित है। यह स्थान सिक्खों के नौवें गुरु तेग बहादुर से सम्बद्ध है। कहा जाता है कि गुरु तेगबहादुर औरंगजेब के दरबार में अपनी शहीदी देने के लिए दिल्ली जाते हुए यहाँ रुके थे। इस गुरुद्वारे की 621 एकड़ भूमि खेती योग्य है। यहाँ दशहरा, होली मेला व अमावस्या के दिन मेला लगता है, जो दर्शनीय है। यहाँ के पवित्र तालाब में लोग स्नान करके पुण्य अर्जित करते हैं।

पुष्कर तीर्थ

जीन्द जिले के प्रसिद्ध तीर्थ स्थल रामराय से दो-तीन कि॰मी॰ दूर पुष्कर तीर्थ है। कहते हैं कि भगवान परशुराम के पिता जगदग्नि ने इस स्थल पर तपस्या की थी। अब यहाँ पौंकरी-खेड़ी नामक गांव है। इसी का नाम प्राचीन ग्रन्थों में पुष्कर तीर्थ कहा गया है। यहाँ पूर्णमासी के दिन सरोवर में स्नान करने से ब्रह्मा, विष्णु एवं महेश की आराधना पूरी होती है।

बराह

जीन्द से लगभग 10 कि॰मी॰ की दूरी पर जीन्द-गोहाना सड़क पर बराह गांव है। इसे बराह तीर्थ भी कहते हैं। पौराणिक कथा के अनुसार यहीं बराह अवतार अवतरित हुए थे। यहाँ पूर्णमासी के दिन मेला लगता है। यहाँ स्थित पवित्र सरोवर में स्नान करने से पुण्यफल मिलता है।

ढोसी तीर्थ स्थल

नारनौल नगर से लगभग 9 कि॰मी॰ दूर महर्षि च्यवन की तपोभूमि ढोसी के पवित्र तीर्थ पर एक दर्शनीय एवं मोहक छटा देखने को मिलती है। यह पवित्र तीर्थ स्थल राजस्थान व हरियाणा के लोगों की धार्मिक गतिविधियों का केन्द्र बिन्दु है।

पौराणिक पृष्ठभूमि के अनुसार इस तीर्थ का सम्बन्ध द्वापर युग से बताया जाता है। एक किंवदन्ती के अनुसार महर्षि च्यवन ने यहाँ सात हजार साल तक तपस्या की थी।

''ढोसी'' की पहाड़ी अरावली पर्वतमाला का ही एक भाग है। पहाड़ी पर ऊपर चढ़ने के बाद प्रसिद्ध शिवकुण्ड आता है। यहाँ पर भगवान शंकर का प्राचीन मन्दिर है। यहाँ पर छोटे-बड़े कई कुण्ड है, जिनमें पुरुषों व स्त्रियों के नहाने की अलग-अलग व्यवस्था है। शिवकुण्ड से आगे चन्द्रकूप कुण्ड तक जाने के लिए पहाड़ी के ऊपर चढ़ना पड़ता है। लगभग 459 सीढ़ियां चढ़ने के उपरान्त पहाड़ी की चोटी आती है।

थोड़ी ढलान पार करते ही पवित्र च्यवन आश्रम तथा मन्दिर हैं। इस मन्दिर में महर्षि जी की भव्य मूर्ति स्थापित है। सोमवती अमावस पर स्नान करने इस पवित्र तीर्थ पर लाखों की संख्या में लोग आते हैं।

पूण्डरीक सरोवर

यह सरोवर हरियाणा के 'पूण्डरी' नामक कस्बे में स्थित है। ऐसी मान्यता है कि सतयुग से आज तक इस विशाल सरोवर का जल कभी समाप्त नहीं हुआ। तीर्थ व सरोवर के महत्त्व को देखते हुए श्री गुलजारी लाल नन्दा, अध्यक्ष कुरुक्षेत्र विकास बोर्ड ने तीर्थ तथा सरोवर के निर्माण कार्यों के लिए 9,90,675 रुपये की राशि स्वीकृत कर पूर्ण दिलचस्पी दिखाई और पूण्डरीक तीर्थ के पावन तट पर नवीकृत नागह्रद कुण्ड का निर्माण करवा कर 28 मई, 1987 को इसे जनता को समर्पित कर दिया। इस सरोवर के पावन तट पर बने वृंदावन घाट, गऊघाट, त्रिवेणी वाला घाट, जनाना घाट तथा मुख्य घाट आज भी लोगों के लिए आकर्षण का केन्द्र बने हुए हैं।

देवसर

भिवानी नगर से 5 कि॰मी॰ दूर गांव देवसर में प्रतिवर्ष चैत्र तथा आश्विन में दो बार देवी का मेला लगता है। एक किंवदन्ती के अनुसार भिवानी के एक महाजन को स्वप्न में देवी मां के दर्शन हुए और उन्हें देवसर में मन्दिर बनवाने की प्रेरणा हुई जिसके फलस्वरूप उन्होंने गांव देवसर में पहाड़ी पर एक मन्दिर का निर्माण करवाया। एक अन्य प्रचलित कहानी के अनुसार मां दुर्गा साक्षात् रूप में इस स्थान पर प्रकट हुई थी जिसके पश्चात् यह मन्दिर का निर्माण हुआ। इस स्थान पर प्रतिवर्ष हजारों की संख्या में लोग आते हैं तथा अपने बच्चों का मुण्डन करवाते हैं। इसके अतिरिक्त देवी भक्त नारियल, कपड़े तथा मिठाइयां माता को भेंट चढ़ाते हैं।

पहाड़ी

लोहारू उपमण्डल के गांव पहाड़ी, जो कि लोहारू नगर से 16 कि॰मी॰ दूर है, में भी चैत्र तथा आश्विन मास में दुर्गा मां का मेला लगता है, जिसके दर्शनार्थ हजारों देवी भक्त प्रतिवर्ष यहाँ आते हैं तथा अपने बच्चों का मुण्डन करवाते हैं तथा मिठाई, नारियल इत्यादि माता की भेंट चढ़ाकर मनोती मांगते हैं।

धनाना

भिवानी से लगभग 16 कि॰मी॰ दूर गांव धनाना में प्रतिवर्ष चैत्र मास की सातवीं तारीख को शीतला माता, जिसे मोटी माता भी कहा जाता है, का मेला लगता है। इस मेले में लगभग सारे हरियाणा से देवी भक्त पूजा, आराधना हेतु आते हैं।

इमलोटा

दादरी उपमण्डल के गांव इमलोटा में फाल्गुन मास की 10वीं को हनुमान जी का मेला लगता है। जिसमें आसपास के 10-15 गांवों के लोग महावीर हनुमान की पूजा-आराधना के लिए यहाँ पहुँचते हैं। इस दिन यहाँ पर कुश्तियों का एक बहुत बड़ा दंगल भी होता है।

गुरुद्वारा कपाल मोचन

बिलासपुर (जिला यमुनानगर) के प्रसिद्ध कपाल मोचन सरोवर के पूर्व में गुरु गोविन्द सिंह जी का गुरुद्वारा है। कहा जाता है कि 1687 ई॰ में पहाड़ी राजाओं से युद्ध करने के उपरान्त यहाँ पर 52 दिन गुरुजी ने पड़ाव डाला था और युद्ध के दौरान ऋणमोचन तालाब पर अपने शस्त्र धोये थे। इसलिए इस स्थान को गुरुगोविन्द सिंह जी का शस्त्र घाट भी कहा जाता है।

श्री कालेश्वर महादेव मठ

यमुनानगर-पांवटा साहिब सड़क पर कलेसर के पास यमुना नदी के तट पर कालेश्वर महादेव मठ स्थित है। इसकी प्राचीनता देवयुग तथा महाभारत काल से जोड़ी जाती है। कहते हैं कि विश्व के 12 प्रसिद्ध मठों में से यह प्राचीनतम मठ है और ऐसा ही दूसरा मठ (रामेश्वरम

मठ) रामेश्वरम में है। यह यमुना, सुखना तथा सरस्वती का संगम स्थल है। इसके ऊपर पहाड़ी पर शिव-पार्वती की गुफाएं हैं। कहते हैं कि इन गुफाओं में शिव-पार्वती ने कालेश्वर की उपाधि प्राप्त की थी। मन्दिर में ब्रह्मा, विष्णु, महेश तथा शेषनाग व पार्वती की मूर्तियाँ भी हैं। हिमपात या वर्षा के बाद मठ व इन गुफाओं के ऊपरी भाग से कैलाश पर्वत, अमरनाथ की गुफा, यमुनोत्री, गंगोत्री तथा मानसरोवर तक के दृश्य नंगी आंखों से देखे जा सकते हैं। वर्ष 1980 में यहाँ सब धर्म गुरुओं के सहयोग से सूर्य यज्ञ सम्पन्न हुआ। खुदाई के दौरान यहाँ कई शिलालेख शिव-पार्वती की मूर्तियाँ, मां काली की मूर्ति, राजा मानदाता के राज्य की मोहर तथा ब्रह्मा, विष्णु, महेश तथा शेषनाग की मूर्तियाँ व उनके भग्नावशेष व शिवालय मिले। पार्वती की गुफा में विष्णु, महेश तथा शेषनाग व मां पार्वती भी स्थापित की गई हैं।

गुरुद्वारा लाखन माजरा

गांव लाखन माजरा रोहतक से 20 कि.मी. दूर रोहतक जीन्द रोड पर बसा हुआ है। जहाँ पर बहुत ही प्रसिद्ध मंजी साहिब गुरुद्वारा बना हुआ है। कहावत के अनुसार गुरु तेगबहादुर जब दिल्ली शहीदी देने जा रहे थे तब वे यहाँ पर 13 दिन के लिए रुके थे। नगर के तालाब के किनारे पर एक तरफ गुरुद्वारा भवन है तथा दूसरी तरफ दो मंजिला धर्मशाला बनी हुई है। ऐसा माना जाता है कि हजारों श्रद्धालुओं ने इकट्ठे होकर फाल्गुन शुदी पूर्णमासी के दिन गुरु जी को भावभीनी विदाई दी और उसी दिन से श्रद्धालु दूर-दूर के गांवों से आकर यहाँ इकट्ठे होते हैं और होली के त्यौहार को बड़ी धूमधाम से मनाते हैं तथा बाद में गुरुद्वारे में दरबार साहिब के सामने प्रार्थना करते हैं।

अस्थल बोहर

जिला रोहतक में स्थित अस्थल बोहर अपने समय की सामाजिक, धार्मिक तथा सांस्कृतिक उपलब्धियों का जीवन्त स्थल है। इस स्थल की प्रसिद्धि मठ आश्रम के कारण है, जहाँ दर्शनी (कनफटे) साधु रहते हैं। ये साधु अपने को बौद्ध धर्म के आरम्भिक अनुयायी बताते हैं तथा ''नाथ धर्म'' जो कि बौद्ध की महायान शाखा का एक अंग है, को दर्शाते हैं। ये गोरखनाथ को नाथ धर्म का आदि प्रवर्तक और अपना प्रथम गुरु मानते हैं। हरियाणा में इनके बड़े-बड़े डेरे हैं। अस्थल बोहर इन सबमें सर्वोपरि है। इस मठ की स्थापना आठवीं शताब्दी में अत्यन्त तेजस्वी महासिद्ध श्री चौरंगी नाथ ने की थी। 250 वर्ष पूर्व इस प्राचीन मठ का जीर्णोद्धार सिद्ध शिरोमणि बाबा मस्तनाथ ने किया था। इनकी शिष्य परम्परा में अनेक सिद्ध योगी हुए जिनकी देख-रेख में मठ ने फिर वैभव के चरम को छुआ। इन सभी महन्तों की याद में एक मठ में एक अति दिव्य, भव्य तथा कलात्मक भवन स्थापित है जो ''सिद्ध स्मृति मन्दिर'' के नाम से प्रसिद्ध है। संगमरमर के बहुमूल्य पत्थरों द्वारा निर्मित इस मन्दिर में नवीन एवं प्राचीन भवन निर्माण शैलियों का अद्भुत समावेश है।

मठ की प्रसिद्धि का अन्य प्रमुख कारण है-शिक्षा और चिकित्सा के क्षेत्रों में मठ का विशिष्ट योगदान। प्रथम मई, 1948 से यहाँ श्री बाबा मस्तनाथ धर्मार्थ नेत्र चिकित्सालय स्थापित

है। सन् 1976 में अति आधुनिक सुविधाओं से युक्त 250 शय्याओं वाले एक नये नेत्र चिकित्सालय भवन का निर्माण किया गया है।

मठ में स्थापित श्री बाबा मस्तनाथ आयुर्वेद महाविद्यालय हरियाणा भर में अद्वितीय है। इस मठ में प्रतिवर्ष फाल्गुन शुक्ला सप्तमी से फाल्गुन शुक्ला नौवीं तक बाबा मस्तनाथ की पावन स्मृति में वार्षिक मेले का आयोजन किया जाता है।

पिंजौर

पिंजौर एक प्राचीन, धार्मिक एवं ऐतिहासिक स्थल है। ''गाई ई॰ पिल्ग्रिम'' के अनुसार यह क्षेत्र आदि मानव का अधिवास रहा है। पिंजौर से नालागढ़ (जिला सोलन-हिमाचल प्रदेश) के क्षेत्र तथा एच॰एम॰टी॰ फैक्टरी के प्रांगण में से बह रहे नाले से प्रारम्भिक पाषाण-काल के औजार भी प्राप्त हुए हैं जिससे इस स्थल की प्राचीनता का पता चल सकता है। पिंजौर का पांडवों से भी सम्बन्ध रहा है, वनवास के दौरान हिमालय पर जाते हुए कुछ समय के लिए उन्होंने यहाँ निवास किया था। उस समय इसका नाम पंचपूरा था, जो बाद में पिंजौर पड़ा। पिंजौर मुगल-गार्डन से भी प्रसिद्ध है। यह उत्तरी भारत का पुराना एवं महत्त्वपूर्ण गार्डन है। इसे 17वीं शताब्दी में औरंगजेब के एक वास्तुविद फिदाईखां ने बनाया था। फिदाईखां के चले जाने के बाद सिरमौर के राजा ने इस पर अधिकार कर लिया। 1775 में इसे पटियाला के महाराज अमरसिंह ने सिरमौर के राजा से खरीद लिया था। हरियाणा सरकार ने इसका कायाकल्प कर दिया है तथा इसका नाम पटियाला रियासत के महाराजा यादवेन्द्र के नाम पर यादवेन्द्र उद्यान रखा है। यहाँ भीमा देवी का मन्दिर भी है, जिसका सम्बन्ध पांडवों से है।

तोशाम के पंचतीर्थ

भिवानी जिले में स्थित तोशाम की ऐतिहासिक पहाड़ी स्थल पर आठ पानी के कुंड बने हुए हैं। इनमें अतिसुन्दर कुंड पंचतीर्थ है जिसे पांडव-तीर्थ भी कहते हैं। बताया जाता है कि जब पांडव अज्ञातवास में थे तो तेरह दिन इसी स्थान पर रहे थे।

कपाल मोचन (सोम सरोवर) तीर्थ

जगाधरी से लगभग 20 कि॰मी॰ दूर बिलासपुर (जिसका प्राचीन नाम व्यासपुर था) में तीर्थराज कपाल मोचन (सोम-सरोवर) स्थित है। ऐसा माना जाता है कि इस सरोवर में स्नान करने से सभी प्रकार के दोषों से मुक्ति मिल सकती है। ब्रह्मा, विष्णु, महेश के अनेक अवतारों विशेषकर राम व कृष्ण एवं राजा शान्तनु, बलराम, पांडव-पुत्रों आदि पौराणिक तथा नादिरशाह, अकबर, गुरु गोविन्द सिंह जैसे ऐतिहासिक व्यक्तियों के जीवन से सम्बद्ध अनेक प्रसंगों को इस तीर्थ के साथ जोड़ा जाता है। श्रद्धालुओं एवं तीर्थ यात्रियों का विश्वास है कि कार्तिक पूर्णिमा की एकादशी से पंचमी तक इस तीर्थ में स्नान करने से सभी प्रकार के दोषों से मुक्ति मिल जाती है। साथ ही यह भी माना जाता है कि शुक्ल पक्ष में जो लोग यहां पर स्नान करते हैं और शिवलिंग के दर्शन करके जाते हैं उनकी सभी प्रकार की मनोकामना

पूर्ण होती है। इस सरोवर का वर्णन महाभारत और पुराणों की कथाओं में भी मिलता है। स्कन्द पुराण के अनुसार ब्रह्मा ने यज्ञ के लिए तीन अग्निकुण्ड बनाये थे। उत्तर दिशा का अग्निकुण्ड पलाक्ष तीर्थ के रूप में जाना जाता है। ऐसा कहा जाता है कि पुलस्तिन ऋषि ने यहाँ पर बहुत समय तक तपस्या की थी। यह यहां से लगभग 6 कि॰मी॰ की दूरी पर रामपुर के निकट स्थित है और दक्षिण के सोमसर तीर्थ अर्धचन्द्राकार की आकृति में है और यह कपाल मोचन के नाम से जाना जाता है तथा तीसरा अग्निकुण्ड ऋण मोचन कहलाता है।

सूर्य कुण्ड

बिलासपुर के समीप कपाल मोचन के पूर्व में सूर्य कुण्ड है। ऐसा माना जाता है कि इस पवित्र स्थान पर स्नान करने से निःसंतान स्त्रियों को संतान की प्राप्ति होती है।

वस्तुनिष्ठ प्रश्नोत्तर

1. हरियाणा के कैथल नगर में प्रताप गेट के निकट निम्नलिखित में से कौन सा गुरुद्वारा स्थित है?
   A. गुरुद्वारा नीम साहिब
   B. गुरुद्वारा नौवीं पातशाही
   C. रागधार गुरुद्वारा
   D. गुरुद्वारा छठी पातशाही

2. गुरुद्वारा मंजी साहिब हरियाणा के किस नगर में स्थित है?
   A. करनाल
   B. पानीपत
   C. कैथल
   D. अम्बाला

3. हरियाणा में किस स्थान को, ''नवग्रह कुण्डों'' के स्थित होने के कारण ''छोटी काशी'' भी कहा जाता है?
   A. नारनौल को
   B. कैथल को
   C. गुड़गांव को
   D. कुरुक्षेत्र को

4. हरियाणा में कैथल से कुछ दूरी पर किस महापुरुष की समाधि स्थित है, जिस पर प्रत्येक वर्ष दशहरे से अगले दिन भारी मेला लगता है?
   A. बाबा काली कमली वाले की
   B. बाबा हरिदास की
   C. बाबा लदाना की
   D. बाबा रामदास की

5. कुरुक्षेत्र में थानेसर सिटी स्टेशन के समीप निम्नलिखित में से कौन सा प्रसिद्ध तीर्थ स्थल है?
   A. ब्रह्म सरोवर
   B. हटकेश्वर
   C. ढोसी तीर्थ स्थल
   D. पूण्डरीक सरोवर

6. कुरुक्षेत्र रेलवे स्टेशन के समीप कुरुक्षेत्र-पेहवा रोड पर निम्नलिखित में से कौन सा तीर्थ स्थल स्थित है, जिसे भगवान विष्णु का स्थाई निवास स्थल माना जाता है?
   A. ब्रह्म सरोवर
   B. कालेश्वर तीर्थ
   C. सन्निहित तीर्थ
   D. मारकाण्डेय तीर्थ

7. जिला कुरुक्षेत्र में किस तीर्थ स्थान पर श्रीकृष्ण ने अर्जुन को गीता का उपदेश दिया था?
    A. ब्रह्म सरोवर   B. कमल नाभ तीर्थ
    C. प्राचीतीर्थ   D. ज्योतिसर सरोवर

8. जिला कुरुक्षेत्र में स्थित ज्योतिसर सरोवर के समीप स्थित अक्षयवट के चारों ओर पक्के चबूतरे का निर्माण महाराज दरभंगा द्वारा कब करवाया गया था?
    A. सन् 1924 में   B. सन् 1930 में
    C. सन् 1932 में   D. सन् 1949 में

9. जिला कुरुक्षेत्र में स्थित ज्योतिसर सरोवर के निकट एक कृष्ण-अर्जुन रथ तथा शंकराचार्य के मन्दिर का निर्माण किसने करवाया था?
    A. महाराज दरभंगा ने   B. कामकोटि पीठ के शंकराचार्य ने
    C. काश्मीर के राजा ने   D. स्वामी विशुद्धानन्द महाराज ने

10. जिला कुरुक्षेत्र में स्थित प्रसिद्ध तीर्थ ज्योतिसर सरोवर की लम्बाई कितनी है?
    A. 1000 फुट   B. 1500 फुट
    C. 2000 फुट   D. 2500 फुट

11. जिला कुरुक्षेत्र में स्थित ''बाबा काली कमली वाले का डेरा' नामक धार्मिक स्थल के संस्थापक कौन थे?
    A. स्वामी रामतीर्थ   B. श्री स्वामी विशुद्धानन्द महाराज
    C. कामकोटि पीठ के शंकराचार्य   D. स्वामी परमानन्द महाराज

12. भक्तिकाल से सम्बन्धित गौड़ीय मठ नामक धार्मिक स्थल हरियाणा के किस जिले में स्थित है?
    A. अम्बाला जिले में   B. जीन्द जिले में
    C. कुरुक्षेत्र जिले में   D. महेन्द्रगढ़ जिले में

13. कुरुक्षेत्र जिले में वह कौन सा धार्मिक स्थल है जहां पर बाबा लक्ष्मण गिरि महाराज द्वारा जीवित समाधि ली गई थी?
    A. बाण गंगा   B. प्राची तीर्थ
    C. गौड़ीय मठ   D. बाल्मिकि आश्रम

14. राजघाट गुरुद्वारा हरियाणा में कहाँ पर स्थित है?
    A. कुरुक्षेत्र में   B. यमुनानगर में
    C. कैथल में   D. भिवानी में

15. निम्नलिखित में से कौन सा तीर्थस्थल हरियाणा के जिला कुरुक्षेत्र में स्थित नहीं है?
    A. कालेश्वर तीर्थ   B. प्राची तीर्थ
    C. ढोसी तीर्थ   D. कुबेर तीर्थ

16. जिला कुरुक्षेत्र के कुरुक्षेत्र विश्वविद्यालय के उत्तर-पश्चिम में एक कि॰मी॰ की दूरी पर से कौन सा प्राचीन तीर्थ स्थल स्थित है?

A. मारकाण्डेय तीर्थ   B. नरकातारी (अनरक तीर्थ)

C. प्राची तीर्थ   D. कुबेर तीर्थ

17. हरियाणा में थानेसर से 25 कि॰मी॰ पश्चिम में कौन सा महत्त्वपूर्ण तीर्थ स्थल स्थित है जिसको हरियाणा और उसके समीपवर्ती क्षेत्रों में वही स्थान प्राप्त है जो पूर्व में गया तीर्थ को है?

A. पेहोवा   B. पंचवटी

C. सफीदों   D. पाण्डू-पिण्डारा

18. जिला पलवल के होडल क्षत्र में निम्नलिखित में से कौन सा धार्मिक स्थल स्थित है?

A. पंचवटी   B. रामराय

C. सती का स्थान   D. कालेश्वर महादेव मठ

19. 'पंचवटी' नामक तीर्थस्थल कहां पर स्थित है?

A. बल्लभगढ़ में   B. पृथला में

C. तिगांव में   D. पलवल में

20. जिला जीन्द के समीप जीन्द-गोहाना मार्ग पर कौन सा प्राचीन धर्म-स्थल है जहां पर प्रत्येक वर्ष सोमवती अमावस्या के दिन मेला लगता है?

A. पाण्डू-पिण्डारा   B. सफीदों

C. हंसडैहर   D. उपरोक्त में से कोई नहीं

उत्तरमाला

1	2	3	4	5	6	7	8	9	10
A	C	B	C	A	C	D	A	B	A

11	12	13	14	15	16	17	18	19	20
B	C	D	A	C	B	A	C	D	A

❖❖❖

24 | प्रमुख मन्दिर

स्थानेश्वर महादेव मन्दिरः थानेसर नगर के उत्तर के कुछ फर्लांग की दूरी पर सम्राट् हर्षवर्धन के पूर्वज राजा पुष्य भूति द्वारा निर्मित स्थानेश्वर महादेव को समर्पित एक विख्यात मन्दिर है। यही वह स्थल है, जहाँ पाण्डवों ने भगवान शिव से प्रार्थना की थी और उनसे महाभारत के युद्ध में विजय का आशीर्वाद प्राप्त किया था। पौराणिक संदर्भों के अनुसार मन्दिर के साथ लगते सरोवरों का जल अति पावन है और कुरुक्षेत्र की किसी भी यात्रा को पूर्णरूप से सफल तब तक नहीं माना जाता जब तक कि इस पावन मन्दिर का दर्शन न कर लिया जाये। थानेसर का मन्दिर भगवान शिव का निवास स्थल है। कभी यह पुष्यभूति द्वारा स्थापित साम्राज्य के राजा हर्षवर्धन के राज्य का एक महत्त्वपूर्ण भाग हुआ करता था। मन्दिर की वास्तुकला की शैली क्षेत्रीय है, इसकी छत गुम्बदनुमा है और इस गुम्बद का बाहरी भाग आँवले की आकृति का है। इसकी अटारी लम्बी है। इसमें स्थापित लिंग की बड़े ही धार्मिक रीति-रिवाज और श्रद्धा से पूजा की जाती है। महमूद गजनवी के भारत आक्रमण के दौरान यह मन्दिर भी उसके कोप का भाजन बना और यहाँ स्थापित मूर्ति को वह अपने साथ गजनी ले गया और उसको एक चौराहे पर रखवा दिया ताकि हर आने-जाने वाला उसे अपमानित करे। प्रमुख मराठा सदाशिव राव द्वारा इस मन्दिर का पुनर्निर्माण करवाया गया।

देवीकूप (भद्रकाली मन्दिर): यह मन्दिर कुरुक्षेत्र रेलवे स्टेशन के निकट सांसा रोड पर स्थानु (शिव) मन्दिर के निकट है। यह मन्दिर भद्रकाली या सती को समर्पित है और यह भारत के 51 शक्तिपीठों में से एक है। इसी प्रकार के शक्तिपीठ सारे भारत में पाये जाते हैं जहाँ सती के शरीर के अंग गिरे थे। यहाँ पर स्थित भद्रकाली में सती का दायां टखना गिर गया था। प्राचीनकाल से ही सारे भारत के लोग सती को श्रद्धांजलि अर्पित करने और पूजा करने के लिए थानेसर की यात्रा करते हैं। यहाँ उपासकों की मनोकामना पूरी होती है।

दुखभंजनेश्वर मन्दिरः यह मन्दिर कुरुक्षेत्र में सन्निहत सरोवर के समीप स्थित है और लोग यहाँ अपने दुःख और कष्ट निवारण हेतु दुःखभंजनेश्वर महादेव जी की पूजा करने आते हैं।

नारायण मन्दिरः यह मन्दिर भी कुरुक्षेत्र में सन्निहत तीर्थ के तट पर स्थित है। मन्दिर के आगे टीन का बना हुआ छाया गृह है जो यात्रियों के विश्राम के लिए बना हुआ है। यहाँ पर चतुर्भुज नारायण एवं ध्रुवभक्त की प्रतिमाएं हैं। भगवान हनुमान और दुर्गा देवी की प्रतिमाएँ भी इस मन्दिर में हैं।

लक्ष्मी नारायण मन्दिरः कुरुक्षेत्र में सन्निहत सरोवर के निकट ही भगवान लक्ष्मी नारायण का ऊँचा मन्दिर स्थित है। दक्षिण भारत के कला का वैभव इस मन्दिर में देखने को मिलता है। इसका निर्माण चोल शैली के आधार पर आकर्षक, सुन्दर एवं कलात्मक दृष्टि से हुआ है। गिरि सम्प्रदाय के सिद्ध फकीर बाबा शिव गिरि महाराज ने इसे बनवाया था। इसकी ऊँचाई इतनी है कि नगर के प्रायः सभी ओर से इसे देखा जा सकता है। इसकी कलाओं में विशेष आकर्षक इस बात का है कि इसकी ऊपरी मंजिल का शिखर बहुत पतला है। यह शिखर उस समय की कला का अनुपम नमूना है।

सर्वेश्वर महादेव मन्दिरः कुरुक्षेत्र के प्रमुख मन्दिरों में से यह मन्दिर भी एक है। सर्वेश्वर महादेव का मन्दिर ब्रह्म सरोवर (कुरुक्षेत्र तीर्थ) के बीच में स्थित है। इस मन्दिर के चारों ओर जल भरा रहता है तथा यहाँ पहुँचने का साधन एक छोटा सा पुल है। बाबा श्रवण नाथ द्वारा बनवाया गया यह मन्दिर निर्वाणी अखाड़ा के प्रबन्ध-क्षेत्र के अधीन है। यहाँ पर भगवान गरुड़, नारायण, शिवलिंग, शिव-पार्वती और गणेश तथा नन्दीगण की मूर्तियाँ स्थापित हैं। इसके अतिरिक्त हनुमान जी, भगवान श्रीकृष्ण तथा बलराम की मूर्तियाँ भी यहाँ स्थापित हैं। यह वही स्थान है जहाँ पर महाभारत काल में कुन्ती ने भगवान् शंकर की आराधना की थी।

बिरला मन्दिरः कुरुक्षेत्र-पेहोवा सड़क पर स्थित यह मन्दिर थानेसर रेलवे स्टेशन के समीप है। इस मन्दिर का निर्माण श्री जुगल किशोर बिरला ने वर्ष 1955 में करवाया था और इसका नाम भगवद्गीता मन्दिर रखा। बिरला मन्दिर जो भगवद्गीता के नाम से प्रसिद्ध है, कुरुक्षेत्र तीर्थ तट पर स्थित है। यहाँ पर श्रीकृष्ण-अर्जुन संवाद से संबंधित दृश्य को संगमरमर से बने हुए भगवान श्रीकृष्ण के रथ द्वारा इस ढंग से प्रस्तुत किया गया है कि मानो भगवान श्रीकृष्ण अर्जुन को गीता रूपी अमृत-पान करवा रहे हैं। इस मन्दिर में महात्माओं की अमर वाणियां भी संगमरमर के पत्थरों पर अंकित की हुई हैं। दीवारों पर गीता के अठारह अध्यायों के श्लोक मानव जाति को उनके मार्ग दर्शन के लिए जीवनोत्थान हेतु प्रेरित कर रहे हैं। मन्दिर के अन्दर भगवान् श्रीकृष्ण व अर्जुन की आकर्षक प्रतिमाएं स्थापित हैं। इसके अतिरिक्त हनुमान जी की विशाल प्रतिमा के दर्शन भी किये जा सकते हैं।

भगवान शिव मन्दिर (माधोवाला मन्दिर): ऐतिहासिक नगर नारनौल का भगवान शिव का यह मन्दिर बस-अड्डे के समीप नारनौल-रेवाड़ी मार्ग पर स्थित है। इस क्षेत्र का यह एक प्रमुख और प्रसिद्ध मन्दिर है। रक्षा- बंधन के अवसर पर यहाँ एक बड़ा मेला लगता है।

इस मन्दिर के विषय में कहा जाता है कि यहाँ कभी एक खेत था और उसमें एक आदमी को हल चलाते समय एक शिवलिंग दिखाई दिया। जब वह व्यक्ति सो रहा था तो उसने यह आवाज सुनी कि यहाँ भगवान शिव की स्थली है, लोगों के कल्याण के लिए यहाँ भगवान शिव का एक मन्दिर बनवाया जाए। इस प्रकार इस मन्दिर का निर्माण किया गया और आज यह मन्दिर पूरे क्षेत्र में प्रसिद्ध है। इस क्षेत्र के लोगों को पूरा विश्वास है कि यहाँ पूजा करने वाले और मन्नत मांगने वाले की हर इच्छा पूरी होती है।

ग्यारह रुद्री शिव मन्दिरः ग्यारह रुद्री शिव मंदिर कैथल में स्थित शिवमंदिरों में से सबसे प्रसिद्ध मन्दिर है। इस मन्दिर में महाभारत काल में अर्जुन ने शिव को प्रसन्न कर उनसे पाशुपत अस्त्र प्राप्त किया था। इस मन्दिर के वर्तमान भवन का निर्माण लगभग अढ़ाई सौ वर्ष पहले तत्कालीन शासक उदयसिंह की पत्नी ने करवाया था।

इस मन्दिर के मध्य में ग्यारह शिवलिंग हैं। मन्दिर के गुम्बद पर कई देवी-देवताओं, मोर, गरुड़ आदि के चित्र बने हैं। मन्दिर के प्रांगण में भगवान शिव और हनुमान की भव्य प्रतिमाएं भी स्थापित हैं। इस मन्दिर में स्थित कर्मशाला की छत से कैथल नगर का सुन्दर दृश्य परिलक्षित होता है।

अम्बकेश्वर महादेव मन्दिरः कैथल में स्थित अम्बकेश्वर महादेव मन्दिर वैसे तो महाभारतकाल से भी पहले का मन्दिर है। यहाँ स्थित शिवलिंग को पातालेश्वर व स्वयंलिंग भी कहा जाता है। ऐतिहासिक उल्लेख के अनुसार इस स्थान पर मुहम्मद गौरी से युद्ध के समय पृथ्वीराज चौहान की सेना ने पड़ाव डाला था और शीलाखेड़ा के राजा ने इस मन्दिर का जीर्णोद्धार करवाया था।

एक जनश्रुति के अनुसार मुसलमानों ने अम्बकेश्वर मन्दिर में शिवलिंग को तोड़ने का प्रयास भी किया था, लेकिन कहते हैं कि जब उन्होंने इस पर प्रहार किये, तो शिवलिंग से खून निकला जिसे देखकर मुसलमान भयभीत हो गये। आज भी प्रहार के चिन्ह इस शिवलिंग पर देखे जा सकते हैं। अम्बकेश्वर मन्दिर में ही अम्बिका अर्थात् काली देवी की भी आदमकद प्रतिमा है।

हनुमान मन्दिरः कैथल नगर के मध्य में स्थित हनुमान मन्दिर बहुत प्राचीन मन्दिर है। यह मन्दिर लगभग एक मंजिल की ऊँचाई पर स्थित है। प्रारम्भ में इसके चारों ओर प्रकोष्ठ थे। कहते हैं कि इस मन्दिर के पिछवाड़े में जो मस्जिद बनी हुई है, उसका निर्माण भी काफी समय बाद हुआ है। इससे स्पष्ट है कि यह मन्दिर मुगल काल से भी पहले का है। एक जनश्रुति के अनुसार बहुत वर्ष पहले कैथल के एक तहसीलदार ने अपने बीमार लड़के के स्वास्थ्य लाभ के लिए हनुमान जी के इस मन्दिर में शीश नवाकर पूजा-अर्चना की थी, जिसके फलस्वरूप उसकी मनोकामना पूरी हुई और उसने तत्कालीन पुजारी से मन्दिर में कुछ बनवाने की श्रद्धा व्यक्त की। पुजारी ने उससे मन्दिर में एक कुआं बनवाने को कहा। ताकि पूजा आदि के लिए ताजा जल लाने के लिए दूर न जाना पड़े।

श्रद्धालु भक्तों ने हनुमान जी के मूल मन्दिर के आसपास अब और काफी निर्माण कार्य करवा दिया है ।, जिसमें सत्संग भवन, बरामदे और चौक आदि शामिल हैं । इस मन्दिर में जन्माष्टमी, हनुमान जयन्ती आदि त्यौहार बड़ी धूमधाम से हर साल मनाये जाते हैं, जिनमें हजारों श्रद्धालु दर्शन के लिए आते हैं ।

देवी तालाब का शिव मन्दिर: पानीपत में स्थित यह भगवान शिव का मन्दिर, मराठा सरदार मंगल रघुनाथ द्वारा पानीपत की तीसरी लड़ाई के उपरान्त बनवाया गया था । इसके बाद वह स्वयं भी पानीपत में बस गये थे । यह मन्दिर कला का उत्कृष्ट नमूना है । आज भी हजारों की तादाद में लोग इस देवी तालाब के शिव मन्दिर के दर्शन करने आते हैं और मन्नत मांगते हैं ।

शिव मन्दिर: यह मन्दिर करनाल नगर के चौड़ा बाजार में स्थित है जिसके प्रति इस क्षेत्र के लोगों की बड़ी श्रद्धा है । शिवरात्रि वाले दिन इस शिव मन्दिर में विशाल मेला लगता है और बड़ी संख्या में लोग एकत्रित होते हैं ।

अदिति का मन्दिर: कुरुक्षेत्र जिले के अमीन नामक गांव में अदिति का यह ऐतिहासिक और प्राचीन मन्दिर स्थित है, ऐसा कहा जाता है कि इसी स्थान पर अदिति ने सूर्य को जन्म देने से पूर्व तपस्या की थी । आज भी पुत्र की कामना करने वाली स्त्रियां रविवार को इस मन्दिर में पूजा-अर्चना करने आती हैं ।

पंचवटी मन्दिर: पलवल में स्थित पंचवटी मन्दिर पाण्डवों के समय का माना जाता है । अज्ञातवास के समय पांडवों ने इस स्थान पर विश्राम किया था । उनकी याद में इस मन्दिर का निर्माण किया गया ।

दाऊजी का मन्दिर: फरीदाबाद से लगभग 55 कि.मी॰ दूर जी.टी॰ रोड पर स्थित वंचारी गांव में दाऊ जी का मन्दिर है । यह श्रीकृष्ण के भाई बलराम की याद में बना प्राचीन मन्दिर है । यहाँ से वृज क्षेत्र आरम्भ होता है । वृज परिक्रमा के चार द्वारों पर चार दाऊजी के मन्दिर हैं, जिनमें से तीन उत्तर प्रदेश में हैं और एक बंचारी में है । कहते हैं बलराम कृषि कार्य देखते थे । बंचारी यानि वनाचार्य उनकी कार्यस्थली थी ।

शिव मन्दिर बाघोत: महेन्द्रगढ़ से लगभग 40 कि.मी॰ दूर कनीना-दादरी मार्ग पर स्थित ग्राम बाधोत का प्राचीन शिव मन्दिर चिरकाल से उत्तरी भारत के लाखों नर-नारियों की श्रद्धा का केन्द्र बना हुआ है । प्रतिवर्ष विभिन्न प्रान्तों से लाखों शिव भक्त यहाँ शिव उपासना के लिए आते हैं ।

इस प्रसिद्ध शिव मन्दिर का नाम इक्ष्वाक वंश के चक्रवर्ती राजा दिलीप से जुड़ा हुआ है, जिससे इसकी प्राचीनता का बोध होता है । ऐसा माना जाता है कि राजा दिलीप ने ही इस शिव मन्दिर का निर्माण करवाया था और इसे ''बाघेश्वर'' का नाम दिया । कालान्तर में बाघेश्वर से यह बाघोत अथवा भागोत हो गया । इस विषय में एक दन्त कथा यह भी

है कि चिरकाल से यह शिव मन्दिर भागवत कथा का प्रमुख केन्द्र रहा है जिस कारण इस स्थान का नाम भागोत पड़ा है।

उल्लेखनीय है कि इस शिव-मन्दिर के प्रति लोगों की गहरी आस्था है। यहाँ वर्ष में दो बार श्रावण की शिवरात्रि तथा फाल्गुन की महाशिव रात्रि को मेला लगता है। इन अवसरों पर दूर-दूर से लाखों लोग यहाँ आते हैं। इन अवसरों पर बड़ी संख्या में कावड़धारी हरिद्वार स्थित हर की पौड़ी से गंगा-जल लाकर शिव-लिंग पर चढ़ाते हैं। कुछ भक्तजन शिवालय से संलग्न बरामदे में घंटियां भी बांधते देखे जा सकते हैं।

चामुण्डा देवी का मन्दिर: प्राचीन नगर नारनौल के मध्य भाग में माँ चामुण्डा देवी का मन्दिर स्थित है। यह अतीत के स्वर्णिम इतिहास को आज भी अपने में संजोये हुए है। नारनौल नगर तथा आस-पास के गांवों के श्रद्धालु-जनों की अपार श्रद्धा के कारण इस मन्दिर का विशेष स्थान है। सभी वर्गों के लोग इस मन्दिर में आते हैं। सच्चे मन से मांगी गई हर मन्नत यहाँ फलीभूत होती है, ऐसा यहाँ के लोगों का विश्वास है।

यह मन्दिर बहुत प्राचीन है। किंवदन्ती है कि बारहवीं शताब्दी के अन्त में इस नगर की पहाड़ी पर बने किले को मारवाड़ के एक प्रभावशाली जमींदार नूनकरण ने अपने अधिकार में ले लिया था। वह देवी का अनन्य भक्त था। विश्वास व्यक्त किया जाता है कि माँ-चामुण्डा देवी की असीम अनुकम्पा से राजा नूनकरण की रानी ने दो पुत्रों को जन्म दिया तथा कृतज्ञतावश राजा ने देवी के मन्दिर का निर्माण व जीर्णोद्धार करवाया। मन्दिर के साथ वह पहाड़ी टूटी-फूटी अवस्था में आज भी विद्यमान है। चौरासी स्तम्भों वाले इस प्राचीन मन्दिर के अब कुछ स्तम्भ ही बाहर दिखाई पड़ते हैं। इन स्तम्भों पर अशोक युग के चिन्ह सदियां बीतने पर आज भी स्पष्ट दिखाई देते हैं, जिससे इस मन्दिर की प्राचीनता सिद्ध होती है। मन्दिर के पश्चिमी भाग में बनी पाँच छतरियां जो वास्तुकला की अनूठी कला से परिपूर्ण हैं और जिनके नीचे सुरंगों और तहखानों का जाल बिछा हुआ है, सुरक्षित नहीं हैं।

घण्टेश्वर मन्दिर: घण्टेश्वर मन्दिर रेवाड़ी का एक प्रसिद्ध मन्दिर है। इस मन्दिर में सनातन धर्म के सभी देवी-देवताओं की मूर्तियाँ स्थापित हैं। भारी संख्या में श्रद्धालु इस मन्दिर में पूजा करने आते हैं।

हनुमान मन्दिर: रेवाड़ी के प्रसिद्ध मन्दिरों में हनुमान जी का मन्दिर भी एक है। यह मन्दिर यहाँ के प्रसिद्ध व ऐतिहासिक बड़ा तालाब पर स्थित है। यहाँ प्रत्येक मंगलवार को मेला लगता है जिसमें बड़ी संख्या में श्रद्धालु आते हैं।

माता शीतला देवी का मन्दिर: यह प्रसिद्ध मन्दिर गुरुग्राम में स्थित है। कहा जाता है कि महाभारत काल में यहाँ आचार्य द्रोणाचार्य कौरवों और पाण्डवों को धनुष विद्या का प्रशिक्षण देते थे। कहते हैं कि जब गुरु द्रोण युद्ध में वीरगति को प्राप्त हुए, तो उनकी पत्नी कृपी अपने पति के साथ सती होने के लिए तैयार हुई। कृपी कृपाचार्य की पुत्री थी। जब कृपी ने सोलह श्रृंगार कर सती होने की प्रथा निभाने के लिए अपने पति की चिता पर बैठना

चाहा, तो लोगों ने उन्हें सती होने से रोका। लेकिन माता कृपी सती होने का निश्चय करके अपने पति की चिता पर बैठ गई। उन्होंने लोगों को आशीर्वाद दिया कि मेरे इस सती स्थल पर जो भी अपनी मनोकामना लेकर पहुँचेगा, उसकी मनोकामना पूर्ण होगी।

सन् 1650 में महाराजा भरतपुर ने गुरुग्राम में जहाँ माता कृपी सती हुई थी, मन्दिर बनवाया और सवा किलो सोने की माता कृपी की मूर्ति बनवाकर वहाँ स्थापित की। इस मन्दिर में आज भी भारत के कोने-कोने से लाखों की संख्या में भक्त स्त्री-पुरुष अपनी मनोकामना की पूर्ति के लिए आते हैं। चैत्र मास के नवरात्रों, वैशाख और आषाढ़ के सम्पूर्ण मास तथा आश्विन के नवरात्रों में भारी मेला लगता है, जिसमें कम से कम 50 लाख यात्री दर्शनार्थ आते हैं। यह मन्दिर 500 गज के क्षेत्र में बना हुआ है।

हरियाणा सरकार ने इस मन्दिर का अधिग्रहण कर लिया है। यहाँ मार्च व अक्टूबर मास में लगने वाले मेले में बहुत चहल-पहल होती है। दुकानें प्रसाद, चूड़ी व नारियल आदि से सजी होती हैं। भक्तजन टोलियों में पीले वस्त्र धारण किये हुये माता के गीत गाते हुए आते-जाते दिखाई देते हैं। गुरुग्राम गांव की शीतला माता का मेला सम्पूर्ण भारत का एक प्रसिद्ध मेला है।

डीघल गांव का शिवालयः झज्जर जिले में स्थित ऐतिहासिक गांव डीघल में यह प्राचीन शिवालय स्थित है। इस मन्दिर का निर्माण कार्य साहूकार लाला धनीराम ने शुरू करवाया था। एक ऊँची चौकी पर नगरशैली में बने इस शिवालय को बनाने के लिए ब्रह्मभाग, विष्णुभाग और सबसे ऊपर शिवभाग की कल्पना की गई। उसकी शिखर रेखाएं वातायन, उड़भृंग, इष्टदेवों और अवतारों के चित्रार्द्ध, अमालक शिला और कलश बड़े ही दर्शनीय हैं। इसे लाखौरी ईंटों और चूने से चिना गया था। शिवालय के गर्भगृह की दीवारों और गजतालु के अलावा मंडप को रामायण, महाभारत और पुराणों में वर्णित प्रसंगों पर आधारित विषयों वाले भित्ति चित्रों से अलंकृत किया गया है। इनके रंग अभी तक चमकीले हैं। करीब एक सदी पुराने इस शिवालय के शिखर का बाह्यावरण मौसम की मार और बंदरों के उत्पात की वजह से काफी टूट-फूट गया है। इस अमूल्य धरोहर के संरक्षण में अब न तो इसके निर्माताओं की वर्तमान पीढ़ी और न ही गांव वालों की कोई दिलचस्पी प्रतीत होती है। इसे देखने से सहज ही अनुमान लगाया जा सकता है कि जब यह बना होगा तब बहुत सुन्दर रहा होगा। आज भी चार कोस दूर से इसका शिखर दिखाई देता है। शिवरात्रि को यहां बड़ी संख्या में लोग दूर-दराज से आते हैं।

राधेश्याम मन्दिरः हरियाणा के पूण्डरीक कस्बे में यह मन्दिर स्थित है। पूण्डरीक दरवाजे से पचास गज की दूरी पर पूण्डरीक तीर्थ पर बने इस मन्दिर में राधा और कृष्ण की विशाल मूर्ति है। यहाँ पर दो छोटे मन्दिर एक हनुमान जी का और दूसरा गौरी शंकर जी का है। यहीं पर बाबा लाल दास जी की समाधि है। जन्माष्टमी आदि पर यहाँ एक मेला लगता है। इस मन्दिर के साथ नौ दुकानें तथा एक छोटी सी बगीची है। प्रबन्ध समिति पूर्ण दिलचस्पी से इसका प्रबन्ध करती है।

गीता मन्दिरः हरियाणा के पूण्डरीक तीर्थ पर जाते समय मरदाने घाट के साथ विशाल चबूतरे हैं और यहां पर यह विशाल गीता मन्दिर है। मन्दिर की दीवारों पर गीता, रामायण तथा अनेक ग्रन्थों से लिये गये अनेक श्लोक अंकित हैं। यहाँ पर भगवती देवी और गौरी शंकर जी की मूर्ति है। मन्दिर के साथ एक विशाल वट वृक्ष है। कहावत है कि यह वृक्ष पांडवों के समय से है।

शिव मन्दिरः हरियाणा के पूण्डरीक तीर्थ में स्थित यह एक प्राचीन शिव मन्दिर है। सन् 1520 के लगभग इस स्थान पर बाबा ठण्डी पुरी का मठ बना हुआ था। वह नित्य प्रति भजन-कीर्तन व पूजा में रहते थे। उस समय इस क्षेत्र में मुसलमानों का अधिकार था। कहा जाता है कि एक दिन शाम को बाबाजी पूजा करते हुए शंख ध्वनि कर रहे थे तो सामने स्थित पंचपीरों ने शंखध्वनि पर एतराज किया। बाबा ने इस बात को सामान्य ढंग से लेते हुए उन्हें बताया बेटा, कोई बात नहीं, शंख तो यूं ही बजते रहते हैं। यह तो ऊपर वाले का खेल है। इस पर नाराज नहीं होना चाहिए। बाबा ने उस समय तो उन्हें शान्त कर दिया। परन्तु दूसरे दिन शंख ध्वनि सुनकर मुसलमान इतने कुपित हुए कि उन्होंने बाबा को एक कमरे में बंद कर दिया। रात को करिश्मा यह हुआ कि जिस स्थान पर बाबा को कैद किया गया था उस स्थान पर रात भर शंख ध्वनि होती रही। लोग सो न सके। जो घर से बाहर निकलने की कोशिश करता उसे चिमटों की मार सहनी पड़ती। बाबा की इस चमत्कारी शक्ति को देखकर, दूसरे दिन सभी ने बाबा से क्षमा याचना की। उन्हें बाबा की कुटिया के साथ एक शिव मन्दिर भी बनवाना पड़ा। आज इस शिव मन्दिर की बड़ी ख्याति है। देह त्याग के बाद इसी जगह बाबा की समाधि बना दी गई जो आज भी लोगों के आकर्षण का केन्द्र बनी हुई है।

पुराना शिव-पार्वती मन्दिरः हरियाणा के पूण्डरीक नामक कस्बे में ही यह सदियों पुराना शिव-पार्वती मन्दिर है। लोगों का कहना है कि पहले इस मन्दिर के चारों ओर हर रोज प्रदक्षिणा होती थी। महाशिवरात्रि के जागरणकाल में पंडित व श्रद्धालु पूजा अर्चना से पूर्व सर्वप्रथम मिट्टी से स्नान, फिर गोबर लगाकर, फिर दही से स्नान और फिर पूण्डरीक तीर्थ के अन्दर शुद्ध स्नान करके यज्ञोपवीत पलटते थे। तभी हवन यज्ञ आदि धार्मिक अनुष्ठान किये जाते थे। मान्यता है कि नियमपूर्वक शिव व पार्वती की स्तुति से सभी मनोकामनाएं पूर्ण हो जाती थीं। कई वर्ष बीत जाने पर भी मन्दिर की मान्यता ज्यों की त्यों बनी हुई है। समय की गति के साथ प्रदक्षिणा आदि का प्रचलन अब कम हो गया है। लोग जल या बताशे चढ़ाकर पूजा अर्चना पूर्ण करते हैं।

बेरी का रूढ़मल मन्दिरः बेरी झज्जर जिले का एक प्राचीन कस्बा है। यहाँ पर अनेक प्राचीन मन्दिर हैं। इनमें से लाल रूढ़मल मन्दिर बहुत महत्त्वपूर्ण है।

इस मन्दिर में स्थित 105 वर्ष पुराना शिवालय बड़ा आकर्षक व कला का अनूठा उदाहरण है। इस शिवालय की ऊँचाई 116 फुट है। आसपास के इलाकों में यह शिवालय सबसे ऊँचा व मोहक है। इसी मन्दिर पर नीचे से ऊपर तक चारों ओर 24 अवतारों के

शिल्प बनाये गये हैं। ये मूर्तियाँ इतनी जीवन्त हैं कि दर्शक अपने-आप सम्मोहित हो जाता है। इस मन्दिर के पास से गुजरने वाला हर व्यक्ति उसकी ओर देखकर चकित रह जाता है।

इन मूर्तियों को देखने से लगता है जैसे ये मूर्तियाँ दर्शकों से बातें कर रही हों। जिन कलाकारों ने इन मूर्तियों को उत्कीर्ण किया है वे सचमुच महान् शिल्पी रहे होंगे। ये मूर्तियां ही नहीं बल्कि नीचे से ऊपर तक सम्पूर्ण शिवालय ही कलात्मक है। इस पर पक्के रंगों से बनाये गये सुन्दर-सुन्दर डिजाइन भी कम आकर्षक नहीं हैं। शिवालय के ऊपर के भाग पर बनाये गये चारों ओर चार लंगूरों की मूर्तियाँ देखने पर लगता है जैसे सचमुच के बन्दर शिवालय की चोटी पर जाकर बैठ गये हैं।

शिवालय के निर्माण में पांच वर्ष लग गये थे। इसका निर्माण 1892 में हुआ था। मन्दिर का निर्माण लाला रूढ़मल जी, सूरजभान व गिरधारी लाल तीन भाइयों ने मिलकर करवाया था।

शिवालय का जीर्णोद्धार पहली बार सन् 1953 में करवाया गया। दूसरी बार सन् 1990 में शुरू हुआ जो दो वर्ष में पूरा हुआ।

इसी मन्दिर में शिवालय के साथ में एक हनुमान मन्दिर व दुर्गा मन्दिर तथा राधा-कृष्ण मन्दिर भी हैं। राधा-कृष्ण मन्दिर श्री नन्द नन्दन ठाकुर के नाम से प्रसिद्ध है।

कुतानी का ठाकुरद्वाराः झज्जर से 23 कि॰मी॰ दूर पूर्व दिशा में बसे हुए गांव कुतानी में सन् 1901 में ठाकुर शालूसिंह के भाई शौजीसिंह ने ठाकुरजी का 50 फुट ऊँचा शानदार मन्दिर बनवाया था। इसमें श्रीकृष्ण व राधा की अष्टधातु की मूर्तियाँ प्रतिष्ठित कराई गईं। इनके लिए 50 तोले के स्वर्णभूषण बनवाये गये। ये अभी बरकरार हैं। मन्दिर के गर्भगृह और मंडप को श्रीकृष्ण के जीवन प्रसंगों वाले भित्ति चित्रों से रुचिपूर्वक संवारा गया था। फीके पड़ गये इन भित्तिचित्रों और जर्जर मन्दिर के पुनरोद्धार की एक योजना विचाराधीन है।

यमुनानगर का चिट्टा मन्दिरः यह मन्दिर यमुनानगर के प्रमुख दर्शनीय स्थलों में से है। इस चिट्टे हनुमान मन्दिर का इतिहास उतना ही पुराना है जितना कि अन्य सिद्ध शक्ति पीठों का।

इस चिट्टे हनुमान मन्दिर के बारे में संतों का कहना है कि इसमें स्थित श्वेत हनुमान की मूर्ति की स्थापना व निर्माण बहुत पहले कराया गया था। वर्तमान संत मत के अनुसार इस स्थान को महन्त श्री गंगानन्द गिरि जी की तपोस्थली होने का गौरव प्राप्त है। संत मत के अनुसार इस पवित्र भूमि का इतिहास का सम्बन्ध इस युग से भी है जब कुरुक्षेत्र में कौरवों व पांडवों के बीच युद्ध हुआ। युद्ध के समय अर्जुन के ध्वजा रथ पर हनुमान जी वास कर रहे थे। कुरुक्षेत्र जाते हुए पांडवों की सेना ने इस स्थल पर विश्राम किया था। इसी दौरान हनुमान जी के श्वेत रूप में दर्शन हुए। उसी समय से इस स्थान पर हनुमान जी की प्रतिमा श्वेत रूप में स्थापित की गई और यह मन्दिर चिट्टा मन्दिर के नाम से जाना जाने लगा।

इस चिट्टा मन्दिर में सप्ताह के प्रत्येक मंगलवार को भव्य मेला लगता है। लोगों की यह मान्यता है कि यहाँ पर सबकी मनोकामना पूर्ण होती है।

भगवान परशुराम सर्वधर्म मन्दिरः जगाधरी में मध्यकालीन शैली पर आधारित भगवान परशुराम सर्वधर्म मन्दिर स्थित है। इस मन्दिर में सभी धर्मों के अवतारों और देवताओं की मूर्तियाँ स्थापित की गई हैं। यह मन्दिर 42 फुट गहरा तथा ग्यारह मंजिला है। इसकी ऊँचाई 55 फुट 3 इंच है। इसमें लोगों की सुविधा के लिए लिफ्ट का प्रबन्ध किया गया है। मन्दिर में बिजली से चलने वाले घण्टे व घड़ियाल लगाये गये हैं। मन्दिर के प्रांगण में आँखों के रोगियों के लिए सभी आधुनिक सुविधाओं से युक्त अस्पताल कार्यरत है। यहाँ पर कमजोर वर्ग की लड़कियों के लिए सिलाई केन्द्र भी है।

पंचम कालीन जैन मन्दिरः यमुनानगर जिले के बूड़िया नामक कस्बे में लगभग पांच सौ वर्ष पुराना एक पंचमकाल का श्री दिगम्बर जैन मन्दिर है। कहते हैं कि यहाँ पर बहुत वर्ष पहले खुदाई हुई थी जिसमें एक मूर्ति निकली थी जो श्री पार्श्वनाथ की मूर्ति थी और इसी मूर्ति की स्थापना इस मन्दिर में की गई जो श्री दिगम्बर जैन मन्दिर के नाम से जाना जाता है। इस मन्दिर में श्री पार्श्वनाथ के अतिरिक्त महावीर स्वामी, विमलनाथ, देवी पदमावती की मूर्तियाँ भी स्थापित हैं। जैनधर्म से सम्बन्धित प्रमुख तीर्थों में से यह मन्दिर भी एक है।

आदि बद्री नारायण मन्दिरः जगाधरी से 35 कि॰मी॰ दूर बिलासपुर रणजीतपुर मार्ग पर कठगढ़ गांव के समीप प्राचीन काल से शिवालिक की पहाड़ियों में आदि बद्री नारायण का प्राचीन ऐतिहासिक मन्दिर स्थित है। यह स्थान सिंधु वन के चार धाम के रूप में वर्णित है। इसी स्थान से सरस्वती का उद्गम हुआ था। पौराणिक कथाओं के अनुसार महाभारत काल में सबसे पहले भगवान बद्रीनारायण आदि बद्री के मन्दिर में आये थे। इसके बाद भगवान बद्रीनाथ गये थे। ऋषि वेदव्यास जी ने भी इसी स्थान पर सरस्वती नदी के पश्चिम किनारे पर बैठ कर श्रीमद्भगवत महापुराण की रचना की थी।

आदि शंकराचार्य ने सम्वत् 1200 वर्ष पूर्व इस स्थान की खोज की थी व उस समय इस स्थान पर भगवान बद्री नारायण जी का यह मन्दिर बनवाया था। फिर इसके बाद सम्वत् 1823 में पुरुषोत्तम आश्रम द्वारा इसको ठीक करवाया गया। पूर्व दिशा में भगवान केदारनाथ का मन्दिर है। उत्तर में मंत्रा देवी विद्यमान हैं। पश्चिम में आदि बद्री नारायण मन्दिर है तथा दक्षिण में सरस्वती नदी स्थित है। वैशाख की सातवीं तीज को प्रत्येक वर्ष यहाँ विशाल मेला लगता है।

पंचमुखी, हनुमान मन्दिरः जगाधारी से लगभग 23 कि॰मी॰ दूर तथा छछरौला से मात्र 5 कि॰मी॰ दूर छछरौली-बिलासपुर सड़क पर ढ़ाका का पंचमुखी हनुमान मन्दिर स्थित है। मन्दिर में स्थापित पंचमुखी मूर्ति के बारे में लोगों का विश्वास है कि यह 350 वर्ष पुरानी है तथा किसी समय खेत में हल चलाते हुए एक किसान को प्राप्त हुई थी। लोगों की ऐसी मान्यता है कि देश में भूमि से प्रकट होने वाली ऐसी केवल तीन मूर्तियाँ हैं। जिनमें से एक ढाका में, दूसरी सूरत में तथा तीसरी दक्षिण भारत में स्थित है। प्रत्येक मंगलवार व शनिवार को मन्दिर में श्रद्धालुओं की भारी भीड़ जुटती है।

शिव मन्दिर किलोई: रोहतक जिले के किलोई गांव के बाहर स्थित लगभग 300 वर्ष पुराना शिव मन्दिर आम मन्दिरों से भिन्न है। इसमें लगा शिवलिंग साधारण शिवलिंगों से अलग है। इसी शिवलिंग में शिव की मूर्ति भी बनी हुई है जो बहुत कम पाई जाती है। रोहतक और आसपास के नगरों के नव विवाहित दम्पत्ति अपने गठजोड़ के साथ यहाँ आते हैं और अपने लिए मन्नत मांगते हैं।

आसपास के गांवों के लोग हर सोमवार यहाँ पर जल तथा दूध चढ़ाने आते हैं। वर्ष में दो बार फरवरी तथा अगस्त में इस स्थान पर भारी मेले लगते हैं। जिसमें हजारों की संख्या में हरियाणा व आसपास के क्षेत्रों से श्रद्धालु आते हैं।

मनसा देवी का मन्दिर (मनीमाजरा के निकट): चण्डीगढ़ से लगभग 9 कि.मी. दूर मनीमाजरा के निकट मनसादेवी का ऐतिहासिक मन्दिर है। कहते हैं कि यदि कोई भक्त सच्चे मन से 40 दिन निरन्तर मनसा देवी के भवन में पहुँच कर पूजा-अर्चना करे तो माता मनसा देवी उसकी मनोकामना अवश्य पूरी कर देती हैं। माता मनसा देवी का चैत्र और आश्विन नवरात्रों में मेला लगता है।

मनसा देवी मन्दिर के ऐतिहासिक महत्त्व तथा मेलों के अवसर पर प्रतिवर्ष आने वाले लाखों यात्रियों को और अधिक सुविधाएं प्रदान करने के लिए हरियाणा सरकार ने मनसा देवी मन्दिर परिसर का अधिग्रहण कर लिया है। इसके प्रबन्ध के लिए एक ट्रस्ट है।

वस्तुनिष्ठ प्रश्नोत्तर

1. थानेसर नगर से कुछ दूर स्थित स्थानेश्वर महादेव मन्दिर का निर्माण सम्राट हर्षवर्धन के किस पूर्वज राजा द्वारा करवाया गया था?
    A. पुष्यभूति   B. आदित्यवर्धन
    C. नरवर्धन   D. प्रभाकरवर्धन

2. महमूद गजनवी अपने भारत आक्रमण के दौरान हरियाणा के निम्नलिखित में से किस प्राचीन मन्दिर की मूर्ति को अपने साथ गजनी ले गया था?
    A. दुखभंजनेश्वर मन्दिर (कुरुक्षेत्र)   B. भगवान शिव मन्दिर (नारनौल)
    C. सर्वेश्वर महादेव मन्दिर (कुरुक्षेत्र)   D. स्थानेश्वर महादेव मन्दिर (थानेसर)

3. हरियाणा के स्थानेश्वर मन्दिर का पुनर्निर्माण निम्नलिखित में से किसके द्वारा करवाया गया था?
    A. मराठा सदाशिव राव द्वारा   B. चन्द्रगुप्त विक्रमादित्य द्वारा
    C. हर्षवर्धन द्वारा   D. नरवर्धन द्वारा

4. देवीकूप (भद्रकाली मन्दिर) भारत के 51 शक्तिपीठों में से एक है यह मन्दिर प्रदेश में कहाँ पर स्थित है?
    A. रोहतक   B. कुरुक्षेत्र
    C. पानीपत   D. थानेसर

5. कुरुक्षेत्र में सन्निहित सरोवर के समीप निम्नलिखित में से कौन सा मन्दिर स्थित नहीं है?

A. नारायण मन्दिर

B. लक्ष्मी नारायण मन्दिर

C. दुखभंजनेश्वर मन्दिर

D. बिरला मन्दिर

6. कुरुक्षेत्र का निम्नलिखित में से कौन सा मन्दिर गिरि सम्प्रदाय के सिद्ध फकीर बाबा शिव गिरि महाराज द्वारा बनवाया गया था?

A. सर्वेश्वर महादेव मन्दिर

B. नारायण मन्दिर

C. लक्ष्मी नारायण मन्दिर

D. दुखभंजनेश्वर मन्दिर

7. कुरुक्षेत्र के प्रसिद्ध 'सर्वेश्वर महादेव मन्दिर' को किसने बनवाया था?

A. बाबा श्रवण नाथ ने

B. बाबा शिवगिरि ने

C. बाबा तारकनाथ ने

D. श्री जुगल किशोर बिरला ने

8. कुरुक्षेत्र-पेहोवा मार्ग पर स्थित बिरला मन्दिर को श्री जुगल किशोर बिरला द्वारा कब बनवाया गया था?

A. 1950 में

B. 1955 में

C. 1965 में

D. 1978 में

9. ग्यारह रुद्री शिव मन्दिर हरियाणा के किस नगर में स्थित है?

A. जीन्द

B. पानीपत

C. हिसार

D. कैथल

10. मराठा सरदार मंगल रघुनाथ जी ने पानीपत की तीसरी लड़ाई के बाद पानीपत में निम्नलिखित में से कौन सा मन्दिर बनवाया था?

A. देवी तालाब का शिव मन्दिर

B. हनुमान मन्दिर

C. देवी मन्दिर

D. रुद्र मन्दिर

11. कुरुक्षेत्र जिले के अमीन नामक गांव में निम्नलिखित में से कौन सा प्राचीन मन्दिर स्थित है?

A. पंचवटी मन्दिर

B. शिव मन्दिर

C. अदिति का मन्दिर

D. दाऊ जी का मन्दिर

12. फरीदाबाद से लगभग 55 कि॰मी॰ की दूरी पर स्थित वंचारी गांव में निम्नलिखित में से कौन सा प्राचीन मन्दिर स्थित है?

A. दाऊजी का मन्दिर

B. अदिति का मन्दिर

C. पंचवटी मन्दिर

D. चामुण्डा देवी का मन्दिर

13. माता शीतला देवी का प्रसिद्ध और प्राचीन मन्दिर हरियाणा में कहां पर स्थित है?

A. रेवाड़ी में

B. गुरुग्राम में

C. नारनौल में

D. जीन्द में

14. गुड़गांव ग्राम में स्थित माता शीतला देवी का मन्दिर महाराज भरतपुर द्वारा कब बनवाया गया था?

A. सन् 1620 में   B. सन् 1645 में

C. सन् 1648 में   D. सन् 1650 में

15. प्राचीन शिव मन्दिर जहां पर बाबा ठण्डीपुरी की समाधि भी है प्रदेश में कहां स्थित है?

A. पूण्डरीक तीर्थ   B. गुरुग्राम

C. हिसार   D. रोहतक

16. निम्नलिखित में से कौन सा प्राचीन मन्दिर झज्जर जिले के बेरी गांव में स्थित है?

A. पुराना शिव पार्वती मन्दिर   B. माता शीतला देवी का मन्दिर

C. लाल रूढ़मल मन्दिर   D. दाऊजी का मन्दिर

17. झज्जर जिले में स्थित बेरी गांव के रूढ़मल मन्दिर में स्थित शिवालय की ऊँचाई कितनी है?

A. 116 फुट   B. 122 फुट

C. 132 फुट   D. 140 फुट

18. झज्जर जिले के बेरी गांव के रूढ़मल मन्दिर में स्थित शिवालय का निर्माण कब करवाया गया था?

A. सन् 1842 में   B. सन् 1850 में

C. सन् 1892 में   D. सन् 1899 में

19. झज्जर जिले में स्थित बेरी गांव के रूढ़मल मन्दिर के शिवालय का पहली बार जीर्णोद्धार कब करवाया गया था?

A. सन् 1943 में   B. सन् 1945 में

C. सन् 1950 में   D. सन् 1953 में

20. नारनौल नगर में स्थित चामुण्डा देवी के मन्दिर का निर्माण व जीर्णोद्धार किसके द्वारा करवाया गया था?

A. राजा परीक्षित द्वारा   B. राजा दिलीप द्वारा

C. राजा नूनकरण द्वारा   D. पांडवों द्वारा

उत्तरमाला

1	2	3	4	5	6	7	8	9	10
A	D	A	B	D	C	A	B	D	A

11	12	13	14	15	16	17	18	19	20
C	A	B	D	A	C	A	C	D	C

✦✦✦

25 | प्रमुख मजारें, दरगाहें व मस्जिदें

हरियाणा की पवित्र भूमि प्राचीन काल से ही सूफी सन्तों, पीर-फकीरों की साधना-स्थली के रूप में विख्यात रही है। किसी जमाने में अरब से 360 सूफी संतों का भारत में आगमन हुआ था। इन सूफी संतों के भारत आने का उद्देश्य हिन्दू-मुस्लिम एकता का मार्ग प्रशस्त कर साम्प्रदायिक सौहार्द कायम करना था। अरब से आये इन सूफी संतों को हरियाणा प्रदेश सूफी मत तथा आध्यात्मिक ज्ञान के प्रचार-प्रसार के लिए सर्वाधिक उपयुक्त स्थान लगा और उन्होंने प्रदेश के विभिन्न नगरों में सूफी विचारधारा के इस्लाम प्रचार केन्द्र स्थापित किये, जिनमें नारनौल, पानीपत, अंबाला तथा थानेसर प्रमुख केन्द्र थे। हरियाणा में रहकर सूफी मत का प्रचार करने वाले अधिकांश सूफी संत चिश्ती, कादरी और नक्शबंदी सम्प्रदाय के थे, जिनमें चिश्ती सम्प्रदाय के सूफी संत भारत में सबसे पहले आये और उसके बाद नक्शबंदी सम्प्रदाय के सूफी संतों का आगमन हुआ।

प्रदेश के विभिन्न गांवों, कस्बों तथा नगरों में स्थित इन सूफी पीर-फकीरों की मजार व दरगाहें धार्मिक समन्वय और साम्प्रदायिक एकता का अनूठा प्रतीक हैं। इन दरगाहों में मुसलमान ही नहीं, बड़ी संख्या में हिन्दू भी श्रद्धा से माथा टेकने आते हैं।

हरियाणा में चिश्ती सम्प्रदाय की स्थापना शेख फरीद (फरीदुद्दीन शकरगंज) ने की। बू अलीशाह कलंदर भी चिश्ती सम्प्रदाय के प्रमुख सूफी संत थे। इन्होंने पानीपत को अपनी साधना का प्रमुख केन्द्र बनाया। हरियाणा में इनकी दरगाहें करनाल, पानीपत और करनाल के ही निकट बुड्ढा खेड़ा में हैं। यह विवाद का विषय है कि इनके देहावसान के बाद इनके शव को कहाँ दफनाया गया। कहा जाता है कि पहले इनके शव को करनाल के निकट गांव बुड्ढा-खेड़ा दफनाया गया लेकिन कुछ समय के बाद पानीपत के निवासी इनके शव को कब्र से निकालकर पानीपत ले आये और वहीं इन्हें दफनाया गया। ऐसा भी विश्वास किया जाता है कि पानीपत के लोग बुड्ढा-खेड़ा में इनकी कब्र से इनका शव नहीं बल्कि कुछ ईंटें उखाड़कर लाये थे तथा इन ईंटों को ही पानीपत में दबाया गया। पानीपत में स्थित बू अलीशाह कलंदर की दरगाह शिल्पकला का उत्कृष्ट नमूना है। अजमेर के ख्वाजा की दरगाह पर जब उर्स लगता है तो

वहां जाने वाले कई श्रद्धालु पहले पानीपत स्थित कलंदर की दरगाह में आते हैं। ऐसी धारणा है कि ख्वाजा का उर्स तभी पूरा होता है जब कलंदर की दरगाह पर श्रद्धालु माथा टेकते हैं। उर्स के अवसर पर इनकी दरगाह में भारत सहित पाकिस्तान और अफगानिस्तान आदि देशों से भी श्रद्धालु इबादत करने आते हैं।

हरियाणा के प्रमुख सूफी संतों में शेख अनामअल्ला पानीपत का नाम भी उल्लेखनीय है, इनकी मजार भी पानीपत में है। पानीपत के सूफी साधकों में ख्वाजा शम्सुद्दीन मख्दूम जलालुद्दीन, शेख उसमान जिंदापीर, शेख-निजामुद्दीन, गौस अलीशाह, मुहम्मद अफजल और उर्दू अदब के प्रथम सूफी संत ख्वाजा अल्ताफ हुसैन हाली का नाम भी महत्त्वपूर्ण है।

हाली की दरगाह भी कलंदर की दरगाह के साथ ही है। पानीपत में गौस अलीशाह की मज़ार पर भी काफी आध्यात्मिक चहल-पहल रहती है लेकिन इनकी दरगाह अब काफी जर्जर अवस्था में है।

नारनौल से करीब दस कि॰मी॰ दूर गांव धरसूं में स्थित संत हमजा पीर की दरगाह भी काफी प्रसिद्ध है। हमज़ा पीर का पूरा नाम हज़रत शाह कलमुद्दीन हमज़ा पीर हुसैन था। महिलाओं को हमज़ापीर के दर्शन करने की अनुमति नहीं थी। क्योंकि हमज़ापीर का निकाह नहीं हुआ था। कहा जाता है कि अपने जीवनकाल में जिस पीर का निकाह नहीं होता, महिलाएं उनके मज़ार का दर्शन नहीं कर सकतीं।

चरखी दादरी जिले के कलियाणा गांव में पीर मुबारक शाह की दरगाह है जहां हर बुधवार को मेला लगता है। बकरीद की 26 तारीख को यहां उर्स लगता है। हिसार के रहने वाले शेख जुनैद भी सूफी संत परम्परा की एक महत्त्वपूर्ण कड़ी थे जिनकी मज़ार नागौर गेट के दक्षिण में है।

फतेहाबाद में भी एक सूफी संत मीरशाह (बाबा शाह खान) की मज़ार है जिनकी मज़ार के प्रांगण में एक पत्थर पर बादशाह हुमायूं का अभिलेख भी उत्कीर्ण है।

थानेसर नगर के उत्तर-पश्चिम कोण पर संगमरमर का एक सुन्दर मकबरा है। यह मकबरा सूफी संत शेख चेहली का है जो मुगल सम्राट् शाहजहाँ के शासनकाल में ईरान से चलकर भारत में हज़रत कुतुब जलालुद्दीन से मिलने थानेसर आये थे उन्होंने यहां जलालुद्दीन से भेंट की। दुर्भाग्य से शेख चेहली की मृत्यु थानेसर में ही हो गई और उन्हें यहां स्थित एक मकबरे में दफना दिया गया जिसे अब शेख चेहली का मकबरा कहा जाता है। शेख चेहली का मकबरा स्थापत्य की दृष्टि से अद्वितीय है। वस्तुतः संगमरमर से निर्मित इस मकबरे की सुन्दरता के सामने हरियाणा में स्थित अन्य सभी मकबरों का सौन्दर्य फीका नज़र आता है।

यह मकबरा बारह सुन्दर बुर्जियों के बीच 4 हैक्टेयर भूमि पर बीच वाली चोटी पर निर्मित है। इसमें शेख चेहली की कब्र है। मकबरे में संगमरमर की जाली के कटाव सुन्दर और नयनाभिराम हैं। इस मकबरे के बारे में किसी ने सच ही कहा है कि ताजमहल के बाद अगर कोई सुन्दर मकबरा है तो वह है मूल्यवान संगमरमर से निर्मित शेख चेहली का मकबरा। इसी कारण शेख चेहली के मकबरे को हरियाणा का ताज भी कहा जाता है। शेख चेहली का मकबरा

पुरातत्वीय स्थल और अवशेष अधिनियम, 1958 के अधीन राष्ट्रीय महत्त्व का स्मारक घोषित किया गया है।

इनके अलावा भी हरियाणा के कई गांवों, कस्बों और नगरों में अनेक पीर-फकीरों की मज़ारें-दरगाहें हैं जिनकी क्षेत्र विशेष में काफी मान्यता है।

कैथल में बाबा शाह कमाल की मज़ार पर भी असंख्य श्रद्धालु सच्चे मन से मन्नत मांगने आते हैं। यहां हर गुरुवार को मेला लगता है। बाबा शाह कमाल की दरगाह में हर साल बाबा की पुण्यतिथि पर उर्स लगता है जिसमें अनेक राज्यों से श्रद्धालु एकत्रित होते हैं।

गुहला चीका बाबा मीरां नौ बहार पीर की मज़ार 960 वर्ष पुरानी बताई जाती है। यहां भी हर वर्ष मेला लगता है। कहा जाता है कि बाबा मीरां के आठ भाई थे जिनमें बाबा मीरां सबसे बड़े थे जिस कारण इन्हें बड़ा पीर कहा जाता है। कहा जाता है कि बाबा मीरां ने यहां जीवित समाधि ली थी। बस अड्डे के समीप भी एक अन्य पीर चेतनशाह की मज़ार है जिसे श्रद्धालु सबसे छोटा पीर कहते हैं। मेले में आने वाले श्रद्धालु सबसे पहले चेतनशाह पीर की मज़ार पर माथा टेकते हैं। ऐसी धारणा है कि मेले में आया जो श्रद्धालु यहां माथा नहीं टेकता उसकी मुराद पूरी नहीं होती। मेले के पाँचवे दिन यहां कुश्ती का दंगल आयोजित किया जाता है।

गोहाना में स्थित पीर जमाल की मज़ार भी हिन्दू-मुस्लिम बंधुत्व की प्रतीक है। किसी जमाने में यहां पीर जमाल की मजार पर रमज़ान के महीने की ग्यारह तारीख को उर्स का आयोजन किया जाता था। इस अवसर पर श्रद्धालु पीर जमाल की मजार पर आकर नगाड़े बजाया करते थे। उस समय यहां मजार के चारों ओर बेरों के भी काफी वृक्ष थे। सुदूरवर्ती क्षेत्रों से जो श्रद्धालु मज़ार के दर्शन करने आते, वे अपने साथ प्रसाद के रूप में गोहाना के बेर जरूर ले जाते थे। आज भी मज़ार के निकट बेरों के काफी बाग हैं। जिनमें बेरों के कई वृक्ष तो सौ वर्ष से भी अधिक पुराने बताये जाते हैं। प्रत्येक वीरवार को यहाँ हिन्दू-मुस्लिम मन्नत मांगने के लिए बड़ी संख्या में आते हैं।

हांसी में स्थित दरगाह चार कुतुब में चार सूफी संतों-कुतुब शेख जमालुद्दीन अहमद, कुतुब मौलाना, बसोहद्दीन सूफी कुतुबद्दीन मन्नवर, कुतुबनुरुद्दीन की मज़ारें हैं। यहां प्रतिवर्ष लगने वाले उर्स के अवसर पर अजमेरशरीफ से चादर लाकर चढ़ाई जाती है।

करनाल के निकट मधुबन में पक्का पुल के पांच पीरों की मज़ार है। इनकी भी काफी मान्यता है। यहां हज़रत अली इलाही बक्श, बहादुरखां दुर्रानी, मोहम्मद अली, सबरसिंह बोरी और केसरमल बोरी की पांच मज़ार एक साथ बनी हुई हैं। पक्का पुल के पीरों की कितनी मान्यता है, इसका अंदाजा पक्का पुल से गुजरने वाली किसी भी बस में बैठकर लगाया जा सकता है। क्योंकि बस चालक, परिचालक और सवारियों सभी के शीश पक्का पुल की दरगाह को देखकर श्रद्धावश झुक जाते हैं। इनकी दरगाह के सेवादार मन्नत मांगने वाले श्रद्धालुओं का दिया एक रुपये का सिक्का बड़े पीर की मज़ार पर चढ़ाकर श्रद्धालुओं को धूप व प्रसाद सहित वापिस कर देते हैं और पांच वीरवार तक घर पर ही पीरों की जोत जलाने को कहते

हैं। ऐसा करने से विघ्न बाधायें दूर हो जाती हैं। करनाल में स्थित मीरां साहब का मकबरा भी देखने में काफी सुन्दर है लेकिन यहाँ श्रद्धालुओं का आना-जाना कम ही है। सोनीपत स्थित मामू-भांजा की दरगाह में इमाम नसीरुद्दीन व उनके भांजे इब्राहिम अबीदुल्ला की इक्ट्ठी मज़ार है। यह दरगाह एक शिव मन्दिर में हैं जो हिन्दू-मुस्लिम भाईचारे की अनूठी मिसाल पेश कर रही है। शाहाबाद और अम्बाला के बीच में स्थित पीर नौगजा की भी काफी मान्यता है जहाँ मनोकामना पूरी होने पर पीर को घड़ी चढ़ाई जाती है।

प्रमुख मस्जिदें

शीशे वाली मस्जिद

हरियाणा के ऐतिहासिक नगर रोहतक की यह एक विशाल मस्जिद है। इसका प्रवेश द्वार संगमरमर के तराशे हुए पत्थरों से बना हुआ है। यह सम्पूर्ण मस्जिद कलात्मक व मनोहारी है। जैसे ही प्रवेश द्वार से सीढ़ियां चढ़ते हुए मस्जिद के मुख्य भाग में पहुँचते हैं, इसकी दिव्यता और कलात्मकता के दर्शन होते हैं। विशेष बात यह है कि इस मस्जिद का बाहरी भाग नीचे से ऊपर तक सुन्दर सैरामिक टाइलों से परिपूर्ण है। टाइलें सुन्दर-सुन्दर फूल-पत्तियों व ज्योमैट्रिकल डिजाइनों की हैं। मस्जिद के मुख्य भाग की दीवारें छः फुट चौड़ी हैं। मस्जिद के अन्दर व बाहर के फर्श, श्याम-श्वेत पत्थरों से निर्मित हैं। गुम्बदों की अन्दरूनी छतें सुन्दर भित्तिचित्रों से सुसज्जित हैं। अन्दर सामने वाली दीवार में जड़ें विभिन्न रंगों के शीशे कलाकार की क्षमता व कौशलता को दर्शाते हैं। इस मस्जिद की दीवारों पर विभिन्न डिजाइनों में शीशे काटकर जड़े हुए हैं। यह कार्य बड़े ही सूक्ष्म तरीके से किया गया है किन्तु समय की मार व संरक्षण के अभाव से ये शीशे एक-एक करके अपनी जगह छोड़ते जा रहे हैं तथा मस्जिद की सुन्दरता नष्ट होती जा रही है। आगे की दो ऊँची मीनारों के निचले भाग संगमरमर के हैं। तीन विशाल गुम्बदें व मीनारें जर्जर अवस्था में हैं।

मस्जिद के एक हिस्से में 14 खम्भों वाला विशाल बरामदा है व कई कमरे हैं। मस्जिद के एक भाग में दो मौलवी परिवार रहते हैं। एक भाग में वक्फ बोर्ड का ऑफिस है। यह मस्जिद 8 फुट ऊँचे विशाल चबूतरे पर बनी है। यह सम्पूर्ण मस्जिद कला से परिपूर्ण है, किन्तु दिन-प्रतिदिन इसका सौन्दर्य नष्ट होता जा रहा है।

दीनी मस्जिद

रोहतक की दीनी मस्जिद एक ऐतिहासिक प्राचीन मस्जिद है। वर्तमान में इस मस्जिद में प्राचीन महावीर मन्दिर है। यहाँ के लोगों के अनुसार पहले यहाँ मन्दिर था। यह मन्दिर लगभग ग्यारह सौ वर्ष पुराना माना जाता है। कहते हैं कि औरंगजेब के शासनकाल में यहाँ के मुसलमानों ने मन्दिर को मस्जिद का रूप दे दिया। सन् 1947 के बाद इसको फिर मन्दिर का रूप दे दिया गया। मन्दिर में पत्थर की हिन्दू देवी-देवताओं की प्राचीन मूर्तियाँ भी मिली

हैं। जो वर्तमान में इस मस्जिद में रखी हुई हैं। इमारत का निचला हिस्सा, इसके खम्भे आदि कलात्मक हैं

इन खम्भों पर हिन्दू देवी-देवताओं की अनेकों खण्डित मूर्तियां हैं। बताया जाता है कि जब मुसलमानों ने इस मन्दिर को मस्जिद में बदलना चाहा तो उन्होंने मन्दिर की सभी मूर्तियों को तोड़ दिया ताकि इनकी पूजा न हो सके। हिन्दू धर्म में खण्डित मूर्तियों को नहीं पूजा जाता।

लाल मस्जिद

लाल मस्जिद रोहतक नगर की एक सुन्दर व प्रसिद्ध मस्जिद है। भिवानी स्टैण्ड पर स्थित इस मस्जिद को सन् 1939 में नगर के एक प्रसिद्ध व्यापारी हाजी आशिक अली ने बनवाया था। यह लगभग ठीक अवस्था में है। इसका प्रवेशद्वार तराशे हुए लाल पत्थरों से बना है। प्रवेशद्वार पर लगे कलात्मक पत्थर अति सूक्ष्म तरीके से काटे व तराशे गये स्थापत्य कला के उत्कृष्ट नमूने हैं।

यह मस्जिद तीन मंजिली है। नीचे व ऊपर दो सुन्दर बरामदे हैं। मस्जिद के खम्भों पर विभिन्न डिजाइनों की सैरामिक टाइलें लगी हैं। अन्दर के कुछ भागों में दीवारों पर शीशे जड़े हुए हैं। संगमरमर का फर्श है। मस्जिद की दोनों मीनारों में 50-50 सीढ़ियां हैं। प्रत्येक मीनार में सीढ़ियों के साथ 19 रोशनदान बड़ी ही सूझ-बूझ से बनाये गये हैं।

मस्जिद की तीन गुम्बदें कुछ जर्जर अवस्था में दिखाई देती हैं, शेष मस्जिद लगभग ठीक है। यह मस्जिद दस फुट ऊँचे चबूतरे पर बनी है। जुम्मा की नमाज़ (शुक्रवार को) नगर के सभी मुसलमान लाल मस्जिद में ही अदा करते हैं।

सराय अलावरदी गांव की मस्जिद

गुरुग्राम जिले में स्थित सराय अलावरदी गांव में स्थित यह मस्जिद बहुत प्राचीन है। यह मस्जिद अलाउद्दीन खिलजी के काल की जीती-जागती मिसाल है जहां लोगों का आना- जाना और रहना बराबर बना हुआ था। आम लोगों विशेषकर मुसलमानों में इसकी बहुत मान्यता रही है। आज भी यहां जो मौलवी मौजूद हैं वे इस मस्जिद के प्राचीन इतिहास से जुड़े होने का दावा करते हैं।

काज़ी की मस्जिद

झज्जर जिले में स्थित गांव दुजाना में यह प्राचीन मस्जिद स्थित है। आज से लगभग दो सौ साल पहले काज़ी जी नामक एक काज़ी जी ने इस मस्जिद का निर्माण करवाया था। जिसमें एक तहखाना भी है। यहां के आस-पास के लोग काज़ी जी के काफी भक्त थे। तहखाने में जाते हुए दाईं ओर काजी जी की मज़ार है जिस पर आज भी ईद के दिन लोग चादर चढ़ाते हैं और मन्नत मांगते हैं। इस मस्जिद की मीनारें 60 फुट के करीब हैं, जिसमें गोल सीढ़ियां कुतुब मीनार की तरह बनी हुई हैं। मीनार पर चढ़कर सारे दुजाने गांव का अवलोकन किया जा सकता है। यह मस्जिद सफेद पत्थरों से बनी हुई है लेकिन देखभाल करने वाला कोई नहीं है। यह भारत के इतिहास की धरोहर है।

रेवाड़ी की लाल मस्जिद

रेवाड़ी की पुरानी कचहरी के समीप यह प्रसिद्ध ऐतिहासिक मस्जिद स्थित है। इसका निर्माण अकबर के शासनकाल में 1570 के आसपास किया गया था। इस मस्जिद के समीप दो मकबरे भी हैं।

वस्तुनिष्ठ प्रश्नोत्तर

1. हरियाणा में चिश्ती सम्प्रदाय की स्थापना किसके द्वारा की गई थी?
   - A. बू अलीशाह कलंदर
   - B. शेख फरीद (फरीदुद्दीन शकरगंज)
   - C. अल्ताफ हुसैन
   - D. इब्राहिम अबीदुल्ला

2. चिश्ती सम्प्रदाय के प्रमुख सूफी संत बू अलीशाह कलंदर ने प्रदेश में किस स्थान को अपनी साधना का प्रमुख केन्द्र बनाया था?
   - A. पानीपत
   - B. रोहतक
   - C. सोनीपत
   - D. गुरुग्राम

3. सूफी संत अल्ताफ हुसैन हाली की दरगाह हरियाणा में कहां पर स्थित है?
   - A. झज्जर
   - B. रेवाड़ी
   - C. पानीपत
   - D. रोहतक

4. पानीपत की किस दरगाह पर श्रद्धालुओं द्वारा माथा टेकने पर ही अजमेर के ख्वाजा का उर्स पूरा होता है? ऐसी धारणा है–
   - A. ख्वाजा शम्सुद्दीन मख्दूम जलालुद्दीन की दरगाह
   - B. शेख उसमान जिंदापीर की दरगाह
   - C. गौस अलीशाह की दरगाह
   - D. बू अलीशाह कलंदर की दरगाह

5. नारनौल से करीब दस कि॰मी॰ दूर गांव धरसू में किस प्रसिद्ध संत की दरगाह स्थित है?
   - A. हजरत शाह कलमुद्दीन हमजापीर हुसैन
   - B. मीर शाह (बाबा शाहखान)
   - C. शेख निजामुद्दीन
   - D. शेख जुनैद

6. फतेहाबाद में स्थित किस सूफी संत की मज़ार के प्रांगण में एक पत्थर पर बादशाह हुमायूं का अभिलेख उत्कीर्ण है?
   - A. मीरतकी खान
   - B. मीर जुनैदी
   - C. शेख निजामुद्दीन
   - D. मीरशाह (बाबा शाहखान)

7. हरियाणा के किस मकबरे को पुरातत्वीय स्थल और अवशेष अधिनियम, 1958 के अधीन राष्ट्रीय महत्त्व का स्मारक घोषित किया गया है?
   - A. शेख चेहली
   - B. बू अलीशाह कलंदर
   - C. शेख फरीद (फरीदुद्दीन शकरगंज)
   - D. पीर जमाल

8. बाबा शाह कमाल की मज़ार प्रदेश में कहां पर स्थित है?

A. गोहाना में   B. फतेहाबाद में

C. कैथल में   D. रोहतक में

9. प्रदेश में किस स्थान पर निम्नलिखित चार सूफी संतों (कुतुबशेख जमालुद्दीन अहमद, कुतुब मौलाना, बसोहद्दीन सूफी कुतुबद्दीन मन्नवर, कुतुब नुरुद्दीन) की मज़ार एक स्थान पर स्थित है?

A. करनाल में   B. टोहाना में

C. पलवल में   D. हांसी में

10. शाहाबाद और अम्बाला के बीच किसकी मज़ार है, जिस पर मनोकामना पूरी होने पर घड़ी चढ़ाई जाती है?

A. पीर नागौजी   B. हमज़ा पीर

C. पीर नौगज़ा   D. इब्राहिम अबीदुल्ला

11. रोहतक में स्थित किस मस्जिद को, जो पहले मन्दिर था, औरंगजेब के शासनकाल में मस्जिद का रूप दिया गया था–

A. काज़ी की मस्जिद   B. दीनी मस्जिद

C. लाल मस्जिद   D. इनमें कोई नहीं

12. रोहतक में स्थित लाल मस्जिद को प्रसिद्ध व्यापारी हाजी आशिक अली द्वारा कब बनवाया गया था?

A. सन् 1930 में   B. सन् 1931 में

C. सन् 1935 में   D. सन् 1939 में

13. गुरुग्राम जिले में स्थित सराय अलावरदी गांव की मस्जिद किस शासक के काल में बनवायी गई थी?

A. बाबर   B. जहाँगीर

C. शाहजहाँ   D. अलाउद्दीन खिलजी

14. झज्जर जिले के गांव दुजाना में कौन सी प्राचीन, ऐतिहासिक मस्जिद स्थित है?

A. लाल मस्जिद   B. काजी की मस्जिद

C. करीम जी की मस्जिद   D. जामा मस्जिद

15. रेवाड़ी की प्रसिद्ध ऐतिहासिक लाल मस्जिद किस मुगल शासक के काल में बनवाई गई थी?

A. बाबर   B. हुमायूं

C. अकबर   D. जहाँगीर

16. नारनौल, पानीपत, अम्बाला के अतिरिक्त सूफी संतों ने हरियाणा के किस नगर को सूफी विचारधारा का इस्लाम प्रचार केन्द्र बनाया?

A. कैथल
B. थानेसर
C. करनाल
D. सोनीपत

17. हरियाणा में रहकर सूफी मत का प्रचार करने वाले अधिकांश सूफी संत निम्नलिखित में से किस सम्प्रदाय के थे?

A. चिश्ती
B. नक्शबंदी
C. कादरी
D. उपरोक्त सभी सम्प्रदाय के

18. हरियाणा का ताजमहल कहा जाने वाला, प्रसिद्ध सूफी संत शेख चेहली का मकबरा किस नगर में स्थित है?

A. हिसार
B. फतेहाबाद
C. थानेसर
D. पानीपत

19. चरखी दादरी जिले के कलियाणा गांव में किस संत की दरगाह स्थित है, जिस पर प्रत्येक बुधवार को मेला लगता है?

A. पीर मुबारकशाह
B. शेख उसमान जिंदापीर
C. शेख निज़ामुद्दीन
D. मुहम्मद अफज़ल

20. मीरां साहब का मकबरा हरियाणा के किस नगर में स्थित है?

A. अम्बाला
B. पानीपत
C. करनाल
D. कैथल

उत्तरमाला

1	2	3	4	5	6	7	8	9	10
B	A	C	D	A	D	A	C	D	C

11	12	13	14	15	16	17	18	19	20
B	D	D	B	C	B	D	C	A	C

❖❖❖

26 | प्राचीन नगर

कुरुक्षेत्र

भारतीय विचारधारा की जन्म-स्थली कुरुक्षेत्र आर्य संस्कृति का एक सबसे प्रसिद्ध केन्द्र है। विश्वास किया जाता है कि हिन्दू समाज और धर्म ने एक निश्चित रूपरेखा यहाँ पर धारण की। पवित्र सरस्वती नदी इस क्षेत्र में बहती थी। इसी नदी के तट पर महर्षि वेदव्यास ने अमर काव्य "महाभारत" की रचना की थी। वेदों, उपनिषदों और पुराणों का प्रादुर्भाव यहीं हुआ। यहीं भगवान कृष्ण ने अर्जुन को गीता का प्रेरणादायक संदेश दिया। यही कारण है कि इसे भारत के प्रमुख तीर्थ स्थानों में माना जाता है।

कुरुक्षेत्र दिल्ली से उत्तर की ओर 160 किलोमीटर व करनाल से 39 कि.मी. और अम्बाला से दक्षिण की ओर 40 कि.मी. की दूरी पर स्थित है। यह दिल्ली-अम्बाला मुख्य रेलवे लाइन पर एक मुख्य रेलवे स्टेशन है। यह राष्ट्रीय राजमार्ग नं. 1 पर एक महत्त्वपूर्ण सड़क जंक्शन पिपली से लगभग पांच कि.मी. की दूरी पर स्थित है। इस नगर की प्रमुख आबादी लगभग तीन किमी. की दूरी पर थानेसर कस्बे में बसी हुई है।

यह पवित्र भूमि 80 मील (128 कि.मी.) क्षेत्रफल की परिधि में फैली हुई है। इसके अन्तर्गत प्राचीन भारतीय परम्पराओं से सम्बन्धित और महाभारत युद्धकालीन अनेक पवित्र स्थल, मन्दिर और सरोवर देखने को मिलते हैं। इसकी परिधि में वर्तमान पानीपत, दक्षिण में जीन्द का उत्तर-पश्चिमी क्षेत्र और पश्चिम में जिला पटियाला का पूर्वी क्षेत्र भी सम्मिलित है। इसके उत्तर में सरस्वती और पूर्व में यमुना नदियां हैं।

थानेसर (स्थाण्वीश्वर)

बौद्ध तथा जैन साहित्य में जिस "थूण" या "थूणा" गाम का उल्लेख है वही आगे चलकर स्थाण्वीश्वर नगर (थानेसर) कहलाया। स्थाण्वीश्वर नगर की गणना उन कुछ नगरों में की जाती है, जिन्हें प्राचीन भारत में राजधानी होने का गौरव मिला। यह श्रीकंठ जनपद की राजधानी थी। शक्तिशाली वर्धन वंश का उदय यहीं हुआ था, जिसमें दो प्रतापी शासकों- प्रभाकर वर्धन

और हर्षवर्धन के समय यह नगर गौरव की चरमसीमा पर पहुंचा था लेकिन हर्षवर्धन को तत्कालीन राजनैतिक परिस्थितियों के कारण अपनी राजधानी कान्यकुब्ज (कन्नौज) बनानी पड़ी। इससे स्थाण्वीश्वर नगर में पावन सरस्वती नदी के तट पर स्थित होने के कारण उसके सांस्कृतिक विकास में कोई बाधा नहीं हुई। इस प्राचीन नगर के अवशेष आज थानेश्वर कुरुक्षेत्र जिला के टीलों से पहचाने जाते हैं।

स्थाण्वीश्वर नगर का गौरवपूर्ण इतिहास हर्षचरित चीनी यात्री ह्यूनसांग के वृत्तान्त और मुस्लिम इतिहासकारों के विवरण तथा कुछ स्फुट ग्रन्थों से ज्ञात होता है।

यह नगर कभी एक प्रसिद्ध सांस्कृतिक केन्द्र भी रहा है। नगर के चारों ओर रक्षा के लिए प्राचीर और परिखा थी। सामने स्कन्धावार या मिलिटरी कैंट, शायद मुगलकालीन उर्दू बाजार की तरह रहा था। राजकुल या रायपलेस अन्दर की ओर बना था, जिसकी रक्षा-प्रतिहारों द्वारा बड़ी सावधानी से की जाती थी। इस नगर में उत्सव बड़े आनन्द और उल्लास के साथ मनाये जाते थे।

ह्यूनसांग के विवरण से ज्ञात होता है कि थानेसर में 100 देव मन्दिरों और तीन बौद्ध विहार थे, इन बौद्ध विहारों में 700 हीनयानी भिक्षु निवास करते थे। यहां के लोग शिव के प्रति अगाध श्रद्धा रखते थे। बाणभट्ट के विवरण से पता चलता है कि हर एक घर में शिव की पूजा की जाती थी।

थानेश्वर के प्राचीन अवशेषों का अभी पूरी तरह पुरातत्वीय सर्वेक्षण नहीं हुआ है लेकिन यह स्थान काफी महत्त्वपूर्ण है इस विषय में कोई संदेह नहीं है। पिछले दो-तीन वर्षों के सर्वेक्षण से बहुत सी पुरातत्वीय सामग्री प्रकाश में आयी है। जिनसे पता चलता है कि थानेश्वर में शदियों का नहीं, अपितु सहस्रशताब्दियों का इतिहास छिपा है। बस्ती एक बार नहीं अनेक बार बसी और उजड़ी है।

यहां से शुंग, कुषाण, गुप्त, वर्धन व गुर्जर-प्रतिहार काल की अनेक सामग्रियाँ प्राप्त हुई हैं।

पानीपत

इस ऐतिहासिक नगर के नामकरण के बारे में कहा जाता है कि महाभारत की लड़ाई के समय पाण्डवों ने जिन पांच गांवों की दुर्योधन से मांग की थी, उनमें से एक पनपथ भी था। बाद में यही पनपथ समय के थपेड़ों की मार सहते हुए पानीपत बन गया।

दिल्ली से 90 किलोमीटर दूर शेरशाह सूरी मार्ग पर बसे इस नगर का अपना एक ऐतिहासिक महत्त्व है। यहां तीन प्रमुख लड़ाइयां लड़ी गईं, जिन्होंने भारतीय इतिहास को नया मोड़ दिया।

पानीपत का प्रथम युद्ध 1526 ई. में इब्राहिम लोदी और बाबर के मध्य हुआ, जिसके परिणामस्वरूप भारत में मुगल साम्राज्य की नींव पड़ी। पानीपत का द्वितीय युद्ध 1556 ई. में अकबर और रिवाड़ी के हेमचन्द्र (हेमू) के मध्य हुआ जिसके फलस्वरूप मुगल साम्राज्य की नींव सुदृढ़ हुई। 1761 ई. में पानीपत का तीसरा युद्ध हुआ जिसमें मराठों की करारी हार ने भारत में ब्रिटिश साम्राज्य की नींव को सुदृढ़ किया।

यह नगर 31 अक्टूबर, 1989 तक करनाल जिले का भाग था। 1 नवम्बर, 1989 को इसे अलग से जिले का दर्जा दे दिया गया। तब करनाल की असन्ध तहसील भी इसके अन्तर्गत आती थी। 1 जनवरी, 1992 को जिले के पुनर्गठन के दौरान इसमें से असन्ध तहसील निकाल दी गई। औद्योगिक पृष्ठभूमि में निरन्तर विकसित होने वाला यह जिला रोजगार का असीम भण्डार है। हरियाणा ही नहीं, अपितु सारे भारत के उद्यमी, इंजीनियर, बेरोजगार कारीगर, कलाकार, शिल्पी और श्रमिक यहाँ रोजगार की तलाश में आते हैं और यहीं बस जाते हैं।

पानीपत की सीमा तीन ओर से हरियाणा के अन्य जिलों से घिरी है, तो पूर्व दिशा में यमुना पार उत्तर प्रदेश के साथ सटी हुई है।

रेवाड़ी

रेवाड़ी नगर देश की राजधानी दिल्ली से 82 किलोमीटर दूर दक्षिण-पश्चिम में स्थित है। इस नगर का इतिहास दिल्ली जितना पुराना बताया जाता है। जनश्रुति के अनुसार महाभारत काल में राजा रेवत ने इस नगर की स्थापना की थी। राजा रेवत की कन्या का नाम रेवती था जिसे वह प्यार से रेवा कहते थे। रेवा का विवाह श्रीकृष्ण के बड़े भाई बलराम से हुआ था, जिन्हें यह नगर दहेज के रूप में दे दिया गया। इसे रेवावाड़ी के नाम से जाना जाता था लेकिन कालान्तर में इसका नाम रेवाड़ी प्रचलित हो गया।

महाभारत काल से लेकर मध्यकाल तक इस नगर का पूरा इतिहास नहीं मिलता, किन्तु परिस्थितिगत साक्ष्यों के आधार पर कहा जाता है कि यह मौर्य, गुप्त और गुर्जर-प्रतिहार राज्यों का भाग रहा।

मुगल काल में रेवाड़ी दिल्ली सूबे का भाग रहा और 1857 के प्रथम स्वतंत्रता-संग्राम में इस नगर की महत्त्वपूर्ण भूमिका रही।

पहली नवम्बर, 1989 को रेवाड़ी नये जिले के रूप में हरियाणा के मानचित्र पर उभरा। इससे पूर्व यह जिला गुरुग्राम तथा महेन्द्रगढ़ जिलों का भाग था। इस जिले की उत्तरी-सीमा रोहतक जिले के साथ, पश्चिमी सीमा महेन्द्रगढ़ जिले के साथ तथा पूर्वी एवं उत्तरी पूर्वी सीमाएंगुरुग्राम जिले के साथ लगती हैं। इसकी दक्षिणी तथा दक्षिणीपूर्वी सीमाएं राजस्थान से लगती हैं।

हिसार

राष्ट्रीय राजमार्ग नम्बर-10 पर हिसार नगर स्थित है। एक ऐतिहासिक उल्लेख के अनुसार सन् 1354 में तुगलक वंश के सुल्तान फिरोजतुगलक ने एक दुर्ग के रूप में हिसार की स्थापना की थी। इसके चार गेट—नागोरी गेट, मोरी गेट, दिल्ली गेट तथा तलाकी गेट के नाम से प्रसिद्ध हैं। फारसी भाषा में किले को हिसार कहा जाता है। अतः कालान्तर में इस नगर का नाम हिसार पड़ गया।

इस जिले के उत्तर में पंजाब राज्य, पूर्व में जीन्द व रोहतक जिलों की तथा पश्चिम में सिरसा जिला तथा राजस्थान राज्य की सीमाएं लगती हैं।

शाहबाद मारकण्डा

यह नगर जी॰टी॰ रोड पर कुरुक्षेत्र से 23 कि॰मी॰ की दूरी पर, मारकण्डा नदी के किनारे पर बसा हुआ है। सन् 1192 में तरावड़ी की लड़ाई के पश्चात् शहाबुद्दीन मुहम्मद गोरी के जनरल ने इस नगर की स्थापना की थी। बाबर ने इस नगर को इब्राहिम लोदी की सहायता करने पर लूटा था। बीर बन्दा बैरागी ने इस पर आक्रमण करके इसको सिक्खों के अधिकार में दे दिया। इस नगर पर सिक्खों का अधिकार सन् 1850 तक बना रहा और इसके बाद यह नगर अंग्रेज़ों के अधिकार में चला गया। नगर में अब भी पुराने भवन, किला, सिक्खों के स्थल तथा पठानों की बनवाई मस्जिदें देखी जा सकती हैं।

यहीं महर्षि मारकण्डेश्वर की तपस्या स्थली बाद में शाहबाद मारकण्डा के रूप में बसी। महर्षि मारकण्डेश्वर का मन्दिर आज भी मारकण्डा नदी के तट पर स्थित है। प्रत्येक रविवार को श्रद्धालु इस स्थल पर पूजा-अर्चना के लिए आते हैं। मारकण्डेश्वर मन्दिर के समीप ही शाहकुमारी देवी का भव्य भवन है। नवरात्रों में अष्टमी के दिन इस स्थल पर भारी मेला लगता है।

शाहबाद नगर में इस समय एक चीनी मिल, वनस्पति घी बनाने तथा तेजाब बनाने के कारखाने हैं। इसके अलावा मार्च, 1975 में हरियाणा एग्रो काफी लाभकारी सिद्ध हुआ है। कहा जाता है कि एशिया में सबसे अधिक कोल्ड स्टोर भी यहां पर हैं। इसके अलावा नगर में कई चावल के कारखाने भी स्थापित हैं।

लाडवा

लाडवा नगर कुरुक्षेत्र से लगभग 20 कि॰मी॰ दूर कुरुक्षेत्र-यमुनानगर सड़क पर स्थित है। इस नगर के पास एक सरोवर है जिसके किनारे पर एक देवी का मन्दिर है और जहाँ प्रति वर्ष बड़ा भारी मेला लगता है। यह नगर भी सिक्खों के घरानों का था। सिक्खों के पहले युद्ध के पश्चात ही अंग्रेज़ों ने इसे अपने अधिकार में ले लिया था। कुरुक्षेत्र जिले की यह सबसे पुरानी नगरपालिका है, जिसकी स्थापना 1867 में की गई थी।

यमुनानगर

यमुनानगर पश्चिमी यमुना नहर के तट पर स्थित है। इसके पूर्व में उत्तर प्रदेश तथा दक्षिण में कुरुक्षेत्र जिला स्थित है।

प्राचीन इतिहास को देखने से पता चला है कि इस नगर का पुराना नाम अब्दुल्लापुर था जो कि एक छोटा सा गांव था। सन् 1947 के बाद पाकिस्तान से कुछ विस्थापित यहाँ आकर बस गये तथा धीरे-धीरे इस छोटे गांव ने कस्बे का रूप ले लिया।

यमुनानगर 1 नवम्बर, 1989 को जिला बना। इससे पहले यह जिला अम्बाला का ही भाग था। यह नगर प्राचीन समय से ही टिम्बर मार्किट के लिए प्रसिद्ध रहा है। यमुनानगर में एक रेलवे स्टेशन है। यह नगर कागज निर्माण के लिए प्रसिद्ध है। नगर में डैण्टल अस्पताल, सिटी सैण्टर कॉम्पलैक्स, आई॰टी॰आई॰, गीता भवन, ई॰एस॰आई॰ अस्पताल हैं। निजी क्षेत्र में कई छोटे

बड़े अस्पतालों के अतिरिक्त आधुनिक जांच उपकरणों से सुसज्जित गाबा अस्पताल है जहाँ पर हृदय रोगियों की जांच तथा आधुनिक शल्य चिकित्सा की सुविधा विशेष रूप से उपलब्ध है।

जगाधरी

यह नगर यमुनानगर जिले के अन्तर्गत आता है। कहते हैं कि इसका पुराना नाम राजा योगेन्द्र के नाम पर योगेन्द्री था। महाभारत काल में योगेन्द्र एक योद्धा, एक राज्य, एक स्थान या एक पर्वत को कहा जाता था। कुछ समय के अन्तराल पर योगेन्द्री का नाम धीरे-धीरे बिगड़कर जगाधरी पड़ गया। यहाँ पर समुद्रगुप्त के समय का सोने का सिक्का तथा चौहान और दिल्ली के तोमर राजाओं के कुछ पुराने सिक्के भी प्राप्त हुए हैं। इसे 1783 में बूड़िया के राजा राजसिंह ने बसाया था और इसके साथ ही यहाँ पर व्यापारी वर्ग आकर बस गया। जगाधरी नगर पीतल के बर्तनों, कलात्मक लैम्प तथा अन्य पीतल की कलात्मक वस्तुओं के लिए प्रसिद्ध है। यह एक प्रसिद्ध औद्योगिक केन्द्र है।

बिलासपुर

यह नगर जगाधरी से 35 कि.मी. दूर स्थित है। इस नगर का सम्बन्ध महाभारत के रचयिता ऋषि वेदव्यास से माना जाता है। एक किंवदन्ती के अनुसार यहाँ पर ऋषि वेद-व्यास की कुटिया थी जिसके नाम पर इसका नाम व्यासपुर रखा गया और बिलासपुर इसी का अपभ्रंश है। इस स्थान की पौराणिकता का यहाँ पर मिली वास्तुकला के अवशेषों से पता चलता है जिनमें तीसरी शताब्दी के सिक्के और नौवीं व दसवीं शताब्दी की उमा-महेश्वर की एक मूर्ति, ग्यारहवीं तथा बारहवीं शताब्दी की एक गणेश की मूर्ति तथा निकट क्षेत्रों से प्राप्त गुप्तकालीन शिलालेखों के दो अवशेष सम्मिलित हैं।

सुध

कनिंघम ने चीनी यात्री ह्यूनसांग द्वारा पुरातन नगर श्रुध्न का जो वर्णन किया है उसके आधार पर सुध गांव के अवशेषों की पहचान श्रुध्न नगर के रूप में की गई है। श्रुध्न उत्तर भारत का एक प्रसिद्ध नगर था और पूर्वकालीन तथा मध्यकालीन तथा पाली साहित्य में बार-बार इसका वर्णन किया गया है। पाणिनी की अष्टाध्यायी में भी इसका संदर्भ पाया जाता है। संस्कृत-कृति वासवदत्ता में भी इस नगर की गरिमा का वर्णन है। ईसा से लगभग 1000 वर्ष पूर्व बसा यह नगर जगाधरी से पूर्व की ओर 5 कि.मी. की दूरी पर स्थित है। यह नगर बौद्ध धर्म का केन्द्र बिन्दु रहा है। यहाँ पर 600 बी.सी. से 300 बी.सी. के पुरातात्विक अवशेष तथा 5 ई. से 6 ई. कालीन के सुंग, कुषाण गुप्त तथा मध्यकालीन मठ व स्तूप मिले हैं।

पंचकूला

पंचकूला नवनिर्मित नगर अम्बाला-कालका राष्ट्रीय राजमार्ग एवं अम्बाला-कालका रेलवे लाइन पर चण्डीगढ़ के समीप स्थित है। पंचकूला आधुनिक सैक्टरों में विभाजित है इसमें दो औद्योगिक क्षेत्र तथा एक कैक्टस उद्यान है। पंचकूला में हिन्दुस्तान मशीन टूल्ज लिमिटेड की

सहायक औद्योगिक सम्पदा है जिसमें ट्रैक्टर के कलपुर्जों का निर्माण होता है। पंचकूला में एक युवा होटल का निर्माण किया गया है, जिसमें युवा पर्यटकों को सस्ती दरों पर आवास-सुविधाएं प्रदान की जाती हैं।

जीन्द

जीन्द नगर ऐतिहासिक एवं धार्मिक दृष्टि से अत्यन्त महत्त्वपूर्ण है। किंवदंतियों के अनुसार यहाँ पर स्थित सुविख्यात जयन्ती देवी मन्दिर के नाम से इस नगर का नाम जीन्द पड़ा है। पाण्डवों ने महाभारत का युद्ध लड़ने से पहले अपनी सफलता के लिए ''विजय देवी-जयन्ती देवी'' मन्दिर का निर्माण करके श्रद्धापूर्वक देवी की आराधना की। जयन्ती देवी की आराधना के बाद ही पाण्डवों ने कौरवों के विरुद्ध सत्य-समर्पित महासंग्राम किया, जो महाभारत के युद्ध के रूप में विश्वविख्यात हुआ। पाण्डवों द्वारा निर्मित जयन्ती देवी मन्दिर के चारों ओर धीरे-धीरे उस क्षेत्र का विकास हुआ तथा वहाँ बड़ी संख्या में लोग आबाद हो गये। इस जयन्ती देवी मन्दिर के आसपास विकसित क्षेत्र का नाम जयन्तीपुरी था। कालान्तर में जिसका अपभ्रंश जीन्द कहलाया।

यह क्षेत्र शताब्दियों तक छोटे-छोटे राजवंशों व रियासती सामन्तों के हाथों में रहा। लेकिन किसी सामन्त ने इस क्षेत्र को कभी स्नेह व संरक्षण नहीं दिया, बल्कि अपनी राजनीतिक स्वार्थ-लिप्सा तथा राजवैभव के लिए इसे जी भर कर लूटा और यह क्रम स्वाधीनता प्राप्ति तक इतिहास की पुनरावृत्ति करता रहा। परिणामस्वरूप इसे संगरूर जिले के साथ जोड़ दिया गया। तदोपरान्त पंजाब व पैप्सू का जब विलय हुआ तो इसे संगरूर जिले के एक उपमण्डल का दर्जा दिया गया। एक नवम्बर, 1966 को हरियाणा के अलग राज्य के अस्तित्व में आने पर इसे जिले का दर्जा मिला।

महेन्द्रगढ़

कानौडिया ब्राह्मणों द्वारा आबाद किये जाने के कारण महेन्द्रगढ़ नगर पहले कानौड के नाम से जाना जाता था। कहा जाता है कि इसे बाबर के एक सेवक मलिक महमूद खान ने बसाया था। सत्रहवीं शताब्दी में मराठा शासक तांत्या टोपे ने यहाँ एक किले का निर्माण करवाया था। 1861 में पटियाला रियासत के शासक महाराज नरेन्द्र सिंह ने अपने पुत्र मोहिन्दर सिंह के सम्मान में इस किले का नाम महेन्द्रगढ़ रख दिया था और नारनौल निजामत का नाम बदल कर महेन्द्रगढ़ निजामत रखा गया।

1948 में पटियाला रियासत की नारनौल तथा महेन्द्रगढ़ तहसीलें, जीन्द रियासत की दादरी (चरखीदादरी) तहसील तथा नाभा रियासत की बावल निजामत का कुछ हिस्सा मिला कर महेन्द्रगढ़ जिले का गठन किया गया तथा नारनौल को जिला मुख्यालय बनाया गया। उल्लेखनीय है कि महेन्द्रगढ़ जिला, राज्य का एकमात्र ऐसा जिला है, जिसका जिला मुख्यालय जिले के नाम के अनुरूप महेन्द्रगढ़ में न होकर नारनौल नगर में स्थित है।

1948 में महेन्द्रगढ़ जिले के गठन के बाद से जिलों के पुनर्गठन व नए जिले बनने की वजह से महेन्द्रगढ़ जिले की भौगोलिक सीमाओं में अनेक बार परिवर्तन किये गये हैं।

बल्लभगढ़

बल्लभगढ़ एक ऐतिहासिक नगर है। जनश्रुति के अनुसार एक निर्धन किसान बल्लभसिंह ने इस नगर की नींव रखी थी। दैवी कृपा से उस किसान को काफी मात्रा में स्वर्ण भण्डार मिला। बताया जाता है कि उसने तथा उसके उत्तराधिकारियों ने सात पीढ़ियों तक आस-पास के 200 गांवों पर राज किया।

एक अन्य जनश्रुति है कि इस नगर को बलराम ने बसाया था। संभवतः इस नगर का नाम बलरामगढ़ से कालान्तर में बल्लभगढ़ हो गया हो। नगर के प्राचीन किले की परिधि से बाहर का नगर बल्लभगढ़ के राजा बहादुर सिंह द्वारा बसाया गया था। सन् 1818 में बल्लभगढ़ के राजा अनुरूप सिंह की विधवा ने अपने पति की स्मृति में यहां एक छतरी एवं पक्का तालाब बनवाया। आज भी पक्का तालाब, छतरी एवं किला विद्यमान है। यहां का अन्तिम राजा सन् 1857 के स्वतंत्रता संग्राम का शहीद नाहर सिंह था।

यह नगर इस समय फरीदाबाद जिले के अन्तर्गत है।

पलवल

पलवल एक प्राचीन ऐतिहासिक नगर है। माना जाता है कि अत्यन्त बलशाली दानव पुल्लाम्बासुर को द्वापर काल में मारा गया था। पलवल उस समय पुल्लाम्बासुर की राजधानी थी। उसके नाम पर इस नगर की स्थापना हुई। समय के साथ-साथ पुल्लाम्बासुर नाम ने पलवल का रूप ले लिया। इस नगर का सम्बन्ध महाभारत काल से भी माना जाता है। जनश्रुति के अनुसार पाण्डव अज्ञातवास के दौरान पलवल में रहते थे। उस समय यहां घने वन थे। इस क्षेत्र के गांव आहारवन (अहरवां) का वर्णन श्रीमद्भगवत कथाओं से मिलता है। मुगल शासन के समय समीपवर्ती क्षेत्र सहित यह नगर डयूबोजन को जागीर के रूप में सौंप दिया गया। दिल्ली के मिर्जा खां को लार्ड लेक द्वारा पराजित किये जाने पर अंग्रेजों ने इसे अपने अधिकार में ले लिया।

यह नगर फरीदाबाद जिले के अन्तर्गत आता था, लेकिन 15 अगस्त, 2008 से इसे जिले का दर्जा प्रदान कर दिया गया है।

होडल

होडल एक प्राचीन नगर है, इसका सम्बन्ध महाभारत काल से जुड़ा हुआ है। पाण्डव वन नामक स्थान के अवशेष अब भी यहीं पर हैं, कहते हैं पाण्डवों ने अज्ञातवास का समय इस क्षेत्र में बिताया था। महाभारत काल के बाद यहाँ ओड जाति आकर बस गई। ओडों के रहने से इस स्थान का नाम ओडल पड़ गया जो बदलते-बदलते होडल हो गया।

यह नगर भी पलवल जिले में शामिल है।

गुरुग्राम

हरियाणा राज्य के दक्षिणी छोर पर स्थित गुरुग्राम (गुड़गांव) का पुराना नाम भी गुरुग्राम था। गुरुग्राम नगर के साथ ही गुरुग्राम गांव लगता है, जिसे प्राचीन काल से गुरुगांव कहते

हैं। महाभारत काल में राजा युधिष्ठिर ने गुरुग्राम गांव को अपने धर्मगुरु द्रोणाचार्य को उपहारस्वरूप दिया था और आज भी उनके नाम पर एक तालाब के भग्नावशेष तथा एक मन्दिर प्रतीक के तौर पर विद्यमान हैं। इसी गुरुग्राम के साथ ही गुरुग्राम नगर की स्थापना हुई। यह जिला दिल्ली से 32 किलोमीटर दूर दक्षिण दिशा में है।

इसके अतिरिक्त यह जिला अतीत की कई गौरवशाली कथाओं तथा ऐतिहासिक घटनाओं से जुड़ा हुआ है। 1857 के स्वतंत्रता संग्राम के समय श्री फोर्ड इस जिले के कलेक्टर थे जिन्होंने पहले स्वतंत्रता सेनानियों को दबाया, बाद में जब उग्र प्रतिवाद हुआ, तो उन्हें यह जिला छोड़ना पड़ा। फलस्वरूप 1858 ई॰ में यह जिला पंजाब प्रान्त में सम्मिलित कर दिया गया। पंजाब का विभाजन होने पर यह हरियाणा प्रान्त का जिला बना।

कैथल

कैथल शब्द का उल्लेख प्राचीन इतिहास में मिलता है। यहाँ के पुराने ऐतिहासिक स्थल, धार्मिक स्थान और जगह-जगह सदियों पूर्व बने भवनों के खण्डहर अतीत की महत्त्वपूर्ण यादें संजोए हुए हैं। इसके विभिन्न हिस्सों में खण्डहरनुमा प्राचीन स्थलों को देखकर पता चलता है कि जिला-मुख्यालय ''कैथल'' कभी एक समृद्ध नगर रहा होगा।

कैथल 1 नवम्बर, 1989 में हरियाणा के एक जिले के रूप में अस्तित्व में आया इससे पूर्व यह करनाल जिले और फिर कुरुक्षेत्र जिले का उपमण्डल भी रहा।

राज्य के गठन के समय कैथल एक तहसील थी। यह तहसील भी जिला करनाल के अन्तर्गत थी। वर्ष 1973 के प्रारम्भ में जब कुरुक्षेत्र जिले को अलग जिले का दर्जा दिया गया तो यह कैथल क्षेत्र कुरुक्षेत्र में आ गया। इसकी कैथल तहसील के अलावा गुहलाचीका सब-तहसील भी कुरुक्षेत्र में आई। इस प्रकार कैथल जिले में कैथल तथा गुहला तहसीलों के अलावा फतेहपुर-पुण्डरी व कलायत भी उप-तहसीलों के रूप में अस्तित्व में आये।

इस जिले में स्थित कैथल, पुण्डरी, सीवन व कलायत जैसे क्षेत्र इस बात का प्रमाण हैं कि यह भूमि धर्म और संस्कृति की सदा ही धनी रही है। यहाँ पर एक प्राचीन दुर्ग, प्रथम शासिका रजिया बेगम की कब्र व दो प्राचीन दरगाहें प्रसिद्ध हैं।

करनाल

शेरशाह सूरी मार्ग पर दिल्ली और चण्डीगढ़ से समान दूरी पर स्थित करनाल की नींव महाभारत के महान योद्धा एवं दानवीर राजा कर्ण द्वारा रखी गई बताई जाती है। पुराणों के अनुसार यह क्षेत्र महाभारत काल से जुड़ा हुआ है। ऐसा माना जाता है कि करनाल नगर में आधुनिक कर्णताल के स्थान पर राजा कर्ण प्रतिदिन सोना दान करते थे। अब नगर-न्यास द्वारा यहां पर कर्णताल के नाम से आकर्षक पार्क बनाया गया है तथा पालिका चौक के समीप भगवान कृष्ण और दानवीर कर्ण की याद में सुन्दर मूर्तियों सहित मनमोहक घंटाघर बना हुआ है जो आज भी करनाल नगरी के संस्थापक दानवीर कर्ण की याद ताजा करता है।

विश्व के मानचित्र में ''धान का कटोरा'' तथा ''हरियाणा का पैरिस'' जैसी आधुनिक उपमाओं से अलंकृत होकर करनाल जिला समय के साथ-साथ प्रगति की ओर अग्रसर है।

करनाल का ऐतिहासिक महत्त्व भी बहुत है। मध्यकाल में यहां भी लगभग 15 कि॰मी॰ दूर तराइन (आधुनिक तरावड़ी) के स्थान पर लड़े गये युद्धों के परिणामस्वरूप भारत के इतिहास के अध्यायों में नवीन पृष्ठों का समावेश हुआ।

फरीदाबाद

देश की राजधानी दिल्ली से 30 कि॰मी॰ दूर मथुरा राष्ट्रीय राजमार्ग पर स्थित फरीदाबाद इस समय देश का दसवां बड़ा औद्योगिक परिसर है। 15 अगस्त, 1979 को यह जिला हरियाणा के 12वें जिले के रूप में अस्तित्व में आया। ऐसा माना जाता है कि सन् 1607 ई॰ में जहाँगीर के खजांची बाबा फरीद ने इस नगर की नींव रखी थी। बाबा फरीद ने यहां एक किला, एक तालाब तथा एक मस्जिद बनवाई। बाद में यह बल्लभगढ़ के शासक के पास उसकी जागीर के तौर पर रहा। यहाँ के शासकों ने सन् 1857 के प्रथम स्वतंत्रता संग्राम में महत्त्वपूर्ण भाग लिया, जिस कारण से अंग्रेजों ने फरीदाबाद को अपने अधिकार में ले लिया। सन् 1947 में स्वतंत्रता प्राप्ति के समय फरीदाबाद अविकसित क्षेत्र था। देश के विभाजन के बाद पश्चिमी पंजाब व उत्तरी पश्चिमी सीमा प्रान्त से विस्थापित परिवार फरीदाबाद में आकर बस गये। इन लोगों ने इस नगर में व्यापक स्तर पर उद्योग-धन्धे स्थापित करके इसे औद्योगिक नगरी का गौरव प्रदान किया। यहाँ के कारखानों में सुई से लेकर ट्रैक्टर, घरेलू सामान से लेकर सुरक्षा सामान, टैक्सटाइल से लेकर पेन्टस एवं फार्मेसी के समान से लेकर इलेक्ट्रॉनिक्स का सामान तैयार होता है।

सिरसा

सिरसा हरियाणा का एक प्राचीन नगर है, 'शिरीष' वन को साफ करके बसाए जाने के कारण इस स्थान का नाम महाभारत काल में शैरीषकम था। धीरे-धीरे यह शब्द शिरीष बना और वहाँ से बिगड़ते हुए बाद में सिरसा के नाम से जाना गया। इस नगर से यौधेयों और कुषाणों के काल की बहुत-सी मुद्राएं मिली हैं। राज्य के सबसे बड़े जिले के रूप में विख्यात सिरसा को साहित्यिक दृष्टि से भी याद किया जाता है। इस नगर से अनेक पत्र-पत्रिकाएं भी प्रकाशित होती हैं। नगर में कुछ प्रसिद्ध और दर्शनीय स्थल भी हैं। ग्रामीण इलाकों में बड़े शौक से सुना व पढ़ा जाने वाला वीर रस से परिपूर्ण ''आल्हा'' काव्य के पात्र 'वीर मलखान' की जन्मभूमि सिरसा ही बताई जाती है।

सोनीपत

महाभारत काल में जब युधिष्ठिर ने दुर्योधन से जो पाँच पत या प्रस्थ मांगे थे सोनीपत उनमें से एक है। यहाँ के पुराने खण्डहरों से लगता है कि यह पहले बड़ा वैभवशाली नगर रहा होगा। नगर के समीप से खुदाई में सूर्य, यक्ष, यक्षिणी तथा आदिशिव और उनके वाहन नन्दी की मूर्तियाँ प्राप्त हुई हैं। कहा जाता है कि रामायण काल का पात्र श्रवणकुमार अपने

माता-पिता को तीर्थ स्थलों के दर्शनों के लिए ले जा रहा था तो उसने यहाँ के सुन्दर वातावरण को देखकर आगे जाने से मना कर दिया था। इस समय सोनीपत हरियाणा का एक प्रमुख औद्योगिक जिला है।

गोहाना

गोहाना नगर का नाम प्राचीन काल में गवभ भवाना था जिसे बाद में पृथ्वीराज चौहान ने गोहाना नाम दिया। 1861 ई॰ में प्रकाशित जिला अभिलेख से पता चलता है कि इसे पुनः एक व्यापारी तथा राजपूत ने बसाया था जिन्हें 1238-39 ई॰ में मुस्लिम धर्म स्वीकार करने के बाद यहाँ रहने की आज्ञा दे दी गई थी। यह नगर इस समय सोनीपत जिले के अन्तर्गत आता है।

बहादुरगढ़

प्राचीनकाल में बहादुरगढ़, शरफाबाद के नाम से जाना जाता था। 1793 ई॰ में उस नगर पर सिन्धिया राजा का अधिकार स्थापित हो गया था। इसके बाद 1803 ई॰ में अंग्रेजों ने इसे सिन्धिया राजा से छीन कर झज्जर नवाब के भाई को जागीर के रूप में दे दिया। आगे चलकर उस पर राठी जाटों ने कब्जा कर लिया और शरफाबाद के स्थान पर इस नगर को बहादुरगढ़ नाम दिया। यह नगर झज्जर जिले के अन्तर्गत आता है तथा एक प्रमुख औद्योगिक नगर है।

रोहतक

रोहतक नगर प्रदेश के प्राचीन नगरों में से एक है। यह माना जाता है कि इस नगर की स्थापना रोहताश भ्रूम ने की थी। जनश्रुति के अनुसार यह नगर प्राचीन काल में रोहीडा जंगल को काटकर बसाया गया था। इसी का नाम रोहीतक हुआ, और धीरे-धीरे रोहतक कहा जाने लगा। यौधेयों के काल में यह एक वैभवशाली नगर था। प्राचीन और विनाशकारी युद्ध महाभारत के समय दुर्योधन की सेना इसी प्राचीन रोहीतक के पास डेरा डाले रही। पुरातन खोजों में इस नगर में सिन्धु घाटी की सभ्यता के कुछ अवशेष प्राप्त हुए हैं। इस समय भी यह जिला हरियाणा के प्रसिद्ध नगरों में से एक है।

अम्बाला

अम्बाला नगर की स्थापना 14वीं शताब्दी में अम्बा नामक राजपूत ने की थी। ऐसा भी माना जाता है कि यहां आम की पैदावार अधिक होती थी इस कारण इसे अम्बवाला कहा जाता था जो अब बिगड़कर अम्बाला बन गया। 1893 ई॰ में यहाँ अंग्रेजों द्वारा एक छावनी बनाई गई थी। 1859 में यह पंजाब प्रशासन द्वारा बनाये गये जिले एवं मण्डल का मुख्यालय बनने के कारण अधिक प्रसिद्ध हो गया। यह जिला वर्तमान समय में शीशे के समस्त वैज्ञानिक उपकरणों के उत्पादन के कारण प्रसिद्ध है।

झज्जर

झज्जर का इतिहास लगभग एक सहस्र वर्ष पुराना है। इस नगर का नाम झज्जर, छज्जू नामक व्यक्ति के नाम पर रखा गया माना जाता है। हरियाणा राज्य में सबसे ज्यादा पानी

इसी नगर में पाया जाता है। यहाँ के वीरों ने देश की स्वतंत्रता के लिए महत्त्वपूर्ण बलिदान दिये थे। झज्जर के नवाब अब्दुररहमान खाँ ने अंग्रेजों से टक्कर ली और इस प्रदेश के लोगों के सामने देशप्रेम के लिए प्राण तक न्यौछावर करने का आदर्श प्रस्तुत किया। सांस्कृतिक दृष्टि से भी इस स्थान का बहुत महत्त्व है। झज्जर में एक प्रमुख गुरुकुल है जहाँ पर स्थित संग्रहालय में अनेक प्राचीन सिक्के रखे हैं। वर्ष 1997 में झज्जर को जिले का दर्जा दे दिया गया है।

फरुखनगर

गुरुग्राम जिले में स्थित फरुखनगर नामक एक छोटा सा नगर है। इस नगर से डेढ़ मील की दूरी पर स्थित पुरानी राजपूताना-मालवा रेलवे लाइन, नमक बाहर ले जाने के लिए बनाई गई थी। पहले यहाँ बड़ी मात्रा में नमक बनाया जाता था और बाहर भेजा जाता था।

यहाँ के बिलोच शासक दलेल खाँ ने इस नगर को अष्टभुजी आकृति में बनवाया था। नगर के चारों ओर ऊँची दीवार है, जो अब लगभग ढह गई है।

दिल्ली दरवाजा और शीशमहल इस नगर की दर्शनीय पुरानी इमारतें हैं जिन्हें दलेल खां ने ही बनवाया था। एक अष्टकोणी बावली भी है।

बादशाह 'फरुखसीयर' के काल में दलेल खाँ नामक बिलोच ने बादशाह को अपनी योग्यता और सूझ-बूझ से प्रभावित किया। दरवार की ओर से उसे इस इलाके की सूबेदारी और फौजदार खाँ की पदवी बख्शी गई थी।

यह बिलोच सरदार आगे चलकर फौजदार खाँ के नाम से ही प्रसिद्ध हुआ। उसने डेढ़ करोड़ रुपये से हांसी-हिसार के इलाकों को 1713 ई. में खरीद लिया। बादशाह ने उसे जागीर प्रदान की तभी उसने दुर्ग और नगर की नींव अपने बादशाह के नाम पर डाली। इस प्रकार फरुखनगर नगर बसा।

1857 में यहाँ आखिरी नवाब अहमद अली खान ने फिरंगियों से टक्कर ली थी। इसी कारण उनको अंग्रेजों द्वारा फांसी दे दी गई थी।

वस्तुनिष्ठ प्रश्नोत्तर

1. भगवान कृष्ण ने अर्जुन को गीता का प्रेरणादायक संदेश हरियाणा में किस स्थान पर दिया था?
   A. पानीपत
   B. कुरुक्षेत्र
   C. होडल
   D. थानेश्वर

2. प्रदेश का निम्नलिखित में से कौनसा नगर प्राचीन काल में श्रीकंठ जनपद की राजधानी था?
   A. थानेश्वर
   B. चण्डीगढ़
   C. रोहतक
   D. गुरुग्राम

3. प्रदेश के किस प्राचीन प्रसिद्ध नगर की विस्तार से जानकारी चीनी यात्री ह्यूनसांग के वृत्तान्त से मिलती है?

A. रोहतक   B. अम्बाला
C. थानेश्वर   D. भिवानी

4. प्रदेश के थानेश्वर नगर की प्रसिद्धि निम्नलिखित में से किस काल में सर्वाधिक थी?

A. वर्धनकाल में   B. गुप्तकाल में
C. शुंगकाल में   D. मौर्यकाल में

5. 1526 ई॰ में बाबर और इब्राहिम लोदी के बीच युद्ध हरियाणा में किस स्थान पर लड़ा गया था?

A. झज्जर   B. कुरुक्षेत्र
C. रोहतक   D. पानीपत

6. पानीपत नगर को जिले का दर्जा कब मिला था?

A. 1 जनवरी, 1988 को   B. 1 नवम्बर, 1989 को
C. 1 दिसम्बर, 1990 को   D. 1 अगस्त, 1991 को

7. रेवाड़ी जिला कब बना था?

A. 10 जून, 1977 को   B. 5 फरवरी, 1979 को
C. 1 नवम्बर, 1989 को   D. 17 जून, 1980 को

8. हिसार नगर निम्नलिखित में से किस प्रसिद्ध शासक की जन्मभूमि है?

A. शेरशाह सूरी   B. अकबर
C. मुहम्मद तुगलक   D. फिरोज तुगलक

9. वर्तमान समय में किस नगर में देश का सबसे बड़ा पशुधन फार्म स्थित है?

A. नारनौल   B. हिसार
C. पानीपत   D. करनाल

10. सन् 1354 में किस प्रसिद्ध मध्यकालीन शासक ने हिसार की एक दुर्ग के रूप में स्थापना की थी?

A. मुहम्मद तुगलक   B. बलबन
C. फिरोज तुगलक   D. अलाउद्दीन खिलजी

11. प्रदेश का महेन्द्रगढ़ नामक नगर प्राचीन काल में निम्नलिखित में से किस नाम से जाना जाता था?

A. जानोवा   B. कर्णपुर
C. महिपगढ़   D. कानौड

12. बल्लभगढ़ के अन्तिम राजा का नाम बताइये जो कि सन् 1857 के स्वतंत्रता संग्राम में शहीद हुआ था?

A. नाहर सिंह   B. विजय सिंह
C. प्रताप सिंह   D. महर सिंह

13. बल्लभगढ़ नामक नगर प्रदेश के किस जिले के अंतर्गत आता है

    A. रोहतक   B. फरीदाबाद

    C. गुरुग्राम   D. करनाल

14. 'पटौदी' तहसील किस जिले के अंतर्गत आती है?

    A. पानीपत   B. सोनीपत

    C. गुरुग्राम   D. रोहतक

15. प्रसिद्ध गुलाम शासिका रज़िया सुल्ताना की कब्र प्रदेश के किस जिले में स्थित है?

    A. कैथल   B. गुरुग्राम

    C. अम्बाला   D. फरीदाबाद

16. प्रदेश का कौन सा नगर विश्व के मानचित्र में ''धान का कटोरा'' तथा ''हरियाणा का पैरिस'' जैसे उपमानों से जाना जाता है

    A. रोहतक   B. सोनीपत

    C. फरीदाबाद   D. करनाल

17. 1607 ई॰ में फरीदाबाद नगर की स्थापना किसके द्वारा की गई थी?

    A. फिरोजशाह   B. मुबारकशाह

    C. बाबा फरीद   D. मनसूब अली

18. महाभारत काल में सिरसा किस नाम से जाना जाता था?

    A. शिषिरा   B. शैरीषकम

    C. सोरीश   D. सिरसा

19. गोहाना नगर प्राचीनकाल में किस नाम से जाना जाता था?

    A. गवभ भवाना   B. गढ़ना

    C. गपत जमाना   D. इनमें से कोई नहीं

20. प्राचीनकाल में बहादुरगढ़ नामक नगर किस नाम से जाना जाता था?

    A. बहावलगढ़   B. शफीराबाद

    C. शरफाबाद   D. बलरामगढ़

21. अंग्रेजों ने बहादुरगढ़ को सिन्धिया राजा से छीन कर झज्जर के नवाब के भाई को कब जागीर के रूप में दिया था?

    A. 1800 ई॰ में   B. 1801 ई॰ में

    C. 1805 ई॰ में   D. 1803 ई॰ में

22. प्रदेश के किस नगर की स्थापना 14वीं शताब्दी में अम्बा नामक राजपूत द्वारा की गई थी?

    A. झज्जर   B. रोहतक

    C. अम्बाला   D. भिवानी

23. अब्दुररहमान खाँ, जिसने अंग्रेजों से टक्कर लेते हुए देश प्रेम के लिए अपना बलिदान दिया था, हरियाणा में किस नगर का नवाब था?

A. कुरुक्षेत्र   B. झज्जर
C. फर्रुखनगर   D. रेवाड़ी

24. फर्रुखनगर की स्थापना किस बिलोच शासक द्वारा की गई थी?
A. दलेल खाँ (फौजदार खाँ)   B. शफूद्दीन खाँ
C. बदरखाँ   D. जमालुद्दीन खाँ

25. बिलोच शासक दलेल खां (फौजदार खां) ने किस बादशाह के नाम पर फर्रुखनगर नगर बसाया था?
A. फखरुद्दीन अहमद   B. फारूख अली
C. फिरोजशाह तुगलक   D. फर्रुखसीयर

26. महर्षि वेदव्यास द्वारा अमर काव्य ''महाभारत'' की रचना हरियाणा के किस नगर में की गई थी?
A. पानीपत   B. रेवाड़ी
C. कुरुक्षेत्र   D. हिसार

27. शक्तिशाली वर्धन वंश का उदय हरियाणा में कहां पर हुआ था?
A. थानेसर (स्थाण्वीश्वर)   B. रोहतक
C. पानीपत   D. कुरुक्षेत्र

28. 1556ई॰ में अकबर और रेवाड़ी के हेमचन्द्र (हेमू) के मध्य हरियाणा में किस स्थान प्रसिद्ध युद्ध हुआ था?
A. रेवाड़ी   B. जीन्द
C. कुरुक्षेत्र   D. पानीपत

29. 1761 ई॰ में पानीपत का तीसरा युद्ध किनके मध्य हुआ था?
A. बाबर और इब्राहिम लोदी के मध्य   B. अकबर और हेमचन्द्र (हेमू) के मध्य
C. अहमदशाह अब्दाली और मराठों के मध्य D. अंग्रेजों और सिक्खों के मध्य

30. पानीपत नगर 31 अक्टूबर, 1989 तक हरियाणा के किस जिले के अन्तर्गत था?
A. रेवाड़ी   B. अम्बाला
C. करनाल   D. हिसार

31. निम्नलिखित में से प्रदेश का कौन सा जिला 1989 से पूर्व गुरुग्राम और महेन्द्रगढ़ जिलों के अन्तर्गत था?
A. महेन्द्रगढ़   B. फरीदाबाद
C. जीन्द   D. रेवाड़ी

32. जीन्द को जिले का दर्जा कब मिला?
A. 1966 में   B. 1972 में
C. 1968 में   D. 1975 में

33. हरियाणा का ऐसा कौन सा जिला है जिसका जिला मुख्यालय नारनौल नगर में स्थित है?

A. हिसार

B. फरीदाबाद

C. महेन्द्रगढ़

D. करनाल

34. सन् 1818 में राजा अनुरूप सिंह की विधवा ने अपने पति की स्मृति में कहाँ पर एक छतरी व पक्के तालाब का निर्माण करवाया था?

A. करनाल

B. बल्लभगढ़

C. सोनीपत

D. कैथल

35. पलवल को जिले का दर्जा किस वर्ष मिला?

A. 2006 में

B. 2005 में

C. 2008 में

D. 2007 में

36. महाभारत काल में राजा युधिष्ठिर द्वारा निम्नलिखित में से कौन सा स्थान अपने धर्मगुरु द्रोणाचार्य को उपहारस्वरूप दिया गया था?

A. गुरुग्राम गांव

B. कैथल

C. होडल

D. सिरसा

37. 1857 के स्वतंत्रता संग्राम के समय गुरुग्राम (गुड़गांव) के कलेक्टर का नाम क्या था?

A. हेनरी

B. सर हेली

C. जान मार्शल

D. श्री फोर्ड

38. 1858 ई॰ में हरियाणा का कौन सा जिला पंजाब प्रान्त में सम्मिलित कर दिया गया था?

A. फरीदाबाद

B. गुरुग्राम

C. हिसार

D. महेन्द्रगढ़

39. फरीदाबाद हरियाणा के 12वें जिले के रूप में कब अस्तित्व में आया?

A. 15 अगस्त, 1970 को

B. 15 अगस्त, 1979 को

C. 26 जनवरी, 1979 को

D. 8 मार्च, 1982 को

40. चरखी दादरी किस जिले से अलग होकर हरियाणा का 22वाँ जिला बना है?

A. भिवानी

B. करनाल

C. यमुनानगर

D. फरीदाबाद

उत्तरमाला

1	2	3	4	5	6	7	8	9	10
B	A	C	A	D	B	C	A	B	C
11	**12**	**13**	**14**	**15**	**16**	**17**	**18**	**19**	**20**
D	A	B	C	A	D	C	B	A	C
21	**22**	**23**	**24**	**25**	**26**	**27**	**28**	**29**	**30**
D	C	B	A	D	C	A	D	C	C
31	**32**	**33**	**34**	**35**	**36**	**37**	**38**	**39**	**40**
D	A	C	B	C	A	D	B	B	A

❖❖❖

27 | ऐतिहासिक कस्बे व गांव

गोहाना

यह एक प्राचीन कस्बा है जो जिला सोनीपत में स्थित है। एक कहावत के अनुसार दिल्ली के शासक पृथ्वीराज चौहान का यहाँ पर एक किला था, जिसे मुहम्मद गोरी ने पृथ्वीराज की पराजय के पश्चात् ध्वस्त कर दिया था। इसके बाद यहाँ पर तगा ब्राह्मणों का कब्जा हो गया। जिन्हें दो राजपूत सरदारों तेजसिंह और फतहसिंह ने बुटाना गांव के दो व्यापारियों धमरमल और फेरनमल की मदद से पराजित कर अपना कब्जा कर लिया।

सन् 1861 के जिला रिकार्ड में भी इस कहानी का वर्णन है। इस रिकार्ड के अनुसार तेजसिंह और फेरनमल को क्रमशः सन् 1238 और 1239 में जबरदस्ती मुसलमान बनाया गया। उस समय यह स्थान गायों को रखने के लिए शामलात जगह थी। उस समय के ''गोऊ ध्वना'' का नाम बदलते-बदलते गोहाना हो गया। इस कस्बे में दो प्राचीन जैन मन्दिर भी हैं।

चरखी दादरी

सन् 1192 में मौहम्मद गोरी ने महाराज पृथ्वीराज चौहान को पराजित करके उन्हें मौत के घाट उतार दिया था तब उनका छोटा पुत्र कुंवर बिल्वराज चौहान (वीर बिल्हप) अजमेर से पारिवारिक कलह के कारण अपने कुछ वीर साथियों और परिवारजनों को लेकर सुरक्षित स्थान की खोज में निकला और इस नगर की स्थापना की। यहाँ पर पानी की एक बड़ी झील थी जिसमें मेंढ़क (दादुर) अधिक थे। उन्हीं के कारण इस नगर का नाम दादरी पड़ा।

मौहम्मद गोरी के बाद दिल्ली पर धीरे-धीरे पठानों का राज्यरोहण हुआ और दुजाना, झज्जर, दादरी, लोहारू, बावल इत्यादि इलाके पठानों के ठिकाने बन गये। कालान्तर में नवाब झज्जर ने अपने राज्य को कानौड़ (महेन्द्रगढ़) व नारनौल की सीमा तक बढ़ा लिया था और दादरी क्षेत्र को भी अपनी नवाबीयत में शामिल कर लिया था।

स्वामीदयाल जी के स्थान के पास दादरी के प्रसिद्ध सेठ लाला सीताराम द्वारा निर्मित 20 बीघे में फैला एक पक्का विशाल तालाब है। इसका नामकरण स्वामीदयाल जी के कारण स्वामीसर किया गया। सीताराम ने चरखीगांव के एक महाजन की लड़की से शादी की थी। इस उपलक्ष्य में दादरी का नामकरण चरखी दादरी किया गया।

सन् 1939 में सेठ रामकृष्ण डालमिया ने चरखी-दादरी में एक सीमेंट फैक्टरी स्थापित करके महाराजा जीन्द से चरखी-दादरी का नाम बदलवाकर डालमिया दादरी करवा लिया। सन् 1958 में इस क्षेत्र की मांग पर डालमिया दादरी का पुनः नाम चरखी दादरी रखा गया। 1 दिसम्बर, 2016 को चरखी दादरी को भिवानी जिले से अलग कर हरियाणा का 22वां जिला बना दिया गया है।

लोहारू

यह कस्बा भिवानी जिले में स्थित है। इस कस्बे के पूर्व में महेन्द्रगढ़, उत्तर में हिसार, पश्चिम में राजस्थान का चुरू जिला और दक्षिण भाग में राजस्थान के झुंझुनु जिले की सीमायें लगती हैं। लोहारू को पहले रियासत का दर्जा प्राप्त था। रियासत में 75 गांव थे। यह इलाका बावन के नाम से प्रसिद्ध था, क्योंकि यहाँ 52 गांव श्योराण (शिवराण) गोत्र के जाटों के थे जो यहाँ के आदि निवासी माने जाते थे। इन्हीं 52 गांवों की संख्या वर्तमान समय में बढ़कर 75 गांव हो गई है। यहां का शासक मुगलिया खानदान का नवाब था। इसका नाम लोहारूप रखा गया था। अन्त में इन नाम के अन्तिम अक्षर ''प'' को निकाल दिया जिससे लोहारू रह गया। वर्तमान में लोहारू को जिला भिवानी के एक उपमण्डल का दर्जा प्राप्त है।

तोशाम

तोशाम एक ऐतिहासिक पृष्ठभूमि वाला क्षेत्र है जो भिवानी, सिवानी एवं लोहारू के कुछ गांवों को मिलाकर आज एक उपमण्डल के रूप में विकसित हुआ है। तोशाम की 800 फुट ऊँची पहाड़ी जिसमें एक विशेष किस्म के पत्थर हैं, के ऊपर बने अति भव्य जलकुण्ड, चबूतरे, गुफाएं, शिलालेख, बारादरी ऐसे खंडहर हैं, जिनमें इतिहास मूक होकर भी बहुत कुछ बोलता है। 27 अप्रैल, 1993 को तोशाम को उपमण्डल का दर्जा प्रदान किया गया।

सढौरा

सढौरा नामक प्रसिद्ध ऐतिहासिक कस्बा यमुनानगर जिले के अन्तर्गत आता है। मध्य काल में इसकी गिनती लाहौर व दिल्ली जैसे नगरों के साथ होती थी। सढौरा का काफी इलाका अब भी मुस्लिम रीति-रिवाजों से प्रभावित है। किंवदन्ती के अनुसार यहां पर प्रायः साधू गंगा स्नान के लिए जाते हुए रूकते थे और साधूराह के अपभ्रंश के रूप में इस कस्बे का नाम सढौरा पड़ गया। यहाँ पर ''गागरवाला'', ''मनोकामना'' तथा ''तोरांवाला'' नामक तीन प्रसिद्ध मन्दिर हैं जिनकी बहुत मान्यता है। सढौरा नगर बंदा बैरागी की गतिविधियों का केन्द्र बिन्दु रहा। यहां से 17 कि॰मी॰ दूर लौहगढ़ में बंदा बैरागी ने अपना किला बनवाया था। सढौरा कस्बे का

पीर बुद्धुशाह से भी सम्बन्ध है जिन्होंने भागनी युद्ध में गुरु गोविन्द सिंह की सहायता की और अपने चारों पुत्र मरवा दिये थे। बुद्धुशाह के नाम से यहाँ एक गुरुद्वारा है। इस कस्बे के पास नदी पार सैय्यद कादर शाह कुमैशुल आजम की दरगाह बनी हुई है, जिन्हें ग्यारहवीं वाले पीर के नाम से जाना जाता है।

सढौरा की नगरपालिका सौ वर्ष से भी पुरानी है। अंग्रेज़ी काल में यहाँ से एक उर्दू का अखबार भी निकलता था।

बहादुरगढ़

बहादुरगढ़ कस्बा दिल्ली से 32 कि॰मी॰ की दूरी पर राष्ट्रीय राजमार्ग न॰ 10 पर स्थित है। यह कस्बा रेल व सड़क मार्ग से जुड़ा हुआ है। इसका पुराना नाम शरफाबाद था। सन् 1754 ई॰ में आलमगीर द्वितीय ने इस कस्बे को बहादुर खां व तेज मुहम्मद, जो फरूखनगर के बिलोच थे, को जागीर के रूप में दे दिया था। उन्होंने यहां एक विशाल किले का निर्माण करवाया तथा कस्बे का पुनः नामकरण करवा कर अपने नाम से बहादुरगढ़ रखा।

इस कस्बे के विकास में औद्योगिक इकाइयों का विशेष योगदान रहा है जिसमें शीशे व चीनी के बर्तन, स्नानघर का सामान, कृषि संयंत्र, बिस्कुट, बिजली-उपकरण, लोहे के पाइप व रासायनिक पदार्थों का निर्माण उल्लेखनीय है।

महम

महम रोहतक जिले का एक महत्त्वपूर्ण कस्बा है। यहाँ पर एक ऐतिहासिक चबूतरा है जहाँ 24 गांवों की पंचायतें इक्ट्ठी होकर क्षेत्र की समस्याओं के बारे में महत्त्वपूर्ण निर्णय व न्याय करती हैं। यह कस्बा रोहतक से 30 कि॰मी॰ दूर राष्ट्रीय राजमार्ग नं॰ 10 पर हिसार की ओर है। प्राचीनकाल में महम रोहतक जिले का मुख्य केन्द्र था। मुहम्मदबीन शाम (शहाबुद्दीन गोरी) जो गोरी वंश का वंशज था, ने इसे तहस-नहस कर दिया था और बाद में बनिया जाति के एक पेशोरा नामक व्यक्ति, जो अग्रोहा नगर का रहने वाला था, ने 1266 में इस कस्बे का पुनः निर्माण करवाया। अकबर के शासनकाल में महम को शाहबाद खां, जो एक अफगान था, को जागीर में दे दिया और उसी के उत्तराधिकारियों द्वारा इस कस्बे का विकास किया गया। महम हरियाणा के ही नहीं बल्कि भारत के प्राचीनतम कस्बों में से एक है। यह महाभारत काल से ही कदीमी कस्बा रहा है।

ऐलनाबाद

यह कस्बा सिरसा से 42 कि॰मी॰ दूर दक्षिण-पश्चिम में राजस्थान की सीमा के समीप स्थित है। इसकी स्थापना बीकानेर क्षेत्र के बागड़ी जाटों और बनियों ने 19वीं शताब्दी के आरम्भ में की थी और इसे खडियल नाम से जाना जाता था। 1863 में घग्घर नदी में बाढ़ आ जाने से यह गांव जलमग्न हो गया। सिरसा के तत्कालीन उपयुक्त जे॰एच॰ ओलिवर ने ऊँचे स्थान पर नया कस्बा बसाया और अपनी पत्नी ऐलना के नाम पर इसका नाम ऐलनाबाद रखा। यह एक व्यापारिक केन्द्र रहा है।

रानियां

यह कस्बा सिरसा-जीवन नगर मार्ग पर सिरसा के पश्चिम में 21 कि॰मी॰ की दूरी पर स्थित है। इसकी ऐतिहासिक पृष्ठभूमि के विषय में अधिक जानकारी नहीं है। लेकिन फिर भी यह माना जाता है कि 14वीं शताब्दी में ''रायबीरू'' ने यह कस्बा बसाया था। इसका पुराना नाम ''राजबपुर'' है। राव अनूप सिंह राठौर की पत्नी ने यहां एक मिट्टी का किला बनवाया और इसका नाम राजबपुर से रानियां रख दिया। सन् 1837 में रानियां को भटिण्डा जिले में मिला दिया गया। अब यह जिला सिरसा के अन्तर्गत आता है। यह एक प्रसिद्ध व्यापारिक केन्द्र है।

नारायणगढ़

नारायणगढ़, जिला अम्बाला की तहसील एवं उपमण्डल का मुख्यालय है। इस कस्बे को सिरमौर (हिमाचल प्रदेश) के राजा लक्ष्मीनारायण ने बसाया था। मुगल साम्राज्य के पतन के बाद सिरमौर के राजा ने कुलशन में एक किला बनवाया और इसका नाम नारायणगढ़ रखा। इस कारण इसका नाम नारायणगढ़ पड़ा।

तावड़ू

तावड़ू सोहना से 17 कि॰मी॰ दूर पर्वतीय रास्ते से होते हुए हरियाणा-राजस्थान मार्ग पर स्थित है। यह नगरनुमा कस्बा एक महान् ऐतिहासिक विरासत का प्रतिफल है। वह विरासत जिसने संघर्ष किया और मुक्ति दिलाई उन लोगों को जो बरसों-बरसों से कभी परतन्त्रता भरी राजनीतिक और शासकीय घुटन से दबे पड़े थे। तावड़ू का कोई क्रमबद्ध इतिहास तो नहीं मिलता है, लेकिन इस बात की जानकारी अवश्य मिलती है कि बदलते-चलते परिवेश में 360 वर्ष पूर्व एक ऐसा समय आया जब राजा ताहड़ सिंह ने इस क्षेत्र को अपने कब्जे में ले लिया। लोगों का कहना है कि राजा ताहड़ सिंह की वजह से ही इस क्षेत्र का नाम बिगड़ते-बनते 'तावड़ू' प्रचलित हो गया। इस क्षेत्र में रहन-सहन, आवागमन और कृषि एवं खाद्य उत्पादन आदि से सम्बन्धित कुछ मूलभूत व्यवस्था करने की शुरुआत भी इसी राजा ने यहां की लेकिन कालान्तर में तावड़ू भरतपुर रियासत के अधिकार क्षेत्र में आ गया। यह कब और कैसे हुआ इस बात का ठीक से पता नहीं चलता। लेकिन गांव में मौजूद किलों और अन्य पौराणिक भवनों से बदलते इतिहास की कुछ परतों का आभास जरूर होता है। इन परतों के अवलोकन से पता चलता है कि 'तावड़ू' बाद में भरतपुर रियासत का हिस्सा बना।

अनुमान है कि तावड़ू का क्षेत्र भरतपुर की रियासत से वर्ष 1947 से पूर्व ही अविभाजित पंजाब यानी वर्तमान हरियाणा में हस्तान्तरित हो गया था।

बूड़िया

यमुनानगर से बारह कि॰मी॰ दूर स्थित बूड़िया एक प्राचीन व ऐतिहासिक कस्बा है। इस कस्बे की नींव मुगल सम्राट् हुमायूं के शासनकाल में रखी गई थी। बूड़िया कस्बा हिन्दू काल में सूप, संकू तथा श्राधना के नाम से जाना जाता था। जो यमुना नदी की बाढ़ में विलुप्त हो

गया, मुगलकाल में हुमायूं ने इसका पुननिर्माण कराया था। भारतीय पुरातत्व विभाग की सर्वेक्षण टीम को सन् 1966 में यहाँ एक दीवार मिली थी जो 19 इंच लम्बी तथा 10 इंच चौड़ी ईंटों से निर्मित थी। इसके अलावा यहाँ महाभारतकालीन प्राचीन सिक्के भी मिले थे। पंजाब विश्वविद्यालय के प्राचीन इतिहास और सभ्यता विभाग ने यहां खुदाई कार्य किया था जिनसे नगर के इतिहास को जानने में काफी मदद मिली। सर्वेक्षण दल को दो सिक्के मिले थे जिन पर व्याघ्रराज और सुप के नाम अंकित थे। हिन्दूकाल के दौरान यहां एक संस्कृत विद्यालय भी था और बौद्ध सभ्यता का प्रचार केन्द्र भी था।

इतिहास के अनुसार अकबर महान् के नौ रत्नों में एक राजा बीरबल यहां का निवासी था। बीरबल अपनी हाजिर जवाबी के लिए प्रसिद्ध था। बीरबल के वंशज आज भी बूड़िया में हैं और छोटे-मोटे काम-धन्धे कर जीवनयापन कर रहे हैं। बीरबल ने अपने रहने के लिए जंगल में आबादी से दूर रंगमहल का निर्माण करवाया था। अभी भी बूड़िया में बीरबल मुख्यद्वार सहित कई इमारतें पर्यटकों के आकर्षण का केन्द्र हैं।

किसी समय यह कस्बा एक प्रसिद्ध रियासत थी। ऐसी भी मान्यता है कि सन् 1764 में राम सिंह भागी ने इसे बसाया था। इस रियासत में जगाधरी, दामला, परगने तथा अन्य पड़ोसी प्रदेश शामिल थे। कुछ समय बाद यह रियासत बूड़िया और दामला दो रियासतों में बंट गई। इसके बाद यह दयालगढ़ के अन्तिम राजा की दो पत्नियों में आपसी मतभेद के कारण दयालगढ़ और जगाधरी रियासतों में बंट गई। जगाधरी रियासत सन् 1829 तक चली। जगाधरी रियासत की रानी को अन्य नौ राजाओं की तरह सन् 1846 तथा 1849 के सुधारों से विशेष छूट थी। सन् 1851 में रानी के निधन के बाद रियासत भी समाप्त हो गई और यह बूड़िया दयालगढ़ (बूड़िया) रियासत साधारण जागीर के रूप में रह गई।

बूड़िया में एक महाभारतकालीन पातालेश्वर महादेव मन्दिर है। प्रत्येक शिवरात्रि को यहाँ बहुत बड़ा मेला लगता है।

इसके अलावा कस्बे में लगभग पांच सौ वर्ष पुराना एक पंचमकाल का श्री दिगम्बर जैन मन्दिर भी है। बूड़िया में स्थित गुरुद्वारा भी ऐतिहासिक है। कहते हैं कि यहाँ गुरु गोविन्द सिंह आये थे। यहाँ हर रविवार को मेला लगता है जिसमें बड़ी संख्या में श्रद्धालु शामिल होते हैं।

बेरी

बेरी जिला झज्जर का एक प्राचीन कस्बा है। यह तालाबों, विशाल हवेलियों तथा मन्दिरों के लिए प्रसिद्ध रहा है। बेरी में नवनिर्मित व प्राचीनतम 80 मन्दिर हैं। इनमें से एक मन्दिर (भीमेश्वरी देवी) तो महाभारत काल से अपना सम्बन्ध रखता है। बेरी के हर मन्दिर का अपना कोई न कोई इतिहास है। इनमें लाल रूढ़मल मन्दिर भी अतीत की धरोहर है।

कलायत

कलायत वर्तमान समय में कैथल जिले का एक उपमण्डल एवं तहसील है। यहाँ एक बहुत बड़ा सरोवर है और विभिन्न भव्य मन्दिर हैं।

यह स्थान कपिलमुनि के आश्रम के नाम से जाना जाता है। ऋषि-मुनियों की इस पवित्र भूमि पर समय-समय पर अनेक संत महात्माओं ने जन्म लिया। कलायत ऐतिहासिक दृष्टि से अपना अलग महत्त्व रखता है। महर्षि कपिल मुनि ने इसी स्थान पर घोर तपस्या करके सांख्यदर्शन की रचना की थी। तत्पश्चात् यह स्थान कपिल मुनि के नाम से कपिलायत तथा बाद में कलायत कहलाया। कहते हैं कपिलमुनि ने अपनी माता देवहुति को यहां सांख्य-दर्शन सुनाया था।

इस कस्बे का सम्बन्ध महाभारत के युद्ध से भी है। ऐसा माना जाता है कि कस्बा कलायत के गांव खरकपाण्डवा तथा रामगढ़ पाण्डवा युद्ध के दौरान बनाये गये पाण्डवों के सैनिक शिविरों पर बसे हुए थे। सरोवर की खुदाई से मिली मूर्तियां और प्राचीन सिक्के इस बात का सबूत हैं।

गुहला

यह कैथल जिले का एक उपमण्डल एवं तहसील है। तैमूर की सेना ने घग्घर के जिस पुल को पार कर आक्रमण किया था, वह आज भी स्मृति-स्थल के रूप में विद्यमान है। हरियाणा की स्थापना के बाद इस इलाके में बड़ी तेजी से विकास कार्य हुए हैं। अनाज की बड़ी मण्डी के रूप में इसका महत्त्व दिन-प्रतिदिन बढ़ रहा है।

पुण्डरी

कैथल जिले में स्थित, यह कस्बा कुरुक्षेत्र की 48 कोस की परिधि में आता है। पुण्डरक नाम का यहाँ एक सरोवर है जिसके नाम पर इस स्थान का नाम पुण्डरी पड़ा। कहा जाता है कि इसका निर्माण महाभारत काल में करवाया गया था। यह एक प्राचीन तथा प्रसिद्ध तीर्थ माना जाता है। यहां पर चैत्र-अमावस व शुक्ल दशमी के पर्व पर मेला लगता है।

प्रसिद्ध ऐतिहासिक गांव

खेड़ी गुज्जर

यह एक पुराना ऐतिहासिक स्थल है जो कि सोनीपत के लगभग 25 कि॰मी॰ उत्तर-पश्चिम में स्थित है। किसी समय यह यमुना के किनारे पर स्थित था। यमुना नदी अब इस गांव से 30 कि॰मी॰ दूर पूर्व में है। स्थानीय लोगों का विश्वास है कि यह स्थान मायना कोय, सतकुम्भा तथा जलालाबाद आदि विभिन्न नामों से जाना जाता रहा है।

एक किंवदन्ती के अनुसार महाभारत एवं पुराण काल में यह चक्रवर्ती राजा चकवावैन की राजधानी थी।

इस स्थान पर की गई खुदाई से महाभारत काल के मिट्टी के बर्तन प्राप्त हुए हैं। मिट्टी के टीले में अनेक स्थानों पर बहु-मंजिली इमारतों के अवशेष भी मौजूद हैं। यहां से प्राप्त बड़ी संख्या में पत्थर की मूर्तियां और सिक्के विभिन्न संग्रहालयों में भी भेजे जा चुके हैं। इस स्थान पर श्रावण और कार्तिक मास में सत कुम्भ का मेला लगता है।

अकबरपुर बारोटा

यह गांव सोनीपत से लगभग 12 कि॰मी॰ दूर दक्षिण में स्थित है। गांव में एक दरवाजा है, जो कि "अकबरी दरवाजा" के नाम से प्रसिद्ध है। होली वाले दिन गांव में गुरुनानक देव का मेला लगता है। माना जाता है कि गुरुनानक देव इस गांव में पधारे थे।

आदि बद्री

बिलासपुर (जिला यमुनानगर) के उत्तर में लगभग 18 कि॰मी॰ की दूरी पर शिवालिक की पहाड़ियों में यह पौराणिक गांव बसा है। ऐसा विश्वास है कि यह सरस्वती नदी का उद्गम स्थान है। यहां नौवीं और दसवीं शताब्दी की शिव-पार्वती एवं गणेश की अनेकों मूर्तियां तथा ग्यारहवीं तथा बारहवीं शताब्दी की कुछ बौद्ध मूर्तियां भी प्राप्त हुई थी।

बसन्तूर

बसन्तूर गांव छछरौली (जिला यमुनानगर) के उत्तर पूर्व में बसा है। और इसका सम्बन्ध राजा शान्तनु से माना जाता है। कहते हैं कि यहाँ एक कुआं था जिसका पानी गंगा की तरह पवित्र था।

कुन्जपुरा

यह स्थान करनाल जिले में स्थित है। पानीपत की तीसरी लड़ाई से पूर्व अहमदशाह अब्दाली ने कुन्जपुरा में अपने सरदारों के लिए एक शक्तिशाली केन्द्र बना लिया था जिस पर मराठों ने आक्रमण करके अपना अधिकार जमा लिया था। इसी विजय के पश्चात मराठों ने अहमदशाह अब्दाली से युद्ध करने की ठान ली थी। कुन्जपुरा नवाब नजाकतखां की राजधानी रहा है। यहां छोटी-छोटी ईटों से बना हुआ एक किला है जहां अब सैनिक स्कूल चल रहा है।

बस्तली

बस्तली हरियाणा के करनाल जिले में स्थित एक गाँव है। यह हरियाणा के करनाल जिले के ग्रामीण इलाके में स्थित है। बस्तली एक प्राचीन गाँव है यहाँ के लोगों का कृषि मुख्य पेशा है। करनाल-कैथल मार्ग पर निसिंग के पास बस्तली गांव को महर्षि वेदव्यास के नाम से जोड़ा जाता है। कहा जाता है कि महर्षि वेदव्यास का आश्रम यहीं पर था। उन्होंने यहीं बैठकर महाभारत की रचना की थी। यहां नीचे से गंगा नदी बहती थी। कहा जाता है कि एक कुएं के जरिए गंगा का पानी ऊपर आता था जिसमें महर्षि स्नान किया करते थे।

तरावडी

यह स्थान करनाल जिले में स्थित है। मध्यकाल में सन् 1191 व 1192 में गौर के शासक मुहम्मद गोरी तथा अजमेर के शासक पृथ्वीराज चौहान के बीच युद्ध यहीं पर हुए थे। अन्ततः मुहम्मद गोरी की जीत हुई थी। पृथ्वीराज चौहान को युद्ध में बंदी बना कर उनका वध कर दिया गया। यहां पर एक किला आज भी विद्यमान है। मुगल सम्राट् औरंगजेब के पुत्र अजीम का जन्म भी यहीं पर हुआ था।

गांव सीही

फरीदाबाद के निकट गांव सीही महान् भक्त कवि सूरदास की जन्म स्थली माना जाता है। ऐतिहासिक पृष्ठ भूमि में इस स्थान का गुसाईं हरिराम द्वारा रचित 84 वैष्णव की 81वीं वर्णमाला में चित्रण किया गया है। एक जनश्रुति के अनुसार सीही में महाराजा जन्मेजय ने अपने पिता राजा परिक्षित की मृत्यु का प्रतिशोध लेने के लिए सर्पदाह यज्ञ करवाया था। यहाँ पर मिट्टी के चबूतरे पर एक पुराना मन्दिर है। इस स्थल का अब विकास किया जा रहा है।

सराय अलावरदी

यह गांव गुरुग्राम के समीप स्थित है। इस गांव का अपना एक अनजाना इतिहास है। इस गांव के नामकरण के बारे में बताया जाता है कि वस्तुतः दो अलग-अलग उद्देश्यों के सम्मिश्रण से सराय अलावरदी के नाम से गांव की रचना हुई। पहला तो यह कि इस क्षेत्र में बहुत पहले मस्जिद की ओट में एक सराय थी। यह सराय आम लोगों के लिए भले ही बहुत प्रसिद्ध रही होगी, लेकिन वहाँ पर ठहराव की व्यवस्था प्रत्येक के लिए सहज उपलब्ध नहीं थी। बताया जाता है कि अंग्रेज़ों के शासन से पहले जब बादशाही राज था और गुड़गांव के समीप का यह क्षेत्र उन्हीं के अधीन था तो इस सराय का विश्राम गृह के रूप में प्रयोग किया जाता रहा था। राजे-महाराजे अथवा बादशाह जब भी इस सड़क से गुजरते थे तो इस सराय में विश्राम के लिए अवश्य रुकते थे। इसके नामकरण का दूसरा पक्ष है अलावरदी नाम की उत्पत्ति। लोगों का कहना है कि समय की गति के साथ इस क्षेत्र के शासक बदलते रहे हैं लेकिन एक बादशाह अलावरदी ने बड़ी प्रसिद्धि पाई, संभवतः इसी के नाम पर इस गांव का नाम अलावरदी पड़ा।

इस गांव के उद्भव में आज तक कई क्रान्तिकारी परिवर्तन आए। एक उजड़ा हुआ क्षेत्र गांव के रूप में बसा और बसा हुआ गांव फिर उजड़ गया। बताया जाता है कि सराय अलावरदी गांव मूल रूप से मुसलमानों का गांव था। यह बसा-बसाया गांव जब उजड़ा तो उस समय वहां अधिकतर मुसलमान लोग ही रहते थे। इस बात के प्रमाण यहां पर हुई खुदाई से मिलते हैं। अलाउद्दीन खिलजी के काल में यह क्षेत्र बहुत बुलंदी पर रहा है। इस गांव में स्थित मस्जिद अलाउद्दीन खिलजी के काल की जीती-जागती मिसाल है जहां लोगों का आना-जाना और रहना बराबर बना रहता था। आम लोगों विशेषकर मुसलमानों में इसकी बहुत मान्यता रही है।

गांव दुजाना

यह गांव झज्जर जिले में स्थित है। दुर्जनशाह नामक फकीर के नाम पर इस गांव का नाम दुजाना पड़ा। बाद में यही दुजाना रियासत के नाम से प्रसिद्ध हुआ। दुजाना के नवाब हसन अली खाँ और इक्तियार अली खाँ के समय दुजाना ने काफी तरक्की की। गांव में अनेक निर्माण कार्य कराये गये। नवाब दुजाना इक्तियार अली खाँ की दो बेगमें थीं, बड़ी बेगम शहनाज किले में रहती थी और छोटी बेगम हुस्न आरा किले के सामने ही महल में रहती थी। इस महल का तरणताल आज भी बेगम हुस्न आरा की याद ताजा कर देता है। नवाब दुजाना के पास दो तोपें थीं जो आज रोहतक मानसरोवर पार्क के गेट के पास रखी हैं। नवाब की महलनुमा हवेलियाँ बहुत ही सुन्दर थीं। ऐतिहासिक व धार्मिक दृष्टि से दुजाना का काफी महत्त्व है। इस गांव में अनेक प्राचीन मस्जिदें व पुरानी इमारतें हैं जो अतीत की सांस्कृतिक धरोहर हैं। यहां के खण्डहर आज भी बताते हैं कि दुजाना की रियासत बेमिसाल थी। यहां की इमारतें बेमिसाल थीं।

अमीन

जिला कुरुक्षेत्र का यह एक अति प्राचीन गांव है तथा इसका वर्तमान नाम अर्जुन के पुत्र अभिमन्यु के नाम का अपभ्रंश रूप है। कहा जाता है कि इस स्थल पर अभिमन्यु ने चक्रव्यूह को भेदा था। परम्परानुसार यह स्थान आज भी अभिमन्यु खेड़ा के नाम से जाना जाता है। इसी स्थान पर अदिति ने भगवान को पुत्र के रूप में पाने के लिए दस हजार वर्षों तक तप किया था। यह गाँव जिला कुरुक्षेत्र में थानेसर से 8 कि॰मी॰ दक्षिण-पूर्व में एक टीले पर बसा हुआ है।

छायंसा

यह गांव फरीदाबाद जिले में स्थित है। यह बल्लभगढ़ से आसावरी, मझावली और दयालपुर होते हुए लगभग 16 कि॰मी॰ की दूरी पर स्थित है।

यह क्षेत्र पहले-पहल राजस्थान स्थित जैसमलेर क्षेत्र का एक अभिन्न अंग हुआ करता था। यहाँ मेवों का बोलबाला था, क्योंकि यह न केवल उनका क्षेत्र रहा है अपितु संख्या में भी उनका आधिपत्य था। आज के 'छायंसा' से लगभग 11 कि॰मी॰ की दूरी पर उन दिनों एक पल्ला गांव हुआ करता था। हजारों वर्ष पहले इस गांव के दादा-परदादा यानी बहुत पहले की पीढ़ियों के रिहायशी विस्थापित हुए, संभवतः वहां कोई अव्यवस्था सी फैली होगी। पल्ला गांव के लोग तितर-बितर हो गये और दोबारा से बसने के इरादे से 'छायंसा' के उदय होने की बात सामने आई। कुछ लोगों का मत है कि पल्ला गांव में राजकुमारों की संख्या में बराबर वृद्धि हुई और मेवों का यह अधिकार क्षेत्र होने के कारण इसे उनसे मुक्त करवाने की योजना बनाई गई। जैसल और बरगन दो भाई थे जिन्हें यह क्षेत्र बहुत पसन्द आया तथा वहां पर उनका एक भंगन के साथ सम्पर्क हुआ। उस समय वहां मेवों का राज था और आस-पास के क्षेत्रों में मुसलमानों की ही आबादी थी। जैसल और बरगन ने सम्पर्क में आई भंगन के साथ इस क्षेत्र में मेवों को भगाने की योजना बनाई। अतः त्यौहार वाले दिन भंगन ने ऊपर से कूड़ा फेंका और तभी दोनों

भाइयों ने वहां पर आक्रमण कर दिया। इस प्रकार दोनों भाइयों ने इस क्षेत्र के 52 गांव बांट लिए और उन्हें अपने अधिकार में ले लिया।

वर्तमान छायंसा पल्ला गांव के निकट बसा है। अब पल्ला में कोई रिहाईश नहीं है, रिहाईश के लिए 'छायंसा' और इसके समीपवर्ती गांव बसे हैं।

छायंसा की ऐतिहासिक घटनायें अपने आप में अनूठा महत्त्व रखती हैं। लोगों का कहना है कि जब श्रवण कुमार यहां से तीर्थ यात्रा पर गये तो वे 'छायंसा' गांव की सीमा से गुजरे थे। श्रवण कुमार के यहां से गुजरने से इस क्षेत्र को बहुत पवित्र माना जाता है। यहाँ के ऐतिहासिक स्थलों की झलक इस बात को प्रमाणित करती है कि प्राचीन और पौराणिक तथ्यों में काफी कुछ सार है। गांव में एक ऐसा प्राचीन कुआं अब भी विद्यमान है जहां प्राचीन कालीन राजा की बेटी मोहर कौर सती हुई थी। गांव के मोहल्ला शारदू के प्राचीन मन्दिर की गांव में विशेष मान्यता है। लोग इसे 'खेड़ा देवता' भी कहते हैं। यहां का एक अन्य प्राचीन धार्मिक स्थल है– खुशालवास मन्दिर। 'छायंसा' की एक अन्य विशेषता यह है कि यहां पर एक विशाल गऊशाला है। यहां पर खण्ड स्तर का एक सुन्दर विश्राम गृह भी है।

फरल

फरल एक अति प्राचीन गांव है। महाभारत एवं पुराणों का प्रसिद्ध फलकीवन इसी स्थान पर था और संभवतः इस नाम के आधार पर यह स्थान आगे चल कर फरल कहलाने लगा। फलकीवन एवं फलकी तीर्थ दोनों दृषद्वती नदी के तट पर थे। इस वन में पाण्डवों के वंशज अधिसोम कृष्ण ने दो वर्ष तक तप किया था। यह तीर्थ देवताओं को भी बहुत प्रिय था। यहाँ पर उन्होंने सहस्त्र वर्षों तक तप किया था। मिश्रक नामक तीर्थ भी यहीं पर था। यह तीर्थ मिश्रक इसलिए कहलाता है, क्योंकि मुनि व्यास ने देवताओं के लिए भी कभी तीर्थों को यहां एकत्रित किया था। यहां पितृपक्ष की सोमवती अमावस्या को विशेष रूप से भारी मेला लगता है और हजारों श्रद्धालु इस तीर्थ पर स्नान करने आते हैं। कहते हैं कि इस तीर्थ का मन में स्मरण कर लेने से ही पितर तृप्ति प्राप्त कर लेते हैं। यहां पर पिण्डदान का अति महत्त्व है।

कौल

इस गांव का सम्बन्ध सम्भवतः हम महाभारत में वर्णित कुलंपुन तथा वामनपुराण के कुलोन्तारण तीर्थ के साथ जोड़ सकते हैं। इस तीर्थ की स्थापना विष्णु ने अति प्राचीन काल में वनों और आश्रमों के उद्धार के लिए की थी। महाभारत के समय यह तीर्थ प्रसिद्ध नहीं था। किन्तु पौराणिक काल में इसका पर्याप्त महत्त्व हो गया था। यह एक ऐतिहासिक कस्बा माना जाता है।

सीवन

यह कैथल जिले में एक बड़ा गांव है। संभवतः महाभारत और पुराणों में वर्णित कुरुक्षेत्र के वनों में से शिववन इसी के समीप था। शिववन के नाम पर ही इस स्थान का नाम पड़ा होगा।

यहां के तालाब से दो शिलापट्ट प्राप्त हुए हैं। इनमें से एक पर त्रिविक्रम विष्णु की मूर्ति है। विष्णु के दोनों ओर उसके आयुधपुरुष शंख और चक्र हैं। उनके साथ ही लक्ष्मी और भूमि की मूर्तियां हैं, जिनके हाथों में क्रमशः कमल और चामर हैं। त्रिविक्रम के सिर के दोनों ओर ब्रह्मा, महेश और इन्द्र के चित्र उत्कीर्ण हैं। सबसे ऊपर एक पंक्ति में सप्तर्षि हैं। इनके हाथों में प्रदक्षिणा क्रम में गदा, कमल, शंख और चक्र हैं। ये दोनों मूर्तियां कैथल के काशीपुरी देवालय में प्रतिष्ठित हैं।

नारनौल

महेन्द्रगढ़ का जिला मुख्यालय नारनौल अपने आप में अनेक ऐतिहासिक गाथाएं समेटे हुए है। नारनौल के ऐतिहासिक स्मारक अपने कलात्मक, सौन्दर्य, ऐतिहासिक साक्ष्यों और सांस्कृतिक धरोहर के रूप में बेजोड़ हैं। इनमें उच्चकोटि की प्राचीन निर्माण कला का अनोखा समावेश है। नगर के विभिन्न भागों में बिखरे पड़े इन स्मारकों के बारे में यद्यपि बहुत कम ठोस प्रमाण उपलब्ध हैं, परन्तु इस बात के अनेक प्रमाण मिलते हैं कि इस नगर ने रईसों सामन्तों और नवाबों की जागीर के रूप में कई उतार-चढ़ाव देखे हैं।

यह नगर अजमेर-रेवाड़ी रेलवे मार्ग पर दिल्ली से 135 किलोमीटर की दूरी पर स्थित है। नारनौल के प्रमुख 14 ऐतिहासिक स्मारकों में से तीन स्मारक केन्द्रीय पुरातत्व विभाग और ग्यारह हरियाणा राज्य पुरातत्व विभाग द्वारा संरक्षित हैं। यहां इब्राहिम खान सूरी का मकबरा, शाह विलायत का मकबरा, मुकन्द दास की सराय, पाबियां मस्जिद, शेख महिरा की दरगाह, तख्तवाली बाऊली, शाह कुली खान का मकबरा, हरगोपाल तालाब, शाह, कुली खान का जल महल, पल्तियां की मस्जिद और राय मुकन्द का छत्ता अथवा बीरबल का छत्ता तथा कुछ मन्दिर हैं।

गांव कुतानी

झज्जर से 23 कि.मी. दूर पूर्व दिशा में बसे हुए गांव कुतानी में दुर्ग सरीखी एक हवेली और संलग्न ठाकुर द्वारा नवाबी इतिहास की अनेक रहस्यमयी घटनाओं के साक्षी हैं। जनरल लार्ड लेक की नीति के अनुसार झज्जर का इलाका नवाब निज़ाबत अली खां को बतौर जंगी इनाम दिया गया था। अंग्रेज़ों और मराठा के बीच हुए निर्णायक युद्ध में बहराइच पठान परिवार के नवाब निजाबत अली खां ने अंग्रेज़ों का पक्ष लिया था। निजाबत अली खां के पड़पौत्र व अन्तिम नवाब अब्दुर्रहमान खां के युवा, वीर व बुद्धिमान वजीर ठाकुर शालूसिंह कुतानी गांव के ही थे। संभवतः चौहान वंशीय शालूसिंह और अब्दुर्रहमान खां हमउम्र थे। कुतानी गांव में शालूसिंह का परिवार करीब 175 वर्ष पहले भिवानी में बास गांव से आकर बसा था।

सन् 1857 के गदर से पहले झज्जर क्षेत्र में शालूसिंह ने अपनी बुद्धिमत्ता व भू-प्रबन्ध में कौशल की धाक जमा दी थी, जिसे वयोवृद्ध लोग अभी तक दोहराते हैं। वे मानते हैं कि उन दिनों असली प्रशासक नवाब नहीं अपितु शालूसिंह ही था। शालूसिंह झज्जरी नवाब का टोडरमल बन गया। उसने सन् 1855 तक झज्जर के अधिकतर गांवों की हदबन्दी कर दी थी।

सन् 1857 के गदर में अब्दुर्रहमान खां ने अंग्रेज़ों की मदद नहीं की। उस दौरान नवाबी घुड़सवार दस्तों और तोपखानों के अफसरान और सिपाहियों ने ईर्ष्यावश व धर्मान्धता में हिन्दुओं

के गांवों पर हमले किए। इसमें कुतानी विशेषतौर पर शालूसिंह की वजह से लपेट में आ गया। विद्रोही सेना ने ठाकुर शालूसिंह की पुश्तैनी हवेली को नष्ट कर दिया और शालूसिंह बड़ी मुश्किल से वहां से जान बचाकर भागा। कई वर्ष बाद जब शान्ति कायम हुई तो शालूसिंह के भू-प्रबन्ध के अधूरे पड़े हुए काम को अंग्रेज़ों के नेतृत्व में सन् 1862 में राय प्रतापसिंह ने पूरा किया था।

फिलहाल कुतानी में राजपूतों के 45 परिवारों के अलावा जाट, ब्राह्मण, गुर्जर, कुम्हार, हरिजन, वाल्मीकि और नाई जाति के लोगों के करीब 60 घर हैं।

वस्तुनिष्ठ प्रश्नोत्तर

1. गोहाना नामक ऐतिहासिक कस्बा हरियाणा के किस जिले में स्थित है?

A. जिला पानीपत
B. जिला सिरसा
C. जिला सोनीपत
D. जिला रेवाड़ी

2. निम्न में से कौन वर्ष 2016 में हरियाणा का 22वाँ जिला बना है?

A. लोहारू
B. चरखी दादरी
C. तोशाम
D. बादड़ा

3. चरखी दादरी का नाम सन् 1939 में डालमिया दादरी रखा गया, इसका नाम पुनः चरखी दादरी कब पड़ा?

A. सन् 1940 में
B. सन् 1946 में
C. सन् 1958 में
D. सन् 1968 में

4. जिला भिवानी में स्थित तोशाम नामक कस्बे को उपमण्डल का दर्जा कब मिला?

A. 27 अप्रैल, 1993 को
B. 10 जून, 1995 को
C. 5 मार्च, 1997 को
D. 27 अप्रैल, 1998 को

5. यमुनानगर जिले में स्थित 'सढौरा' नामक ऐतिहासिक कस्बे में निम्नलिखित में से कौन सा प्रसिद्ध मन्दिर है?

A. मनोकामना
B. गागरवाला
C. तोरांवाला
D. उपरोक्त तीनों मन्दिर

6. जिला यमुनानगर के किस ऐतिहासिक कस्बे में 'पीर बुद्दुशाह' का गुरुद्वारा है, जिन्होंने भागनी युद्ध में गुरु गोविन्द सिंह की सहायता की थी?

A. सढौरा
B. रादौर
C. बिलासपुर
D. छछरौली

7. हरियाणा के बहादुरगढ़ नामक ऐतिहासिक कस्बे का प्राचीन नाम क्या था?

A. चरखाबाद
B. हसीनपुर
C. शरफाबाद
D. बेतवाबाद

8. महम नामक ऐतिहासिक कस्बा प्रदेश के किस जिले में स्थित है?

A. भिवानी जिले में
B. रोहतक जिले में
C. यमुनानगर जिले में
D. झज्जर जिले में

9. जिला रोहतक में स्थित महम नामक कस्बे का पुनः निर्माण बनिया जाति के पेशोरा नामक व्यक्ति द्वारा कब करवाया गया था?

A. सन् 1266 में   B. सन् 1295 में

C. सन् 1298 में   D. सन् 1299 में

10. जिला सिरसा में स्थित ऐलनाबाद नामक कस्बा पहले किस नाम से जाना जाता था?

A. एलिसाबाद   B. चाविपुर

C. कलिसाबाद   D. खड़ियल

11. सिरसा जिले में स्थित 'रानियां' नामक ऐतिहासिक कस्बे का प्राचीन नाम क्या था?

A. राजबपुर   B. साजूपुर

C. रजिपुर   D. रतिपुर

12. जिला अम्बाला में स्थित किस कस्बे को सिरमौर (हिमाचल प्रदेश) के राजा लक्ष्मी नारायण ने बसाया था?

A. बराड़ा   B. मुलाना

C. नारायणगढ़   D. रायपुर रानी

13. सोनीपत जिले में स्थित किस प्राचीन ऐतिहासिक कस्बे में की गई खुदाई से महाभारत-कालीन मिट्टी के बर्तन प्राप्त हुए हैं?

A. राई   B. खेड़ी गुज्जर

C. गन्कौर   D. गोहाना

14. आदि बद्री नामक पौराणिक गांव किस जिले में स्थित है?

A. जिला यमुनानगर   B. जिला भिवानी

C. जिला सिरसा   D. जिला रेवाड़ी

15. जिला यमुनानगर में स्थित किस ऐतिहासिक गांव का सम्बन्ध महाभारतकालीन राजा शान्तनु से माना जाता है?

A. छछरौली   B. आदिबद्री

C. बसन्तर   D. किसी का नहीं

16. महाभारतकालीन प्राचीन गांव अमीन हरियाणा के किस जिले में स्थित है?

A. जिला रोहतक   B. जिला कुरुक्षेत्र

C. जिला जीन्द   D. जिला सिरसा

17. जिला करनाल के अन्तर्गत आने वाले किस स्थान को पानीपत के तीसरे युद्ध से पूर्व अहमदशाह अब्दाली ने अपने सरदारों के लिए एक शक्तिशाली केन्द्र बनाया था?

A. घरौडा   B. नील्पेखेड़ी

C. असन्ध   D. कुन्जपुरा

18. जिला करनाल में स्थित किस स्थान पर मध्यकाल में सन् 1191 व 1192 में मुहम्मद गोरी व पृथ्वीराज चौहान के बीच युद्ध हुआ था?

A. तरावडी	B. निसिंग
C. असन्ध	D. घरौडा

19. फरीदाबाद के निकट स्थित 'गांव सीही' किस प्रसिद्ध भक्त कवि की जन्म स्थली माना जाता है?

A. रामदास	B. रैदास
C. सूरदास	D. तुलसीदास

20. गुरुग्राम के समीप स्थित 'सराय अलावरदी' नामक गांव में किस मुस्लिम शासक के काल की मस्जिद विद्यमान है?

A. अलाउद्दीन खिलजी	B. बाबर
C. फिरोजतुगलक	D. हुमायूं

21. यमुनानगर से 12 कि.मी. की दूरी पर स्थित बूड़िया नामक ऐतिहासिक कस्बे की नींव किस मुगल शासक के काल में रखी गई थी?

A. बाबर	B. हुमायूं
C. अकबर	D. जहाँगीर

22. यमुनानगर के समीप स्थित बूड़िया नामक प्राचीन कस्बे का सम्बन्ध अकबरकालीन किस प्रसिद्ध व्यक्ति से माना जाता है?

A. बीरबल	B. टोडरमल
C. मानसिंह	D. तानसेन

23. यमुनानगर के समीप किस स्थान पर महाभारतकालीन पातालेश्वर महादेव मन्दिर स्थित है?

A. सढौरा	B. बूड़िया
C. जगाधरी	D. रादौर

24. बेरी नामक प्राचीन कस्बा हरियाणा के किस जिले में स्थित है?

A. जिला यमुनानगर	B. जिला कुरुक्षेत्र
C. जिला झज्जर	D. जिला करनाल

25. महाभारत कालीन पातेलेश्वर महादेव मंदिर किस ऐतिहासिक कस्बे में स्थित है?

A. तावडू	B. कलायत
C. बेरी	D. बूड़िया

उत्तरमाला

1	2	3	4	5	6	7	8	9	10
C	B	C	A	D	A	C	B	A	D

11	12	13	14	15	16	17	18	19	20
A	C	B	A	C	B	D	A	C	A

21	22	23	24	25
B	A	B	C	D

◆◆◆

28 | प्राचीन स्मारक, किले, महल, तालाब, संग्रहालय आदि

इब्राहिम लोदी का मकबरा

यह स्थान (इब्राहिम लोदी की कब्र) पानीपत के तहसील कार्यालय के निकट है। सन् 1526 में इब्राहिम लोदी ने बाबर के साथ युद्ध किया था, जिसमें उसकी पराजय हुई और वह मारा गया। युद्ध स्थल पर ही इब्राहिम लोदी को दफनाया गया। बाद में अंग्रेज़ों ने इस स्थान पर एक बहुत बड़ा चबूतरा बनवाया तथा एक पत्थर पर उर्दू में इस कब्र के महत्त्व के बारे में लिखवाया।

काला अम्ब

पानीपत से 8 कि॰मी॰ दूर "काला अम्ब" में सन् 1761 में पानीपत का तीसरा युद्ध अहमदशाह अब्दाली और मराठा सरदार शिवराम भाऊ के मध्य हुआ था। युद्ध में मराठा सेना की पराजय हुई। कहा जाता है कि इस स्थान पर एक आम का वृक्ष था, पानीपत के तीसरे युद्ध में मराठों का इतना खून बहा कि आम का वृक्ष भी काला पड़ गया। तभी से इस स्थान को "काला अम्ब" नाम से जाना जाता है।

इस स्थान को हरियाणा सरकार 'वार-हीरो मैमोरियल' के रूप में विकसित कर रही है।

काबुली बाग

पानीपत के निकट काबुली बाग में एक मकबरा तथा तालाब बना हुआ है। यह बाग बाबर ने पानीपत की प्रथम लड़ाई में विजय की खुशी तथा अपनी सबसे प्रिय रानी मुसम्मत काबुली बेगम की याद में बनवाया था।

सलारगंज गेट

यह दरवाजा पानीपत नगर के मध्य में स्थित है, जो नवाब सलारगंज के नाम से प्रसिद्ध है। यह दरवाजा प्राचीन वास्तुकला का उत्कृष्ट नमूना है।

होडल की सराय, तालाब व बावड़ी

होडल में भरतपुर के राजा सूरजमल ने एक सुन्दर सराय, तालाब व एक बावड़ी बनवाई थी। आज भी इनके खण्डहर यहां देखने को मिलते हैं। होडल के किशोरीबाई तालाब को सती का तालाब भी कहते हैं। यहां पर सती का मेला लगता है।

पलवल का किला, तालाब व मीनार

मुगलकाल में पलवल में ''मटिया किला'' बनवाया गया था। यह किला अब खण्डहर में परिवर्तित हो चुका है। शेरशाह सूरी के समय में पलवल तहसील के गांव मूलवाना में बनवाई गई मीनार तथा गांव अमरपुर में डेढ़ सौ वर्ष पुराना गोल मकबरा मुसलमानों का कला के प्रति समर्पण का द्योतक है।

इस तहसील के गांव जैनपुर में पक्की ईंटों से बना एक तालाब है। कहा जाता है कि कभी इस गांव में पीने का पानी खारा होता था। 1880 ई॰ में ब्रिटिश साम्राज्य के दौरान गांववासियों की इस समस्या के समाधान के लिए यह पक्का तालाब बनवाया गया था। आज भी जब इस तालाब में वर्षा का पानी इकट्ठा हो जाता है तो लोग इसे नहाने-धोने में प्रयोग करते हैं। तालाब में उतरने व चढ़ने के लिए तीस सीढ़ियां बनी हुई हैं।

बल्लभगढ़ के तालाब, छतरी व किला

बल्लभगढ़ के राजा अनुरूप सिंह की विधवा ने अपने पति की स्मृति में सन् 1818 में एक तालाब व छतरी बनवाई। बल्लभगढ़ के राजा अजयसिंह की विधवा ने भी अपने पति की याद में एक छतरी और तालाब का निर्माण करवाया था। इसके द्वारा बनवाई छतरी आज भी मौजूद है। यहाँ पर राजा बलराम ने एक किले का निर्माण करवाया जो आज भी खण्डहरनुमा स्थिति में मौजूद है।

गांव सराय ख्वाजा की सराय

फरीदाबाद जिले के गांव सराय ख्वाजा में लगभग तीन सौ वर्ष पुरानी एक सराय है। इस सराय के नाम पर ही गांव का नाम सराय ख्वाजा पड़ा। यह सराय परिख्वाजा ने बनवाई थी।

किशोरी महल व बाराखम्बा छतरी

पलवल के होडल नगर में स्थित किशोरी महल का निर्माण 1754 से 1764 में हुआ। किशोरी राजा सूरजमल की धर्मपत्नी थी। राजा सूरजमल ने अपने शासन के दौरान बहुत सी ऐतिहासिक इमारतों का निर्माण करवाया था, जिनमें शाही महल, कचहरी एवं बाराखम्बा छतरी महत्त्वपूर्ण हैं।

बागवाला तालाब

यह तालाब पुराने तहसील कार्यालय रेवाड़ी के समीप स्थित है। इसका निर्माण राव गूजरमल के पुत्र नन्द राम अहीर ने करवाया था। इस समय यह तालाब सूखा है तथा जीर्णावस्था में है।

कुन्जपुरा व तरावड़ी के किले

जिला करनाल में स्थित कुन्जपुरा नामक स्थान पर छोटी-छोटी ईंटों से बना हुआ एक किला है जहाँ अब सैनिक स्कूल चल रहा है। करनाल के तरावड़ी नामक स्थान पर भी एक किला है जो आज भी विद्यमान है।

सोहना का किला

जिला गुरुग्राम में स्थित सोहना नगर 18वीं शताब्दी में सोहन सिंह नामक राजा द्वारा बसाया गया था। उसी के काल में यहाँ पर एक किले का निर्माण करवाया गया जो खण्डहर के रूप में आज भी विद्यमान है।

जीन्द का किला

सन् 1775 में गजपत सिंह ने जीन्द को जीतकर यहाँ पर एक विशाल किले का निर्माण करवाया और वह जीन्द नगर के पहले राजा बने। आज भी ऐतिहासिक किले के भग्नावशेष मीलों दूर से दिखाई देते हैं।

राव तेज सिंह तालाब

यह तालाब रेवाड़ी के पुराने टाऊन हॉल के समीप स्थित है। इसका निर्माण राव तेज सिंह द्वारा सन् 1810 से 1815 के बीच किया गया था। इस विशाल तालाब में भूमिगत नालियों द्वारा पानी भरने की व्यवस्था है। तालाब में स्त्रीपुरुषों के स्नान के लिए अलग-अलग घाट हैं।

कोस मीनार

जिस प्रकार आजकल सड़कों पर अगले नगर या गन्तव्य की दूरी बताते 'मील पत्थर' लगे हैं। वे शेरशाह सूरी के काल में 'कोस मीनार' कहलाते थे। जब शेरशाह सूरी ने ऐतिहासिक जी॰टी॰ रोड का निर्माण करवाया था उस समय उसने जनता की सुविधा के लिए प्रत्येक कोस पर इस तरह की एक-एक मीनार खड़ी की थी। एक अनुमानित नाप के अनुसार प्रत्येक कोस में लगभग 2 मील की दूरी शामिल होती है।

प्राचीन काल अथवा शेरशाह सूरी के काल की मुँह बोलती तस्वीर के रूप में हरियाणा की यह एक सुदृढ़ ढ़ांचे के रूप में निर्मित ऐसी मीनारें हैं जो ऊपर से पतली और नीचे से चौड़ी होती जाती हैं। शायद इस तरह के निर्माण के पीछे निर्माताओं का उद्देश्य यह था कि सड़क से आते हुए उन्हें एवं अन्य यात्रियों को दूर से ही यह ज्ञात हो जाए कि उनके अगले पहुँचने वाले स्थान की अब कितनी दूरी शेष है अथवा वे कितने कोस तक आगे आ चुके हैं। घोड़े पर सवार प्राचीन शासकों को दूर से ही पहचानने के लिए बड़ी मीनार बनवाई गई थी। इस समय हरियाणा में पड़ने वाले जी॰टी॰ रोड के अंश पर 88 'कोस मीनार' हैं, भले ही जी॰टी॰ रोड़ के पुरातन और नवीनतम रूपरेखा में समय के अनुसार काफी अन्तर आ गया है। इसीलिए संभव है कि कुछ मीनारें वर्तमान जी॰टी॰ रोड से कहीं दूर, इधर-उधर

खेतों में भी विद्यमान हैं। इन्हें भारत सरकार द्वारा राष्ट्रीय महत्त्व का क्षेत्र घोषित कर केन्द्र की सुरक्षा में रखा गया है। इसका संरक्षण भारतीय पुरातत्व संरक्षण विभाग द्वारा किया जाता है। इसी प्रकार की एक प्राचीन कोस-मीनार, पानीपत-करनाल सड़क पर 'कोहाण्ड' के निकट स्थित है। इस मीनार के चारों ओर लोहे के सरियों से बैरीकेड बने हुए हैं। इस मीनार तक कोई भी सहज रूप से नहीं पहुँच सकता है और न ही उसे किसी प्रकार की हानि पहुँचा सकता है।

रजिया बेगम का मकबरा

कैथल नगर के निकट बाबालदाना रोड पर भारत की साम्राज्ञी रजिया सुल्तान का मकबरा है। यद्यपि आज यह मकबरा खण्डहर हो चुका है, लेकिन इसके ऐतिहासिक महत्त्व को देखते हुए जब भी कैथल के इतिहास का जिक्र आता है तो इस मकबरे की भी चर्चा अवश्य होती है। अधिकांश इतिहासकारों का यह मानना है कि इल्तुतमिश की पुत्री रजिया व उसके पति का कत्ल, उसी के सरदारों द्वारा कैथल के निकट कर दिया गया था। आज उसी के स्थान पर यह जीर्ण-शीर्ण मकबरा है।

जल महल

ऐतिहासिक स्मारक जल महल नारनौल नगर के दक्षिण में आबादी से बाहर स्थित है। इसका निर्माण सन् 1591 में नारनौल के जागीरदार शाह कुली खान ने करवाया था। इतिहास प्रसिद्ध पानीपत के द्वितीय युद्ध में शाह कुली खान ने हेमू को पकड़ा था। इसी उपलक्ष्य में अकबर ने प्रसन्न होकर शाह कुली खान को नारनौल की जागीर सौंपी थी। जल महल का निर्माण लगभग ग्यारह एकड़ के विशाल भूखण्ड पर किया गया है। यह विशाल तालाब के बीच स्थित है, लेकिन स्मारक तक पहुँचने के लिए पुल बना हुआ है। विशाल तालाब के बीच एक छोटे महल के आकार के इस सुन्दर भवन के निर्माण में चूने व पत्थर का प्रयोग किया गया है। लगभग 400 वर्ष के अन्तराल में यह तालाब मिट्टी से भर गया था। सन् 1993 में जिला प्रशासन ने जल महल के तालाब से मिट्टी निकालने का कार्य आरम्भ किया और अब इसकी मिट्टी निकाली जा चुकी है।

राय मुकन्द दास का छत्ता (बीरबल का छत्ता)

नारनौल की सघन आबादी के बीच स्थित इस ऐतिहासिक स्मारक का निर्माण शाहजहाँ के शासनकाल में नारनौल के दीवान राय मुकन्द दास ने करवाया था। यह स्मारक नारनौल के मुगलकालीन ऐतिहासिक स्मारकों में सबसे बड़ा है। भवन के भीतर से पानी की निकासी, फव्वारों की व्यवस्था तथा भूमिगत में प्रकाश व पानी की निकासी व्यवस्था देखने योग्य है। इस पांच मंजिल के भवन का आकार चौकोर है जिसके बीच में बड़ा चौक है। भवन में विशाल शिलाओं वाले स्तम्भ, दरबार हॉल तथा विशाल बरामदे और सीढ़ियां व छतरियां भवन निर्माण कला का अनूठा नमूना है। यद्यपि इस समय अधिकांश छत्ते क्षतिग्रस्त हो चुके

हैं और स्मारक जीर्णावस्था में हैं। बताया जाता है कि यह स्मारक सुरंग मार्ग से दिल्ली, जयपुर, महेन्द्रगढ़ तथा ढोसी से जुड़ा हुआ है। जनश्रुति के अनुसार बहुत समय पहले एक बारात सुरंग देखने के लिए अन्दर घुसी थी परन्तु वह लौट कर नहीं आयी। अकबर के शासनकाल में यहाँ बीरबल का आना-जाना था, इसलिए इस स्मारक को बीरबल का छत्ता के नाम से जाना जाता है।

इब्राहिम खान का मकबरा

नारनौल नगर के दक्षिण में घनी आबादी के बीच स्थित इब्राहिम खान का मकबरा एक विशाल गुम्बद के आकार का है। इसका निर्माण इतिहास प्रसिद्ध सम्राट् शेरशाह सूरी ने अपने दादा इब्राहिम खान की याद में करवाया था। लोदी शासनकाल में इब्राहिम खान नारनौल के जागीरदार रहे थे। मकबरे के अन्दर इब्राहिम खान की कब्र है, जिस पर शाही खानदान का निशान भी अंकित है। इसके पास दो छोटी कब्रें भी हैं। इब्राहिम खान के मकबरे के निर्माण में लाल स्लेटी रंग के पत्थर का प्रयोग किया गया है, जिस पर मीनाकारी का कार्य बड़ी दक्षता से किया गया है। बड़ी-बड़ी शिलाओं वाला पत्थर इतना साफ और चिकना है कि अकस्मात् उसे देखकर संगमरमर होने का भ्रम होता है। यह स्मारक नारनौल के ऐतिहासिक स्मारकों में सबसे अच्छी स्थिति में है।

चोर गुम्बद

नारनौल नगर की उत्तरी पश्चिमी दिशा में एक ऊँचाई वाले स्थान पर निर्मित ऐतिहासिक स्मारक चोर गुम्बद का निर्माण जमाल खान नामक एक अफगान ने अपनी ही समाधि-स्थल के रूप में करवाया था। यद्यपि यह यादगार के रूप में बनवाया गया था, परन्तु नगर के बाहर स्थित होने के कारण इस स्थान पर चोर-उच्चके शरण लेने लगे थे, जिसके फलस्वरूप इसका नाम कालान्तर में चोर गुम्बद पड़ गया। यह एक विशाल गोलाकार गुम्बद है जिसकी छत को गोलाकार देकर बहुत ऊँचाई तक उठाया गया है। देखने में यह दो मंजिला लगता है, लेकिन इसकी ऊपरी मंजिल केवल बरामदा मात्र है, जिसके 20 द्वार हैं। स्मारक की पश्चिमी दिशा को छोड़कर शेष तीनों दिशाओं में एक-एक द्वार है।

मिर्जा अली जां की बावड़ी

नारनौल नगर को बावड़ियों और तालाबों का नगर कहा जाता है। यद्यपि नगर की बहुत प्राचीन बावड़ियों का अस्तित्व अब नहीं रहा है, परन्तु मिर्जा अली जां की बावड़ी आज भी विद्यमान है। यह नारनौल नगर के पश्चिम में आबादी से बाहर स्थित है। इस ऐतिहासिक बावड़ी का निर्माण मिर्जा अली जां द्वारा करवाया गया था। इसके निर्माण के सही समय की जानकारी नहीं मिलती। इस बावड़ी पर संगमरमर का बड़ा तख्त रहा है, जिसके कारण उसे तख्तवाली बावड़ी के नाम से भी जाना जाता है। बावड़ी के ऊपर ही एक कुआं है। बावड़ी में फव्वारा तथा नालियों द्वारा पानी पहुँचाने की प्राचीन व्यवस्था देखने योग्य है।

बावड़ी जीर्णावस्था में है। जिला प्रशासन ने इस बावड़ी की आंशिक मरम्मत का कार्य भी सम्पन्न करवाया है।

शाह विलायत का मकबरा

नारनौल नगर में शाह विलायत का मकबरा इब्राहिम खान के मकबरे के एक ओर स्थित है। यह मकबरा आकार में बड़ा है और एक महाविद्यालय जैसा लगता है जिसमें तुगलक से लेकर ब्रिटिशकाल तक की परम्परागत वास्तुकला को सजाया गया है। इसकी मौलिकता बाद में हुए निर्माण कार्यों के कारण पूरी तरह नहीं रखी जा सकी है। फिरोजशाह तुगलक के काल में यह मकबरा और इसके निकट के स्थल बनाये गये थे। गुलजार के लेखक कहते हैं कि आलम खान मेवाड़ी ने इसका पूर्वी बरामदा और गुम्बद बनवाए और निकट का भाग भी उन्होंने तैयार किया। इस मकबरे के पुराने भाग को देखकर कोई तुगलकिया वास्तुशिल्प की सराहना किये बिना नहीं रह सकता। तत्कालीन रीति-रिवाजों के अनुसार यहाँ मेहराबों का वक्राकार निर्माण करवाया गया था। गोलार्धीय गुम्बद के कारण मकबरा स्वयं ही ऊपर हो गया है। गुम्बद का आन्तरिक भाग बिल्कुल चौरस है और इसमें कुछ चित्रकारी हुई है जो काफी देर बाद की है। इसकी दो चारदीवारियां मुगलकाल से ही थीं, जबकि एक हिस्सा ब्रिटिश-काल में बनवाया गया।

शाह कुली खान का मकबरा, बगीचा और त्रिपोलिया

आइ-ने-अकबरी और लतीफ की यात्रा का सचित्र व्याख्यान हमें बताता है कि शाह कुली खान ने नारनौल नगर में सुन्दर बाग और बड़े टैंक खुदवाये तथा शानदार इमारतें भी बनवायी थीं। बाद में उसने अपने लिए एक सुन्दर मकबरा बनवाया।

उसने एक सुन्दर बगीचा बनवाया और इसका नाम आराम-ए-कौसर रखा। जिसकी आज केवल चार दीवारें, एक कुआं तथा मुख्यद्वार स्थल बचे हैं। सन् 1578 में बने इस बगीचे के अन्दर इन दिनों कृषि की जाती है। यह छोटा जरूर है लेकिन एक शानदार स्मारक चिन्ह है। यह भूरे नीले और लाल पत्थरों से निर्मित है तथा अष्टाकार है जो पठानों के मकबरा बनाने का एक दूसरा तौर-तरीका था। शाह कुली खान ने 1589 में अपने बाग के मुख्य द्वार पर त्रिपोलिया दरवाजा बनवाया था।

माधोगढ़ का किला

महेन्द्रगढ़ से 15 किलोमीटर दूर सतनाली सड़क मार्ग पर अरावली पर्वत श्रृंखला की पहाड़ियों के बीच सबसे ऊँची चोटी पर एक किला स्थित है। यह माधोगढ़ का ऐतिहासिक किला है। पर्वत की तलहटी में माधोगढ़ गांव बसा है। यद्यपि इस किले के निर्माण के सम्बन्ध में कोई ठोस प्रमाण उपलब्ध नहीं हैं, परन्तु ऐसा माना जाता है कि इसका निर्माण राजस्थान के सवाई माधोपुर के शासक माधोसिंह ने करवाया था। इस समय यह किला अत्यन्त जीर्णावस्था में है। संभवतः किले के साथ पहाड़ के चारों ओर 53 बुर्जियां थीं, जिनके कुछ

अवशेष आज भी देखे जा सकते हैं। लगभग 800 वर्ग गज के क्षेत्र में फैले इस किले में 30 कोठरियां बनी हुई हैं। मुख्य किले से कुछ नीचे एक अन्य भवन है, जिसमें 12 कोठरियां हैं। गांव के लोग इसे रानी का महल के नाम से जानते हैं। किले से लगभग 150 मीटर नीचे एक तालाब है। इसी तालाब के नीचे से किले में पानी की आवश्यकता की पूर्ति होती थी। इस समय यह स्थान एक खण्डहर ही प्रतीत होता है।

तावड़ू का किला

सोहना से 17 कि॰मी॰ दूर पर्वतीय रास्ते से होते हुए हरियाणा राजस्थान मार्ग पर स्थित तावड़ू नामक गांव में स्थित इस प्राचीन किले के विभिन्न कक्षों, उप-कक्षों तथा अन्य स्थलों से 'तावड़ू' के इतिहास की जानकारी मिलती है। इस किले के चारों ओर ऊँची-ऊँची दीवारें बनी हुई हैं। यही किला बाद में राजा नाहर सिंह का किला बना। इस समय तावड़ू स्थित इस किले को वहाँ का 'थाना' बना दिया गया है।

तावड़ू के गुम्बद

तावड़ू गांव में जगह-जगह अनेक 'गुम्बद' बने हुए हैं। इनका बड़ा महत्त्व था। प्राचीनकाल में राजाओं द्वारा इन गुम्बदों का निर्माण कुछ निश्चित लक्ष्य के लिए किया गया था। यहाँ उनकी सुविधाजनक आवासीय व्यवस्था होने के अतिरिक्त ऐश्वर्यपूर्ण विश्राम की भी व्यवस्था हुआ करती थी। राजाओं का दरबार स्थल भी प्रायः इन्हीं गुम्बदों में हुआ करता था। आज भले ही ये गुम्बद संरक्षण और उपयोग के लिए एकान्त में पड़े हैं, लेकिन इन्हें देखने से इनके प्राचीनकालीन महत्त्व का पता चलता है।

द्वारका व जोखी सेठ द्वारा बनवाई हवेली

झज्जर जिले की बेरी तहसील में बसे हुए डीघल गांव में बहुत साल पहले द्वारका व जोखी सेठ भाइयों ने एक दो मंजिल हवेली का निर्माण करवाया, जो आज भी मौजूद है। 'महल' के नाम से प्रसिद्ध इस हवेली में ऊँचा मेहराब देकर किले जैसी शैली का प्रवेश द्वार बनाया गया है। साल की लकड़ी के मोटे फट्टों के मजबूत किवाड़ों में सहस्रों मोटी व नुकीली गुलमेखें ठोककर इन किवाड़ों को अभेद्य बनाया गया। बाद में किवाड़ों की इस मजबूत जोड़ी को किसी पुरातत्व व्यापारी के हाथों बेच दिया गया। हवेली किसी समय इतनी भव्य व सुन्दर थी कि गांव वाले इसमें रहने वालों को महल वाले कहकर बुलाते थे।

डीघल गांव का बैठक भवन

रामे सेठ नामक प्रसिद्ध साहूकार ने डीघल गांव में सन 1880 के आसपास एक कलात्मक बैठक भवन का निर्माण करवाया। जो आज भी उसकी कलात्मक अभिरुचि व उसके खानदान की समृद्धि का प्रतीक माना जाता है। इसमें एक गद्दीकक्ष, एक पार्श्व कक्ष, दो ओबरे और एक जमींदोज भौंरे के अलावा पूर्वोन्मुख शानदार बरामदा बनवाया गया। बरामदे को पुस्तक

स्तम्भों और मेहराबों से अलंकृत किया तो गद्दीकक्ष को सुन्दर भित्तिचित्रों से। इस भवन के किवाड़ों में बड़े ही मजबूत ताले लगवाये गये। ये ताले भारतीय ताला निर्माणकला के अनूठे उदाहरण हैं जो आश्चर्यचकित करते हैं। इसमें गियरों और लीवरों का अद्भुत सम्मिश्रण करके अनूठी युक्ति विकसित की गई है। 256 वर्गफुट क्षेत्र मे बने इस बैठक कक्ष की आन्तरिक सज्जा के लिए लाला फतेहचंद ने बहुत बढ़िया किस्म के 23 भित्तिचित्र बनवाये। इसके अलावा इसमें शीशे के फ्रेमयुक्त 100 ऐसे चित्र लगाये जो उस समय की कैलेण्डर कला के उत्कृष्ट नमूने कहे जा सकते हैं। इसी कक्ष में कान्हौर व रोहतक के खातियों से 1015 किलोग्राम भार का उत्कृष्ट शीशम की लकड़ी का तख्ता बनवाकर रखवाया गया। बरामदे में भी करीब 17 और सुन्दर भित्तिचित्र बनवाये गये थे। यद्यपि ये भित्तिचित्र अब काफी खराब हो चुके हैं परन्तु देखने में अब भी पर्याप्त आकर्षक लगते हैं।

राजा नाहर सिंह का किला

यह किला बल्लभगढ़ में स्थित है। इस किले को बनवाने की योजना राजा बल्लू के शासनकाल में बनाई गई थी जिसे उनके पुत्र किशन सिंह ने पूरा किया। यह किला वर्तमान में अम्बेडकर चौक से नाहर सिंह मार्किट तक तथा कन्या विद्यालय के जोहड़ से लेकर बल्लभगढ़ नगर निगम कार्यालय तक विस्तृत है। आज भी किले के चारों ओर की खाई जोहड़ की तरह दिखाई देती है। इसका नक्शा भरतपुर के किले को देखकर बनवाया गया था

इस किले को राजा बल्लू की मृत्यु के 25 वर्ष बाद उनके पौत्र अजीत सिंह ने पूरा किया था। किले के दो मुख्य द्वार भी थे, जिन्हें अजीत सिंह गेट तथा बल्लू गेट के नाम से जाना जाता था। इस किले के चारों कोनों पर चार बुर्ज थे जिन पर तोपें लगी थीं। अब इन चारों बुर्जों में से केवल दो ही शेष बचे हैं। किले की दीवारें तहसील कार्यालय के पीछे व नाहर सिंह पार्क में आज भी दिखाई पड़ती हैं। पूर्व कोतवाली व वर्तमान प्रशासक निवास के स्थान पर यहाँ के शाही महल हैं जो किले के विध्वंस के साथ ही मिटा दिये गये। पूर्व कचहरी दरबार-ए-आम जहाँ लोग राजा से फरियाद करते थे तथा न्याय लेते थे इसी से लगा हुआ रंगमहल था जिसकी खूबसूरत छतरी आज भी इतिहास की गाथा सुनाती प्रतीत होती है।

बीरबल का रंगमहल

यमुनानगर से बारह कि.मी. दूर बूड़िया नामक एक प्राचीन कस्बे के समीप बीरबल ने अपने रहने के लिए जंगलों में आबादी से दूर रंगमहल का निर्माण करवाया था, जो उस समय आमोद-प्रमोद का प्रमुख स्थान रहा होगा। बीरबल मुगल सम्राट अकबर के नवरत्नों में से एक था। यह रंगमहल अब एक खंडहर बन चुका है। इसकी दीवारों तथा छतों पर बनाये गये भित्तिचित्र आज भी सजीव से लगते हैं। अनूठे रंगों व भावों से भरे ये चित्र खण्डहर बन रही दीवारों के साथ अपना अस्तित्व खो रहे हैं। रंगमहल विशाल पत्थर की मेहराबों वाला सुनिर्मित महल था।

तोशाम की बारादरी

भिवानी जिले में स्थित तोशाम नामक स्थान की पहाड़ी पर यह बारादरी स्थित है। यह बारादरी पृथ्वीराज की कचहरी के नाम से प्रसिद्ध है। इस बारादरी के निर्माण में चूने और छोटी ईंटों का प्रयोग किया गया है। इस भवन की विशेषता यह है कि इसमें एक भी चौखट का प्रयोग नहीं किया गया है और इसमें 12 द्वार इस तरह से स्थापित किये गये हैं कि केन्द्रीय कक्ष में बैठा हुआ व्यक्ति चारों ओर देख सकता है। इसके प्रत्येक कक्ष का द्वार पांच मीटर ऊँचा है और इसके चारों ओर जनता के बैठने के लिए एक चबूतरा बना हुआ है।

महम की बावड़ी

रोहतक जिले के महम कस्बे के एक छोर पर एक बावड़ी बनी हुई है। यह मुगल स्थापत्य कला का नमूना है। यह बावड़ी शाहजहां के शासनकाल में सद्दोकलाल ने 1656 ई॰ में बनवाई थी। इस बावड़ी की लम्बाई 275 फुट तथा चौड़ाई 295 फुट है। इसकी चार मंजिलें हैं तथा अन्दर जाने के लिए 108 सीढ़ियाँ हैं। उसके बाद चौक आता है और उसके बाद कुआं है। चार मंजिलों पर दोनों तरफ ऊपर जाने के लिए पोड़ियां बनी हुई हैं। कुएं की दीवार पर सफेद रंग का पत्थर लगा हुआ है जिस पर एक शेर लिखा हुआ है, जिससे प्रतीत होता है इसे शैदुनाथ के कलाल महम निवासी जाति से सम्बन्ध रखने वाले एक व्यक्ति ने बनवाया था जो कि शहंशाह आलम के जमाने से ताल्लुक रखता था। इसमें एक सुरंग भी है, जिसके बारे में कहा जाता है कि यह दिल्ली तक थी और बाद में इस सुरंग को बन्द करवा दिया गया। बाहर से आने वाले व्यक्ति इसे अवश्य देखते हैं।

गऊ कर्ण तालाब, रोहतक

गऊ कर्ण नामक तालाब रोहतक जिले में स्थित है, यहाँ पर हर वर्ष तीज के त्यौहार के दिन एक मेले का आयोजन किया जाता है। पहले लोग इस तालाब में स्नान व तैराकी करते थे लेकिन अब क्योंकि यह तालाब मिट्टी से भर चुका है इसलिए स्नान व तैराकी तो नहीं होती लेकिन यहाँ एक व्यायामशाला है।

इस गऊ कर्ण तालाब में यात्रियों के ठहरने के लिए अलग-अलग जगह बनाई हुई हैं। यदि कोई भी यात्री वहां चला जाए तो उसको प्रसाद व भोजन आदि करवाया जाता है। गऊ कर्ण तालाब के आस-पास दूर तक पशु-पक्षी आदि का शिकार करना मना है। तालाब पूर्व दिशा में है और चारों तरफ से पक्का बना हुआ है। तालाब के साथ पश्चिम दिशा में मन्दिर है जिसमें गऊ कर्ण महाराज की तस्वीर बनी हुई है जिसमें उन्हें तपस्या आदि करते हुए दिखाया गया है और साथ ही बहुत सारे साधुओं की समाधियां बनी हुई हैं। गऊ कर्ण महाराज के नाम पर ही यह स्थान गऊ कर्ण तालाब के नाम से प्रसिद्ध है।

लूदेसर गांव का शहीदी स्मारक

सिरसा से 28 कि॰मी॰ दूर लूदेसर गांव में एक शहीदी स्मारक है जो देश के लिए कुर्बानहुए शहीदों की अमर गाथा कह रहा है। हरियाणा सरकार की ओर से इसकी देखभाल की जाती है।

चनेटी गांव का स्तूप

जगाधरी से पूर्व की ओर लगभग तीन कि॰मी॰ की दूरी पर तथा सुध नगर से लगभग इतनी ही दूरी पर स्थित चनेटी नामक गांव में दक्षिण-पश्चिम की ओर लगभग 100 मीटर की परिधि में एक 20 मीटर के दायरे वाला ईंटों का विशाल टीला है, जो 8 मीटर ऊंचा है, जिसमें पीली और पक्की ईंटें लगी हुई हैं। गोलाकार में बना यह स्तूप नीचे से चौड़ा है तथा जैसे-जैसे ऊपर की ओर जाता है इसकी चौड़ाई कम होती जाती है। चीनी यात्री ह्यूनसांग द्वारा दिये गये वर्णन से यह आभास होता है कि स्तूप अशोक स्तूप का अवशेष है।

कुरुक्षेत्र का श्रीकृष्ण संग्रहालय

सन् 1987 में "श्रीकृष्ण संग्रहालय" की स्थापना कुरुक्षेत्र में की गई। 1991 में यह संग्रहालय अपने वर्तमान भव्य व दर्शनीय स्वरूप में बनकर तैयार हुआ।

"श्रीकृष्ण संग्रहालय" कुरुक्षेत्र-पेहोवा मार्ग पर ब्रह्मसरोवर व सन्निहित सरोवर के मध्य काली कमली वाले मैदान में स्थित है। यह मुख्यतः श्रीकृष्ण एवं महाभारत के सदचरित्रों के माध्यम से जन-साधारण में आध्यात्मिक चेतना के पुनर्जागरण के साथ-साथ श्रीकृष्ण के आदर्शों के प्रति लोकाकर्षण उत्पन्न करता है।

श्रीकृष्ण संग्रहालय में संग्रहित वस्तुएं मुख्यतः श्रीकृष्ण के विभिन्न रूपों, उनकी बाल-लीलाओं व महाभारत के विभिन्न प्रसंगों के चित्रण से सम्बन्धित हैं। हरियाणा के विभिन्न स्थलों से प्राप्त ऐतिहासिक व आद्योतिहासिक वस्तुओं को संग्रहालय में सम्मिलित किये जाने की योजना है। कुछ वस्तुएं प्रदर्शनार्थ रख भी दी गई हैं। श्रीकृष्ण संग्रहालय परिसर में भविष्य में हरियाणवी संस्कृति के विभिन्न पहलुओं के शोधात्मक अध्ययन के लिए एक शोध केन्द्र खोले जाने की भी योजना है। जन्माष्टमी पर संग्रहालय परिसर में बहुत रौनक रहती है। इसमें सौन्दर्यीकरण की ओर विशेष ध्यान दिया गया है। संग्रहालय प्रतिदिन प्रातः 10.00 बजे से 5.00 बजे तक खुला रहता है। संग्रहालय में रखी गई वस्तुएं विभिन्न कालों व शैलियों से सम्बन्ध रखती हैं। इसमें उत्खनन से प्राप्त, प्राचीन प्रस्तर प्रतिमाएं व बीसवीं सदी के कलाकारों द्वारा बनाई गई प्रस्तर, कांस्य व पीतल की प्रतिमाएं, काष्ठ मूर्तियां, कागज की लुगदी से बने दृश्य, चमड़े की कठपुतलियां, मधुवनी चित्रकला के नमूने, पिछचवर्ड कलमकारी कला नमूने, ओडिया पटचित्र, पाण्डुलिपियाँ, सिक्के व कई अन्य वस्तुएँ सम्मिलित हैं।

यह संग्रहालय तीन तलों में विभक्त है - भूतल, प्रथमतल एवं द्वितीय तल। एक से दूसरे तल पर जाने के लिए अन्दर से ही कलात्मक सीढ़ियां बनाई गई हैं। संग्रहालय के प्रवेशद्वार के अन्दर श्री गणेश की भव्यप्रस्तर प्रतिमा स्थापित की गई है। दायीं ओर एक विशाल पट्ट लगाया गया है। इस पट्ट पर बनाये गये हरियाणा के मानचित्र में विभिन्न तीर्थ, रेलमार्ग, सड़क मार्ग आदि को सुन्दर ढंग से चित्रित किया गया है। बायीं ओर टिकट खिड़की पर ही एक लघु विक्रय केन्द्र है, जहाँ कला-साहित्य सहित कला वस्तुएं पर्यटकों के क्रय के हेतु रखी गई हैं। संग्रहालय में प्रवेश करते ही महाभारत, गीता व अन्य धार्मिक ग्रन्थों के श्लोकों व प्रसंगों का मधुर उच्चारण सुनाई पड़ने लगता है।

यह संग्रहालय श्रीकृष्ण व महाभारत से सम्बन्धित विभिन्न प्रसिद्ध शैलियों की कलाकृतियों के संग्रह का अनूठा एवं अभिनव प्रयास है।

आध्यात्मिक संग्रहालय

पानीपत नगर में अनेकानेक सभी धर्मों के धार्मिक स्थान निर्मित हैं। उनमें भी विशेष कर यहां की सुप्रसिद्ध आश्रम रोड पर स्थित प्रजापिता ब्रह्मकुमारी ईश्वरीय विश्वविद्यालय का भव्य भवन जो कि कुछ वर्ष पूर्व बना था, पानीपत निवासियों के विशेष आकर्षण का केन्द्र बना हुआ है। यह तिमंजिला भवन बहुत ही सुन्दर ढंग से निर्मित है।

इस भवन को आम व्यक्ति पांच मूर्तियों वाले आश्रम के नाम से जानते हैं क्योंकि फाईबर की निर्मित पांच प्रमुख धर्मों की भव्य मूर्तियां जो कि एक ही ज्योति बिन्दु शिव की ओर इशारा कर रही हैं हिन्दू धर्म के शंकराचार्य, क्रिश्चियन धर्म के क्राइस्ट, इस्लाम धर्म के इब्राहिम, बुद्ध धर्म के महात्मा बुद्ध एवं सिक्ख धर्म के श्री गुरुनानक देव जी सभी सर्वोपरि ज्योति बिन्दु की ओर टक-टकी लगाये हैं। अभी तक तो इस संस्था के इस भवन का बाहरी दृश्य ही आकर्षक था लेकिन 16 सितम्बर, 1994 को राजयोगिनी दादी प्रकाशमणि जी ने आध्यात्मिक संग्रहालय का यहां उद्घाटन किया। इस संग्रहालय के बनने से तो जैसे इस भवन को चार चांद लग गये हों इस भवन के नीचे वाले हॉल में जिसका साईज़ 20'×50' है जोकि रोड के साथ ही लगता है, लगभग छोटी-बड़ी सुन्दर आकर्षक 300 मूर्तियां हैं, जिनसे यह संग्रहालय अति लुभावना दिखाई पड़ता है। यह प्रतिदिन प्रातः 8 से 12 एवं सांय 5 से 8 बजे तक खुलता है। सांय काल में तो देखने वाले लोगों का तांता लगा रहता है। दूर से ही देवी-देवताओं की झांकी देखकर मन प्रसन्न हो जाता है। संग्रहालय में प्रवेश करते ही श्रीकृष्ण जी का अति सुन्दर मन-मोहक स्वर्ग के गोले को हाथ के ऊपर उठाये हुए चित्र को देखते ही ऐसा लगता है मानों श्रीकृष्णपुरी का साक्षात्कार हो गया है। इस संग्रहालय में मुख्यतः आठ पैनल निर्मित हैं। परमात्मा दर्शन, सृष्टि दर्शन, आत्म दर्शन, जीवन दर्शन, स्वर्णिम युग, दर्शन, राजयोग दर्शन, एकता दर्शन, संगमयुग दर्शन।

वस्तुनिष्ठ प्रश्नोत्तर

1. हरियाणा के किस नगर में इब्राहिम लोदी का मकबरा स्थित है?

A. गुरुग्राम   B. पानीपत

C. जीन्द   D. फरीदाबाद

2. पानीपत में इब्राहिम लोदी और बाबर के बीच प्रसिद्ध युद्ध कब हुआ था जिसमें इब्राहिम लोदी पराजित होकर मारा गया था?

A. 1526   B. 1527

C. 1528   D. 1530

3. पानीपत के समीप वह कौन सा स्थान है जहाँ पर सन् 1761 ई॰ में पानीपत का तीसरा युद्ध हुआ था?

A. समालखा   B. बापौली
C. काला अम्ब   D. इसराना

4. पानीपत के समीप किस स्थान को हरियाणा सरकार 'वार-हीरो मैमोरियल' के रूप में विकसित कर रही है?

A. इसराना   B. काला अम्ब
C. मडलौडा   D. समालखा

5. पानीपत के निकट बाबर ने अपनी प्रिय रानी मुसम्मत काबुली बेगम की याद में और पानीपत के प्रथम युद्ध में विजय की खुशी में किस चीज का निर्माण करवाया था?

A. काबुली बाग   B. मदरसा
C. मस्जिद   D. किला

6. सलारगंज गेट हरियाणा के किस नगर में स्थित है?

A. रोहतक   B. पानीपत
C. हिसार   D. अम्बाला

7. होडल में भरतपुर के राजा सूरजमल ने निम्नलिखित में से किस चीज का निर्माण करवाया था?

A. तालाब   B. सराय
C. बावड़ी   D. उपरोक्त सभी का

8. मुगलकालीन 'मटिया किला' हरियाणा में कहाँ पर स्थित है?

A. पलवल   B. होडल
C. बल्लभगढ़   D. फरीदाबाद

9. पलवल जिले के गांव मूलवाना में स्थित 'मीनार' किस प्रसिद्ध मुस्लिम शासक के काल में बनवाई गई थी?

A. बाबर   B. हुमायूं
C. शेरशाह सूरी   D. मुहम्मद तुगलक

10. बल्लभगढ़ के राजा अनुरूप सिंह की विधवा ने अपने पति की स्मृति में एक तालाब व छतरी का निर्माण कब करवाया था?

A. सन् 1810 में   B. सन् 1818 में
C. सन् 1824 में   D. सन् 1835 में

11. फरीदाबाद जिले में किस स्थान पर तीन सौ वर्ष पुरानी एक सराय स्थित है?

A. गांव सराय ख्वाजा   B. हसनपुर
C. हथीन   D. बल्लभगढ़

12. जिला पलवल के किस नगर में किशोरी महल स्थित है, जिसका निर्माण 1754 से 1764 में कराया गया था?

A. पृथला   B. हसनपुर
C. होडल   D. हथीन

13. जिला करनाल में किस स्थान पर छोटी-छोटी ईंटों से बना हुआ एक किला है जहां पर अब सैनिक स्कूल चल रहा है?

A. कुन्जपुरा   B. इन्द्री
C. नीलोखेड़ी   D. चीड़ाओं

14. जिला गुरुग्राम में स्थित सोहना नगर 18वीं शताब्दी में किसके द्वारा बसाया गया था?

A. गजपत सिंह द्वारा   B. राजा सूरजमल द्वारा
C. शेरशाह सूरी द्वारा   D. राजा सोहनसिंह द्वारा

15. हरियाणा के जीन्द नगर को जीतकर गजपत सिंह द्वारा एक विशाल किले का निर्माण कब करवाया गया?

A. सन् 1725 में   B. सन् 1775 में
C. सन् 1788 में   D. सन् 1995 में

16. पुरानी तहसील कार्यालय रेवाड़ी के समीप स्थित बांगवाला तालाब का निर्माण किसने करवाया था?

A. राव गूजरमल के पुत्र नन्दराम अहीर ने
B. रावतेज सिंह ने
C. सोहन सिंह ने
D. गजपत सिंह ने

17. रेवाड़ी के पुराने टाऊन हॉल के समीप स्थित 'राव तेज सिंह तालाब' का निर्माण कब करवाया गया था?

A. सन् 1802 से 1805 के बीच   B. सन् 1825 से 1830 के बीच
C. सन् 1810 से 1815 के बीच   D. सन् 1840 से 1845 के बीच

18. कैथल नगर के निकट बाबालदाना रोड पर गुलामवंश के किस प्रसिद्ध शासक का मकबरा स्थित है?

A. रजिया सुल्तान   B. इल्तुतमिश
C. बलवन   D. रूकनुद्दीन

19. नारनौल नगर के समीप जलमहल नामक ऐतिहासिक स्मारक का निर्माण नारनौल के जागीरदार शाह कुली खान द्वारा कब करवाया गया था?

A. सन् 1530 में   B. सन् 1591 में
C. सन् 1598 में   D. सन् 1600 में

20. रायमुकन्द दास का छत्ता (बीरबल का छत्ता) नामक ऐतिहासिक स्मारक का निर्माण दीवान राय मुकन्द दास ने हरियाणा के किस नगर में करवाया?

A. पानीपत B. करनाल
C. कैथल D. नारनौल

21. श्रीकृष्ण संग्रहालय हरियाणा में कहाँ पर स्थित है?
A. कुरुक्षेत्र में B. रोहतक में
C. पानीपत में D. फरीदाबाद में

22. श्रीकृष्ण संग्रहालय की स्थापना कुरुक्षेत्र में कब की गई थी?
A. सन् 1970 में B. सन् 1987 में
C. सन् 1989 में D. सन् 1995 में

23. श्रीकृष्ण संग्रहालय भवन का कुल क्षेत्रफल कितने वर्गमीटर है?
A. 8764 वर्ग मीटर B. 8129 वर्ग मीटर
C. 8885 वर्ग मीटर D. 8649 वर्ग मीटर

24. राजा नाहर सिंह का किला हरियाणा में कहां पर स्थित है?
A. महेन्द्रगढ़ में B. रोहतक में
C. यमुनानगर में D. बल्लभगढ़ में

25. गऊकर्ण नामक तालाब किस जिले में स्थित है?
A. रोहतक जिले में B. झज्जर जिले में
C. सोनीपत जिले में D. रेवाड़ी जिले में

उत्तरमाला

1	2	3	4	5	6	7	8	9	10
B	A	C	B	A	B	D	A	C	B

11	12	13	14	15	16	17	18	19	20
A	C	A	D	B	A	C	A	B	D

21	22	23	24	25
A	B	C	D	A

❖❖❖

29 | पर्यटक स्थल

हरियाणा सरकार ने इतिहास के पन्ने पलटकर रोमांचकारी पर्यटन स्थल ढूंढ निकाले हैं। पिछले कुछ समय में पिंजौर गार्डन, सूरजकुण्ड, बड़खल झील, सोहना, कर्णझील आदि रमणीय पर्यटन स्थल के रूप में विकसित कर दिये गये हैं। हरियाणा पर्यटन निगम ने हरियाणा के पूरे मानचित्र पर 43 पर्यटन स्थल स्थापित कर दिये हैं जहाँ देश-विदेश से आये पर्यटक आनन्द विभोर हो उठते हैं। कोई इन्हें हाई-वे-टूरिज्म की संज्ञा देता है। इस प्रकार के पर्यटन विकास द्वारा हरियाणा ने विश्वख्याति अर्जित कर ली है। हरियाणा पर्यटन निगम को इस क्षेत्र में अनेक अन्तर्राष्ट्रीय ख्याति-पत्र भी मिल चुके हैं और यह निगम पर्यटन क्षेत्र में अनेक राज्यों को परामर्श सेवा प्रदान कर रहा है।

इस प्रदेश में पर्यटन विकास की ओर विशेष ध्यान दिया जा रहा है। प्रदेश में पर्यटन विकास निम्नलिखित निजी क्षेत्र द्वारा पूँजी निवेश को बढ़ावा देने के लिए एक नई उदार संयुक्त उद्यम नीति बनाई गई है। इस प्रदेश में पर्यटन एवं सांस्कृतिक विकास के लिए निम्नलिखित कार्य किये जा रहे हैं:

1. सूरजकुण्ड मेला, जो कि अन्तर्राष्ट्रीय ख्याति प्राप्त कर चुका है, की तरह एक और मेले 'कार्तिक सांस्कृतिक उत्सव' का राजा नाहरसिंह महल, बल्लभगढ़ में आयोजन शुरू किया गया है। यहाँ पर 'हैरिटेज़ होटल' बनाया जा रहा है जिससे समृद्ध भारतीय संस्कृति एवं इतिहास के बारे में देश-विदेश के पर्यटकों को जानकारी मिलेगी।

2. पंचकुला के समीप श्रीमाता मनसा देवी मन्दिर परिसर में यात्रियों की सुविधा के लिए एक नई 'यात्रिका' चालू की गई है।

3. फरीदाबाद के प्रसिद्ध अरावली गोल्फ कोर्स को 9 होल से बढ़ाकर 18 होल किया जा रहा है।

4. यमुना नदी पर स्थित अति सुन्दर स्थल कलेसर में एक और पर्यटक केन्द्र बनाने की योजना है, जिससे इस क्षेत्र में साहसिक गतिविधियों को बढ़ावा मिलेगा।

5. पेहोवा में यात्रिका का कार्य पूरा हो चुका है।

6. गुरुग्राम, रेवाड़ी तथा पिपली के पर्यटन केन्द्रों में अतिरिक्त कमरे बनाये जा रहे हैं तथा रोहतक व मोरनी में भी अतिरिक्त कमरे बनाये जायेंगे।

7. करनाल में एक 9 होल गोल्फ कोर्स शुरू कर दिया गया है।

8. संयुक्त उद्यम में पर्यटन विकास की योजना के अन्तर्गत माधोगढ़ में हेरिटेज होटल, सोहना में हैल्थ कल्ब तथा उचाना में मनोरंजन पार्क की परियोजनाएँ स्थापित करना प्रस्तावित हैं।

प्रमुख पर्यटक स्थलों का संक्षिप्त विवरण

1. स्काई लॉर्क—पर्यटन विभाग ने पर्यटकों की सुविधा के लिए पानीपत नगर में जी॰टी॰ रोड पर स्काई लॉर्क कॉम्पलैक्स बनवाया है। यहाँ 20 कमरे, दो बार रूम, पैट्रोल पम्प, प्राइवेट गिफ्ट शॉप, लॉन के अतिरिक्त एक भव्य कान्फ्रैंस हॉल की भी सुविधा है।

2. ब्लूजे—पानीपत से 18 किलोमीटर दूर समालखा नगर में 'ब्लूजे' नामक पर्यटन स्थल है, जहाँ पर सैलानियों की सुविधा के लिए 8 कमरों के अतिरिक्त बार-रूम, प्राइवेट गिफ्ट शॉप, होटल व मोटल सुविधा है।

3. काला अम्ब—पानीपत से 5 किलोमीटर दूर सनौली रोड पर स्थित 'काला अम्ब' नामक ऐतिहासिक युद्ध स्थल पर पर्यटन विभाग ने सैलानियों की सुविधा के लिए एक कैफ्टेरिया की सुविधा उपलब्ध करवाई हुई है। यहाँ पर पर्यटकों की सुविधा के लिए कमरों, लॉन व कैटरिंग की सुविधा भी है।

4. कर्णझील तथा ओयसिस—पर्यटकों की सुविधा के लिए जिला करनाल में पर्यटन विभाग ने शेरशाह सूरी मार्ग पर अम्बाला की ओर लगभग 8 किलोमीटर दूर पश्चिमी यमुना नहर के दोनों ओर लगभग 56 केनाल भूमि पर कर्णझील तथा ''ओयसिस'' नामक पर्यटन स्थल विकसित किये हुए हैं, जिनमें पर्यटकों के रहने के लिए 22 कमरे व दो फैमिली हट के अतिरिक्त एक पैट्रोल पम्प, दो रेस्टोरेंट, फास्ट फूड सर्विस, बार, नौका विहार, डिस्पैंसरी, बैंक व मोटल आदि की सुविधायें उपलब्ध हैं। इन पर्यटन स्थलों पर प्रति वर्ष लगभग 4.5 लाख पर्यटक आते हैं जिससे पर्यटन विभाग को लगभग दो करोड़ रुपये से भी अधिक की आय होती है।

5. ज्योतिसर—यह पर्यटक स्थल कुरुक्षेत्र रेलवे स्टेशन से 8 कि॰मी॰ दूर पेहोवा मार्ग पर सरस्वती नदी के किनारे स्थित है। यहाँ पर एक सरोवर है। जिसमें यात्रियों के स्नान करने के लिए नरवाना नहर से निरन्तर शुद्ध व ताजा जल उपलब्ध होता रहता है। यहाँ पर पर्यटकों की सुविधा के लिए कमरों, लॉन व रेस्टोरेंट आदि की सुविधा भी है।

6. पैराकीट—हरियाणा पर्यटन विभाग ने कुरुक्षेत्र में पर्यटकों की सुविधा के लिए पिपली नगर के मुख्य केन्द्र तथा कुरुक्षेत्र जाने वाले मार्ग पर ''पैराकीट'' नामक पर्यटन स्थल का निर्माण किया है।

यहाँ पर पर्यटकों की सुविधा के लिए मोटल, रेस्टोरेंट, गिफ्ट शॉप तथा लॉन आदि की सुविधा उपलब्ध है।

7. शमा—पर्यटकों की सुविधा के लिए गुरुग्राम नगर में हरियाणा पर्यटक निगम की ओर से सभी आधुनिक सुविधाओं से युक्त ''शमा'' पर्यटक केन्द्र स्थापित किया गया है। पूर्णतः व्यवस्थित होने के कारण यहाँ दिल्ली-गुरुग्राम मार्ग पर आने वाले देशी-विदेशी पर्यटकों को सुविधाएँ उपलब्ध होती हैं। यहाँ पर एक रेस्टोरेंट, बार तथा 6 वातानुकूलित कमरे पर्यटकों की सुविधा के लिए हैं। पर्यटकों की बढ़ती संख्या को देखते हुए निगम ने इस केन्द्र में 6 और नये वातानुकूलित कमरों का निर्माण करवाया है।

8. सुलतानपुर पक्षी विहार—राजधानी दिल्ली से मात्र 46 कि०मी० दूर गुरुग्राम-फरुखनगर सड़क पर हरियाणा का अति सुरम्य सुलतानपुर पक्षी विहार स्थल है। इस पक्षी विहार की खोज का श्रेय पीटर जैक्सन नामक एक पक्षी प्रेमी को जाता है। 265 एकड़ भूमि में फैली इस विशाल प्राकृतिक झील में लगभग एक सौ प्रजातियों के पक्षी पानी में किलोल करते आसानी से नज़र आ जाते हैं। इन पक्षियों के अतिरिक्त अक्तूबर से फरवरी के दौरान यूरोप तथा साइबेरिया से आने वाले असंख्य प्रवासी पक्षी पर्यटकों का मन मोह लेते हैं। पर्यटकों की सुविधा के लिए पक्षी विहार में स्थान-स्थान पर 'वाच टावर' बनाये गये हैं, ताकि पक्षी प्रेमी आसानी से नैसर्गिक परिवेश में पक्षियों की जल क्रीड़ाओं को देख सकें। पक्षी-प्रेमियों की जानकारी के लिए यहाँ पर पक्षी पुस्तकालय भी बनाया गया है जहाँ पर पक्षी जगत से सम्बन्धित महत्त्वपूर्ण पुस्तकें उपलब्ध हैं। लोगों को खान-पान की सुविधाएँ उपलब्ध करवाने के लिए पक्षी विहार में ''रोज़ी पेलीकन'' रेस्टोरेंट तथा बार भी पर्यटन निगम द्वारा चलाया जा रहा है। इसके अतिरिक्त पर्यटकों की आवासीय सुविधा के लिए यहाँ पर वातानुकूलित अतिथि गृह की भी सुविधाएँ उपलब्ध हैं।

9. पर्यटक केन्द्र सोहना—दिल्ली-अलवर मार्ग पर अरावली पर्वतों की खूबसूरत पहाड़ियों के मध्य यह केन्द्र स्थित है। दिल्ली से अलवर व जयपुर जाने वाले यात्रियों के लिए यह एक आदर्श पर्यटक स्थल है। यहाँ पर आधुनिक सुविधाओं से युक्त बारबेट हट, सोना बाथ कॉम्पलैक्स तथा वातानुकूलित कमरों की सुविधा वाला होटल भी है, जहाँ पर्यटक अपने लम्बे सफर की थकान को कम करते हैं। बोगनवीलिया तथा अन्य फूलदार वृक्षों की छाया व खुशबू से महकते तथा नर्म मुलायम हरी घास के मैदान से अपने रूप रंग में चार-चांद लगाता यह पर्यटन केन्द्र सैलानियों को अपनी ओर आकर्षित करने में सदैव सफल रहा है। सर्दियों के मौसम में, विशेषकर फरवरी का महीना, सोहना आने वाले यात्रियों के लिए एक सुखद अनुभूति है। इस मास के दौरान यहाँ पर ''स्टेट्समैन'' ग्रुप 'विन्टेज कार रैली'' आयोजित करता है जिसका अपना ही आकर्षण है। वैसे पर्यटक रविवार या अवकाश के किसी दिन यहाँ आने का मौका तलाशते हैं। सोहना अपने कुदरती गर्म पानी के कुण्ड के लिए भी विख्यात है। यहाँ के गंधक युक्त पानी में स्नान करने से चर्म रोगों से मुक्ति मिलती है, ऐसा लोगों का विश्वास है।

10. दमदमा झील—सोहना से मात्र 8 कि०मी० की दूरी पर प्राकृतिक सौन्दर्य से भरपूर दमदमा झील है। मछली शिकार के शैकीन पर्यटकों के लिए यह एक रमणीय स्थान है। इसी कारण यहाँ पर हरियाणा पर्यटक निगम ने ''पर्यटक केन्द्र दमदमा'' का निर्माण किया। यात्रियों की सुविधा के लिए यहाँ पर रेस्टोरेंट तथा वातानुकूलित कमरों की सुविधा वाले मोटल का निर्माण भी करवाया गया है।

11. बड़खल झील—फरीदाबाद के पश्चिम में फैले विशाल चट्टानी क्षेत्र के मध्य स्थित बड़खल झील दिल्ली-मथुरा राष्ट्रीय राजमार्ग से मात्र तीन कि॰मी॰ की दूरी पर स्थित है। वर्ष 1947 में सिंचाई परियोजना के अन्तर्गत इसका निर्माण किया गया था। जिसका उद्देश्य भूमि के कटाव को रोकना था। दो छोटी पहाड़ियों को जोड़कर 6445 मीटर लम्बा और 6 मीटर चौड़ा बाँध बनाकर इसमें बाढ़ के पानी को रोकने की व्यवस्था की गई। इस प्रकार यह झील देश-विदेश से आने वाले पर्यटकों के लिए आकर्षण का केन्द्र बन गई। पर्यटकों की सुविधा के लिए यहाँ खान-पान की सुविधा हेतु बार सहित वातानुकूलित मयूर रेस्तरां भी बनाया गया है। पहाड़ी के ऊपर बने इस रेस्तरां से दिखाई देती सुन्दर झील का दृश्य अत्यधिक मनमोहक लगता है। सैलानियों की सुविधा के लिए 13 सैटों वाला एक पर्यटन बंगला भी बनाया गया है।

12. सूरजकुण्ड—यह पर्यटक स्थल दिल्ली से लगभग 20 कि॰मी॰ दूर चट्टानी क्षेत्र में स्थित है। बताया जाता है कि इस कुण्ड का निर्माण तोमर वंश के राजा सूरजमल ने करवाया था। सूरजकुण्ड की आकृति उदय होते सूर्य जैसी है। वर्षा का पानी रोकने के लिए इसके तट पर सीढ़ीनुमा अर्द्ध-मण्डलाकृति का बाँध बना हुआ है। इस सरोवर के तल का व्यास लगभग 130 मीटर है। बताया जाता है कि पहले यहाँ सूर्य मन्दिर था, जिसके कुछ अवशेष भी दिखाई पड़ते हैं। सूरजकुण्ड के साथ ही एक ताल है जो पहाड़ियों से घिरा है। यह मयूर झील के नाम से जाना जाता है।

13. डबचिक—दिल्ली-आगरा राष्ट्रीय राजमार्ग पर स्थित डबचिक पर्यटन कॉम्पलैक्स सैलानियों के लिए आकर्षण का केन्द्र है। यहाँ एक रेस्तरां, बार, पर्यटक कुटीर और बैठने तथा विश्राम करने के लिए सुन्दर मैदान है। देश-विदेश से आने वाले सैलानी फरीदाबाद के इन पर्यटक स्थलों को देखने में बड़ी रुचि रखते हैं।

14. अरावली का गोल्फ मैदान—फरीदाबाद जिले में स्थित, ये बहुत ही सुसज्जित गोल्फ मैदान है। इसका डिजाइन अमेरिका के स्टीफन के गोल्फ मैदान की भाँति बनाया गया है। ये अच्छे खिलाड़ियों के लिए खेलने का अच्छा मैदान है। ये गोल्फ मैदान 9 होल वाला है। यहाँ पर एक क्लब भी है। यहाँ पर एक रेस्टोरेंट, एक बार की सुविधा भी है। यहाँ पर पर्यटकों के लिए झोंपड़ीनुमा सुविधा भी प्रदान की गई है। ये गोल्फ मैदान मैगामी की थोड़ी दूरी पर स्थित है और नेशनल हाइवे न॰ 2 से सटा हुआ है।

15. किंग फिशर—हरियाणा का अम्बाला नगर अपने वैज्ञानिक उपकरणों के लिए प्रसिद्ध है ये वो स्थान है जहाँ पर कभी ब्रिटिश राज्य की घुड़साल और कैन्ट ऐरिया हुआ करता था। किंग फिशर बहुत ही आकर्षण और सुन्दर स्थान है, जो दिल्ली-अम्बाला-अमृतसर हाइवे पर स्थित है। किंग फिशर का मुख्य आकर्षण यहाँ का हैल्थ क्लब, स्विमिंग पूल, ऐक्सरसाइज मशीन आदि की सुविधायें भी हैं। ये कॉम्पलेक्स दो मंजिला है। इसके अन्दर बीच में बहुत ही सुन्दर और आकर्षक मैदान है।

इस पर्यटक स्थल में मोटल, रेस्टोरेंट, बार, मिटिंग हॉल, हैल्थ क्लब, आइस्क्रीम पार्लर, गिफ्ट सेंटर, कॉफी हाउस और लॉन हैं।

16. ऑसिस—यह एक अत्यन्त आधुनिक पर्यटन स्थल है, जो ऊचाना में स्थित है। यह इस नमूने के आधार पर बनाया गया है जैसे सभ्यता आगे बढ़ रही है। यहाँ पर दक्षिणी भारतीय व्यंजन सुविधा, फास्टफूड काउन्टर आदि की सुविधा है। साथ ही जूस के काउन्टर, फ्रूट जूस, गिफ्ट शॉप, डिस्पेंसरी तथा ठहरने के लिए कॉटेज की सुविधा भी है। ऑसिस में आकर्षक हरे मैदान व बच्चों के लिए आधुनिक झूलों की व्यवस्था भी की गई है।

17. रैड रोबिन—पर्यटन विभाग द्वारा भिवानी जिले में लोक निर्माण विभाग विश्राम गृह के साथ ''रैड रोबिन'' नाम से एक होटल तथा रेस्टोरेंट स्थापित किया गया है ताकि बाहर से आने वाले पर्यटकों को खाने-पीने तथा ठहरने का उपयुक्त स्थान मिल सके। इस होटल में चार कमरे हैं तथा लॉन की सुविधा भी है।

18. डैरंगों—दादरी उपमण्डल पर स्थानीय मार्किट कमेटी परिसर में पर्यटन विभाग की ओर से डैरंगों नाम से एक होटल तथा रेस्टोरेंट की व्यवस्था भी की गई है। जहाँ बाहर से आने वाले सैलानियों के लिए खाने-पीने तथा ठहरने की व्यवस्था है।

19. जल तरंग—लोहारू उपमण्डल पर नगरपालिका की ओर से ''जल तरंग'' नाम से एक होटल तथा रेस्टोरेंट की सेवाएं उपलब्ध करवाई जा रही हैं। नगरपालिका द्वारा संचालित हरियाणा प्रदेश में यह अपनी किस्म का प्रथम होटल तथा रेस्टोरेंट है।

20. गोरैया पर्यटक स्थल—राष्ट्रीय राजमार्ग नं. 10, जो दिल्ली से हिसार फाजिल्का को जाता है, लगभग 90 कि.मी. रोहतक जिले से होकर गुजरता है। इस पर चलने वाले पर्यटकों व दिल्ली से आने वाले पर्यटकों की अवकाश के दिनों में काफी तादाद होती है। उनकी सुविधा को ध्यान में रखते हुए पर्यटन निगम हरियाणा द्वारा बहादुरगढ़ में गोरैया पर्यटक स्थल स्थापित किया गया है जिसमें 11 वातानुकूलित कमरों के अतिरिक्त रेस्टोरेंट व बार भी हैं।

21. यमुनानगर का पर्यटन केन्द्र—यमुनानगर में आने वाले पर्यटकों की सुविधा के लिए एक पर्यटन केन्द्र की स्थापना वर्ष 1985 में नहर विभाग के पुराने विश्राम गृह को परिवर्तित करके की गई। इस पर्यटन केन्द्र में रेस्टोरेंट, बार तथा मोटल की सुविधाएँ उपलब्ध हैं। दो नॉन एयरकंडीशन कमरों की सुविधा भी पर्यटकों को उपलब्ध है। इस पर्यटन केन्द्र में ग्रे-पैलीकेन नाम से एक नये पर्यटन केन्द्र की स्थापना भी की गई है। इसके निर्माण पर 50 लाख रुपये की धनराशि खर्च की गई है। इस केन्द्र में रेस्टोरेंट के अलावा 9 कमरे भी हैं।

22. ताजेवाला/हथनीकुण्ड/कलेसर कॉम्पलैक्स—यमुनानगर जिले में जगाधरी-पोंटा सड़क पर ताजेवाला, हथनीकुण्ड तथा कलेसर कॉम्पलैक्स वास्तव में रमणीय स्थल ही हैं जो एक-दूसरे से 5 कि.मी. की दूरी पर स्थित हैं। इनमें ताजेवाला हैडवर्क्स बहुत प्रसिद्ध पर्यटक स्थल है। यहीं से यमुना नदी से पश्चिमी यमुना नहर तथा पूर्वी यमुना नहर निकलती है। यह स्थान मछली पकड़ने के लिए आदर्श स्थान है। ताजेवाला के विश्राम गृह में 50 वर्ष पुरानी मछियारा रिकार्ड पुस्तक है। ताजेवाला से लगभग 5 कि.मी. की दूरी पर हथनीकुण्ड है जो मछियारों का स्वर्ग माना जाता है। नदी में बड़ी मात्रा में महासीर मछली पाई जाती है। इससे आगे कलेसर है जो अपार शान्ति का प्रतीक है। 5098 हेक्टेयर क्षेत्र में फैली यहाँ की

शिकारगाह में मोटे "साल" के वृक्ष पाये जाते हैं जो विश्राम एवं मनोविनोद के लिए अपूर्व प्राकृतिक छटा बिखेरते हैं। यहाँ सीधे चिनार के वृक्ष भी बहुत पाये जाते हैं। नृत्य करते मोर पर्यटकों के लिए एक मनोहारी दृश्य प्रस्तुत करते हैं। इस क्षेत्र में पर्यटकों के लिए कलेसर वन विश्राम गृह, हथनीकुण्ड विश्राम गृह और ताजेवाला विश्राम गृह उपलब्ध हैं।

हथनीकुण्ड में हरियाणा पर्यटन निगम द्वारा "पिन-टेल रेस्टोरेंट" की स्थापना की गई है जिसमें रेस्टोरेंट के अतिरिक्त 4 नॉन एयरकंडीशन कमरे भी हैं।

इस क्षेत्र की पहचान ऋग्वैदिक संस्कृत ब्रह्मावर्त्त से की जाती है। ऐसा माना जाता है कि पाण्डवों ने अपने वनवास का कुछ समय शिवालिक की इन पहाड़ियों में भी व्यतीत किया था। ताजेवाला के निकट दादुपुर स्थान है जहाँ '60 दरी' यमुना के जल को नियन्त्रित करने के लिए बनी हैं। यह स्थल भी पर्यटकों के लिए आकर्षण का केन्द्र है।

23. तिलियर पर्यटक स्थल—जिला रोहतक में 123 एकड़ में फैला हुआ तिलियर पर्यटक स्थल है। यहाँ पर टाईलों से निर्मित तिलियर झील है। इसके अतिरिक्त इस पर्यटक स्थल के साथ एक लघु चिड़ियाघर, पैट्रोल पम्प, फॉस्ट फूड कॉर्नर, बार, वातानुकूलित कमरों के अतिरिक्त बच्चों के मनोरंजन के लिए झूले व मेंहदी की बाड़ से भूल-भुलैयां विशेष आकर्षण का केन्द्र है। पर्यटकों की सुविधा के लिए यहाँ पर एक आधुनिक दुकान कार्यरत् है तथा वाहनों के लिए पार्किंग व्यवस्था बहुत अच्छी है।

24. मैना रेस्टोरेंट—रोहतक में मैना रेस्टोरेंट नामक पर्यटक स्थल है। यहाँ भी ठहरने की व्यवस्था के अतिरिक्त कॉन्फ्रेंस हॉल व बार की व्यवस्था है।

25. नौरंग पर्यटक स्थल—राष्ट्रीय राज मार्ग नं॰ 10 पर हरियाणा का ऐतिहासिक नगर महम है। इस नगर में महम चौबीसी चबूतरा स्थित है जहाँ पर 24 गाँवों का किसी भी कार्य का फैसला लिया जाता है। इसी के साथ "नौरंग" नामक पर्यटक स्थल भी हरियाणा पर्यटक विभाग द्वारा बनाया गया है।

26. पिंजौर का यादवेन्द्र उद्यान—चण्डीगढ़-शिमला राजमार्ग पर अम्बाला से लगभग 70 कि॰मी॰ दूर स्थित पिंजौर के यादवेन्द्र उद्यान को उत्तरी भारत का नन्दन वन कहा जाए तो कोई अतिशयोक्ति नहीं होगी। यह भव्य उद्यान चार तलों में बाँटा गया है। पहले तल पर शीशमहल, दूसरे तल पर रंगमहल, फिर गुलदस्ता व जल महल है। एक छह-सात फुट चौड़ी नहर इन तलों से होकर गुजरती है। मखमली घास, सुन्दर पेड़, फूल व भव्य फव्वारे इस उद्यान की शोभा बढ़ाते हैं। उद्यान के अन्दर व बाहर पर्यटन विभाग के रेस्तरां हैं। यहाँ का चिड़ियाघर बच्चों के आकर्षण का मुख्य केन्द्र है। यहाँ का भव्य बजरीगर मोटल पर्यटकों को बहुत लुभाता है।

27. मोरनी हिल्स—जिला अम्बाला के शिवालिक गिरीमाला की गोद में स्थित मोरनी हिल्स एक भव्य पर्यटक स्थल है। यहाँ पर बच्चों के मनोरंजन के लिए छोटे-छोटे खेल मैदान बनाये गये हैं। रोलरस्केटिंग रिंक व स्विमिंग पूल की सुविधाएँ उपलब्ध हैं। भीड़-भाड़ से बचने व प्राकृतिक सौन्दर्य के पिपासु पर्यटकों के लिए यह एक आदर्श पर्यटन स्थल है।

वस्तुनिष्ठ प्रश्नोत्तर

1. पानीपत से 18 कि॰मी॰ की दूरी पर समालखा नगर में कौन-सा पर्यटक स्थल स्थित है?
    A. ब्लूजे   B. स्काई लॉक
    C. पैराकीट   D. शमा

2. पानीपत के समीप सनौली रोड पर कौन-सा पर्यटक स्थल स्थित है?
    A. ज्योतिसर   B. दमदमा झील
    C. काला अम्ब   D. किंग फिशर

3. कर्णझील तथा ऑसिस नामक पर्यटक स्थल प्रदेश के किस जिले में स्थित हैं?
    A. जिला पानीपत   B. जिला करनाल
    C. जिला सोनीपत   D. जिला रेवाड़ी

4. कुरुक्षेत्र रेलवे स्टेशन से कुछ दूर पेहोवा मार्ग पर निम्नलिखित में से कौन-सा पर्यटक स्थल स्थित है?
    A. ज्योतिसर   B. कर्णझील
    C. ब्लूजे   D. ऑसिस

5. पिपली नगर के मुख्य केन्द्र तथा कुरुक्षेत्र जाने वाले मार्ग पर कौन-सा पर्यटक स्थल है?
    A. दमदमा झील   B. ऑसिस
    C. किंग फिशर   D. पैराकीट

6. 'शमां' नामक पर्यटक केन्द्र हरियाणा के किस नगर में स्थित है?
    A. फरीदाबाद   B. कैथल
    C. गुरुग्राम   D. जीन्द

7. गुरुग्राम-फरुखनगर मार्ग पर हरियाणा का कौन-सा पर्यटक स्थल स्थित है?
    A. डबबिच   B. सुल्तानपुर पक्षी विहार
    C. ऑसिस   D. रैड रोबिन

8. गुरुग्राम-फरुखनगर मार्ग पर स्थित हरियाणा के सुल्तानपुर पक्षी विहार की खोज किसने की थी?
    A. पीटर जैक्सन   B. थॉमस रो
    C. सर जॉन मार्शन   D. रोबिन हुड

9. दिल्ली-अलवर मार्ग पर अरावली की पहाड़ियों के मध्य हरियाणा का कौन-सा प्रसिद्ध पर्यटक स्थल है?
    A. शमां   B. ब्लूज़े
    C. सोहना   D. डैरंगों

10. फरीदाबाद के पश्चिम में फैले विशाल चट्टानी क्षेत्र के मध्य दिल्ली-मथुरा राष्ट्रीय राजमार्ग के समीप कौन-सा पर्यटक स्थल है?

A. दमदमा झील   B. बड़खल झील

C. किंग फिशर   D. डबचिक

11. दिल्ली से लगभग 20 कि॰मी॰ की दूरी पर हरियाणा का कौन-सा प्रसिद्ध पर्यटक स्थल स्थित है?

A. सूरजकुण्ड   B. रैड रोबिन

C. पैराकोट   D. दमदमा झील

12. ऑसिस नामक पर्यटक स्थल हरियाणा में कहाँ पर स्थित है?

A. फरीदाबाद   B. भिवानी

C. ऊचाना   D. रेवाड़ी

13. हरियाणा के बहादुरगढ़ नामक कस्बे में निम्नलिखित में से कौन-सा पर्यटक स्थल स्थित है?

A. डैरंगों पर्यटक स्थल   B. गोरैया पर्यटक स्थल

C. जल तरंग   D. तिलियर पर्यटक स्थल

14. 'ताजेवाला हैडवर्क्स' नामक प्रसिद्ध पर्यटक स्थल हरियाणा के किस जिले में स्थित है?

A. रोहतक जिले में   B. फरीदाबाद जिले में

C. गुरुग्राम जिले में   D. यमुनानगर जिले में

15. तिलियर नामक पर्यटक स्थल हरियाणा के किस जिले में स्थित है?

A. जिला जीन्द   B. जिला महेन्द्रगढ़

C. जिला रोहतक   D. जिला कैथल

उत्तरमाला

1	2	3	4	5	6	7	8	9	10
A	C	B	A	D	C	B	A	C	B

11	12	13	14	15
A	C	B	D	C

❖❖❖

30 | अर्थव्यवस्था

हरियाणा प्रदेश भारत के आर्थिक रूप से उन्नत राज्यों में से एक है। इस प्रदेश का केन्द्रीय खाद्य भण्डार योगदान के आधार पर देश भर में दूसरे स्थान पर है। धान और गेहूँ के योगदान के संदर्भ में पंजाब का स्थान ही हरियाणा से ऊपर है। हरियाणा में भारत के सबसे बड़े कार निर्माता, मारुति उद्योग लि॰ के कारखाने हैं। इसके अलावा हीरो हौण्डा, भारतीय कटलर हैमर, हैवल्स इण्डिया लि॰, फ्रिक्क इण्डिया लिमिटेड, स्टर्लिंग टूल्स लिमिटेड और अन्य कई औद्योगिक उपक्रम गुरुग्राम तथा फरीदाबाद में कार्यरत् हैं। इनमें से कईयों के उत्पाद निर्यात भी किये जाते हैं। अतः सरकारी व निजी क्षेत्रों के लिये हरियाणा के उद्योग एक वरदान साबित हुए हैं।

अम्बाला शहर के मिक्सी उद्योग व मापक यन्त्र (इन्सट्रुमेन्ट) पूरे देश में बेचे जाते हैं। अम्बाला से लेकर कुंडली तक की हरित पट्टी चावल पेटिका (राईस बैल्ट) के रूप में विश्वविख्यात है। इस पट्टी में भारत के सबसे उन्नत कोटि का चावल (धान) उगाया जाता है। सतनाम ओवरसीज लि॰, चावल निर्यात के क्षेत्र में एक महत्त्वपूर्ण नाम है। पंचकुला में भी औद्योगिक क्षेत्र बनाया जा चुका है; यहाँ से भी कई वस्तुएं भारत भर में भेजी जाती हैं। रोहतक की गज़क और रेवड़ियों का भी निर्यात होता है। पानीपत में कम्बल, टेबल मैट, चादरें और पर्दे निर्मित होते हैं। यहाँ का खड्डी उद्योग 400 वर्ष पुराना है। पानीपत शहर से प्रतिवर्ष लगभग 500 करोड़ रुपये की वस्तुएं निर्यात की जाती हैं। इस नगर का अपना निर्यात डिपो (कन्टेनर फ्रेट स्टेशन) भी है। हिसार में भी कुछ उद्योग स्थापित किये गये हैं। यमुनानगर में सरस्वती शूगर मिल स्थित है। यहाँ पर बल्लारपुर इण्डस्ट्रीज लि॰, का एक बड़ा कागज बनाने का कारखाना भी है; यह कारखाना थापर ग्रुप के द्वारा प्रबन्धित किया जाता है। फरीदाबाद में दवाईयों और चिकित्सा से सम्बधित वस्तुओं (परेन्टरलज) का निर्माण होता है। सीमेंट, टेलीविजन सेट, कांच का सामान, मोटर–साइकिल, अलार्म घडियाँ, ट्रैक्टर आदि भी हरियाणा के विभिन्न जिलों में बनाये जाते हैं। पीतल के बर्तन जगाधरी में निर्मित होते हैं।

हरियाणा उद्योग और कृषि के क्षेत्रों में अग्रणी है। यही इसकी आर्थिक गतिशीलता का प्रमुख कारण है। हरियाणा के लोग मेहनती और तकनीकी क्षेत्रों में सुदृढ़ हैं। यह भी इस प्रदेश की आर्थिक उन्नति का एक बड़ा कारण है।

बजट 2018-19

हरियाणा के वित्त मंत्री कैप्टन अभिमन्यु ने 9 मार्च, 2018 को विधानसभा में वित्त वर्ष 2018-19 का बजट पेश किया। भाजपा सरकार के इस चौथे बजट में कई महत्वपूर्ण घोषणाएं की गई हैं। 1,15,198 करोड़ रुपए के बजट में सबसे ज्यादा जोर किसानी-खेती पर दिया गया है। हालांकि तुरंत कोई राहत नहीं दी गई है, बल्कि केंद्र की मोदी सरकार की तर्ज पर 2022 तक किसानों की आय दोगुना करने की बात कही गई है। 2017-18 की तुलना में बजट 12.6 फीसदी ज्यादा है। सबसे कम वृद्धि शिक्षा क्षेत्र के लिए की गई है। खेल, स्वास्थ्य, बिजली-पानी, इंफ्रास्ट्रक्चर जैसे महत्वपूर्ण क्षेत्रों के लिए अलग से कुछ विशेष योजनाएं नहीं की गई हैं। रोजगार वर्ष में कौशल प्रशिक्षण देने की बात कही गई है। जीएसटी की वजह से टैक्स में फेरबदल की गुंजाइश नहीं थी, इसलिए करों में बदलाव नहीं हुआ है। पैटकोक पर प्रतिबंध होने के बाद प्रदेश सरकार ने अपने बजट में टेक्सटाइल और रबड़ यूनिटों को बड़ी राहत दी है। सरकार ने बजट में पीएनजी (पाइप्ड नेचुरल गैस) पर 12.5 प्रतिशत से वैट कम कर 6 प्रतिशत कर दिया है। इससे एक छोटी टेक्सटाइल या रबड़ यूनिट को प्रति माह तीन लाख रुपए से अधिक की बचत होगी। पिछले साल औद्योगिक संगठन एफआईए ने सरकार को पीएनजी पर वैट कम करने के लिए पत्र भी लिखा था। पीएनजी पर वैट अधिक होने से अभी तक कम यूनिट ही इसका प्रयोग कर रही थीं। औद्योगिक संगठनों के मुताबिक वैट कम होने के बाद प्रदेश की इंडस्ट्री अब अधिक संख्या में पीएनजी का प्रयोग करेंगी। इससे पॉल्यूशन भी कम होगा। बजट प्रस्तावों में शिक्षा, कृषि, उद्योग, आईटी और बुनियादी ढांचे को स्तरीय बनाने का लक्ष्य रखा गया है। सरकार ने दूध देने वाली मादा पशुओं की बढ़ोतरी के लिए सेक्स्ड सीमन टेक्नॉलजी अपनाने के लिए कदम उठाने की घोषणा की है।

वार्षिक बजट 2018-19 की प्रमुख विशेषताएँ

➤ हरियाणा के करीब पौने तीन लाख कर्मचारियों को बड़ा तोहफा। गंभीर बीमारियों से इलाज के लिए कैशलेस मेडिकल सुविधा की पांच लाख रुपये की प्रति दाखिला की सीमा हटाई गई। यानी अब इलाज में कितनी भी राशि खर्च होगी तो सरकार देगी।

➤ हरियाणा किसान कल्याण प्राधिकरण का होगा गठन। विधानसभा के चालू सत्र में ही विधेयक लाया जाएगा। कृषि को लाभकारी बनाने, कृषि उत्पादकता बढ़ाने तथा किसान परिवारों तथा भूमिहीन श्रमिकों के दबाव को कम करने के लिए काम करेगा प्राधिकरण।

➤ हिसार जिले के नारनौंद उपमंडल में मुर्रह अनुसंधान एवं कौशल विकास केंद्र स्थापित होगा। महिलाओं, बेरोजगार युवाओं तथा किसानों का कौशल विकास कर मुर्रह नस्ल की भैंसों के समग्र विकास को बनाया जाएगा सुनिश्चित। आय भी बढ़ेगी।

➤ एसवाईएल नहर निर्माण की बाधाओं को दूर करने के लिए 100 करोड़ रुपये के कोष का इंतजाम। जरूरत पड़ने पर यदि एक हजार करोड़ रुपये का भी इंतजाम करना पड़ा तो सरकार करेगी।

➤ हरियाणा के गरीब लोगों को समय पर मनरेगा की मजदूरी का भुगतान करने के लिए सरकार ने 100 करोड़ रुपये का अलग से महात्मा गांधी राष्ट्रीय रोजगार गारंटी योजना रिवाल्विंग फंड बनाया।

बजट 2018-19 : एक दृष्टि में

	2016-17 वास्तविक	2017-18 बजट अनुमान	2017-18 संशोधित अनुमान	2018-19 बजट अनुमान
				(₹ करोड़) (₹ crore)
1 राजस्व प्राप्तियाँ	52496.82	68810.88	70085.13	76933.02
2 कर राजस्व	40623.16	51711.52	53061.52	58431.74
3 कर–भिन्न राजस्व	11873.66	17099.36	17023.61	18501.28
4 पूंजी प्राप्तियाँ	27284.61	23573.50	23600.39	25799.52
5 ऋणों की वसूली	973.23	5963.66	6321.94	5360.18
6 विविध पूंजीगत प्राप्तियां	26.27	38.00	38.00	1040.00
7 उधार और अन्य देयताएं	26285.11	17571.84	17240.45	19399.34
8 कुल प्राप्तियाँ	79781.43	92384.38	93685.52	102732.54
9 कुल ख़र्च	79781.43	92384.38	93685.52	102732.54
10 राजस्व ख़र्च	68403.43	79935.84	78311.30	85186.53
11 ब्याज अदायगियाँ	10541.91	11257.19	11887.40	14037.39
12 जिसमें, पूँजी परिसम्पत्तियों के सृजन हेतु अनुदान	571.59	3780.70	5085.81	5585.60
13 पूंजीगत ख़र्च	11378.00	12448.54	15374.22	17546.01
a खाद्यान्न खरीद पर व्यय का पूंजीगत व्यय (निवल)	11058.27	12750.36	15589.55	17644.80
14 राजस्व घाटा	15906.61 (2.92)	11124.96 (1.80)	8226.17 (1.35)	8253.51 (1.20)
15 प्रभावी राजस्व घाटा	15335.02 (2.81)	7344.26 (1.19)	3140.36 (0.52)	2667.91 (0.39)
16 राजकोषीय घाटा	26285.11 (4.82)	17571.84 (2.84)	17240.45 (2.83)	19399.34 (2.82)
17 प्रारंभिक घाटा	15743.20 (2.89)	6314.65 (1.02)	5353.05 (0.88)	5361.95 (0.78)

❖❖❖

31 राजधानी चण्डीगढ़ : एक दृष्टि में

• केन्द्रशासित प्रदेश	:	चण्डीगढ़
• स्थापना तिथि	:	1 नवम्बर, 1966
• राजधानी	:	चण्डीगढ़ (पंजाब एवं हरियाणा की संयुक्त राजधानी)
• क्षेत्रफल	:	114 वर्ग किमी
• सीमा	:	उत्तर और पश्चिम में पंजाब तथा पूर्व और दक्षिण में हरियाणा
• जनसंख्या	:	*पुरुष*: 5,80,663; *महिलाएं*: 4,74,787 (कुल: 10,55,450)
• जनसंख्या के आधार पर राज्यों केन्द्रशासित प्रदेशों में स्थान	:	इक्तीसवाँ (भारत की कुल जनसंख्या का 0.08%)
• दशकीय वृद्धि दर	:	(2001-2011) : 17.2 प्रतिशत
• लिंगानुपात	:	818 महिलाएं प्रति हजार पुरुष
• जनसंख्या घनत्व	:	9,258 प्रति वर्ग किमी
• ग्रामीण जनसंख्या (2011)	:	28,991
• नगरीय जनसंख्या (2011)	:	10,26,459
• नगरीय जनसंख्या का प्रतिशत	:	97.25
• हवाई अड्डा	:	चण्डीगढ़
• लोक सभा सदस्यों की संख्या	:	1
• पंजाब और हरियाणा उच्च न्यायालय, चण्डीगढ़ की स्थापना	:	1966
• चण्डीगढ़ का वास्तुकार	:	फ्रांसीसी वास्तुशिल्पी ली कार्बूजिएर
• कृषि-क्षेत्र	:	1966 में 5,441 हेक्टेयर था, 2002-03 में घटकर 1,400 हेक्टेयर
• उद्योग धन्धे	:	बड़े और मंझोले उद्योगों की संख्या 15, छोटे उद्योगों की 3,140
• विश्वविद्यालय	:	पंजाब विश्वविद्यालय, चण्डीगढ़, पोस्ट ग्रेजुएट इन्स्टीट्यूट ऑफ मेडिकल एजुकेशन एण्ड रिसर्च, चण्डीगढ़
• पर्यटन स्थल	:	रॉक गार्डन, रोज गार्डन, सुखना झील, संग्रहालय तथा कला दीर्घा, नगर संग्रहालय, टावर ऑफ शैडो, ज्यामितीय पहाड़ी संग्रहालय, कला ग्राम, लॉग हट नेपली फॉरेस्ट, फिटनेस ट्रेल, सेंटर प्लाजा, इंटरनेशनल डॉल्स म्यूजियम तथा स्मृति उद्यान इत्यादि लेजर वैली में, नेशनल गैलरी ऑफ पोट्रेट्स।

चण्डीगढ़ : महत्वपूर्ण तथ्य

- चण्डीगढ़ का शासन प्रशासक द्वारा चलाया जाता है। पंजाब का राज्यपाल ही यहाँ का मुख्य प्रशासक होता है।

- चण्डीगढ़, हरियाणा तथा पंजाब दोनों प्रदेशों की राजधानी है।

- चण्डीगढ़ आधुनिक शिल्पकला के वैभव से सम्पन्न प्रदेश है।

- फ्रांसीसी वास्तुशिल्पी ली कार्बूजिएर द्वारा निर्मित यह शहर आधुनिक स्थापत्य कला तथा नगर नियोजन का शानदार उदाहरण है।

- चण्डीगढ़ और उसके आसपास के क्षेत्र को 1 नवम्बर, 1966 को केन्द्रशासित प्रदेश बनाया गया।

- 25 सितम्बर, 2005 का दिन चंडीगढ़ के इतिहास में एक महत्त्वपूर्ण दिन के रूप में याद किया जाएगा। इस दिन पूर्व प्रधानमंत्री डॉ॰ मनमोहन सिंह ने राजीव गांधी चंडीगढ़ टैक्नोलॉजी पार्क का उद्घाटन किया।

- चण्डीगढ़ में कृषि योग्य भूमि बहुत कम है। चंडीगढ़ के विस्तार के लिए कृषि भूमि धीरे-धीरे अधिग्रहीत की जा रही है और कृषि क्षेत्र, जो 1966 में 5,441 हेक्टेयर था, 2002-03 में घटकर 1,400 हेक्टेयर रह गया।

- सिंचाई का मुख्य स्रोत प्रशासन द्वारा स्थापित गहरे बोर वाले ट्यूबवैल तथा किसानों द्वारा लगाए गए साधारण ट्यूबवैल हैं।

- चण्डीगढ़ की मुख्य फसल गेहूँ है जो 700 हेक्टेयर में बोया जाता है। मक्का, सब्जियाँ और धान यहां की अन्य मुख्य फसलें हैं। फलों में नींबू, आम, सन्तरा, अमरूद, अंगूर आदि उगाए जाते हैं।

- चण्डीगढ़ रेल, सड़क तथा विमान सेवा से अच्छी तरह जुड़ा हुआ है। यहां से होकर गुजरने वाला राष्ट्रीय राजमार्ग कुल 15.275 किलोमीटर लंबा है।

- चण्डीगढ़ में कोई भी राष्ट्रीय उद्यान नहीं है, परन्तु यहाँ 1986 में स्थापित सुखना झील वन्य जीव अभ्यारण्य है जो 25.42 वर्ग किमी में फैला है। इसके अलावा 1998 में स्थापित सिटी बर्ड वन्य जीव अभ्यारण्य है, जो 0.03 वर्ग किमी में फैला है।

- चण्डीगढ़ में बड़े और मंझोले उद्योगों की संख्या 15 और छोटे उद्योगों की संख्या 3,140 है जिनमें 30,000 लोगों को रोजगार मिला हुआ है। इनसे प्रतिवर्ष लगभग 600 करोड़ रुपये की आय होती है।

❖❖❖

32 | ऐतिहासिक व्यक्ति
(संक्षिप्त जीवन-परिचय)

महाराजा हर्षवर्धन (590 ई०–647 ई०)

महाराजा हर्षवर्धन की गणना भारत के महान शासकों में की जाती है। ये स्थाणीश्वर (थानेसर) के पुष्यभूति राजवंश से सम्बद्ध थे। इनके पिता का नाम महाराजा प्रभाकरवर्धन तथा माता का नाम यशोमती देवी था। इनका जन्म 647 वि० (सन् 590 ई०) में हुआ था। सन् 605 ई० में पिता के देहांत के बाद उनका बड़ा भाई राज्यवर्धन गद्दी पर बैठा। मालवा के राजा देवगुप्त ने गौडदेश (बंगाल) के राजा शशांक से मिल कर राज्यवर्धन के बहनोई (राज्यश्री के पति) कन्नौज-नरेश ग्रहवर्मा पर आक्रमण करके उसे मार डाला और राज्यश्री को बन्दी बना लिया। राज्यवर्धन ने यह सुनकर शत्रुओं पर आक्रमण किया किन्तु गौड़राज शशांक के जाल में फंस कर राज्यवर्धन का वध कर दिया गया।

इसके बाद हर्ष की दिग्विजय प्रारम्भ हुई (606 ई०)। मालवा-नरेश को बुरी तरह पराजित किया गया, गौड़राज शशांक ने भाग कर अपनी जान बचाई। हर्ष ने कान्यकुब्ज पर अधिकार किया और अपनी बहन राज्यश्री को जोकि विन्ध्य के जंगलों में भटक रही थी, खोज कर उसे वहां का राज्य भार सौंप दिया। तत्पश्चात् उसने उत्कल, मिथिला, नेपाल, सिन्ध, पंजाब, कश्मीर, राजस्थान, सौराष्ट्र आदि प्रदेशों को विजय करके लगभग सारे उत्तरी भारत पर अपना आधिपत्य स्थापित कर लिया। इसके पश्चात् सन् 634 ई० में हर्षवर्धन ने दक्षिण भारत पर आक्रमण किया किन्तु उसकी बढ़ती हुई सेनाओं को चालुक्य के शासक पुलकेशिन द्वितीय ने नर्मदा नदी के तट पर रोक दिया। बड़ा घमासान युद्ध हुआ। अन्त में हर्ष की हार हुई।

हर्ष का राज्य काफी विस्तृत था, जिसके अन्तर्गत सारा आधुनिक हरियाणा, पंजाब, सिन्ध, कश्मीर, हिमाचल प्रदेश, नेपाल, असम (असोम), उत्तर प्रदेश, राजस्थान, बिहार और बंगाल का बड़ा भाग, उड़ीसा तथा मध्य भारत आते थे। वह समस्त आर्यावर्त का स्वामी था और 'सकलोत्तरापथनाथ' की उपाधि से विभूषित था। हवेनसांग उसके बारे में ठीक ही लिखता है 'हर्ष ने पश्चिम और पूर्व के दूर-दूर के राजाओं को जीता। उसका अधिकार सुदूर प्रदेशों पर था। वह भारत का अधिपति था और उसका यश देश-देशान्तर तक फैल गया था।'

260

सम्राट हर्षवर्धन : एक नज़र में

वास्तविक नाम	: हर्ष	प्रमुख कर	: 1. उद्रंग, 2. उपरिकर, 3. धात्र, 4. हिरण्य, 5. भाग, 6. भोग, 7. भूत–भात, 8. तुल्यमेय
प्रसिद्ध नाम	: हर्षवर्धन	रचनाएँ	: 1. नागानन्द, 2. रत्नावली, 3. प्रियदर्शिका
जन्म	: 590 ई०	दरबारी कवि	: 1. बाणभट्ट, 2. मयूर, 3. मातंग दिवाकर, 4. जयसेन
पिता	: प्रभाकरवर्धन		
माता	: यशोमति देवी	विदेशी यात्री	: 1. ह्वेनसांग (चीनी यात्री) 630 ई. में आगमन
वंश	: पुष्यभूति या वर्धन		2. वांग–हुएब सी (चीनी राजदूत) 643 ई. में
भाई	: राज्यवर्द्धन		
बहन	: राज्यश्री	धार्मिक कृत्य	: 1. पाँचवें वर्ष प्रयाग में 'मोक्ष परिषद्' का आयोजन करता था।
राज्याभिषेक	: 606 ई०		2. हर्ष ने ह्वेनसांग के सम्मान में एक सभा बुलाई थी, जिसमें 20 राज्यों के राजा, विभिन्न धर्मों के विद्वान आये थे। इसी समय उसने एक विशाल संघाराम, 100 फीट ऊँचा बुर्ज एवं स्वयं के कद के बराबर की सोने की बुद्ध प्रतिमा बनाई थी।
धर्मावलम्बी	: 1. प्रारम्भिक उम्र में शैव 2. अन्तिम अवस्था में बौद्ध धर्मावलम्बी (महायान मत)		
उपाधियाँ	: 1. परम भट्टारक, 2. महाराजाधिराज, 3. सकलोत्तरापथनाथ, 4. चक्रवर्ती, 5. एकाधिराज, 6. सार्वभौम, 7. परमेश्वर	ऐतिहासिक स्रोत	: 1. हर्षचरित, कादम्बरी (बाणभट्ट) 2. ह्वेनसांग का यात्रा विवरण (सी. यू. की)
साम्राज्य संगठन	: सामन्ती व्यवस्था पर आधारित	सम्वत् प्रवर्तन	: हर्ष सम्वत् (606 ई. में प्रचलित– (हर्ष के सिंहासनारूढ़ होने पर)
राजधानी	: कन्नौज	प्रमुख अभिलेख	: गंजाम अभिलेख (हर्ष की गंजाम विजय पर लिखित)
साम्राज्य सीमा	: पूर्व में गंजाम से पश्चिम में वल्लभी, उत्तर में हिमालय तथा दक्षिण में नर्मदा तक विस्तृत था।		
प्रमुख अधीनस्थ	: 1. ध्रुवसेन द्वितीय (वल्लभी), 2. भास्करवर्मन (कामरूप), 3. पूर्ववर्मन (मगध), 4. उदित (जालन्धर), 5. माधवगुप्त (उत्तरगुप्त शासक)	प्रमुख युद्ध	: नर्मदा का युद्ध (620 ई. में हर्षवर्धन एवं पुलकेशिन-II के मध्य, पुलकेशिन-II विजयी)
सैनिक संगठन	: गजसेना की संख्या 60,000, घुड़सवार–1,00,000, पैदल सैनिक 50,000 (ह्वेनसांग के अनुसार)	मृत्यु	: 647 ई. में

हर्ष एक महान विजेता ही नहीं वरन् एक महान प्रशासक भी था। उसने इस योग्यता एवं महानता से शासन का कार्य चलाया कि एक बार फिर लोगों में सम्राट अशोक के राज्यकाल की याद ताजा हो गई। ह्वेनसांग का कहना है कि "वह (प्रशासकीय कार्यों में) इतना व्यस्त रहता था कि सोना और खाना तक भी भूल जाता था। उसके राज्य में चारों तरफ सुख, समृद्धि एवं शांति का बोलबाला था, प्रजाजन एकदम प्रसन्न तथा संतुष्ट थे।"

ज्ञान–विज्ञान के क्षेत्र में भी हर्ष के कार्यकाल में बड़ी उन्नति हुई। वह सरकारी आय का चतुर्थांश विद्या और कला को प्रश्रय देने में खर्च करता था। सैंकड़ों गुरुकुल और महाविहार उनके सहारे चलते थे। बाणभट्ट, मयूर, हरिदत्त, जयसेन, मातंग दिवाकर जैसे महान साहित्यकार उसके राजदरबार की शोभा बढ़ाते थे। महाराजा स्वयं कई विषयों के प्रकाण्ड पंडित

थे और उन्होंने कई महत्वपूर्ण साहित्यिक कृतियों की रचना भी की थी। इनमें 'नागानन्द', 'रत्नावली' और प्रियदर्शिका' बड़ी प्रसिद्ध हैं। सन् 647 ई॰ में 57 वर्ष की आयु में हर्ष का देहांत हो गया।

पृथ्वीराज चौहान (1149–1192 ई॰)

सांभर, अजेमर और दिल्ली का शासक। उसका मुख्य प्रतिद्वन्द्री कन्नौज का राजा जयचंद्र था जिसकी पुत्री संयोगिता ने पिता की इच्छा के विरुद्ध स्वयंवर सभा में उसका वरण किया था और पृथ्वीराज लगभग 1175 ई॰ में उसका अपहरण कर लाया था। पृथ्वीराज महान् योद्धा था और उसने 1182 ई॰ में चंदेल के राजा परमाल को हरा कर उसकी राजधानी महोबा पर अधिकार कर लिया था। शहाबुद्दीन मुहम्मद गोरी के आक्रमण का उसने डटकर मुकाबला किया और 1191 ई॰ में तराइन की पहली लड़ाई में उसे हरा दिया किन्तु अगले साल तराइन की दूसरी लड़ाई में वह हार गया तथा मारा गया। उसकी प्रेम तथा युद्ध कथाओं का वर्णन उसके प्रसिद्ध चारण चन्द बरदाई ने 'रासो' नामक महाकाव्य में लिखा है। पृथ्वीराज को राय पिथौरा भी कहते थे।

हेमचन्द्र (हेमू) (1501–1556 ई॰)

मेवात के रेवाड़ी नामक स्थान में एक वैश्य परिवार में उत्पन्न; अपनी योग्यता के कारण शेरशाह द्वारा स्थापित सूर वंश के तीसरे राजा आदिलशाह (1554-56 ई॰) का दीवान। हुमायूँ ने जब 1555 ई॰ में दिल्ली पर फिर से दखल कर लिया, आदिलशाह चुनार में था और उसने उत्तरी भारत का सारा भार हेमू पर छोड़ रखा था। 1555 ई॰ में हुमायूँ की मृत्यु हो जाने पर हेमू ने ग्वालियर से आगे बढ़ कर आगरा और दिल्ली पर कब्जा कर लिया। इससे उसकी महत्त्वाकांक्षा जाग्रत हो उठी और उसने राजा विक्रमाजीत के नाम से अपने को स्वतंत्र राजा घोषित कर दिया। इस प्रकार वह अकबर का सबसे बड़ा प्रतिद्वन्द्री बन गया।

5 नवम्बर, 1556 ई॰ को पानीपत का दूसरा–युद्ध हुआ। हेमू बड़ी बहादुरी से लड़ा और उसने अपनी सेना का नायकत्व बड़ी कुशलता से किया परंतु एक घटना के कारण अकबर विजयी हो गया। एक तीर हेमू की आँख में घुस गया और वह अचेत हो गया। उसके गिरते ही उसकी सेना में, जिसमें अफगान, पठान और हिन्दू सैनिक थे और जिनको उसने अपने कुशल नेतृत्व तथा धन के बल पर संयुक्त कर रखा था, भगदड़ मच गई और हेमू बंदी बना लिया गया। उसे किशोर अकबर के सम्मुख ले जाया गया, जिसने अपने संरक्षक बैरम खां के कहने से तलवार से उसका सिर धड़ से उड़ा कर उसे मार डाला।

सूरजमल (1707–1763 ई॰)

1761 ई॰ वाली पानीपत की तीसरी लड़ाई के समय विद्यमान भरतपुर का जाट राजा; बड़ा चतुर राजनीतिज्ञ और अपार दौलत का मालिक था। मराठा तथा अहमदशाह अब्दाली दोनों ही उसकी सहायता चाहते थे। पहले वह मराठों की सहायता करने के लिए राजी हो गया, परन्तु बाद में मराठों के दम्भपूर्ण व्यवहार के कारण उसने अपने को लड़ाई से अलग कर लिया और भारत की उस भाग्य–निर्णायक लड़ाई में कोई हिस्सा नहीं लिया। वह अपने ढंग का बहुत ही सफल शासक था। वह जाट सरदार बदन सिंह का गोद लिया हुआ लड़का

तथा उत्तराधिकारी था। उसने 1756 ई॰ से 1763 ई॰ में मृत्यु होने तक जाटों का नेतृत्व और भरतपुर राज्य का विस्तार किया, जिसमें धौलपुर, मैनपुरी, हाथरस, अलीगढ़, इटावा, मेरठ, रोहतक, फर्रूखनगर, रेवाड़ी, गुड़गाँव तथा मथुरा जिला सम्मिलित थे। मुगलों की राजधानी दिल्ली के पड़ोस में इतने बड़े हिन्दू राज्य की स्थापना से प्रकट होता है कि वह कितना कुशाग्र बुद्धि, विवेकशील, दूरदर्शी तथा योग्य शासक था।

मिर्ज़ा नजफ खाँ (1723–1782 ई॰)

एक ईरानी सरदार जो दिल्ली आया और मुगलों की नौकरी करने लगा। वह पदोन्नति करते हुए 1772 ई॰ में शाह आलम के दिल्ली वापस लौटने पर उसका बड़ा वजीर नियुक्त हुआ और 1782 ई॰ में मृत्यु होने तक इसी पद पर रहा। इस अवधि में दिल्ली साम्राज्य की हुकूमत उसी के हाथ में रही। उसने सिक्खों का हमला विफल कर दिया, जाटों का दमन किया, आगरा पर फिर से दखल कर लिया और मराठों को दिल्ली से दूर रखा। दिल्ली में उच्च पद प्राप्त करने वाला वह अंतिम विदेशी मुसलमान था। उसने दिल्ली पर अपनी धाक जमाने के थोड़े अर्से बाद लगभग समस्त हरियाणा को अपने कब्जे में कर लिया।

महादजी सिंधिया (1727 ई॰–1794 ई॰)

1750 में अपने पिता की मृत्यु के बाद महादजी ग्वालियर का शासक बना। 1785 में उसने दिल्ली पर अधिकार जमाया। मुगल सरदार, रुहेले सरदार तथा कुछ राजस्थान के राजपूत–सामंत आदि उसके विरोधी थे जिन्होंने 1787 में सिंधिया को दिल्ली से निकाल दिया। 1789 में सिंधिया ने पुनः दिल्ली पर आक्रमण किया। दिल्ली पर अधिकार करते ही हरियाणा की तरफ ध्यान दिया। 1794 ई॰ में महादजी सिंधिया के देहांत के बाद उसका अयोग्य भतीजा दौलतराव सिंधिया, 1803 ई॰ ने आंग्ल मराठा युद्ध में हार कर हरियाणा प्रदेश अंग्रेजों को सौंप दिया।

राव तुलाराम (1825 ई॰–1863 ई॰)

जन्म प्रसिद्ध राव घराने में; पिता का नाम पूर्णसिंह; माता का नाम ज्ञानकौर; शिक्षा घर पर ही; फारसी, उर्दू, हिंदी, हिसाब आदि का अच्छा ज्ञान; थोड़ा अंग्रेजी का ज्ञान; 1839 में पिता की मृत्यु; राजगद्दी पर बैठे; 17 मई, 1857 को रेवाड़ी में स्वतंत्रता की पताका फहराई; बहादुरशाह की विधिवत् अधीनता स्वीकार की; दिल्ली के क्रांतिकारियों की तन–मन–धन से सेवा; नारनौल में; अंग्रेजों से जम कर युद्ध; हार गए; स्वतंत्रता की ज्वाला को जलाए रखने के लिए ईरान और अफगानिस्तान गए; रूस के जार से सम्पर्क स्थापित किया; 23 सितंबर, 1863 को काबुल में पेचिश की बीमारी से 38 वर्ष की उम्र में देहांत।

अल्ताफ हुसैन हाली (1837 ई॰–1914 ई॰)

उर्दू जगत के देदीप्यमान रत्न; जन्म पानीपत में; नौ वर्ष की छोटी उम्र में ही अनाथ; बड़े भाई और बहनों के द्वारा पालन–पोषण; उर्दू, फारसी और अरबी का अच्छा ज्ञान; उर्दू के महान कवि मिर्ज़ा गालिब से घनिष्ठता; 1857 के गदर में नौकरी छोड़ दी; एक अच्छे अध्यापक;

पुस्तक 'मसद्दसे–हाली' द्वारा सारे उर्दू जगत में तहलका; भारत सरकार द्वारा 1904 में 'समसुल-उलमा' की उपाधि से विभूषित; 31 दिसंबर, 1914 को इस दुनिया से रुखसत।

रायबहादुर लाला मुरलीधर (1848 ई.–1922 ई.)

राजनैतिक जागरण के अग्रदूतों में से एक; जन्म पलवल के एक अग्रवाल वैश्य घराने में; बाईस वर्ष की अवस्था में वकालत प्रारंभ; ब्रिटिश सरकार ने इज्जत बख्शी–'रायबहादुर' बनाया, 'केसरे हिंद' से नवाजा, और बेशुमार 'सनदें' दी; गुलामी से बेहाल होकर तिलमिला उठे; 28 दिसम्बर, 1885 को बंबई में 72 देशभक्तों के साथ भारतीय राष्ट्रीय कांग्रेस की नींव डाली; 1922 तक लगातार इससे संबद्ध रहे; अहिंसात्मक राष्ट्रीय आंदोलन (1885-1947) के दौरान 1886 में जेल जाने वालों में पहला भारतीय होने का गौरव; 1921 में रोलेट ऐक्ट के विरोध में रायबहादुरी तथा 'जालिम सरकार' के सभी आदरसूचक तमगे, तथा सनदें त्यागीं; ग्रैंड ओल्ड मैन ऑफ पंजाब' के संबोधन से सर्वत्र प्रसिद्ध; 3 अप्रैल, 1922 को अम्बाला में देहांत।

डॉ. रामजीलाल (1860 ई.–1942 ई.)

जन्म समृद्ध जाट घराने में लाहौर से डॉक्टरी की पढ़ाई; सरकारी सेवा में; लाला लाजपत राय से मित्रता; राष्ट्रीय आंदोलन से नत्थी; त्यागपत्र दे स्वतंत्र रूप से हिसार में डॉक्टरी; 1942 में 82 वर्ष की आयु में देहांत।

पंडित दीन दयालु शर्मा (1863 ई.–1937 ई.)

जन्म झज्जर में; शिक्षा–दीक्षा झज्जर तथा काशी में; उर्दू हिंदी तथा संस्कृत के विद्वान; एक महान् वक्ता; मालवीयजी तथा दूसरे हिंदू नेताओं के साथ मिलकर 'सनातन धर्म' आंदोलन प्रारम्भ; पंजाब सनातन धर्म सभा, लाहौर के संस्थापक; हिंदू धर्म की उन्नति के लिए सैकड़ों छोटी बड़ी संस्थाओं की स्थापना में असाधारण योगदान।

बाबू बालमुकुन्द गुप्त (1865 ई.–1907 ई.)

जन्म जिला रेवाड़ी के एक छोटे से गांव गुड़ियानी में; पिता की मृत्यु जब 14 वर्ष के थे; 1886 में मिडिल पास करके नौकरी के चक्र में; दीन दयालु व्याख्यानवाचस्पति से सम्पर्क; पत्रकारिता के क्षेत्र में प्रवेश; 'अवधपंच', 'अखबार चुनार', 'कोहेनूर', 'भारत प्रताप', 'जमाना', 'आजाद', 'हिंदी बंगवासी', 'हिंदुस्थान', 'भारत मित्र' आदि अखबारों से सम्बद्ध; 'हिन्दी गद्य के 'जनक'; हिंदी पत्रकारिता के 'पितामह'; शिवशम्भु का चिट्ठा' और ढेर सारी पुस्तकें; हजारों निबंध और कविताओं की रचना जिनमें देश भक्ति का सरस संदेश; 1907 में बयालीस वर्ष की अल्पायु में देहांत।

लाला दुनीचन्द (1873 ई.–1965 ई.)

पंजाब विश्वविद्यालय के पहले ग्रेजुएट; अम्बाला में वकालत; 1920 में गांधीजी के आदेशानुसार वकालत का त्याग और सक्रिय राजनीति में प्रवेश, 1922-1947 के दौरान कई जेल यात्राएँ; पंजाब सभा के 1937 में सदस्य; राष्ट्रीय विधान सभा के भी सदस्य; स्वतंत्रता प्राप्ति के बाद राजनीति से सन्यास; 1965 में अम्बाला के निकट देहांत।

सर शादीलाल (1874 ई.–1941 ई.)

रेवाड़ी में जन्म; भारत के महान् न्यायशास्त्रियों में गिनती; चार वर्ष की आयु में माता की मृत्यु; 1896 में ऑक्सफोर्ड विश्वविद्यालय में भर्ती—वहां से गणित तथा भौतिक शास्त्र में ऑनर्स की परीक्षाएं पास, कानून का विशेष अध्ययन; इंग्लैंड से वकालत पास करके 1990 में भारत वापिस; लाहौर में वकालत प्रारम्भ; 1909 में 'रायबहादुर; की उपाधि से विभूषित; 1913 में पंजाब के मुख्य न्यायालय के न्यायाधीश; 1 मई, 1920 को पंजाब उच्च न्यायालय के प्रथम भारतीय मुख्य न्यायाधीश; उच्च न्यायालय से निवृत्त होने के बाद प्रिवी काउंसिल की सदस्यता का सम्मान; 1941 में परलोक वास।

सर छोटूराम (1881 ई.–1945 ई.)

जन्म जिला रोहतक के गढ़ी सांपला में; वकालत पास करके (1911) रोहतक में प्रैक्टिस; 1923 में मुस्लिम नेता सर फजले हुसैन के साथ मिलकर यूनियनिस्ट पार्टी या जमींदार लीग का गठन; मृत्यु 1945 में।

डॉ. गोपीचन्द भार्गव (1886 ई.–1966 ई.)

एक सफल डॉक्टर; 1919 में जलियांवाला बाग के हत्याकांड के बाद सक्रिय राजनीति में; राष्ट्रीय आंदोलन के नेतृत्व के दौरान जेलयात्रा; 1937 में पंजाब विधान सभा के सदस्य; स्वतंत्रता के बाद पंजाब के मुख्यमंत्री।

चौधरी देवी लाल (1914 ई.–2001 ई.)

'ताऊ' के नाम से विख्यात; किसानों के मसीहा; जन्म 25 सितम्बर, 1914 को पंजाब और राजस्थान के सीमावर्ती गाँव चौटाला में; जमींदार घराने में जन्म होने के बावजूद भूमिहीनकृषकों एवं कृषक श्रमिकों के हितों के लिए संघर्ष; महात्मा गाँधी के आदर्शों से प्रभावित; बापू के आह्वान पर मात्र चौदह वर्ष की आयु में स्वतंत्रता संग्राम में; लाहौर की बोर्स्टल जेल में बंदी; स्वतंत्रता के बाद श्रमिकों एवं किसानों के हितों के लिए अथक संघर्ष; लोकदल के संस्थापक;2 बार राज्य के मुख्यमंत्री; 1989 में वी.पी. सिंह सरकार में उप–प्रधानमंत्री; 6 अप्रैल, 2001 को देहांत।

कपिल देव

वर्ष 1983 में अपनी कप्तानी में भारत को विश्वकप क्रिकेट में ऐतिहासिक जीत दिलाने वाले पूर्व हरफनमौला खिलाड़ी कपिल देव को 23 जुलाई, 2002 को विजडन द्वारा सदी का सर्वश्रेष्ठ भारतीय क्रिकेटर घोषित किया गया। पूर्व एवं मौजूदा खिलाड़ियों तथा क्रिकेट विश्लेषकों की 35 सदस्यीय जूरी ने लंदन में आयोजित एक भव्य समारोह में कपिल को इस पुरस्कार का हकदार घोषित किया।

कर्णम मालेश्वरी

आंध्र प्रदेश के कुडापाह जिले की 25 वर्षीय कर्णम मालेश्वरी (जो विवाह के बाद हरियाणा राज्य के फरीदाबाद नगर में रहती हैं) ने ओलिम्पिक खेलों के 27वें पड़ाव, सिडनी ओलिम्पिक

में महिलाओं की 69 किलो वर्ग की भारोत्तोलन स्पर्द्धा में 19 सितम्बर को कांस्य पद जीतकर भारत का नाम पदक तालिका में लिख दिया। ओलिम्पिक में व्यक्तिगत पदक जीतने वालों में मालेश्वरी तीसरी भारतीय हैं—उससे पहले पहलवान के.डी. जाधव ने 1952 के ओलिम्पिक में और लिएंडर पेस ने 1996 के ओलिम्पिक में टेनिस का कांस्य पदक जीता था।

चौ. रणवीर सिंह हुड्डा

वयोवृद्ध स्वतंत्रता सेनानी, गांधीवादी राजनीतिज्ञ और संविधान निर्मात्री सभा के सदस्य। 94 वर्ष की आयु में 1 फरवरी, 2009 को निधन हो गया। वह हरियाणा के पूर्व मुख्यमंत्री भूपेंद्र सिंह हुड्डा के पिता थे।

कल्पना चावला (1961 ई.—2003 ई.)

1 जुलाई, 1961 को करनाल (हरियाणा) में जन्म, अमेरिकी नागरिकता, विवाहिता। 1976 में टैगोर स्कूल, करनाल से पूर्व स्नातक शिक्षा, 1982 में पंजाब इंजी. कॉलेज से एयरोनॉटिकल इंजी. में बी.एस.सी.। के.सी. के नाम से लोकप्रिय कल्पना 1982 में अमेरिका गई। 1984 में यूटीए कॉलेज ऑफ इंजी. से एयरोस्पेस इंजीनियर। 1988 में यूनिवर्सिटी ऑफ कोलोराडो से डॉक्टर्स डिग्री। 1994 में नासा द्वारा चयन। 1995 में प्रशिक्षण की शुरुआत। 1997 में एसटीएस—87 मिशन के लिए पहली बार अंतरिक्ष यात्रा। 16 जनवरी, 2003 को अपनी दूसरी अंतरिक्ष उड़ान के लिए केप केनेडी अंतरिक्ष केन्द्र से कोलम्बिया के एसटीएस 113 मिशन पर रवाना। 1 फरवरी, 2003 को वापस लौटते समय पृथ्वी पर उतरने से केवल 16 मिनट पूर्व अंतरिक्ष मिशन का दुःखद अन्त।

संतोष यादव

'भारत—तिब्बत सीमा पुलिस' की उप—अधीक्षिका, भारत की एकमात्र ऐसी महिला हैं, जिन्होंने 8,848 मीटर ऊँचे 'माउण्ट एवरेस्ट' पर दो बार विजयश्री प्राप्त की। वह 10 मई, 1992 तथा इसी दिन 1993 में भी अपने कीर्तिमान को दोहराने में सफल रहीं। उन्हें अनेकानेक पुरस्कारों से सम्मानित किया गया।

महत्त्वपूर्ण व्यक्ति : कार्य, उपाधियाँ

- पंडित नेकीराम को 'हरियाणा केसरी' उपनाम से भी जाना जाता हैं
- देवीलाल, बंसीलाल और भजनलाल को हरियाणा के 'तीन लाल' के उपनाम से भी जाना जाता है।
- चौ. छोटूराम भाखड़ा डैम प्रोजेक्ट के जन्मदाता थे।
- चौ. देवीलाल को 'हरियाणा केसरी' की उपाधि से सम्मानित किया गया है।
- चौ. बंसीलाल को हरियाणा का लौहपुरुष कहा जाता है।
- सुरेन्द्र शर्मा हरियाणा के प्रसिद्ध हास्य कवि हैं।
- उदय भान हंस हरियाणा के प्रथम राजकवि हैं।
- लीलाराम को राष्ट्रकुल खेलों में भारत को पहला स्वर्ण पदक दिलाने का गौरव प्राप्त है। उनका हाल ही में 73 वर्ष की आयु में निधन हो गया।
- विकास कुमार उप्पल रोहतक जिले का आठ फुट दो इंच लम्बा युवक है जो देश का सम्भवतः सबसे लम्बा व्यक्ति है।

❖❖❖

विशेष परिशिष्ट

हरियाणा की जनसंख्या के कुछ अन्य महत्त्वपूर्ण आंकड़े

प्रदेश के 0-6 वर्ष के बच्चों की जिलेवार जनसंख्या

राज्य/जिला	2011 में जनसंख्या		
	व्यक्ति	पुरुष	स्त्री
हरियाणा	33,80,721	18,43,109	15,37,612
पंचकुला	66,302	35,583	30,719
अम्बाला	1,27,689	70,541	57,148
यमुनानगर	1,46,789	80,393	66,396
कुरुक्षेत्र	1,16,957	64,320	52,637
कैथल	1,39,393	76,258	63,135
करनाल	1,96,610	1,07,797	88,813
पानीपत	1,69,662	92,380	77,282
सोनीपत	1,88,262	1,04,693	83,569
जींद	1,68,554	91,,710	76,844
फतेहाबाद	1,21,024	65,279	55,745
सिरसा	1,57,667	84,684	72,983
हिसार	2,15,167	1,16,229	98,938
भिवानी	2,12,011	1,15,756	96,255
रोहतक	1,29,330	71,041	58,289
झज्जर	1,20,051	67,380	52,671
महेन्द्रगढ़	1,11,181	62,638	48,543
रेवाड़ी	1,13,893	63,743	50,150
गुड़गांव	2,02,602	1,10,705	91,897
मेवात	2,48,128	1,30,168	1,17,960
फरीदाबाद	2,51,955	1,36,679	1,15,276
पलवल	1,77,494	95,132	82,362

हरियाणा : जिलेवार धर्मानुसार जनसंख्या (2011)

जिला	हिन्दू	सिख	मुस्लिम	अन्य धर्म	जोड़
1	2	3	4	5	6
अम्बाला	9,55,096	1,38,202	22,143	12,909	11,28,350
पंचकुला	4,90,702	40,951	23,451	6,189	5,61,293
यमुनानगर	9,84,929	84,455	1,38,569	6,252	12,14,205
कुरुक्षेत्र	8,05,175	1,40,395	15,970	3,115	9,64,655
कैथल	9,74,520	87,558	8,232	3,994	10,74,304
करनाल	13,41,002	1,26,207	31,650	6,462	15,05,324
पानीपत	10,83,936	25,064	86,622	9,815	12,05,437
सोनीपत	13,90,149	4,484	45,100	10,268	14,50,001
रोहतक	10,43,887	3,916	8,185	5,216	10,61,204
झज्जर	9,45,693	1,042	8,247	3,423	9,58,405
फरीदाबाद	15,88,407	34,572	1,61,680	25,074	18,09,733
पलवल	8,26,342	3,971	2,08,566	3,829	10,42,708
गुरुग्राम	14,08,801	15,097	70,842	19,692	15,14,432
नूंह	2,21,846	592	8,62,647	4,178	10,89,263
रेवाड़ी	8,89,133	1,804	5,713	3,682	9,00,332
महेन्द्रगढ़	9,13,251	1,737	5,660	1,440	9,22,088
भिवानी	16,11,031	2,401	15,515	5,498	16,34,445
जींद	12,76,669	29,103	23,016	5,364	13,34,152
हिसार	17,01,061	12,270	21,650	8,950	17,43,931
फतेहाबाद	7,79,243	1,50,969	8,360	3,439	9,42,011
सिरसा	9,40,255	3,38,962	9,524	6,448	12,95,189
जोड़	2,21,71,128	12,43,752	17,81,342	1,55,240	2,53,51,462

हरियाणा : अनुसूचित जातियों की संख्या (2011)

क्र. संख्या	जिला	कुल	पुरुष	स्त्रियां
1.	पंचकुला	101830	53868	47962
2.	अम्बाला	296246	156874	139372
3.	यमुनानगर	306743	163200	143543
4.	कुरुक्षेत्र	215128	113311	101817
5.	कैथल	247513	131486	116027
6.	करनाल	339604	179681	159923
7.	पानीपत	206213	109695	96518
8.	सोनीपत	269935	144516	125419
9.	जिंद	282351	150940	131411
10.	सिरसा	387381	202430	184951

क्र. संख्या	जिला	कुल	पुरुष	स्त्रियां
11.	हिसार	408785	217338	191447
12.	भिवानी	341162	181475	159687
13.	रोहतक	216889	115573	101316
14.	झज्जर	170448	90856	79592
15.	महेंद्रगढ़	156314	82420	73894
16.	रेवाड़ी	182606	95571	87035
17.	गुड़गाँव	197937	104332	93605
18.	मेवात	75251	39743	35508
19.	फरीदाबाद	223799	119495	104304
20.	पलवल	203123	107741	95382
21.	फतेहाबाद	284357	149111	135246
	कुल	5113615	2709656	2403959

हरियाणा : ग्रामीण तथा नगरीय जनसंख्या : 2011

क्र. संख्या	जिला	ग्रामीण			नगरीय		
		कुल	पुरुष	स्त्रियां	कुल	पुरुष	स्त्रियां
1.	पंचकुला	248063	133153	114910	313230	166526	146704
2.	अम्बाला	627576	331703	295873	500774	267000	233774
3.	यमुनानगर	741376	393957	347419	472829	252761	220068
4.	कुरुक्षेत्र	685430	361020	324410	279225	149956	129269
5.	कैथल	838293	445931	392362	236011	125072	110939
6.	करनाल	1050514	557110	493404	454810	240602	214208
7.	पानीपत	650352	349642	300710	555085	297215	257870
8.	सोनीपत	996637	538750	457887	453364	242549	210815
9.	जींद	1028569	550519	478050	305583	162487	143096
10.	फतेहाबाद	762423	400814	361609	179588	94546	85042
11.	सिरसा	975941	514177	461764	319248	168405	150843
12.	हिसार	1190443	634139	556304	553488	297423	256065
13.	भिवानी	1313123	696212	616911	321322	170460	150862
14.	रोहतक	615040	332034	283006	446164	236445	209719
15.	झज्जर	715066	384219	330847	243339	130448	112891
16.	महेन्द्रगढ़	789233	416358	372875	132855	70307	62548
17.	रिवाड़ी	666902	349710	317192	233430	124625	108805
18.	गुड़गांव	472179	251462	220717	1042253	565228	477025
19.	मेवात	965157	506086	459071	124106	65076	59030
20.	फरीदाबाद	370878	198103	172775	1438855	768007	670848
21.	पलवल	806164	428907	377257	236544	125590	110954
	हरियाणा	16509359	8774006	7735353	8842103	4720728	4121375